江　西　财　经　职　业　学　院
中国特色高水平高职学校建设项目成果

高职高专经济管理类核心课程特色教材

经济法原理与实务

第七版

主　编　柯新华
副主编　李　瑜　张　圣

上海财经大学出版社
SHANGHAI UNIVERSITY OF FINANCE & ECONOMICS PRESS

图书在版编目(CIP)数据

经济法原理与实务/柯新华主编．—7版．—上海：上海财经大学出版社，2024.2
(高职高专经济管理类核心课程特色教材)
ISBN 978-7-5642-4301-2/F·4301

Ⅰ.①经… Ⅱ.①柯… Ⅲ.①经济法-中国-高等职业教育-教材
Ⅳ.①D922.29

中国国家版本馆 CIP 数据核字(2023)第 235760 号

□ 服务热线 021－65904700
□ 责任编辑 吴晓群
□ 封面设计 张克瑶

经济法原理与实务
(第七版)

主　编　柯新华
副主编　李　瑜　张　圣

上海财经大学出版社出版发行
(上海市中山北一路 369 号　邮编 200083)
网　　址：http://www.sufep.com
电子邮箱：webmaster @ sufep.com
全国新华书店经销
上海新文印刷厂有限公司印刷装订
2024 年 2 月第 7 版　2024 年 6 月第 2 次印刷

787mm×1092mm　1/16　19.25 印张　492 千字
印数：73 001—76 500　定价：52.00 元

前　言

经济法是高职高专管理类学生必修的一门专业基础课。为了适应社会主义市场经济建设的需要，我们根据高职高专的人才培养目标要求和教育教学特点，编写了本教材。

本教材以学生就业所需的专业知识和操作技能为着眼点，力求做到理论知识与实践技能相结合，兼顾学生适应初级会计考试的需求，实现“教、学、做、考”一体化，提高学生的经济法应用能力和岗位适应能力。

本教材具有以下特点：(1)实用，适用，够用。我们根据高职高专管理类专业的特色和学生的就业需要，兼顾与财经法规和税法的相互衔接，精选教材内容，在第一章“经济法基础知识”的统领下，仅将企业、合同(含担保)、会计、支付结算、劳动合同和社会保险、反不正当竞争、消费者权益保护等经管类专业学生需要掌握的最基本且实用性较强的法律制度纳入教材体系。学生掌握这些基本的经济法律制度后，基本上能适应未来工作岗位的需要。(2)体例新颖，形式灵活。我们对教材的编写模式进行了创新，设置了“能力目标”“知识要点”“情景导入”“综合应用”“知识拓展”等栏目，并适当运用图表形式替代烦琐的文字表述。(3)理实一体，操作性强。本教材始终将经济法理论教学与实务操作的密切结合放在首位，对于实务性较强的知识点设置了“小案例”和“典型例题”，以便学生边学边用。(4)通俗精练，重点突出。本教材内容通俗易懂，语言简洁明了，运用图表形式将复杂内容简单化，重点、难点知识或配有案例，或用图表形式简化，便于学生理解和掌握。(5)学练结合，对接资格考试。编者按照初级会计师资格考试的基本题型，编写了大量同步练习题，便于学生边学边练，理解和掌握相关知识。

本教材主要适用于全日制高职高专管理类专业的经济法教学，也可作为成人继续教育和网络远程教育专科层次的经济法教材，还是企事业单位工作人员自学经济法的理想读本。

本教材于 2010 年 2 月首次出版，于 2012 年 1 月、2014 年 2 月、2016 年 8 月、2018 年 8 月 2021 年 7 月先后进行了五次修订，本次修订为第六次修订。

第一版全书共分八章，由柯新华任主编，李瑜、叶金育任副主编，由柯新华总纂、修改后定稿。各章节撰写分工如下：第一章、第五章以及第八章的第三、第四、第五节由柯新华编写；第三章和第八章的第二节由李瑜编写；第二章、第六章由叶金育编写；第七章由周升武编写；第四章由罗少芳编写；第八章的第一节由伍仲颖编写。

第一次修订继承并突出了第一版教材的特点，仍由柯新华任主编，李瑜、叶金育任副主编，由柯新华总纂、修改后定稿，主要变化有：(1)结构更合理。编者对教材结构进行了适当调整，将原

第三章“公司法”和第四章“企业法”合并为第三章“企业法”；将原第八章中的“反不正当竞争法”和“反垄断法”分离出来作为第四章“竞争法”，其余内容改为第七章“金融法”；原第七章改为第八章。(2)知识更实用，内容更通俗。编者删去了一些纯理论性的知识，整合了相关内容，增加了实用性知识。(3)操作性更强。编者更换了部分“情景导入”和“案例”，并修改了部分案例的“任务”，加强了可操作性。(4)增加同步练习，对接资格考试。为满足学生参加助理会计师等资格考试的需要，编者增加了附录“同步练习”。各章节修订及同步练习编写(按章节顺序)分工如下：柯新华编写第一章、第四章、第五章、第七章第三节、第八章(与周升武合编)，第四章、第五章、第七章第三节的同步练习，除第二章、第七章第二节之外的所有“情景导入”。叶金育编写第二章、第六章，第一章和第六章的同步练习，第二章的“情景导入”。李瑜编写第三章(与罗少芳合编)、第七章第二节及其同步练习，第七章第二节的“情景导入”。罗少芳编写第三章(与李瑜合编)。伍仲颖编写第七章第一节，第二章、第七章第一节的同步练习。周升武编写第八章(与柯新华合编)。张圣编写第八章同步练习。

第二次修订由柯新华任主编，李瑜、张圣任副主编，由柯新华总纂、修改后定稿。此次修订不仅对教材内容和结构做了较大的更新和调整，而且在编写体例上进行了大胆的创新，主要变化有：(1)结构调整，逻辑更严谨。原第二章“合同法”和第三章“企业法”对调，形成了从主体设立到主体运行的结构，并且将原第二章“合同法”第二节和第三节整合为第二节。(2)内容更新与调整，知识更实用。一是按照修订后《民事诉讼法》《劳动合同法》《商标法》《公司法》修改了相关内容；二是整合了原第五章“劳动法”第一节和第二节，增加了“社会保险”为第三节；三是删去了著作权法，原第六章“知识产权法”更名为“工业产权法”；四是对有些章节知识点进行了微调。(3)体例创新，强化应用与操作。一是删去了原教材中的“法条链接”，新设了“小案例”，并将原来的“案例＋任务”改造为“典型案例＋思考＋简析”，置于相关知识点后面，便于学生理解和应用；二是将原来的“动态实训”更改为“综合应用”，以增强可操作性。各章节及同步练习的修订分工调整如下(按章节顺序)：柯新华编写第一章、第三章(除第六节)、第四章、第五章、第七章第三节、第八章(除第一节)及其同步练习。李瑜编写第二章、第七章第二节及其同步练习。周升武编写第三章第六节和第八章第一节。张圣编写第六章及其同步练习。伍仲颖编写第七章第一节及其同步练习。

第三次修订在教材结构和编写体例上保留了第三版的特点，仅根据《行政诉讼法》《证券法》《保险法》的修订和养老保险政策的变化对部分内容和相应的同步练习进行了修改。原参编人员伍仲颖因工作调动退出编写组，第七章第一节及其同步练习由赵琴编写。其他章节的修订及同步练习的修订分工与第三版相同。

第四次修订的主要变化有：(1)根据《民法总则》和修订后的《反不正当竞争法》对相关内容和相应的同步练习进行了修改；(2)根据读者的要求，在第二章中增加一节“企业破产法”。

第五次修订的主要变化有：根据《民法典》和修订后的《反不正当竞争法》《商标法》《专利法》

《证券法》以及《国务院办公厅关于全面推进生育保险和职工基本医疗保险合并实施的意见》，对相关内容和相应的同步练习做了修改。

本次修订再次对教材内容和体例做了较大的更新和调整，并根据实际情况调整了参编人员，主要变化有：(1)内容调整，兼顾岗位应用和初级会计师考试要求。一是简化了经济纠纷解决机制的内容，将其并入第一章"经济法基础知识"；二是删去了证券法、保险法、商标法、专利法，增加了会计和支付结算法律制度；三是删去了反垄断法，增加了消费者权益保护法。(2)体例更新。删去了原来的"典型案例"，新设了"典型例题"。(3)参编人员调整。各章节及同步练习编写分工如下：柯新华（江西财经职业学院教授）编写第一章、第三章、第七章第一节及同步练习；李瑜（江西财经职业学院副教授）编写第二章及同步练习；张圣（江西财经职业学院教授）、郭姊嫣（江西财经职业学院教师）合编第四章及同步练习；熊启皓、谭润、王子茹（均为江西财经职业学院教师）合编第五章及同步练习；柯罗妮娜（江西康润律师事务所律师）编写第六章及同步练习；赵琴（江西财经职业学院教师）编写第七章第二节及同步练习。

本教材的出版及历次修订工作均得到了上海财经大学出版社领导和编辑以及江西财经职业学院领导的大力支持，在此谨向他们表示由衷的感谢！

需要特别说明的是，依据国家教材委员会办公室《关于做好党的二十大精神进教材工作的通知》（国教材办〔2022〕3 号）的要求，推动党的二十大精神进教材、进课堂、进头脑，除了本教材中已经体现的二十大精神内容外，为了及时增补与本教材相关的思政案例和二十大精神内容，及时修改在教学过程中发现的本书错误之处，我们与出版社共同建设新媒体动态服务窗口，使用本教材的教师可以通过手机微信扫以下二维码，获取相关最新内容。

由于编者水平有限，修订后的教材如有错误和不足，敬请读者批评指正。

编　者

2024 年 1 月

目　录

第一章　经济法基础知识

能力目标

- 掌握法的分类与渊源、法律关系的客体、法律事实、法律主体的分类、法律主体资格。
- 熟悉法和法律的概念、法的本质与特征、法律责任的种类。
- 了解法律部门与法律体系。
- 能够运用仲裁、民事诉讼、行政复议、行政诉讼等方式解决不同的经济纠纷。

知识要点

◆法和法律　◆法的分类与渊源　◆法律部门　◆法律关系　◆法律责任　◆法律主体
◆代理　◆仲裁　◆民事诉讼　◆行政复议　◆行政诉讼

第一节　法理基础知识

一、法与法律

(一)法与法律的概念

1. 法的概念

法作为一种特殊的社会规范，是人类社会发展一定时期的产物，即随着国家的产生而产生。不同国家、不同学者对法的概念有着不同的理解。一般来说，法是由国家制定或认可，以权利和义务为主要内容，由国家强制力保证实施的行为规范体系。它通过规定人们在社会关系中的权利和义务，确认、保护和发展统治阶级所期望的社会关系和社会秩序。

2. 法律的概念

法律有广义和狭义之分。狭义的法律专指拥有立法权的国家机关，依照法定权限和程序制定颁布的规范性文件；广义的法律则指法的整体。

(二)法的本质与特征

1. 法的本质

法是统治阶级的国家意志的体现，这是法的本质。首先，法所体现的统治阶级的意志，是统治阶级的整体意志和根本利益，而不是个人意志的简单相加；其次，法不是统治阶级随心所欲制定出来的，而是由一定的物质生活条件所决定的，是社会客观需要的反映；再次，法体现的不是统治阶级的一般意志，而是被奉为法律的统治阶级的国家意志；最后，法在一定程度上也会反映被统治阶级的意志。

3. 法的特征

(1)法具有国家意志性

从产生方式上看,法与其他社会规范的区别在于它是由国家制定或认可的。法的形成有两种基本方式:一种是制定法律,即享有国家立法权的机关按照一定的权限划分,依照法定的程序将统治阶级的意志转化为法律;另一种是通过国家认可的方式形成法律,即国家立法机关对社会中已有的社会规范(如习惯、道德、宗教教义、政策等)赋予法的效力。

【典型例题·判断题 1-1】 法仅反映统治阶级的意志,不反映被统治阶级的意志。( )

(2)法具有普遍适用性

从适用范围上看,法与其他社会规范的区别在于它具有普遍适用性。由于法以国家名义制定或认可,代表着国家的意志,因此,在国家权力所及的范围内,法具有普遍效力或约束力。法一经颁布实施,一切国家机关、社会组织和公民均须遵行。任何人的合法行为都无一例外地受法律保护,任何人的违法行为也都无一例外地受法律制裁。

(3)法具有规范性(利导性)

法是确定人们在社会关系中的权利和义务的行为规范,为人们提供行为模式和行为准则。从内容上看,法与其他社会规范的区别在于它以权利和义务为基本内容。法通过规定人们在社会关系中的权利和义务来分配利益,影响人们的动机和行为,进而影响社会关系,实现统治阶级的意志和要求,以及维持社会秩序,具有利益导向性。

(4)法具有国家强制性

从实施方式上看,法与其他社会规范的区别在于它以国家强制力为后盾,通过法定程序保障实施。统治阶级依靠军队、警察、法庭、监狱等国家机器,迫使社会全体成员遵守法。法能获得普遍遵行的效力,正是凭借国家强制力的保证。

(5)法具有预测性

法有明确的内容,对所有人公开,能让人们预见国家对自己或他人的行为持什么态度,即人们事前可以估计自己或他人的行为是合法还是违法,在法律上是有效还是无效,会有什么样的法律后果等。

【典型例题·单选题 1-1】 下列关于法的本质与特征的表述中,不正确的是( )。

A. 法是由国家制定或认可的规范

B. 法是全社会成员共同意志的体现

C. 法由统治阶级的物质生活条件所决定

D. 法凭借国家强制力的保证获得普遍遵行的效力

二、法的效力

法的效力,是指法律规范对人的行为具有约束力,主要涉及三个方面:对人的效力、空间效力和时间效力。

(一)法对人的效力

法对人的效力,指法律对谁有约束力,适用于哪些人。世界各国的法律对这个问题的规定不尽相同,概括起来有属人主义、属地主义、保护主义和结合主义。属人主义主张,凡是本国人,不论在国内还是国外,一律受本国法的约束。属地主义主张,凡是一国管辖范围内的一切人,无论本国人还是外国人,都受该国法的约束。保护主义主张,只要损害了本国利益,不论侵害者在何国或者是何国籍，都受本国法的约束。

我国法律对人的效力采用的是结合主义，以属地主义为基础，结合属人主义和保护主义，具体表现为：(1)凡是中国人，在中国领域内一律适用中国的法律。在中国领域内的外国公民和无国籍人原则上也适用中国的法律，但享有外交豁免权的外国人除外。(2)在中国境外的中国人，也必须遵守中国的法律，同时受中国法律的保护。(3)外国人在中国领域外对中国国家或者公民犯罪，而按《中华人民共和国刑法》(以下简称《刑法》)规定的最低刑为三年以上有期徒刑的，可以适用中国《刑法》，但是按照犯罪地的法律不受处罚的除外。

【典型例题·判断题1－2】 在中国境内，无论是中国人还是外国人，一律适用中国法律。(　　)

(二)法的空间效力

法的空间效力，指法在哪些地域有效力，适用于哪些地区，可分为域内效力和域外效力。法的域内效力又分为全国范围内有效和局部地区有效两种情形，前者如宪法、民法、刑法等，后者如地方性法规、地方政府规章等。法的域外效力是指有些法律或法律条款在一国境外有约束力。例如，根据有关国际条约的规定，一国的法律可以适用于本国驻外使馆、在境外的船舶及航空器。

(三)法的时间效力

法的时间效力，指法何时生效、何时失效以及法对其生效以前的事件和行为有无溯及力。

1. 法的生效时间

法的生效时间主要有两种方式：(1)明确规定具体的生效时间，例如，本法自公布之日(或2023年10月1日)起施行。(2)规定法律公布后符合一定条件时生效。这种生效方式较少采用。

2. 法的失效时间

法终止生效，即法被废止，指法的效力的消灭。它一般分为明示的废止和默示的废止两类。明示的废止，即在新法或其他法律文件中明文规定废止旧法。默示的废止，即在适用法律中，出现新法与旧法冲突时，适用新法而使旧法事实上被废止。

3. 法的溯及力

法的溯及力，也称法溯及既往的效力，是指新法生效以后对其生效以前所发生的事件和行为是否适用。如果适用，法就具有溯及力；如果不适用，法就没有溯及力。《中华人民共和国立法法》(以下简称《立法法》)第九十三条规定，法律、行政法规、地方性法规、自治条例和单行条例、规章不溯及既往，但为了更好地保护公民、法人和其他组织的权利和利益而作的特别规定除外。因此，我国法律采用从旧兼从轻原则，即原则上新法无溯及力，但新法对行为人的处罚较轻时则适用新法。

【典型例题·多选题1－1】 《立法法》第九十三条规定，法律、行政法规、地方性法规、自治条例和单行条例、规章不溯及既往，但为了更好地保护公民、法人和其他组织的权利和利益而作的特别规定除外。对该条规定的理解，下列选项中，正确的是(　　)。

A. 法对人的效力　　B. 法的时间效力

C. 从旧兼从轻　　D. 法的空间效力

三、法的形式与分类

(一)法的形式

法的形式，也称法的渊源，是指由不同国家立法机关制定或认可的，具有不同法律效力和法律地位的法的各种表现形式。

1. 法的形式、制定机关及其效力等级

在我国法的形式主要表现为以宪法为核心的各种制定法，包括宪法、法律、行政法规、地方性法规、经济特区的规范性文件、规章、国际条约、国际惯例等（详见表1—1）。此外，最高人民法院发布的司法解释对法院审理相关纠纷案件如何适用法律具有指导性作用，例如，最高人民法院发布的《关于审理票据纠纷案件若干问题的规定》。

表1—1　　法的形式、制定机关及其效力等级一览表

<table>
<tr><th colspan="2">法的形式</th><th>制定机关</th><th>效力等级</th></tr>
<tr><td colspan="2">宪法</td><td>全国人民代表大会</td><td>效力最高</td></tr>
<tr><td colspan="2">法律</td><td>全国人民代表大会及其常务委员会</td><td>效力仅次于宪法</td></tr>
<tr><td colspan="2">行政法规</td><td>国务院</td><td>效力次于宪法和法律</td></tr>
<tr><td colspan="2">地方性法规</td><td>省、自治区、直辖市、设区市的人民代表大会及其常务委员会</td><td rowspan="3">效力次于宪法、法律和行政法规，但经济特区制定并适用的规范性文件与上一位阶的规范性文件有不同规定的，并不一定因此而被宣布无效或撤销</td></tr>
<tr><td colspan="2">民族自治法规</td><td>民族自治地方的人民代表大会有权依照当地民族的政治、经济和文化的特点，制定自治条例和单行条例，但应报全国或省级人民代表大会常委会批准之后才生效；自治州、自治县的自治条例和单行条例，报省、自治区、直辖市的人民代表大会常务委员会批准后生效</td></tr>
<tr><td colspan="2">经济特区的规范性文件</td><td>全国人民代表大会常务委员会先后授权广东省、福建省、海南省人民代表大会及其常务委员会以及深圳市人民代表大会制定所属经济特区的各项单行法规</td></tr>
<tr><td rowspan="2">规章</td><td>部门规章</td><td>国务院组成部门及直属机构</td><td rowspan="2">效力最低</td></tr>
<tr><td>地方政府规章</td><td>省、自治区、直辖市和设区的市、自治州的人民政府</td></tr>
<tr><td colspan="2">国际条约</td><td>国际条约是指我国作为国际法主体同外国缔结的双边、多边协议和其他具有条约、协定性质的文件</td><td rowspan="2">中国缔结或者参加的国际条约同中国的民事法律有不同规定的，适用国际条约的规定，但中国声明保留的条款除外。中国法律和中国缔结或者参加的国际条约没有规定的，可以适用国际惯例</td></tr>
<tr><td colspan="2">国际惯例</td><td>国际惯例是指以国际法院等各种国际裁决机构的判例所体现或确认的国际法规则和国际交往中形成的共同遵守的不成文的习惯。国际惯例是国际条约的补充</td></tr>
</table>

2. 法的适用规则

效力等级相同或不同的法律规范之间经常会出现不一致的规定，遇到这种情况，应当按照《立法法》的规定，采用以下4条规则选择适用的法律规范：

（1）根本法优于普通法

宪法是国家的根本法，具有最高法律效力，普通法必须以宪法为依据，不得同宪法相抵触。在我国，一切法律、行政法规、地方性法规、自治条例、单行条例、规章都不得同宪法相抵触。

(2)上位法优于下位法

不同效力等级的经济法律规范之间,较低等级的法律规范与较高等级的法律规范相抵触的,适用较高等级的法律规范。

(3)特别法优于一般法

同一机关制定的法律、行政法规、地方性法规、自治条例和单行条例、规章,特别规定与一般规定不一致的,适用特别规定。特别法是指针对特定的主体、事项、时间、区域等制定的法。

(4)新法优于旧法

同一机关制定的法律、行政法规、地方性法规、自治条例和单行条例、规章,新的规定与旧的规定不一致的,适用新的规定。

【知识拓展】 解决法的冲突的特殊方式

● 法律之间对同一事项的新的一般规定与旧的特别规定不一致,以及根据授权制定的法规与法律规定不一致,不能确定如何适用时,由全国人民代表大会常务委员会裁决。

● 行政法规之间对同一事项的新的一般规定与旧的特别规定不一致,不能确定如何适用时,由国务院裁决。

● 地方性法规、规章之间不一致时,由有关机关依照下列规定的权限作出裁决:

(1)同一机关制定的新的一般规定与旧的特别规定不一致时,由制定机关裁决;

(2)地方性法规与部门规章之间对同一事项的规定不一致,不能确定如何适用时,由国务院提出意见,国务院认为应当适用地方性法规的,应当决定在该地方适用地方性法规的规定;认为应当适用部门规章的,应当提请全国人民代表大会常务委员会裁决;

(3)部门规章之间、部门规章与地方政府规章之间对同一事项的规定不一致时,由国务院裁决。

【典型例题·单选题1—2】 下列规范性文件中,效力等级最高的是(　　)。

A. 财政部制定的《代理记账管理办法》

B. 国务院制定的《职工带薪年休假条例》

C. 全国人大常委会制定的《中华人民共和国公司法》

D. 江西省人民政府制定的《江西省防空警报管理办法》

(二)法的分类

从不同角度,按照不同标准,可以对法进行不同的分类。对法进行分类有助于人们了解不同法的效力、功能等,有些分类甚至对法官适用法律具有指导意义,如一般法与特别法的分类。

1. 成文法和不成文法

依据法的创制方式和表现形式的不同,可将法分为成文法和不成文法。成文法是指由国家立法机关按照法定程序制定并以条文形式表现出来的法,也称制定法。不成文法主要是指习惯法、判例法等。

2. 根本法和普通法

依据法的内容、效力和制定程序的不同,可将法分为根本法和普通法。在成文宪法制国家,根本法即宪法,它规定一个国家的根本制度、公民的基本权利和义务等内容,具有最高的法律效力,其制定和修改程序比普通法更为严格和复杂。普通法是指宪法以外的其他法律,其内容以宪法为依据，是宪法原则性规定在各方面的具体化，效力低于宪法。

3. 一般法和特别法

依据法的效力范围的不同，可将法分为一般法和特别法。一般法是指对一国境内的一般的人和事普遍适用的法律。特别法是指针对特定的人群或者特别的事项，在特定区域、特定时间内适用的法律。例如，《中华人民共和国劳动法》（以下简称《劳动法》）和《中华人民共和国劳动合同法》（以下简称《劳动合同法》），前者为一般法，后者为特别法。

4. 实体法和程序法

依据法的内容的不同，可将法分为实体法和程序法。实体法的主要内容是规定和确认主体的权利和义务或者职权和职责，如民法、刑法、行政法等。程序法则以保证主体的权利和义务得以实现或者保证主体的职权和职责得以履行的有关程序为主要内容，如诉讼法，仲裁法等。

5. 国内法和国际法

依据法的创制主体和适用范围的不同，可将法分为国内法和国际法。国内法由国家的立法机关创制并在国家主权范围内实施。国际法则由不同国家或国际组织制定、认可，调整国家、国际组织之间的国际关系，其表现形式主要是国际条约和国际惯例。

6. 公法和私法

公法和私法的划分源于古罗马时期，但划分标准一直没有定论。一般认为，凡涉及公共权力、公共关系、管理关系、强制关系的法均为公法，如刑法、行政法、诉讼法等；凡属个人利益、个人权利、平等关系的法均为私法，如民法、商法等。

【典型例题·单选题 1—3】 下列选项中，（　　）是依据法的内容、效力和制定程序进行分类的。

A. 成文法和不成文法　　B. 根本法和普通法

C. 一般法和特别法　　D. 实体法和程序法

四、法律体系与法律部门

法律体系，是指由一国现行的全部法律规范按照不同的法律部门分类组合而形成的一个呈体系化的有机联系的统一整体。法律体系的基本单位是法律部门。

（一）法律部门的概念及其划分标准

1. 法律部门的概念

法律部门，又称部门法，是指根据一定的标准和原则所划定的法律规范的总和。在现行法律规范中，根据调整的社会关系及其调整方法，可分为不同的法律部门。凡调整同一类社会关系的法律规范的总和，均构成一个独立的法律部门。

2. 法律部门的划分标准

法律部门划分的标准有两个：一是法律规范所调整的社会关系，此为主要标准。例如，调整行政主体与行政相对人之间的行政管理关系的法律规范的总和构成行政法部门。二是法律规范的调整方法。例如，民法和刑法都调整财产关系和人身关系，但民法以自行调节为主，而刑法以强制干预为主；民事责任侧重财产赔偿，而刑事责任侧重人身惩罚。需要注意的是，划分法律部门的标准并不是绝对的，有时会发生交叉、重合。

（二）我国主要的法律部门

我国现行的法律体系包括但不限于以下七个法律部门：

1. 宪法及宪法相关法

宪法是规定国家根本制度和根本任务、保障公民基本权利的根本法。宪法相关法包括：(1)国家机构的产生、组织、职权和基本工作制度方面的法律；(2)有关民族区域自治制度、特别行政区制度、基层群众自治制度方面的法律；(3)有关维护国家主权、领土完整、国家安全、国家标志等方面的法律；(4)有关保障公民基本政治权利方面的法律。

2. 民商法

民法是调整平等主体的公民、法人与其他组织之间的财产关系和人身关系的法律规范的总称，包括物权、债权、知识产权、婚姻、家庭、收养和继承方面的法律法规，如《中华人民共和国民法典》(以下简称《民法典》)、《中华人民共和国著作权法》(以下简称《著作权法》)、《中华人民共和国商标法》(以下简称《商标法》)等。

商法是调整商事法律关系主体和商业活动的法律规范的总称，包括公司、破产、证券、期货、保险、票据、海商等方面的法律法规，如《中华人民共和国公司法》(以下简称《公司法》)、《中华人民共和国证券法》(以下简称《证券法》)、《中华人民共和国票据法》(以下简称《票据法》)等。

3. 行政法

行政法是调整行政法律关系的法律规范的总称，内容包括三大部分：(1)行政组织法，主要调整内部行政关系，如《中华人民共和国城市居民委员会组织法》(以下简称《城市居民委员会组织法》)；(2)行政行为法，主要调整行政管理关系，如《中华人民共和国治安管理处罚法》(以下简称《治安管理处罚法》)；(3)行政法制监督、行政救济、行政责任法，主要调整行政法制监督关系，如《中华人民共和国行政监察法》(以下简称《行政监察法》)。

4. 刑法

刑法是关于犯罪和刑罚的法律规范的总和。刑法与其他法律部门相比，具有两个显著特点：一是调整的社会关系最广泛，二是强制性最严厉。

5. 经济法

经济法是调整国家宏观调控经济活动中形成的经济法律关系的法律规范的总称。经济法是在国家干预市场经济活动过程中逐渐发展起来的一个法律部门，与行政法、民商法具有密切联系，所包含的内容也很多。例如，《中华人民共和国预算法》(以下简称《预算法》)、《中华人民共和国审计法》(以下简称《审计法》)、《中华人民共和国会计法》(以下简称《会计法》)、《中华人民共和国企业所得税法》(以下简称《企业所得税法》)等。

6. 社会法

社会法是有关劳动关系、社会保障和社会福利关系的法律规范的总称。社会法是在国家干预社会生活过程逐渐发展起来的一个法律部门，包括《劳动法》、《中华人民共和国社会保险法》(以下简称《社会保险法》)、《中华人民共和国环境保护法》(以下简称《环境保护法》)、《中华人民共和国义务教育法》(以下简称《义务教育法》)等。

7. 诉讼法

诉讼法是有关各种诉讼和非诉讼活动的法律规范的总称，主要有：《中华人民共和国民事诉讼法》(以下简称《民事诉讼法》)、《中华人民共和国行政诉讼法》(以下简称《行政诉讼法》)、《中华人民共和国刑事诉讼法》(以下简称《刑事诉讼法》)、《中华人民共和国仲裁法》(以下简称《仲裁法》)、《中华人民共和国人民调解法》(以下简称《人民调解法》)等。

【典型例题·判断题1－3】 一个国家所有的法律部门构成该国的法律体系。(　　)

五、法律关系

法律关系是法律规范调整社会关系的过程中所形成的人们之间的权利和义务关系。本书主要介绍经济法律关系。

(一)经济法律关系的要素

经济法律关系包括主体、内容和客体三个要素。

1. 经济法律关系的主体

经济法律关系的主体是经济法律关系的参加者,即在经济法律关系中享有权利和承担义务的当事人。在我国,根据各种法律的规定,能够参与经济法律关系的主体包括自然人、法人和其他组织以及国家三类(内容详见本章第二节)。

2. 经济法律关系的内容

经济法律关系的内容,是指经济法律关系主体所享有的权利和承担的义务。

(1)权利

权利,是指经济法律关系主体能够作出或不作出一定行为,并要求他人相应作出或不作出一定行为的法律资格。其主要特征有:第一,权利得到国家的认可和保障。当人们的权利受到侵犯时,可诉请国家机关通过制裁侵权行为来保障其权利的实现。第二,权利是权利主体按照自己的愿望来决定是否实施某种行为,因而具有一定程度的自主性。第三,权利总是与义务人的义务相互依存。

(2)义务

义务,是指人们必须为一定行为或不为一定行为的法律约束。其主要特征有:第一,义务的产生须有法律依据,要么基于法律的直接规定,要么基于当事人之间的合法约定。第二,义务具有强制履行的性质。义务人对于义务的内容不可随意转让或违反。第三,义务是为了保障权利主体获得一定利益而采取的一种法律手段。一般而言,义务的设定以保障权利的实现为目的。

3. 经济法律关系的客体

经济法律关系的客体是指经济法律关系主体的权利和义务共同指向的对象,主要包括以下五类:

(1)物

物是指具有价值和使用价值,并能为人们所控制和利用的物质。物可以是自然物,如土地、矿藏等;也可以是人造物,如建筑、机器等;还可以是货币和有价证券。物既可以是有体物,也可以是无体物,如权利等。有体物可以是固定形态的,也可以是没有固定形态的,如气体、电力等。

(2)人身及人格利益

作为一个整体的人不能作为法律关系的客体,但人体的部分,如头发、血液、骨髓、精子以及肾脏等人体器官等,从人体中分离出去后,可以成为法律关系的客体。人格是生命权、身体权、姓名权、健康权、肖像权、隐私权等人格权的客体。

(3)行为

行为指法律关系主体为达到一定目的所进行的作为或不作为,是人的有意识的活动,如管理行为、生产经营行为、完成工作行为等。

(4)智力成果

智力成果指人们通过脑力劳动所创造的精神产品,如发明、商标、作品等。智力成果虽有物质载体，但其价值不在于物质载体本身，而在于物质载体所包含的知识、技术等精神因素。

(5)信息、数据、网络虚拟财产

个人信息是以电子或者其他方式记录的与已识别或者可识别的自然人有关的各种信息，不包括匿名化处理后的信息。《中华人民共和国个人信息保护法》(以下简称《个人信息保护法》)规定，自然人的个人信息受法律保护，任何组织、个人不得侵害自然人的个人信息权益。数据、网络虚拟财产具有财产属性，《民法典》第一百二十七条规定，法律对数据、网络虚拟财产的保护有规定的，依照其规定。这些规定表明，信息、数据、网络虚拟财产可以成为法律关系的客体。

【典型例题·多选题 1－2】 下列选项中，能成为法律关系客体的有(　　)。

A. 数字货币　　B. 网络游戏道具

C. 银行账户资金　　D. 自然人人格

(二)法律事实

法律事实，是指法律规范所规定的、能够引起法律关系产生、变更和消灭的客观情况或现象。按照是否以当事人的意志为转移为标准，可以将法律事实大体上分为两类，即法律事件和法律行为。

1. 法律事件

法律事件是指不以当事人的意志为转移的，能够引起法律关系产生、变更或消灭的客观事实。法律事件又分成社会事件和自然事件两种。前者如社会革命、战争等，后者如人的生老病死、自然灾害等，这两种法律事件对于特定的法律关系主体(当事人)而言，都是不可避免的，是不以其意志为转移的。法律事件能够引起法律关系产生、变更和消灭。例如，由于人的出生便产生了父母与子女间的抚养关系和监护关系，而人的死亡又导致抚养关系、夫妻关系或赡养关系的消灭和继承关系的产生，等等。

2. 法律行为

法律行为是指能够引起法律关系形成、变更和消灭的人的有意识的活动。法律行为可以根据不同的标准进行分类，具体内容见表 1－2。

表 1－2　　法律行为分类一览表

分类标准	类型	释义
是否合法	合法行为	具有一定的法律意义，与法律规范内容要求相符合
	违法行为	行为不符合法律规范，应承担不利的法律后果
表现形式	积极行为	又称作为，行为人积极、主动地进行活动，如签发支票
	消极行为	又称不作为，以消极的、抑制的形式表现的具有法律意义的行为，如竞业限制
是否有意思表示	意思表示行为	行为人将内心意思以一定方式表现于外部，并足以为外界客观理解，如发出要约
	非意思表示行为	非经行为者意思表示而是基于某种事实状态即产生法律效果，如拾得遗失物
主体数量	单方行为	法律主体一方的意思表示即可成立的法律行为，如遗嘱、行政命令
	多方行为	由两个或两个以上的多方法律主体意思表示一致而成立的法律行为，如合同行为

续表

分类标准	类型	释义
是否需要特定形式	要式行为	必须具备某种特定形式或程序才能成立，如票据行为
	不要式行为	无须特定形式或程序即能成立，如即时清结的买卖合同
主体是否实际参与	自主行为	法律主体在没有其他主体参与的情况下以自己的名义独立进行
	代理行为	法律主体根据法律授权或其他主体的委托而以被代理人的名义实施

【典型例题·单选题 1—4】 下列选项中，属于法律事件的是（　　）。

A. 火山爆发　　B. 订立合同

C. 捐赠财产　　D. 拾得遗失物

【小案例 1—1】 大学生小龚在某购物中心某皮鞋专柜看中一双标价 220 元的黑色皮鞋，经试穿，觉得挺合适，便去收银台付款买下了这双皮鞋。

点评：在此例中，小龚与购物中心形成了买卖合同法律关系，引起这一法律关系产生的法律事实是双方当事人订立买卖合同的行为。该法律关系的主体是小龚和购物中心；内容主要是双方的权利和义务，即小龚付款义务和得到这双皮鞋的权利，购物中心交付这双皮鞋的义务和得到相应的价款的权利；客体是物，即双方的权利和义务指向的对象——皮鞋。

六、法律责任

法律责任，是指行为人由于违法行为、违约行为或者由于法律规定而应承受的某种不利的法律后果。与道义责任或其他社会责任相比，法律责任有两个特点：(1)无论法律责任是基于违法行为、违约行为还是基于法律规定而产生的，责任人承担法律责任的最终依据是法律；(2)法律责任具有国家强制性。

（一）民事责任

民事责任是指因违反民事法律、违约或者因民法规定所应承担的法律责任。民事责任形式有：停止侵害，排除妨碍，消除危险，返还财产，恢复原状，修理、重做、更换，继续履行，赔偿损失，支付违约金，消除影响、恢复名誉，赔礼道歉等。

（二）行政责任

行政责任是指因违反行政法或因行政法规定而应承担的法律责任。它包括行政处罚和行政处分。行政处罚的种类主要有：(1)警告、通报批评；(2)罚款、没收违法所得、没收非法财物；(3)暂扣许可证件、降低资质等级、吊销许可证件；(4)限制开展生产经营活动、责令停产停业、责令关闭、限制从业；(5)行政拘留；(6)法律、行政法规规定的其他行政处罚。行政处分的种类有警告、记过、记大过、降级、撤职、开除等。

（三）刑事责任

刑事责任是指行为人因其犯罪行为所必须承受的，由司法机关代表国家所确定的否定性法律后果，可分为主刑和附加刑。主刑有：管制、拘役、有期徒刑、无期徒刑、死刑。附加刑有：罚金、没收财产、剥夺政治权利、驱逐出境（仅适用于犯罪的外国人）。

行为人因同一行为应当承担民事责任、行政责任和刑事责任的，承担行政责任或者刑事责任不影响承担民事责任；行为人的财产不足以支付的，优先用于承担民事责任。

【知识拓展】　剥夺政治权利

剥夺的政治权利包括：(1)选举权和被选举权；(2)言论、出版、集会、结社、游行、示威自由的权利；(3)担任国家机关职务的权利；(4)担任国有公司、企业、事业单位和人民团体领导职务的权利。

【典型例题·单选题 1—5】　下列各项中，不是行政责任的是(　　)。

A. 开除　　B. 罚金　　C. 责令停产　　D. 吊销执照

【典型例题·多选题 1—3】　下列各项中，是民事责任的有(　　)。

A. 停止侵害　　B. 返还财产　　C. 支付违约金　　D. 罚款

第二节　法律主体

法律主体是指参加法律关系，依法享有权利和承担义务的当事人。哪些人或组织可以成为法律主体，以及成为法律主体需要具备哪些资格，均由国家法律规定。

一、法律主体类型

(一)自然人

自然人即生物学意义上的人，是基于出生而取得法律主体资格的人，包括中国公民、外国公民和无国籍人。

1. 自然人的出生时间和死亡时间

自然人的出生时间和死亡时间，以出生证明、死亡证明记载的时间为准；没有出生证明、死亡证明的，以户籍登记或者其他有效身份登记记载的时间为准。有其他证据足以推翻以上记载时间的，以该证据证明的时间为准。

2. 自然人的成年标准

年满 18 周岁及以上的自然人为成年人。不满 18 周岁的自然人为未成年人。

3. 自然人的住所

自然人以户籍登记或者其他有效身份登记记载的居所为住所；经常居所与住所不一致的，经常居所视为住所。

(二)法人

法人制度是指法律赋予符合条件的团体以法律人格，使团体的人格与成员的人格彼此独立，从而使这些团体成为独立的法律主体。法人是具有民事权利能力和民事行为能力，依法独立享有民事权利和承担民事义务的组织。

1. 法人的成立与住所

法人应当依法成立，有自己的名称、组织机构、住所、财产或者经费。法人成立的具体条件和程序，依照法律、行政法规的规定。设立法人，法律、行政法规规定须经有关机关批准的，依照其规定。

法人以其主要办事机构所在地为住所。依法需要办理法人登记的，应当将主要办事机构所在地登记为住所。

2. 法人的组织机构

法人的组织机构，是指对内管理法人的事务、对外代表法人从事民事活动的机构的总称。组织机构是社会组织成为有意志的独立主体进行民事活动的先决条件。法人机关依照法律法规和法人章程的规定产生，主要有意思机关（如股东会）、执行机关即代表机关（如董事会）、监督机关（如监事会）。

3. 法定代表人

法定代表人是依照法律或者法人章程的规定，代表法人从事民事活动的负责人。法定代表人以法人名义从事的民事活动，其法律后果由法人承受。法人章程或者法人权力机构对法定代表人代表权的限制，不得对抗善意相对人。法定代表人因执行职务造成他人损害的，由法人承担民事责任。法人承担民事责任后，依照法律或者法人章程的规定，可以向有过错的法定代表人追偿。

4. 法人的分类

我国法人分为营利法人、非营利法人和特别法人三类。营利法人是指以取得利润并分配给股东等出资人为目的成立的法人，包括有限责任公司、股份有限公司和其他企业法人等。

非营利法人是指为公益目的或者其他非营利目的成立，不向出资人、设立人或者会员分配所取得利润的法人，包括事业单位、社会团体、基金会、社会服务机构等。

特别法人包括机关法人、农村集体经济组织法人、城镇农村的合作经济组织法人、基层群众性自治组织法人。

5. 法人的分支机构

法人可以依法设立分支机构。法律、行政法规规定分支机构应当登记的，依照其规定。

分支机构以自己的名义从事民事活动，产生的民事责任由法人承担；也可以先以该分支机构管理的财产承担，不足以承担的，由法人承担。

6. 法人设立中的债务承担

设立人为设立法人从事的民事活动，其法律后果由法人承受；法人未成立的，其法律后果由设立人承受，设立人为二人以上的，享有连带债权，承担连带债务。

设立人为设立法人以自己的名义从事民事活动产生的民事责任，第三人有权选择请求法人或者设立人承担。

7. 法人合并与分立的债务承担

法人合并的，其权利和义务由合并后的法人享有和承担。

法人分立的，其权利和义务由分立后的法人享有连带债权，承担连带债务，但是债权人和债务人另有约定的除外。

8. 法人的解散

有下列情形之一的，法人解散：

(1)法人章程规定的存续期间届满或者法人章程规定的其他解散事由出现；

(2)法人的权力机构决议解散；

(3)因法人合并或者分立需要解散；

(4)法人依法被吊销营业执照、登记证书，被责令关闭或者被撤销；

(5)法律规定的其他情形。

9. 法人的清算

法人解散的，除合并或者分立的情形外，清算义务人应当及时组成清算组进行清算。法人的董事、理事等执行机构或者决策机构的成员为清算义务人。法律、行政法规另有规定的，依照其规定。

清算义务人未及时履行清算义务，造成损害的，应当承担民事责任；主管机关或者利害关系人可以申请人民法院指定有关人员组成清算组进行清算。

清算期间法人存续，但是不得从事与清算无关的活动。

法人清算后的剩余财产，按照法人章程的规定或者法人权力机构的决议处理。法律另有规定的，依照其规定。

10. 法人的终止

有下列原因之一并依法完成清算、注销登记的，法人终止：

(1)法人解散；

(2)法人被宣告破产；

(3)法律规定的其他原因。

法人终止，法律、行政法规规定须经有关机关批准的，依照其规定。

【典型例题·多选题1—4】 下列各项中，能成为法律关系的主体的有(　　)。

A. 甲市教育局　　B. 乙合伙企业　　C. 丙公司　　D. 5岁的小丁

(三)非法人组织

非法人组织是不具有法人资格，但是能够依法以自己的名义从事民事活动的组织，包括个人独资企业、合伙企业、不具有法人资格的专业服务机构等。

1. 非法人组织的设立与责任

非法人组织应当依照法律的规定登记。

设立非法人组织，法律、行政法规规定须经有关机关批准的，依照其规定。

非法人组织可以确定一人或者数人代表该组织从事民事活动。

非法人组织的财产不足以清偿债务的，其出资人或者设立人承担无限责任。法律另有规定的，依照其规定。

2. 非法人组织的解散

有下列情形之一的，非法人组织解散：

(1)章程规定的存续期间届满或者章程规定的其他解散事由出现；

(2)出资人或者设立人决定解散；

(3)法律规定的其他情形。

非法人组织解散的，应当依法进行清算。

(四)国家

在特殊情况下，国家可以作为一个整体成为法律关系主体。在国内法中，国家是国家财产所有权的唯一主体。在国际法中，国家是国际法律关系的主要主体。

【典型例题·多选题1—5】 下列各项中，是营利法人的有(　　)。

A. 甲国有独资企业　　B. 乙基金会

C. 丙有限责任公司　　D. 丁股份有限公司

二、法律主体的资格

法律主体的资格包括权利能力和行为能力两个方面。法人的民事权利能力和民事行为能力同时产生，也同时终止，其能力范围取决于其成立宗旨和业务范围。下面主要阐释自然人的民事权利能力和民事行为能力。

（一）自然人的民事权利能力

权利能力是指能够参与一定的经济法律关系，依法享有一定权利和承担一定义务的法律资格。它是经济法律关系主体实际取得权利、承担义务的前提条件。

自然人从出生时起到死亡时止，具有民事权利能力，依法享有民事权利，承担民事义务。自然人的民事权利能力一律平等。

（二）自然人的民事行为能力

行为能力是指经济法律关系主体能够通过自己的行为实际取得权利和履行义务的能力。根据年龄和精神状况，我国法律将自然人的行为能力分为无行为能力、限制行为能力和完全行为能力三种，划分标准及各种行为能力状况见表1—3。

表1—3　我国公民民事行为能力分类一览表

行为能力的种类	划分标准（年龄或精神状况）	是否可以独立进行法律行为
完全行为能力	18周岁以上且精神状况正常的成年人	可以
	16周岁以上、精神状况正常、以自己的劳动收入为主要生活来源的未成年人	
限制行为能力	8周岁以上的未成年人	可以进行与其年龄、智力或精神健康状况相适应的民事活动；其他民事活动由其法定代理人代理，或者征得其法定代理人的同意。但纯获利益的行为除外
	不能完全辨认自己行为的成年人	
无行为能力	不满8周岁的未成年人	由其法定代理人代理民事活动
	不能辨认自己行为的成年人	

【知识拓展】　刑事责任年龄

在刑法上，已满16周岁的人犯罪，应当负刑事责任；已满14周岁不满16周岁的人，犯故意杀人、故意伤害致人重伤或者死亡、强奸、抢劫、贩卖毒品、放火、爆炸、投放危险物质罪的，应当负刑事责任；已满12周岁不满14周岁的人，犯故意杀人、故意伤害罪，致人死亡或者以特别残忍手段致人重伤造成严重残疾，情节恶劣，经最高人民检察院核准追诉的，应当负刑事责任。对依照前述规定追究刑事责任的不满18周岁的人，应当从轻或者减轻处罚。因不满16周岁不予刑事处罚的，责令其父母或者其他监护人加以管教；在必要的时候，依法进行专门矫治教育。

【典型例题·判断题1—4】　自然人的民事权利能力和民事行为能力一律平等。（　　）

【典型例题·单选题1—6】　下列各项中，说法错误的是（　　）。

A. 6岁的小赵是无民事行为能力人

B. 17岁在甲公司工作的小王是限制民事行为能力人

C. 19岁的小刘不能辨认自己的行为，是无民事行为能力人

D. 20岁的小丁在读大学，无收入，是完全民事行为能力人

三、代理

（一）代理的概念和特征

1. 代理的概念

代理是指代理人在代理权限内，以被代理人（本人）的名义与第三人（相对人）实施民事法律行为，其所产生的法律后果由被代理人承担的法律制度。

民事主体可以通过代理人实施民事法律行为，但是，依照法律规定、当事人约定或者民事法律行为的性质，应当由本人亲自实施的民事法律行为，不得代理。

【知识拓展】 民事法律行为

民事法律行为是民事主体通过意思表示设立、变更、终止民事法律关系的行为。民事法律行为可以基于双方或者多方的意思表示一致成立，也可以基于单方的意思表示成立。民事法律行为自成立时生效，但是法律另有规定或者当事人另有约定的除外。行为人非依法律规定或者未经对方同意，不得擅自变更或者解除民事法律行为。

2. 代理的特征

（1）代理人是以被代理人的名义在代理权限范围内进行民事活动；

（2）代理人进行代理活动时独立地进行意思表示；

（3）代理行为的法律效果是被代理人和第三人之间设立、变更或终止某种民事法律关系；

（4）代理行为对被代理人发生效力。

（二）代理的种类

以代理权产生的原因划分，代理分为委托代理与法定代理。

1. 委托代理

委托代理是代理人根据被代理人授权而进行的代理。委托代理，可以用书面形式，也可以用口头形式。书面委托代理的授权委托书应当载明代理人的姓名或单位名称、代理事项、权限和期限，并由委托人签名或者盖章。

执行法人或者非法人组织工作任务的人员，就其职权范围内的事项，以法人或者非法人组织的名义实施的民事法律行为，对法人或者非法人组织发生效力。法人或者非法人组织对执行其工作任务的人员职权范围的限制，不得对抗善意相对人。

2. 法定代理

法定代理是指以法律的直接规定为根据而产生的代理。法律根据自然人之间的亲属关系，如父母、子女、夫妻等而直接规定了相互之间的代理权。法定代理主要适用于无行为能力人和限制行为能力人。如果有法定监护资格的人之间对担任监护人有争议时，则需要由指定机关指定法定代理人，因此，指定代理在本质上仍属于法定代理。

（三）无权代理与表见代理

1. 无权代理

行为人没有代理权、超越代理权或者代理权终止后，仍然实施代理行为，属于无权代理，未经

被代理人追认的，对被代理人不发生效力。相对人可以催告被代理人自收到通知之日起30日内予以追认。被代理人未作表示的，视为拒绝追认。行为人实施的行为被追认前，善意相对人有撤销的权利。撤销应当以通知的方式作出。

无权代理行为未被追认的，善意相对人有权请求行为人履行债务或者就其受到的损害请求行为人赔偿。但是，赔偿的范围不得超过被代理人追认时相对人所能获得的利益。相对人知道或者应当知道行为人无权代理的，相对人和行为人按照各自的过错承担责任。

2. 表见代理

行为人没有代理权、超越代理权或者代理权终止后，仍然实施代理行为，相对人有理由相信行为人有代理权的，代理行为有效。

(四)代理人的责任

代理人不履行或者不完全履行职责，造成被代理人损害的，应当承担民事责任。代理人和相对人恶意串通，损害被代理人合法权益的，代理人和相对人应当承担连带责任。

【典型例题·判断题1—5】 行为人没有代理权仍然以被代理人的名义与相对人订立合同，被代理人事后追认的，该代理行为后果由被代理人承担。(　　)

【典型例题·多选题1—6】 下列各项关于代理的说法中，错误的有(　　)。

A. 无民事行为能力人和限制民事行为能力人都应当有法定代理人

B. 限制民事行为能力人不能独立实施的民事行为，可以委托完全民事行为能力人实施

C. 代理都必须有被代理人的委托授权，否则代理行为对被代理人没有约束力

D. 法定代理人超越职权范围实施的民事行为无效

【小案例1—2】 李某委托新东安画廊经理程某以50万元左右的价款购买某著名画家张某的一幅《春色》油画。其后，画廊经理程某以李某名义与画家张某达成一份书面协议，约定以50万元购买其正在画廊展出的《春色》油画，待画展结束交付该油画并付款。

点评：本案中，程某是代理人，李某是被代理人，程某在李某的授权范围内以李某的名义，与张某签订了买卖《春色》油画的协议，张某是相对人或第三人。由于代理行为所产生的法律效果直接由被代理人承担，因此，油画买卖合同的双方当事人是李某和张某。

第三节　纠纷解决途径

平等民事主体之间发生的纠纷属于民事纠纷，当事人可以通过双方协商、民间调解、仲裁，或者民事诉讼方式解决。双方协商和民间调解属于司法外解决方式，仲裁属于准司法解决方式，而民事诉讼则属于司法解决方式。本节主要讲述仲裁和民事诉讼。

因行政管理关系在行政机关和行政相对人(公民、法人或者其他组织)之间发生的纠纷属于行政纠纷，应通过行政复议、行政诉讼方式解决(详见本节相关内容)。

一、仲裁

仲裁，是指当事人根据他们之间订立的仲裁协议，自愿将其争议提交由非官方身份的仲裁员组成的仲裁庭进行裁决，并受该裁决约束的一种制度。《仲裁法》是仲裁的法律依据。

(一)仲裁的特征

仲裁具有以下三个特征:

1. 自愿性

仲裁机构对经济纠纷没有强制管辖权,因而,仲裁须以双方当事人在自愿的基础上达成合意为基础,仅有一方当事人的意思表示不能启动仲裁程序。

2. 非官方性

仲裁机构是民间组织,不是行政机关或司法机关。组成仲裁庭的仲裁员由双方当事人选定,也不具有官方身份。

3. 法律约束性

仲裁裁决一经作出即发生法律效力,其效力如同法院的生效判决,对双方当事人具有约束力,一方不履行裁决所确定的义务的,另一方可以向人民法院申请强制执行。

(二)仲裁范围

平等主体的公民、法人和其他组织之间发生的合同纠纷和其他财产权益纠纷,可以仲裁。但下列纠纷不能仲裁:(1)婚姻、收养、监护、扶养、继承纠纷;(2)依法应当由行政机关处理的行政争议。

此外,劳动争议和农业集体经济组织内部的农业承包合同纠纷的仲裁,不适用《仲裁法》的规定,而是由其他法律调整。

【典型例题·多选题 1—7】 下列各项纠纷中,可以提请仲裁的有(　　)。

A. 继承纠纷　　B. 财产权益纠纷　　C. 买卖合同纠纷　D. 扶养协议纠纷

【小案例 1—3】 甲男与乙女结婚 3 年后,因感情不和,协议离婚,但就财产分割问题未能达成一致。于是,双方离婚协议中约定,双方一致同意将共同财产的分割争议提交 A 市仲裁委员会仲裁。

点评:本案中,表面上看,双方的争议是财产权益纠纷,实质上是婚姻纠纷,因为分割夫妻共同财产是离婚纠纷中必须解决的法律问题。故双方的约定超出了《仲裁法》规定的仲裁范围,属于无效条款。

(三)仲裁的基本原则

1. 自愿原则

当事人采用仲裁方式解决纠纷,应当双方自愿,达成仲裁协议。没有仲裁协议,一方申请仲裁的,仲裁委员会不予受理。

2. 根据事实,符合法律规定,公平合理解决纠纷原则

在仲裁审理过程中,要全面、深入、客观地查清与案件有关的事实情况,并以此为根据分清双方当事人的是非曲直,正确适用法律规定,确认当事人的权利和义务,公平合理地确定各方的责任,解决双方的争议。

3. 独立原则

仲裁机构不依附于任何官方机构而独立存在。仲裁庭仲裁案件依法独立进行,不受行政机关、社会团体和个人的干涉。

4. 一裁终局原则

仲裁实行一裁终局的制度。裁决作出后,当事人就同一纠纷再申请仲裁或者向人民法院起

诉的，仲裁委员会或者人民法院不予受理。

【典型例题·判断题1—6】 自愿原则是仲裁的基础，纠纷双方只要有一方当事人不同意仲裁，该纠纷就不能通过仲裁解决。（ ）

【小案例1—4】 A公司与B公司签订货物买卖合同，合同约定，如果发生纠纷则应由双方协商解决，协商不成，可提交C仲裁委员会进行仲裁，如对裁决不服的，可向人民法院起诉。

点评：本案中，双方当事人约定的仲裁条款违反了《仲裁法》规定的一裁终局原则。依《仲裁法》规定，当事人自愿将双方的合同争议提交仲裁，则表明其愿意受仲裁裁决的约束，而仲裁裁决一经作出，即发生法律效力，当事人不得再就该争议申请仲裁或者向人民法院提起诉讼。

（四）仲裁机构

仲裁机构是指依法设立，通过仲裁方式，解决平等主体的自然人、法人和其他组织之间发生的合同争议和其他财产权益争议，并作出仲裁裁决的机构。

1. 仲裁委员会

在我国，仲裁机构是仲裁委员会。仲裁委员会可以在直辖市和省、自治区人民政府所在地的市设立，也可以根据需要在其他设区的市设立，不按行政区划层层设立。仲裁委员会独立于行政机关，与行政机关没有隶属关系。仲裁委员会之间也没有隶属关系。

仲裁委员会由主任1人、副主任2～4人和委员7～11人组成。仲裁委员会的主任、副主任和委员由法律专家、经济贸易专家和有实际工作经验的人员担任。仲裁委员会的组成人员中，法律专家、经济贸易专家不得少于2/3。

2. 仲裁员

仲裁委员会按照不同专业设仲裁员名册。仲裁员由仲裁委员会聘任，仲裁委员会从具有仲裁员资格的人员中聘任仲裁员。仲裁员应当符合下列条件之一：(1)从事仲裁工作满8年的；(2)从事律师工作满8年的；(3)曾任审判员满8年的；(4)从事法律研究、教学工作并具有高级职称的；(5)具有法律知识、从事经济贸易等专业工作并具有高级职称或者具有同等专业水平的。

【典型例题·判断题1—7】 设区市的仲裁委员会由省、自治区、直辖市的仲裁委员会领导。（ ）

（五）仲裁协议

仲裁协议是双方当事人自愿把他们之间已经发生的或将来可能发生的财产权益争议提交仲裁裁决的书面约定。仲裁协议，应当采用书面形式。口头约定的仲裁协议无效。

1. 仲裁协议的内容

仲裁协议包括合同中订立的仲裁条款和以其他书面方式在纠纷发生前或纠纷发生后达成的请求仲裁的协议。仲裁协议应当具有下列内容：(1)请求仲裁的意思表示。这是指双方当事人通过协议明确表示同意将双方的争议提交仲裁。(2)仲裁事项。仲裁协议中须载明双方当事人同意提交仲裁的具体事项，如买卖合同纠纷。(3)选定的仲裁委员会。当事人须在仲裁协议中就拟提交的仲裁机构作出具体、明确的约定。例如，“因履行本合同发生的争议提交上海仲裁委员会仲裁”这一买卖合同中常见的条款便同时具备上述三项内容。

仲裁协议对仲裁事项或者仲裁委员会没有约定或约定不明确，当事人对此又达不成补充协议的，仲裁协议无效。

2. 仲裁协议的效力

仲裁协议一经依法成立，即具有法律约束力，双方就约定事项发生争议，应将争议提交仲裁机构仲裁，不可向人民法院起诉。一方向人民法院起诉未声明有仲裁协议，人民法院受理后，另一方在首次开庭前提交仲裁协议的，人民法院应当驳回起诉，但仲裁协议无效的除外；另一方在首次开庭前未对人民法院受理该案提出异议的，视为放弃仲裁协议，人民法院应继续审理。

当事人对仲裁协议的效力有异议的，可以请求仲裁委员会作出决定或请求人民法院作出裁定。应当注意的是，异议申请应当在仲裁庭首次开庭前提出。当一方申请仲裁机构作出决定，另一方请求法院作出裁定时，应由人民法院裁定。

仲裁协议具有独立性。合同的变更、解除、终止或无效，不影响仲裁协议的竞争力。

【典型例题·判断题1—8】 当事人就合同纠纷订立了仲裁协议，除仲裁协议无效外，可以排除法院对该纠纷的管辖权。（　　）

【典型例题·多选题1—8】 下列各项仲裁协议或仲裁条款中，无效的有（　　）。

A. 甲、乙两公司在建设工程合同中依法约定了仲裁条款，其后，该建设工程合同被确认无效

B. 王某与李某在仲裁协议中约定，将他们之间的抚养合同纠纷交由某仲裁委员会仲裁

C. 郑某与甲企业在仲裁协议中对仲裁委员会约定不明确，且不能达成补充协议

D. 陈某在与高某发生融资租赁合同纠纷后，口头约定由某仲裁委员会仲裁

（六）仲裁程序

1. 申请与受理

当事人申请仲裁，应当提交书面仲裁申请书，并按对方人数和仲裁庭组成的仲裁员人数提交副本。

仲裁委员会收到仲裁申请书之日起5日内，经审查认为符合受理条件的，应当受理，并通知当事人；认为不符合受理条件的，应当书面通知当事人不予受理，并说明理由。

2. 组成仲裁庭

仲裁庭可以由3名仲裁员组成合议庭或1名仲裁员组成合议庭。当事人约定由3名仲裁员组成仲裁庭的，应当各自选定或者各自委托仲裁委员会主任指定1名仲裁员，第三名仲裁员由当事人共同选定或者共同委托仲裁委员会主任指定，第三名仲裁员是首席仲裁员。如果当事人约定由1名仲裁员成立仲裁庭的，则应当由当事人共同选定或者共同委托仲裁委员会主任指定该独任仲裁员。

3. 仲裁员回避

仲裁员有下列情形之一的，必须回避，当事人也有权提出回避申请：(1)是本案当事人或者当事人、代理人的近亲属；(2)与本案有利害关系；(3)与本案当事人、代理人有其他关系，可能影响公正仲裁的；(4)私自会见当事人、代理人，或者接受当事人、代理人的请客送礼的。

4. 审理方式

仲裁应当开庭进行。当事人协议不开庭的，仲裁庭可以根据仲裁申请书、答辩书以及其他材料作出裁决。开庭审理，是指在仲裁庭的主持下，在双方当事人和其他仲裁参与人的参加下，按照法定程序，对案件进行审理并作出裁决的方式。

仲裁不公开进行。当事人协议公开的，可以公开进行，但涉及国家秘密的除外。不公开审

理，是指仲裁庭在审理案件时不对社会公开，不允许群众旁听，也不允许新闻记者采访和报道。不公开审理的目的在于保守当事人的商业秘密，维护当事人的商业信誉。

5. 和解与调解

当事人申请仲裁后，可以自行和解。当事人达成和解协议的，可以请求仲裁庭根据和解协议作出裁决书，也可以撤回仲裁申请。当事人撤回仲裁申请后反悔的，可以根据原仲裁协议重新申请仲裁。

仲裁庭在作出裁决前，可以先行调解。当事人自愿调解的，仲裁庭应当调解。调解达成协议的，仲裁庭应当制作调解书或者根据协议的结果制作裁决书。调解书与裁决书具有同等法律效力。调解不成的，应当及时作出裁决。

6. 裁决

仲裁应当按照多数仲裁员的意见作出，少数仲裁员的不同意见可以记录笔录。仲裁庭不能形成多数意见时，裁决应当根据首席仲裁员的意见作出。独任仲裁的案件，裁决按照独任仲裁员的意见作出。裁决书自作出之日起发生法律效力。

当事人应当履行裁决。一方当事人不履行的，另一方当事人可以依照《民事诉讼法》的有关规定向人民法院申请执行。受申请的人民法院应当执行。

【典型例题·多选题 1—9】 下列关于我国仲裁制度的说法中，正确的有（　　）。

A. 当事人约定因合同纠纷发生争议提交仲裁的，应当通过仲裁解决纠纷

B. 当事人协议不开庭的，仲裁可以不开庭进行

C. 仲裁庭作出的仲裁裁决为终局裁决

D. 仲裁裁决作出后，当事人不服的，可以向法院起诉

二、民事诉讼

公民、法人、其他组织等平等主体之间因财产关系和人身关系发生纠纷，可以提起民事诉讼。《民事诉讼法》是民事诉讼的法律依据。

（一）审判制度

人民法院审理民事案件，依照法律规定实行合议、回避、公开审判和两审终审制度。

1. 合议制度

合议制度是指由 3 名以上审判人员组成合议庭，对民事案件进行审理的制度。人民法院审理第一审民事案件，除简易程序等由审判员一人独任审理外，均由审判员、陪审员共同组成合议庭或者由审判员组成合议庭。人民法院审理第二审民事案件，由审判员组成合议庭。合议庭的成员应当是 3 名以上的单数。

2. 回避制度

回避制度是指为了保证案件的公正审理，要求与案件有一定利害关系的审判人员或其他有关人员不得参与该案的审理活动或诉讼活动的审判制度。

审判人员（包括审判员和人民陪审员）、书记员、翻译人员、鉴定人、勘验人有下列情形之一的，应当自行回避，当事人有权用口头或者书面方式申请他们回避：(1)是本案当事人或者当事人、诉讼代理人的近亲属的；(2)与本案有利害关系的；(3)与本案当事人有其他关系，可能影响对案件公正审理的。上述人员接受当事人、诉讼代理人请客送礼，或者违反规定会见当事人、诉讼代理人的，当事人有权要求他们回避。

3. 公开审判制度

公开审判制度是指人民法院审理民事案件，除法律规定的情况外，审判过程及结果应当向社会公开。人民法院审理民事案件，除涉及国家秘密、个人隐私或者法律另有规定的以外，应当公开进行。此外，离婚案件、涉及商业秘密的案件，当事人申请不公开审理的，可以不公开审理。对不公开审理的案件，法院仍应公开宣告判决。

4. 两审终审制度

两审终审制度是指一个民事案件经过两级人民法院审判后即告终结的制度。依两审终审制度，一般的民事诉讼案件，当事人不服一审人民法院的判决、允许上诉的裁定，可上诉至二审人民法院，二审人民法院对案件所做的判决、裁定为生效判决、裁定，当事人不得再上诉。如果发现终审裁决确有错误，则可以通过审判监督程序予以纠正。但是，下列民事案件实行一审终审：(1)最高人民法院作为一审法院审理的民事案件；(2)适用特别程序、督促程序、公示催告程序和企业法人破产还债程序审理的案件。

对终审判决、裁定，当事人不得上诉。如果终审判决、裁定确有错误，则可以通过审判监督程序予以纠正。

【典型例题·单选题 1—7】 下列关于民事审判制度的表述中，正确的是(　　)。

A. 人民法院审理民事案件，均由审判员组成合议庭

B. 陪审员周某对案件原告的负债数额较大，被告有权申请周某回避

C. 涉及个人隐私的案件，当事人申请不公开审理的，可以不公开审理

D. 人民法院审理民事案件，均实行两审终审

(二)诉讼管辖

民事诉讼中的管辖，是指各级人民法院之间和同级人民法院之间受理第一审民事案件的分工和权限。

1. 级别管辖

级别管辖，是指按照案件性质、繁简程度以及影响范围，划分上下级人民法院之间受理的第一审民事案件的分工和权限。《民事诉讼法》确定级别管辖的依据主要是案件的性质、繁简程度和案件影响的大小，把性质重大、案情复杂、影响范围大的案件确定给级别高的法院管辖。在审判实务中，争议标的金额的大小也是确定级别管辖的重要依据。各级人民法院管辖案件的划分见表 1—4。

表 1—4　　各级人民法院管辖案件的划分

法院级别	管辖案件
基层人民法院	除《民事诉讼法》规定由上级人民法院管辖以外的第一审民事案件
中级人民法院	·重大涉外案件 ·在本辖区有重大影响的案件 ·最高人民法院确定由中级人民法院管辖的案件，包括海事案件，专利纠纷案件，重大涉港、澳、台民事案件，诉讼标的较大的案件
高级人民法院	本辖区内有重大影响的民事案件
最高人民法院	·在全国有较大影响的案件 ·认为应当由最高人民法院审理的案件

2. 地域管辖

地域管辖是指确定同级人民法院之间受理第一审民事案件的分工和权限。地域管辖划分的标准有两个：一是当事人住所地（主要是指被告住所地），二是诉讼标的或者法律事实与法院辖区之间的联系。根据这两个标准可将地域管辖分为一般地域管辖、特殊地域管辖、专属管辖和协议管辖。

表 1—5 地域管辖案件的划分

管辖类别	案件类别	管辖法院
一般地域管辖	除归属其他管辖类别外的案件	被告住所地人民法院，法律另有规定的除外
特殊地域管辖	一般合同纠纷	被告住所地或者合同履行地
	保险合同纠纷	被告住所地或者保险标的物所在地
	票据纠纷	票据支付地或者被告住所地
	运输合同纠纷	运输始发地、目的地或者被告住所地
	侵权行为	侵权行为地或者被告住所地
	因铁路、公路、水上和航空事故请求损害赔偿	事故发生地或者车辆、船舶最先到达地、航空器最先降落地或者被告住所地
	公司设立、确认股东资格、分配利润、解散等纠纷	公司住所地
	船舶碰撞或者其他海事损害事故请求损害赔偿	碰撞发生地、碰撞船舶最先到达地、加害船舶被扣留地或者被告住所地
	因海难救助费用提起的诉讼	救助地或者被救助船舶最先到达地
	因共同海损提起的诉讼	船舶最先到达地、共同海损理算地或者航程终止地
专属管辖	不动产纠纷	不动产所在地
	港口作业纠纷	港口所在地
	继承遗产纠纷	被继承人死亡时住所地或者主要遗产所在地
协议管辖	合同或者其他财产权益纠纷	当事人可以书面协议选择被告住所地、合同履行地、合同签订地、原告住所地、标的物所在地的法院管辖，但不得违反级别管辖和专属管辖的规定

被告住所地与经常居住地不一致的，由经常居住地人民法院管辖。

两个以上人民法院都有管辖权的诉讼，原告可以向其中一个人民法院起诉；原告向两个以上有管辖权的人民法院起诉的，由最先立案的人民法院管辖。

【典型例题·单选题 1—8】 陶大与陶二两兄弟因房屋所有权发生纠纷而提起诉讼，对该纠纷有权管辖的人民法院是（　　）。

A. 原告住所地人民法院　　B. 被告住所地人民法院

C. 该房屋管理机关所在地人民法院　　D. 该房屋所在地人民法院

【典型例题·判断题 1—9】 被告住所与经常居住地不一致的，两个地方的人民法院都有管

辖权。(　　)

> 【小案例 1—5】 广州某贸易公司与南昌某服装公司在上海市长宁区签订"服装购销合同",约定由南昌某服装公司生产西服 1 000 套供应给广州某贸易公司,每套价格为人民币 2 000 元,交货地为广东省东莞东站,如因履行合同发生争议,则双方同意向北京市海淀区人民法院起诉。
>
> **点评**:本案为一般合同纠纷,当事人虽然约定了管辖法院,但北京市海淀区不属于被告住所地、合同履行地、合同签订地、标的物所在地、原告住所地中的任何一个,故该约定超出了协议管辖范围,是无效约定。

(三)诉讼时效

诉讼时效,是指民事权利受到侵害的权利人在法定的时效期间内不行使权利,当时效期间届满时,债务人获得时效抗辩权。法律规定的权利人请求人民法院保护其民事权利的法定期间就是诉讼时效期间。法律规定诉讼时效制度的意义在于:一是督促权利人及时行使权利,二是有利于稳定社会经济秩序,三是有利于人民法院及时正确地处理民事纠纷。

1. 诉讼时效期间

权利人向人民法院请求其保护民事权利的诉讼时效期间为 3 年,自权利人知道或者应当知道其权利受到损害以及义务人之日起计算;法律另有规定的,依照其规定。但是自权利受到损害之日起超过 20 年的,人民法院不予保护;有特殊情况的,人民法院可以根据权利人的申请决定延长。

当事人约定同一债务分期履行的,诉讼时效期间自最后一期履行期限届满之日起计算。

无民事行为能力人或者限制民事行为能力人对其法定代理人的请求权的诉讼时效期间,自该法定代理终止之日起计算。

未成年人遭受性侵害的损害赔偿请求权的诉讼时效期间,自受害人年满 18 周岁之日起计算。

2. 诉讼时效中止

在诉讼时效期间的最后 6 个月内,因下列障碍,不能行使请求权的,诉讼时效中止:(1)不可抗力;(2)无民事行为能力人或者限制民事行为能力人没有法定代理人,或者法定代理人死亡、丧失民事行为能力、丧失代理权;(3)继承开始后未确定继承人或者遗产管理人;(4)权利人被义务人或者其他人控制;(5)其他导致权利人不能行使请求权的障碍。

自中止时效的原因消除之日起满 6 个月,诉讼时效期间届满。

3. 诉讼时效中断

有下列情形之一的,诉讼时效中断,从中断、有关程序终结时起,诉讼时效期间重新计算:(1)权利人向义务人提出履行请求;(2)义务人同意履行义务;(3)权利人提起诉讼或者申请仲裁;(4)与提起诉讼或者申请仲裁具有同等效力的其他情形。

4. 诉讼时效的法律效果

诉讼时效期间届满的,义务人可以提出不履行义务的抗辩,即权利人在程序上仍然可以向人民法院起诉,但义务人可以诉讼时效期间届满为由进行抗辩,从而使权利人的权利得不到法律保护,即义务人享有时效抗辩权。在民事诉讼中,义务人不提出时效抗辩的,人民法院不得主动适用诉讼时效的规定。

诉讼时效期间届满后，义务人同意履行的，不得以诉讼时效期间届满为由抗辩；义务人已自愿履行的，不得请求返还，即权利人的实体权利不消灭。

【典型例题·单选题1—9】 下列各项中，属于诉讼时效中断事由的是（　　）。

A. 法定代理人死亡　　　　B. 发生不可抗力事件

C. 权利人被义务人控制　　　　D. 权利人提起诉讼

【典型例题·判断题1—10】 当事人的民事权利受到侵害的，应当自受到侵害之日起3年内请求人民法院保护其权利。（　　）

（四）诉讼程序

1. 起诉

公民、法人和其他组织因民事权益受到侵害或与他人发生争议，可以依法向人民法院提起诉讼，起诉必须同时符合以下四个条件：(1)原告是与本案有直接利害关系的公民、法人和其他组织；(2)有明确的被告；(3)有具体的诉讼请求和事实、理由；(4)属于人民法院受理民事诉讼的范围和受诉人民法院管辖。

2. 受理

人民法院对于符合法定条件的起诉，当场受理，应当自收到诉状之日起7日内立案。认为不符合起诉条件的，应当自收到诉状之日起7日内书面裁定不予受理。原告对裁定不服的，可以提起上诉。

人民法院应当自立案之日起5日内将起诉状副本发送被告，被告应当自收到之日起15日内提出答辩状。人民法院应当自收到答辩状之日起5日内将答辩状副本发送原告。被告不提出答辩状的，不影响人民法院审理。

3. 开庭审理

人民法院审理民事案件，应当在开庭3日前通知当事人和其他诉讼参与人。公开审理的，应当公告当事人姓名、案由和开庭的时间、地点。原告经传票传唤，无正当理由拒不到庭的，或者未经法庭许可中途退庭的，可以按撤诉处理；被告反诉的，可以缺席判决。被告经传票传唤，无正当理由拒不到庭的，或者未经法庭许可中途退庭的，可以缺席判决。

在审理过程中，原告增加诉讼请求，被告提出反诉，第三人提出与本案有关的诉讼请求，可以合并审理。

4. 调解

人民法院审理民事案件，根据当事人自愿的原则，在事实清楚的基础上，分清是非，进行调解。调解达成协议，人民法院应当制作调解书。调解书经双方当事人签收后，即具有法律效力。

5. 裁判

人民法院适用普通程序审理民事案件应当自立案之日起6个月内审结；特殊情况需要延长的，经本院院长批准，可以延长6个月。人民法院适用简易程序或小额诉讼程序审理民事案件，审理期限分别为立案之日起3个月内和2个月内，特殊情况需要延长的，经本院院长批准，均可延长1个月。

当事人不服地方人民法院第一审判决或裁定的，可以向上一级人民法院提起上诉。上诉期限分别为判决书送达之日起15日内和裁定书送达之日起10日内。

最高人民法院的判决、裁定，第二审人民法院的判决、裁定，以及依法不准上诉或者超过上诉期没有上诉的判决、裁定，是发生法律效力的判决、裁定。

6. 执行

发生法律效力的判决、裁定以及调解书，当事人应当履行。一方拒绝履行的，另一方可以申请人民法院执行。

发生法律效力的民事判决、裁定，以及刑事判决、裁定中的财产部分，由第一审人民法院或者与第一审人民法院同级的被执行的财产所在地人民法院执行。法律规定由人民法院执行的其他法律文书，由被执行人住所地或者被执行的财产所在地人民法院执行。

【典型例题·多选题 1—10】 下列关于民事诉讼程序的表述中，正确的有（　　）。

A. 对不予受理的裁定，原告可以自裁定书送达之日起 10 日内向上一级人民法院上诉

B. 原告经传票传唤，无正当理由拒不到庭的，人民法院可以缺席判决

C. 经调解达成协议，人民法院制作的调解书经当事人签收后，具有法律效力

D. 当事人对判决不服的，除一审终审案件外，均可以在判决书送达之日起 15 日内上诉

三、行政复议

行政复议，是指公民、法人或者其他组织不服行政主体作出的行政行为，依法向法定的行政复议机关提出复议申请，行政复议机关依法对该具体行政行为进行合法性、适当性审查，并作出行政复议决定的行政行为。《中华人民共和国行政复议法》（以下简称《行政复议法》）是行政复议的法律依据。

（一）行政复议范围

1. 可申请行政复议的事项

《行政复议法》规定，有下列情形之一的，公民、法人或者其他组织可以依照本法申请行政复议：（1）对行政机关作出的行政处罚决定不服；（2）对行政机关作出的行政强制措施、行政强制执行决定不服；（3）申请行政许可，行政机关拒绝或者在法定期限内不予答复，或者对行政机关作出的有关行政许可的其他决定不服；（4）对行政机关作出的确认自然资源的所有权或者使用权的决定不服；（5）对行政机关作出的征收征用决定及其补偿决定不服；（6）对行政机关作出的赔偿决定或者不予赔偿决定不服；（7）对行政机关作出的不予受理工伤认定申请的决定或者工伤认定结论不服；（8）认为行政机关侵犯其经营自主权或者农村土地承包经营权、农村土地经营权；（9）认为行政机关滥用行政权力排除或者限制竞争；（10）认为行政机关违法集资、摊派费用或者违法要求履行其他义务；（11）申请行政机关履行保护人身权利、财产权利、受教育权利等合法权益的法定职责，行政机关拒绝履行、未依法履行或者不予答复；（12）申请行政机关依法给付抚恤金、社会保险待遇或者最低生活保障等社会保障，行政机关没有依法给付；（13）认为行政机关不依法订立、不依法履行、未按照约定履行或者违法变更、解除政府特许经营协议、土地房屋征收补偿协议等行政协议；（14）认为行政机关在政府信息公开工作中侵犯其合法权益；（15）认为行政机关的其他行政行为侵犯其合法权益。

公民、法人或者其他组织认为行政机关的行政行为所依据的下列规范性文件不合法，在对行政行为申请行政复议时，可以一并向行政复议机关提出对该规范性文件的附带审查申请：（1）国务院部门的规范性文件；（2）县级以上地方各级人民政府及其工作部门的规范性文件；（3）乡、镇人民政府的规范性文件；（4）法律、法规、规章授权的组织的规范性文件。

上述规范性文件不含规章。规章的审查依照法律、行政法规办理。

2. 不可申请行政复议的事项

公民、法人和其他组织对下列事项不服的，不得申请行政复议，但可以通过其他救济方式解决：(1)国防、外交等国家行为；(2)行政法规、规章或者行政机关制定、发布的具有普遍约束力的决定、命令等规范性文件；(3)行政机关对行政机关工作人员的奖惩、任免等决定；(4)行政机关对民事纠纷作出的调解。

【典型例题·多选题 1—11】 下列情形中，当事人可以申请行政复议的有(　　)。

A. 甲公司不服市环保局对其作出的罚款决定

B. 王某不服所任职的市教育局对其作出的降级决定

C. 赵某不服市公安局对其作出的行政拘留决定

D. 乙公司不服市市场监督管理局对其作出的责令停产停业决定

(二)行政复议参加人

行政复议参加人包括申请人、被申请人和第三人。申请人、第三人可以委托一至二名律师、基层法律服务工作者或者其他代理人代为参加行政复议。

1. 申请人

申请行政复议的公民、法人或者其他组织是申请人。有权申请行政复议的公民死亡的，其近亲属可以申请行政复议。有权申请行政复议的法人或者其他组织终止的，其权利和义务承受人可以申请行政复议。

有权申请行政复议的公民为无民事行为能力人或者限制民事行为能力人的，其法定代理人可以代为申请行政复议。

同一行政复议案件申请人人数众多的，可以由申请人推选代表人参加行政复议。

代表人参加行政复议的行为对其所代表的申请人发生效力，但是代表人变更行政复议请求、撤回行政复议申请、承认第三人请求的，应当经被代表的申请人同意。

2. 被申请人

公民、法人或者其他组织对行政行为不服，申请行政复议的，作出行政行为的行政机关或者法律、法规、规章授权的组织是被申请人。

两个以上行政机关以共同的名义作出同一行政行为的，共同作出行政行为的行政机关是被申请人。

行政机关委托的组织作出行政行为的，委托的行政机关是被申请人。

作出行政行为的行政机关被撤销或者职权变更的，继续行使其职权的行政机关是被申请人。

3. 第三人

申请人以外的与被申请行政复议的行政行为或者行政复议案件处理结果有利害关系的公民、法人或者其他组织，可以作为第三人申请参加行政复议，或者由行政复议机构通知其作为第三人参加行政复议。

第三人不参加行政复议，不影响行政复议案件的审理。

(三)行政复议管辖

行政复议管辖是指行政复议机关受理复议申请的权限和分工，即某一行政争议发生后，应由哪一个行政机关来行使行政复议权。行政复议机关的确定依据行政复议事由不同而不同，详见表 1—6。

表 1—6　　行政复议事由与复议机关一览表

复议事由	复议机关
(1)对本级人民政府工作部门作出的行政行为不服的 (2)对下一级人民政府作出的行政行为不服的 (3)对本级人民政府依法设立的派出机关作出的行政行为不服的 (4)对本级人民政府或者其工作部门管理的法律、法规、规章授权的组织作出的行政行为不服的	县级以上地方各级人民政府为复议机关
(5)对本部门作出的行政行为不服的 (6)对本部门依法设立的派出机构依照法律、行政法规、部门规章规定,以派出机构的名义作出的行政行为不服的 (7)对本部门管理的法律、行政法规、部门规章授权的组织作出的行政行为不服的	国务院部门为复议机关
(8)对县级以上地方各级人民政府工作部门依法设立的派出机构依照法律、法规、规章规定,以派出机构的名义作出的行政行为不服的	本级人民政府为行政复议机关;其中,对直辖市、设区的市人民政府工作部门按照行政区划设立的派出机构作出的行政行为不服的,也可以由其所在地的人民政府管辖
(9)对海关、金融、外汇管理等实行垂直领导的行政机关、税务和国家安全机关的行政行为不服的	上一级主管部门为复议机关
(10)对履行行政复议机构职责的地方人民政府司法行政部门的行政行为不服的	申请人可选择向本级人民政府申请行政复议,也可以向上一级司法行政部门申请行政复议

对省、自治区、直辖市人民政府和国务院部门依法作出的行政复议决定不服的,可以向人民法院提起行政诉讼;也可以向国务院申请裁决,国务院依照《行政复议法》的规定作出最终裁决。

公民、法人或者其他组织申请行政复议,行政复议机关已经依法受理的,在行政复议期间不得向人民法院提起行政诉讼。

公民、法人或者其他组织向人民法院提起行政诉讼,人民法院已经依法受理的,不得申请行政复议。

【典型例题·多选题 1—12】 甲县司法局履行行政复议机构职责,对乙律师作出罚款决定,乙律师业不服,提出行政复议申请。下列关于本案行政复议机关的确定中,正确的有(　　)。

A. 甲县人民法院　　B. 甲县司法局

C. 甲县人民政府　　D. 甲县司法局的上一级主管部门

【小案例 1—6】 南昌市东湖区税务局在一次执法检查中发现 A 公司偷税,对其作出补缴税款、加收滞纳金并处 10 000 元罚款的行政处罚决定。A 公司认为处罚过重,欲申请行政复议。

点评:本例中,税务局作出的处罚决定属于可申请复议事项。依照《行政复议法》的规定,A 公司可以向东湖区税务局的上一级主管部门即南昌市税务局申请复议。

（四）行政复议程序

1. 行政复议申请

（1）申请期限

公民、法人或者其他组织认为行政行为侵犯其合法权益的，可以自知道或者应当知道该行政行为之日起60日内提出行政复议申请；但是法律规定的申请期限超过60日的除外。

因不可抗力或者其他正当理由耽误法定申请期限的，申请期限自障碍消除之日起继续计算。

行政机关作出行政行为时，未告知公民、法人或者其他组织申请行政复议的权利、行政复议机关和申请期限的，申请期限自公民、法人或者其他组织知道或者应当知道申请行政复议的权利、行政复议机关和申请期限之日起计算，但是自知道或者应当知道行政行为内容之日起最长不得超过1年。

因不动产提出的行政复议申请自行政行为作出之日起超过20年，其他行政复议申请自行政行为作出之日起超过5年的，行政复议机关不予受理。

（2）申请形式

申请人申请行政复议，可以书面申请；书面申请有困难的，也可以口头申请。

书面申请的，可以通过邮寄或者行政复议机关指定的互联网渠道等方式提交行政复议申请书，也可以当面提交行政复议申请书。行政机关通过互联网渠道送达行政行为决定书的，应当同时提供提交行政复议申请书的互联网渠道。

口头申请的，行政复议机关应当场记录申请人的基本情况、行政复议请求，以及申请行政复议的主要事实、理由和时间。

申请人对两个以上行政行为不服的，应当分别申请行政复议。

2. 行政复议前置事项

有下列情形之一的，申请人应当先向行政复议机关申请行政复议，对行政复议决定不服的，可以再依法向人民法院提起行政诉讼：（1）对当场作出的行政处罚决定不服；（2）对行政机关作出的侵犯其已经依法取得的自然资源的所有权或者使用权的决定不服；（3）认为行政机关存在《行政复议法》第十一条规定的未履行法定职责情形；（4）申请政府信息公开，行政机关不予公开；（5）法律、行政法规规定应当先向行政复议机关申请行政复议的其他情形。

对上述情形，行政机关在作出行政行为时应当告知公民、法人或者其他组织先向行政复议机关申请行政复议。

3. 行政复议受理

行政复议机关收到行政复议申请后，应当在5日内进行审查。对符合下列规定的，行政复议机关应当予以受理：（1）有明确的申请人和符合《行政复议法》规定的被申请人；（2）申请人与被申请行政复议的行政行为有利害关系；（3）有具体的行政复议请求和理由；（4）在法定申请期限内提出；（5）属于《行政复议法》规定的行政复议范围；（6）属于本机关的管辖范围；（7）行政复议机关未受理过该申请人就同一行政行为提出的行政复议申请，并且人民法院未受理过该申请人就同一行政行为提起的行政诉讼。

对不符合上述规定的行政复议申请，行政复议机关应当在审查期限内决定不予受理并说明理由；不属于本机关管辖的，还应当在不予受理决定中告知申请人有管辖权的行政复议机关。

行政复议申请的审查期限届满，行政复议机关未作出不予受理决定的，审查期限届满之日起视为受理。

4. 行政复议审理

行政复议机关依照法律、法规、规章审理行政复议案件。

行政复议机关审理民族自治地方的行政复议案件,同时依照该民族自治地方的自治条例和单行条例。

行政复议期间行政行为不停止执行;但是有下列情形之一的,应当停止执行:(1)被申请人认为需要停止执行;(2)行政复议机关认为需要停止执行;(3)申请人、第三人申请停止执行,行政复议机关认为其要求合理,决定停止执行;(4)法律、法规、规章规定停止执行的其他情形。

被申请人对其作出的行政行为的合法性、适当性负有举证责任。但有下列情形之一的,申请人应当提供证据:(1)认为被申请人不履行法定职责的,提供曾经要求被申请人履行法定职责的证据,但是被申请人应当依职权主动履行法定职责或者申请人因正当理由不能提供的除外;(2)提出行政赔偿请求的,提供受行政行为侵害而造成损害的证据,但是因被申请人原因导致申请人无法举证的,由被申请人承担举证责任;(3)法律、法规规定需要申请人提供证据的其他情形。

行政复议机关有权向有关单位和个人调查取证,查阅、复制、调取有关文件和资料,向有关人员进行询问。

调查取证时,行政复议人员不得少于两人,并应当出示行政复议工作证件。

在行政复议期间,被申请人不得自行向申请人和其他有关单位或者个人收集证据;自行收集的证据不作为认定行政行为合法性、适当性的依据。

在行政复议期间,申请人或者第三人提出被申请行政复议的行政行为作出时没有提出的理由或者证据的,经行政复议机构同意,被申请人可以补充证据。

5. 行政复议决定

(1)行政复议决定的期限

适用普通程序审理的行政复议案件,行政复议机关应当自受理申请之日起 60 日内作出行政复议决定,但是法律规定的行政复议期限少于 60 日的除外。情况复杂,不能在规定期限内作出行政复议决定的,经行政复议机构的负责人批准,可以适当延长,并书面告知当事人;但是延长期限最多不得超过 30 日。

适用简易程序审理的行政复议案件,行政复议机关应当自受理申请之日起 30 日内作出行政复议决定。

(2)行政复议决定的类型

行政行为有下列情形之一的,行政复议机关决定变更该行政行为:①事实清楚,证据确凿,适用依据正确,程序合法,但是内容不适当;②事实清楚,证据确凿,程序合法,但是未正确适用依据;③事实不清、证据不足,经行政复议机关查清事实和证据。行政复议机关不得作出对申请人更为不利的变更决定,但是第三人提出相反请求的除外。

行政行为有下列情形之一的,行政复议机关决定撤销或者部分撤销该行政行为,并可以责令被申请人在一定期限内重新作出行政行为:①主要事实不清、证据不足;②违反法定程序;③适用的依据不合法;④超越职权或者滥用职权。

行政复议机关责令被申请人重新作出行政行为的,被申请人不得以同一事实和理由作出与被申请行政复议的行政行为相同或者基本相同的行政行为,但是行政复议机关以违反法定程序为由决定撤销或者部分撤销的除外。

行政行为有下列情形之一的,行政复议机关不撤销该行政行为,但是确认该行政行为违法:

①依法应予撤销，但是撤销会给国家利益、社会公共利益造成重大损害；②程序轻微违法，但是对申请人权利不产生实际影响。

行政行为有下列情形之一，不需要撤销或者责令履行的，行政复议机关确认该行政行为违法：①行政行为违法，但是不具有可撤销内容；②被申请人改变原违法行政行为，申请人仍要求撤销或者确认该行政行为违法；③被申请人不履行或者拖延履行法定职责，责令履行没有意义。

被申请人不履行法定职责的，行政复议机关决定被申请人在一定期限内履行。

行政行为有实施主体不具有行政主体资格或者没有依据等重大且明显违法情形，申请人申请确认行政行为无效的，行政复议机关确认该行政行为无效。

行政行为认定事实清楚，证据确凿，适用依据正确，程序合法，内容适当的，行政复议机关决定维持该行政行为。

行政复议机关受理申请人认为被申请人不履行法定职责的行政复议申请后，发现被申请人没有相应法定职责或者在受理前已经履行法定职责的，决定驳回申请人的行政复议请求。

被申请人不按照《行政复议法》第四十八条、第五十四条的规定提出书面答复、提交作出行政行为的证据、依据和其他有关材料的，视为该行政行为没有证据、依据，行政复议机关决定撤销、部分撤销该行政行为，确认该行政行为违法、无效或者决定被申请人在一定期限内履行；但是行政行为涉及第三人合法权益，第三人提供证据的除外。

被申请人不依法订立、不依法履行、未按照约定履行或者违法变更、解除行政协议的，行政复议机关决定被申请人承担依法订立、继续履行、采取补救措施或者赔偿损失等责任。

(3)行政复议调解书与决定书

当事人经调解达成协议的，行政复议机关应当制作行政复议调解书，经各方当事人签字或者签章，并加盖行政复议机关印章，即具有法律效力。

调解未达成协议或者调解书生效前一方反悔的，行政复议机关应当依法审查或者及时作出行政复议决定。

行政复议机关作出行政复议决定，应当制作行政复议决定书，并加盖行政复议机关印章。

行政复议决定书一经送达，即发生法律效力。

【典型例题·单选题1—10】 关于行政复议程序的表述，下列说法中，不正确的是(　　)。

A. 被申请人对其作出的行政行为的合法性、适当性负有举证责任

B. 行政复议机关均应当自受理申请之日起60日内作出行政复议决定

C. 行政行为有实施主体不具有行政主体资格，申请人申请确认行政行为无效的，行政复议机关确认该行政行为无效

D. 被申请人不履行法定职责的，行政复议机关决定被申请人在一定期限内履行

【典型例题·判断题1—11】 行政行为主要事实不清、证据不足的，行政复议机关决定变更该行政行为。(　　)

【小案例1—7】 贺某驾车在某市浔阳路行驶，被市交警支队以违行驶为由处以罚款500元。贺某不服，向市政府申请复议，请求撤销该处罚决定。

行政复议决定： 市政府立案后，因市交警支队在规定期限内未提出答复，也未提交当初作出处罚决定的证据、依据和相关材料，故认为该处罚决定没有证据、依据，遂作出了撤销该处罚决定的复议决定。

四、行政诉讼

行政诉讼是指人民法院基于公民、法人或其他组织的请求，对行政机关具体行政行为的合法性进行审查并作出裁判，解决行政争议的诉讼活动。《行政诉讼法》是行政诉讼的法律依据。

（一）行政诉讼的受案范围

1. 可以提起行政诉讼的事项

《行政诉讼法》规定，人民法院受理公民、法人和其他组织对下列具体行政行为不服提起的诉讼：(1)对行政拘留、暂扣或者吊销许可证和执照、责令停产停业、没收违法所得、没收非法财物、罚款、警告等行政处罚不服的；(2)对限制人身自由或者对财产的查封、扣押、冻结等行政强制措施和行政强制执行不服的；(3)申请行政许可，行政机关拒绝或者在法定期限内不予答复，或者对行政机关作出的有关行政许可的其他决定不服的；(4)对行政机关作出的关于确认土地、矿藏、水流、森林、山岭、草原、荒地、滩涂、海域等自然资源的所有权或者使用权的决定不服的；(5)对征收、征用决定及其补偿决定不服的；(6)申请行政机关履行保护人身权、财产权等合法权益的法定职责，行政机关拒绝履行或者不予答复的；(7)认为行政机关侵犯其经营自主权或者农村土地承包经营权、农村土地经营权的；(8)认为行政机关滥用行政权力排除或者限制竞争的；(9)认为行政机关违法集资、摊派费用或者违法要求履行其他义务的；(10)认为行政机关没有依法支付抚恤金、最低生活保障待遇或者社会保险待遇的；(11)认为行政机关不依法履行、未按照约定履行或者违法变更、解除政府特许经营协议、土地房屋征收补偿协议等协议的；(12)认为行政机关侵犯其他人身权、财产权等合法权益的。

2. 不可提起行政诉讼的事项

人民法院不受理公民、法人或者其他组织对下列事项提起的诉讼：(1)国防、外交等国家行为；(2)行政法规、规章或者行政机关制定、发布的具有普遍约束力的决定、命令；(3)行政机关对行政机关工作人员的奖惩、任免等决定；(4)法律规定由行政机关最终裁决的具体行政行为。

【典型例题·多选题1－13】 下列各项中，当事人可以提起行政诉讼的有(　　)。

A. 张某认为某行政机关违法限制其人身自由

B. 赵某对其所在行政机关免除其职务的行为不服

C. 王某认为某行政机关没有依法发给其抚恤金

D. 李某认为某政府规章的规定不合理

（二）行政诉讼管辖

1. 级别管辖

《行政诉讼法》规定，中级人民法院管辖下列第一审行政案件：(1)对国务院部门或者县级以上地方人民政府所作的行政行为提起诉讼的案件；(2)海关处理的案件；(3)本辖区内重大、复杂的案件；(4)其他法律规定由中级人民法院管辖的案件。

高级人民法院管辖本辖区内重大、复杂的第一审行政案件。最高人民法院管辖全国范围内重大、复杂的第一审行政案件。

除上述案件外，其余第一审行政案件均由基层人民法院管辖。

2. 地域管辖

行政案件由最初作出行政行为的行政机关所在地人民法院管辖。经复议的案件，也可以由复议机关所在地人民法院管辖。经最高人民法院批准，高级人民法院可以根据审判工作的实际情况，确定若干人民法院跨行政区域管辖行政案件。

对限制人身自由的行政强制措施不服提起的诉讼，由被告所在地或者原告所在地人民法院管辖。

因不动产提起的行政诉讼，由不动产所在地人民法院管辖。

【典型例题·多选题 1—14】 下列关于行政诉讼管辖的表述中，正确的有（　　）。

A. 第一审行政案件均由基层人民法院管辖

B. 因不动产提起的行政诉讼案件，由不动产所在地人民法院管辖

C. 对限制人身自由的行政强制措施起诉的，由被告所在地或原告所在地人民法院管辖

D. 对行政处罚不服直接起诉的，由作出该行政行为的行政机关所在地人民法院管辖

（三）行政诉讼程序

1. 起诉

对属于人民法院受案范围的行政案件，除法律、法规规定应当先申请复议的外，公民、法人或者其他组织可以依法申请复议；对复议决定不服的，可以在收到复议决定书之日起（复议机关逾期不作决定为复议期满之日起）15 日内向人民法院提起诉讼。

公民、法人或者其他组织也可以直接向人民法院提起诉讼；直接提起诉讼的，应当自知道或者应当知道作出行政行为之日起 6 个月内提出，法律另有规定的除外。因不动产提起诉讼的案件自行政行为作出之日起超过 20 年，其他案件自行政行为作出之日起超过 5 年提起诉讼的，人民法院不予受理。

公民、法人或者其他组织申请行政机关履行保护其人身权、财产权等合法权益的法定职责，行政机关在接到申请之日起 2 个月内不履行的，公民、法人或者其他组织可以向人民法院提起诉讼；紧急情况的，提起诉讼不受前述规定期限的限制。法律、法规对行政机关履行职责的期限另有规定的，从其规定。

公民、法人或者其他组织因不可抗力或者其他不属于其自身的原因耽误起诉期限的，被耽误的时间不计算在起诉期限内；因前述规定以外的其他特殊情况耽误起诉期限的，在障碍消除后 10 日内，可以申请延长期限，是否准许由人民法院决定。

2. 受理

人民法院在接到起诉状时，对符合《行政诉讼法》规定的起诉条件的，应当登记立案。对当场不能判定是否符合《行政诉讼法》规定的起诉条件的，应当接收起诉状，出具注明收到日期的书面凭证，并在 7 日内决定是否立案。不符合起诉条件的，作出不予立案的裁定，裁定书应当载明不予立案的理由。原告对裁定不服的，可以提起上诉。

公民、法人或者其他组织认为行政行为所依据的国务院部门和地方人民政府及其部门制定的规范性文件不合法，在对行政行为提起诉讼时，可以一并请求对该规范性文件进行审查。前述规定的规范性文件不含规章。

3. 审理

人民法院公开审理行政案件，但涉及国家秘密、个人隐私和法律另有规定的除外。涉及商业秘密的案件，当事人申请不公开审理的，可以不公开审理。

人民法院审理行政案件，由审判员组成合议庭，或者由审判员、陪审员组成合议庭。合议庭的成员，应当是 3 人以上的单数。

当事人认为审判人员、书记员、翻译人员、鉴定人、勘验人与本案有利害关系或者有其他关系可能影响公正审判，有权申请审判人员回避。前述人员认为自己与本案有利害关系或者有其他关系，应当申请回避。

法院审理行政案件，不适用调解。但是，行政赔偿、补偿以及行政机关行使法律、法规规定的自由裁量权的案件可以调解。

法院审理行政案件，以法律、行政法规和地方性法规为依据，参照部门规章和政府规章。

4. 判决

人民法院应当在立案之日起 6 个月内作出第一审判决；有特殊情况需要延长的，由高级人民法院批准，高级人民法院审理第一审案件需要延长的，由最高人民法院批准。

当事人不服人民法院第一审判决或裁定的，可以在判决书送达之日起 15 日内或裁定书送达之日起 10 日内向上一级人民法院提起上诉。逾期不提起上诉的，人民法院的第一审判决或者裁定发生法律效力。

【典型例题·单选题 1—11】 行政管理相对人因具体的行政行为与行政机关发生争议，可以通过(　　)解决。

A. 仲裁或民事诉讼　　B. 仲裁或行政复议

C. 行政复议和民事诉讼　　D. 行政复议和行政诉讼

【典型例题·判断题 1—12】 法院审理行政案件，除行政赔偿、补偿以及行政机关行使法律、法规规定的自由裁量权的案件外，不适用调解。(　　)

课程思政

课程思政
(第一章)

典型例题答案

典型例题答案
(第一章)

第二章　企业法

能力目标

➢ 了解公司、合伙企业、个人独资企业的法律界定，区分不同类型企业投资人的责任承担方式，掌握不同企业的设立要求和程序，能够根据需要依法设立企业。

➢ 熟悉公司内部三大治理机构的职责、股东的权利和义务以及董事、监事和高级管理人员的任职要求，能够运用公司章程治理公司。

➢ 熟悉公司的财务会计制度，掌握公司合并、分立、解散与清算等程序性规定，能够在实践中依法处理相关问题。

➢ 掌握合伙企业、个人独资企业的财产、管理、入伙和退伙、解散与清算等法律规定，能够依法处理合伙企业运行过程中的主要法律问题。

➢ 掌握企业破产的原因、程序等法律规定，能够在实践中依法处理相关问题。

知识要点

◆公司类型　◆公司人格　◆公司股东　◆公司董事、监事、高级管理人员　◆公司对外投资与担保　◆公司的设立　◆公司内部治理机构　◆公司财务会计制度　◆公司的合并、分立与变更　◆公司的解散、清算　◆普通合伙企业　◆有限合伙企业　◆个人独资企业　◆企业的解散与清算　◆企业破产

情景导入

企业是指依法成立的以营利为目的的独立从事商业生产经营活动的经济组织。依据不同的标准，可以对企业进行不同的分类。按企业法律形式的不同，可分为公司企业、合伙企业、个人独资企业；按出资者国籍的不同，可分为内资企业和外商投资企业；按企业法律地位的不同，可分为法人企业和非法人企业；等等。

公司、合伙企业和个人独资企业是我国当今市场经济中最典型的三种企业形式，全国人民代表大会常务委员会先后制定颁布了《中华人民共和国公司法》、《中华人民共和国合伙企业法》(以下简称《合伙企业法》)和《中华人民共和国个人独资企业法》(以下简称《个人独资企业法》)，以规范三种企业的设立和运行。投资者创业选用哪一种企业形式，是一个见仁见智的问题。投资者可以在厘清三种企业在法律形态上区别的基础上根据资金规模、合作伙伴关系以及风险偏好等进行选择。根据上述三部法律的规定，三种企业在法律形态上主要存在以下区别：

第一，法律地位不同。合伙企业和个人独资企业是非法人型企业，而公司是法人型企业。

第二，出资人不同。个人独资企业的出资人仅限于一个中国国籍的自然人，而且该自然人必须具有完全民事行为能力。合伙企业的出资人可以是自然人、法人和其他组织；合伙人之间必须具有良好的信用基础，其中，作为普通合伙人的自然人应当具有完全民事行为能力。公司的出资人为一人以上，可以是自然人、法人和其他组织。其中，有限责任公司的出资人之间也有信用基础的要求，但没有合伙企业出资人之间的信用要求那么高。

第三，出资人享有的财产权利不同。个人独资企业的出资人对其出资的财产不仅拥有所有权，而且可以直接支配并自主决定如何使用。合伙企业的出资人对其出资的财产共同享有所有权，共同管理和使用。公司的出资人出资后成为股东，其出资的财产属公司所有，出资者不能直接占有和控制。

第四，管理模式不同。个人独资企业的出资人可以自行管理企业事务，也可以委托或者聘用其他具有完全民事行为能力的人负责企业事务管理。合伙企业的合伙人依照法律规定和合伙协议的约定管理合伙企业事务，普通合伙人对执行合伙企业事务享有同等的权利，可以由全体合伙人共同执行，也可以委托其中一名或者数名合伙人执行。公司则由依法设立的股东(大)会、董事会、监事会依照法定职权和公司章程的规定管理公司事务。

第五，责任形式不同。个人独资企业的债务由投资人以其个人财产承担无限责任。合伙企业的债务由有限合伙人以其出资额为限承担有限责任，普通合伙人以其个人财产承担无限责任或无限连带责任。公司是企业法人，有独立的法人财产；公司以其全部财产对公司的债务承担责任；有限责任公司的股东以其认缴的出资额为限对公司承担责任；股份有限公司的股东以其认购的股份为限对公司的债务承担责任。

当然，企业形式并非一成不变。一般而言，个人独资企业、合伙企业，甚至大多数有限责任公司是中小企业，随着经营效益的不断提高，为扩大经营规模，个人独资企业或合伙企业可以转型升级为有限责任公司；有限责任公司可以通过增加注册资本、兼并其他公司等方式变更为股份有限公司。

第一节　公司法

《中华人民共和国公司法》(以下简称《公司法》)于 1993 年 12 月 29 日由第八届全国人民代表大会常务委员会第五次会议通过，先后经过 1999 年 12 月、2004 年 8 月、2013 年 12 月、2018 年 10 月四次修正，2005 年 10 月、2023 年 12 月 29 日两次修订，第二次修订的《公司法》于 2024 年 7 月 1 日开始实施。为保障《公司法》顺利实施，最高人民法院于 2006 年 3 月、2008 年 5 月、2010 年 12 月、2016 年 12 月、2019 年 4 月先后公布了五个《关于适用〈中华人民共和国公司法〉若干问题的规定》。

一、公司概述

(一)公司的种类

公司是指依照法律规定的条件和程序设立，以营利为目的的企业法人。公司有独立的法人财产，享有法人财产权。公司以其全部财产对公司债务承担责任，具有独立的法律人格。《公司法》规定了两种公司，即在中华人民共和国境内设立的有限责任公司和股份有限公司。

1. 有限责任公司

有限责任公司是指依照《公司法》设立，股东以其认缴的出资额为限对公司承担责任，公司以其全部财产对公司债务承担责任的企业法人。

2. 股份有限公司

股份有限公司是指将公司的全部资本划分为股份，公司的股东以其认购的股份为限对公司承担责任，公司则以全部财产对其债务承担责任的企业法人。

有限责任公司和股份有限公司均可根据经营需要设立子公司和分公司。设立子公司的公司为母公司；设立分公司的公司为总公司。从相互关系看，子公司和分公司分别从属于母公司和总公司，但两者在法律地位、受控制程度以及法律责任承担方面存在很大的差别(详见表2—1)。

表2—1　子公司与分公司的区别一览表

类　型	区　别		
	法律地位	受控程度	法律责任承担
分公司	不具备法人资格，没有独立的名称、章程、组织机构和财产，对外以总公司的名义进行活动	其人事、业务、财产受总公司直接控制，在总公司的经营范围内从事经营活动	没有独立承担责任的能力，其经营活动中的债务不足清偿的部分由总公司负责清偿
子公司	具有独立的法人资格，拥有自己独立的名称、章程、组织机构和财产，对外以自己的名义进行活动	受母公司间接控制，即母公司通过控股地位或合同的约定选举子公司董事会、监事会成员来影响子公司的生产经营决策	以自身的全部财产对公司债务承担责任，母公司仅以其对子公司的出资额为限对子公司在经营活动中的债务承担责任

【知识拓展】 外国公司的分支机构

外国公司，是指依照外国法律在中华人民共和国境外设立的公司。

外国公司在中华人民共和国境内设立分支机构，应当向中国主管机关提出申请，并提交其公司章程、所属国的公司登记证书等有关文件，经批准后，向公司登记机关依法办理登记，领取营业执照。

外国公司在中华人民共和国境内设立分支机构，应当在中华人民共和国境内指定负责该分支机构的代表人或代理人，并向该分支机构拨付与其所从事的经营活动相适应的资金。

外国公司的分支机构应当在其名称中标明该外国公司的国籍及责任形式。外国公司的分支机构应当在本机构中置备该外国公司章程。

外国公司在中华人民共和国境内设立的分支机构不具备中国法人资格。外国公司对其分支机构在中华人民共和国境内进行经营活动承担民事责任。

【小案例2—1】 江西某有限责任公司注册资本100万元，先后投资20万元在广州设立A子公司，投资5万元在上海设立B分公司。后来A、B公司均因经营不善无法清偿债权人C公司的到期债务。

点评：C公司就A公司无力偿还的债务无权向其母公司要求承担清偿责任，但对B公司的债务有权要求其总公司承担清偿责任。

【典型例题·单选题2—1】 2023年1月张某、李某、王某共同投资设立了甲有限责任公司，下设分公司A公司、子公司B公司。其后，张某和B公司共同在韩国依照该国法律投资设立了C公司。下列关于各公司的表述中，正确的是(　　)。

A. A公司具有法人资格

B. C公司是中国公司

C. B公司的民事责任由甲公司承担

D. 张某仅以自己认缴的出资额为限对甲公司的债务承担责任

(二)公司人格

1. 公司法人人格

公司是具有法人资格的企业，主要是由其拥有独立的财产、独立的意思和独立承担责任这三个因素决定的。

(1)公司的独立财产

所谓“公司的独立财产”，是指公司拥有完全独立于其股东的财产，而且公司对其财产拥有独立的支配权，这是公司成为法人的前提条件。股东的出资一旦投入公司，就是公司的财产；公司的财产与股东的财产是相分离的。

(2)公司的独立意思

公司的独立意思是通过公司的内部机关决议形成的，股东虽然可以参加股东会或者当选为董事而参与公司的决策过程，但是由于公司意思机关、决策程序、议事规则的存在，股东的意思已经被吸收为公司的意思。

(3)公司的独立责任

公司的独立财产决定了公司的独立责任。公司的独立责任是指公司应以自己拥有的全部财产对其债务独立承担责任，公司股东只以出资额为限对公司负责，不承担超出其出资义务的任何财产责任。公司与其股东在承担责任上是彼此独立的。

2. 公司法人人格否定

现实中不乏一些利用公司独立人格和股东有限责任从事各种不正当行为的消极现象，这些滥用公司人格的行为在危及交易安全、损害债权人利益的同时，暴露了公司独立人格和股东有限责任制度绝对化的固有缺陷。《公司法》对滥用公司人格和股东有限责任从事各种不正当行为致公司债权人受损害的，予以了法人人格的否定，即允许债权人向公司股东直接主张权利。只有一个股东的公司，股东不能证明公司财产独立于股东自己的财产的，应当对公司债务承担连带责任。

【典型例题·多选题2—1】 下列关于公司法人人格的表述中，正确的有(　　)。

A. 公司具有独立的财产

B. 公司具有独立的意思表示能力

C. 公司具有独立的承担责任能力

D. 公司股东滥用公司法人人格，以自己认缴的股权或认购的股份为限对公司承担责任

(三)公司股东

股东即公司的出资人。在公司获准设立之后，各出资人即成为公司的股东。在我国，除法律、行政法规另有规定外，自然人、法人、国家以及国家授权投资的机构或部门都可成为公司的股东。

1. 股东的权利

《公司法》有关股东权利的规定散见于多个条文之中，股东的法定权利可归纳为财产权、参与管理权和代表诉讼权三大类。

(1)财产权

股东的财产权包括：①发给股权证明或股票请求权；②股权或股份转让权；③股息红利分配请求权，即资产收益权；④认购新股权；⑤要求公司回购股权或股份；⑥公司剩余财产分配权。

【知识拓展】 股权与股份转让规则

有限责任公司的股东之间可以相互转让其全部或者部分股权。自然人股东死亡后，其合法继承人可以继承股东资格；但是，公司章程另有规定的除外。

股东向股东以外的人转让股权，应当将股权转让的数量、价格、支付方式和期限等事项书面通知其他股东，其他股东在同等条件下有优先购买权。股东自接到书面通知之日起30日内未答复的，视为放弃优先购买权。两个以上股东主张行使优先购买权的，协商确定各自的购买比例；协商不成的，按照转让时各自的出资比例行使优先购买权。

公司章程对股权转让另有规定的，从其规定。

股份有限公司的股东持有的股份可以向其他股东转让，也可以向股东以外的人转让；公司章程对股份转让有限制的，其转让按照公司章程的规定进行。股东转让其股份，应当在依法设立的证券交易场所进行或者按照国务院规定的其他方式进行。股票的转让，由股东以背书方式或者法律、行政法规规定的其他方式进行；转让后由公司将受让人的姓名或者名称及住所记载于股东名册。

法律对股份转让有限制的，从其规定。

【知识拓展】 股东要求公司回购股权或股份的情形及救济方法

有下列情形之一的，对股东会该项决议投反对票的股东可以请求公司按照合理的价格收购其股权：公司连续5年不向股东分配利润，而公司该5年连续盈利，并且符合《公司法》规定的分配利润条件；公司合并、分立、转让主要财产；公司章程规定的营业期限届满或者章程规定的其他解散事由出现，股东会通过决议修改章程使公司存续。

自股东会决议作出之日起60日内，股东与公司不能达成股权、股份收购协议的，股东可以自股东会决议作出之日起90日内向人民法院提起诉讼。股份有限公司因为公司连续5年不向股东分配利润，而公司该5年连续盈利，并且符合《公司法》规定的分配利润条件而收购本公司股份的，应当在6个月内依法转让或者注销。

公司的控股股东滥用股东权利，严重损害公司或者其他股东利益的，其他股东有权请求公司按照合理的价格收购其股权。

【典型例题·单选题2—2】 下列关于有限责任公司股权转让的表述中，符合法律规定的是(　　)。

A. 有限责任公司的股东之间不得相互转让其全部或者部分股权

B. 法院依照强制执行程序转让股东的股权时，应当通知公司及全体股东，其他股东在同等条件下有优先购买权

C. 自然人股东死亡后，其合法继承人不可以继承其股东资格

D. 股东向股东以外的人转让股权，依法应当经公司全部股东同意

(2)参与管理权

股东的参与管理权包括：①股东会临时召集请求权或自行召集权；②出席股东会并行使表决权，即参与重大决策权和选择管理者的权利；③公司会计账簿、会计凭证查阅权；④公司章程、股东名册、股东会议记录、董事会会议决议、监事会会议决议和财务会计报告等查阅、复制权；⑤公司重整申请权；⑥对公司经营的建议与质询权。

【典型例题·多选题 2—2】 下列资料中，有限责任公司股东可以复制的有(　　)。

A. 会计账簿　　B. 股东会会议记录

C. 公司章程　　D. 财务会计报告

(3)代表诉讼或者直接起诉权

董事、高级管理人员执行公司职务时违反法律、行政法规或者公司章程的规定，给公司造成损失的，有限责任公司的股东、股份有限公司连续 180 日以上单独或者合计持有公司 1%以上股份的股东，可以书面请求监事会或者不设监事会的有限责任公司的监事向人民法院提起诉讼；监事执行公司职务时违反法律、行政法规或者公司章程的规定，给公司造成损失的，前述股东可以书面请求董事会或者不设董事会的有限责任公司的执行董事向人民法院提起诉讼。监事会或者董事会收到前述规定的书面请求后拒绝提起诉讼，或者自收到请求之日起 30 日内未提起诉讼，或者情况紧急、不立即提起诉讼将会使公司利益受到难以弥补的损害的，前述股东有权为了公司的利益以自己的名义直接向人民法院提起诉讼。

他人侵犯公司合法权益，给公司造成损失的，前述股东可以依照上述规定向人民法院提起诉讼。

公司全资子公司的董事、监事、高级管理人员有前述规定情形，或者他人侵犯公司全资子公司合法权益造成损失的，前述股东可以书面请求全资子公司的监事会、董事会向人民法院提起诉讼或者以自己的名义直接向人民法院提起诉讼。

董事、高级管理人员违反法律、行政法规或者公司章程的规定，损害股东利益的，股东可以直接向人民法院提起诉讼。

除上述法定权利外，股东还享有公司章程规定的权利。

【典型例题·多选题 2—3】 下列关于股东代表诉讼的表述中，符合法律规定的有(　　)。

A. 有限责任公司中连续 180 日以上持有 1/10 以上表决权的股东才有权提起代表诉讼

B. 有限责任公司董事违反法律规定，损害股东利益的，股东可以直接向人民法院提起诉讼

C. 股东虽然是以自己的名义向人民法院提起诉讼，但诉讼所得的收益应当归公司所有

D. 股份有限公司监事执行公司职务时违反章程的规定，给公司造成损失的，股东可以直接向人民法院提起诉讼

2. 股东的义务与责任

股东应当按期足额缴纳公司章程中规定的各自所认缴的出资额，并以其所认缴的出资额为限对公司承担责任。股东未按期足额缴纳出资的，除应当向公司足额缴纳外，还应当对给公司造成的损失承担赔偿责任。公司设立时，股东未按照公司章程规定实际缴纳出资，或者实际出资的非货币财产的实际价额显著低于所认缴的出资额的，设立时的其他股东与该股东在出资不足的范围内承担连带责任。

股东未按照公司章程规定的出资日期缴纳出资的，公司应向该股东发出书面催缴书，催缴出

资。催缴书可以载明催缴出资的宽限期，宽限期自公司发出催缴书之日起，不得少于60日。宽限期届满，股东仍未履行出资义务的，公司经董事会决议可以向该股东发出失权的书面通知。自通知发出之日起，该股东丧失其未缴纳出资的股权。该失权的股权应当依法转让或者相应减少注册资本并注销该股权；6个月内未转让或者注销的，由公司其他股东按照出资比例足额缴纳相应出资。股东对失权有异议的，应当自接到失权通知之日起30日内，向人民法院提起诉讼。

公司成立后，股东不得抽逃出资，股东抽逃出资的，应当返还出资，给公司造成损失的，需承担赔偿责任。

公司不能清偿到期债务的，公司或者已到期债权的债权人有权要求已认缴出资但未届出资期限的股东提前缴纳出资。

股东应当依照法律、行政法规和公司章程的规定行使权利，不得滥用股东权利损害公司或者其他股东的利益，不得滥用公司法人独立地位和股东有限责任损害公司债权人的利益。公司股东滥用股东权利给公司或者其他股东造成损失的，应当依法承担赔偿责任。公司股东滥用公司法人独立地位和股东有限责任，逃避债务，严重损害公司债权人利益的，应当对公司债务承担连带责任。股东利用其控制的两家以上的公司实施前述规定行为的，各公司应当对任一公司的债务承担连带责任。

公司的控股股东、实际控制人指示董事、高级管理人员从事损害公司或者股东利益的行为的，与该董事、高级管理人员承担连带责任。

【小案例2—2】 甲公司、乙公司和自然人张某投资成立丙有限责任公司。乙公司以一套房产作价100万元出资（后经过评估验资仅值50万元），张某和甲公司以人民币各100万元出资，但张某在规定的缴纳期限内实际只缴纳了80万元，剩下的20万元一直没有缴纳。

点评：本案中，乙公司、甲公司和张某对不足的50万元在出资不足的范围内承担连带责任。另外张某需承担出资补足责任，即张某应向公司足额缴纳剩余的20万元，而甲公司和乙公司对张某出资不足范围内承担连带责任。如果给丙公司造成损失的，张某需向丙有限责任公司承担赔偿责任。

【典型例题·多选题2—4】 下列关于公司股东未按期足额缴纳出资时应承担法律责任的表述中，正确的有（　　）。

A. 向已按期足额缴纳出资的股东承担违约责任

B. 给公司造成损失的，向公司承担赔偿责任

C. 公司设立时的其他股东在出资不足的范围内承担连带责任

D. 足额缴纳出资责任

（四）公司董事、监事、高级管理人员的任职资格和义务

1. 董事、监事、高级管理人员的任职资格

由于董事、监事和高级管理人员对公司的经营管理和业绩效益负有重要的责任，因此《公司法》对他们的任职资格有较为严格的限制性条件。根据《公司法》的规定，有下列情形之一的，不得担任公司的董事、监事、高级管理人员：

（1）无民事行为能力或者限制民事行为能力；

（2）因贪污、贿赂、侵占财产、挪用财产或者破坏社会主义市场经济秩序，被判处刑罚，执行期

满未逾5年，或者因犯罪被剥夺政治权利，执行期满未逾5年，被宣告缓刑的，自缓刑考验期满之日起未逾2年；

（3）担任破产清算的公司、企业的董事或者厂长、经理，对该公司、企业的破产负有个人责任的，自该公司、企业破产清算完结之日起未逾3年；

（4）担任因违法被吊销营业执照、责令关闭的公司、企业的法定代表人，并负有个人责任的，自该公司、企业被吊销营业执照、责令关闭之日起未逾3年；

（5）个人所负数额较大的债务到期未清偿被人民法院列为失信被执行人。

公司违反前述规定选举、委派董事、监事或者聘任高级管理人员的，该选举、委派或者聘任无效。董事、监事、高级管理人员在任职期间出现前述所列情形的，公司应当解除其职务。公司董事、高级管理人员不得兼任监事。

【典型例题·多选题2—5】 下列主体中，可以担任甲有限责任公司董事的有（　　）。

A. 张某，甲公司经理

B. 黄某，曾因受贿罪被判处5年有期徒刑，现执行期满3年

C. 郑某，甲公司监事

D. 李某，曾调任濒临破产的乙公司经理，后乙公司破产清算完结已满2年

2. 董事、监事、高级管理人员的义务与责任

董事、监事、高级管理人员应当遵守法律、行政法规和公司章程，对公司负有忠实义务，应当采取措施避免自身利益与公司利益冲突，不得利用职权牟取不当利益；同时对公司负有勤勉义务，执行职务应当为公司的最大利益尽到管理者通常应有的合理注意。

公司成立之后，董事会应当对股东的出资情况进行核查，发现股东未足额缴纳公司章程规定的出资的，应当由公司向该股东发出书面催缴书，催缴出资。未及时履行该义务，给公司造成损失的，负有责任的董事应当承担赔偿责任。

公司股东在公司成立后，抽逃出资，给公司造成损失的，负有责任的董事、监事、高级管理人员应当与该股东承担连带赔偿责任。

董事、监事、高级管理人员不得有下列行为：

（1）侵占公司财产、挪用公司资金；

（2）将公司资金以其个人名义或者以其他个人名义开立账户存储；

（3）利用职权贿赂或者收受其他非法收入；

（4）接受他人与公司交易的佣金归为己有；

（5）擅自披露公司秘密；

（6）违反对公司忠实义务的其他行为。

董事、监事、高级管理人员，董事、监事、高级管理人员的近亲属，董事、监事、高级管理人员或者其近亲属直接或者间接控制的企业，以及与董事、监事、高级管理人员有其他关联关系的关联人，直接或间接与本公司订立合同或者进行交易，应当就与订立合同或者进行交易有关事项向董事会或者股东会报告，并按照公司章程的规定经董事会或者股东会决议通过。

董事、监事、高级管理人员，不得利用职务便利为自己或者他人谋取属于公司的商业机会，但是，有下列情形之一的除外：向董事会或者股东会报告，并按照公司章程的规定经董事会或者股东会决议通过；根据法律、行政法规或者公司章程的规定，公司不能利用该商业机会。

董事、监事、高级管理人员未向董事会或者股东会报告，并按照公司章程的规定经董事会或

者股东会决议通过,不得自营或者为他人经营与其任职公司同类业务。

董事会对前述规定的事项决议时,关联董事不得参与表决,其表决权不计入表决权总数。出席董事会的无关联董事人数不足 3 人的,应当将该事项提交股东会审议。

股东会要求董事、监事、高级管理人员列席会议的,董事、监事、高级管理人员应当列席并接受股东的质询。

董事、监事、高级管理人员违反上述规定所得的收入应当归公司所有。董事、监事、高级管理人员执行公司职务时违反法律、行政法规或者公司章程的规定,给公司造成损失的,应当承担赔偿责任。

董事、高级管理人员执行职务,给他人造成损害的,公司应当承担赔偿责任;董事、高级管理人员存在故意或者重大过失的,也应当承担赔偿责任。

公司可以在董事任职期间为董事因执行公司职务承担的赔偿责任投保责任保险。公司为董事投保责任保险或者续保后,董事会应当向股东会报告责任保险的投保金额、承保范围及保险费率等内容。

【典型例题·多选题 2—6】 张某为甲公司监事,其下列行为中,符合法律规定的有(　　)。

A. 经股东会决议通过,张某将自己的一套房屋作价 200 万元出售给甲公司

B. 经董事会决议通过,张某自营了一家与本公司业务相同的公司

C. 经监事会决议通过,张某将公司资金以其个人名义开立账户存储

D. 经董事会决议通过,张某接受了乙公司与甲公司交易的佣金并将该佣金占为己有

【知识拓展】 高级管理人员、控股股东、实际控制人与关联关系的概念

高级管理人员是指公司的经理、副经理、财务负责人、上市公司董事会秘书和公司章程规定的其他人员。

控股股东是指其出资额占有限责任公司资本总额超过 50%或者其持有的股份占股份有限公司股本总额超过 50%的股东;出资额或者持有股份的比例虽然低于 50%,但依其出资额或者持有的股份所享有的表决权已足以对股东会的决议产生重大影响的股东。

实际控制人是指虽不是公司的股东,但通过投资关系、协议或者其他安排,能够实际支配公司行为的人。

关联关系是指公司控股股东、实际控制人、董事、监事、高级管理人员与其直接或间接控制的企业之间的关系,以及可能导致公司利益转移的其他关系。但是,国家控股的企业之间不能因为同受国家控股而具有关联关系。

(五)公司对外投资和担保

1. 公司对外投资和担保的一般规定

公司可以向其他企业投资;但是除法律另有规定外,不得成为对所投资企业的债务承担连带责任的出资人。公司向其他企业投资或为他人提供担保,首先应当在公司章程中作出明确规定;其次应当按照公司章程的规定,由董事会或者股东会作出决议。另外,公司向其他企业投资或者提供担保不得超过公司章程规定的限额。

2. 公司担保的特殊规定

公司为公司股东或者实际控制人提供担保的,应当经股东会决议,在决议表决时,前述的公

司股东或者受实际控制人支配的股东不得参加表决。决议的表决由出席会议的其他股东所持表决权的过半数通过，方为有效。

【典型例题·多选题2—7】 甲公司拟为本公司股东乙公司提供担保。下列关于甲公司的做法中，符合法律规定的有（　　）。

A. 甲公司应召开股东会会议作出决议

B. 乙公司作为股东之一，可以参加股东会并表决

C. 如召开股东会，则决议应由出席会议的其他股东所持表决权的过半数通过方为有效

D. 甲公司为乙公司提供担保没有限额要求

（六）公司法定代表人

法定代表人是指依法律或法人章程规定代表法人行使职权的负责人。公司法定代表人按照公司章程的规定，由代表公司执行公司事务的董事或者经理担任。担任法定代表人的董事或者经理辞任的，视为同时辞去法定代表人。法定代表人辞任的，公司应当在法定代表人辞任之日起30日内确定新的法定代表人。

法定代表人以公司名义从事的民事活动，其法律后果由公司承受。公司章程或者股东会对法定代表人职权的限制，不得对抗善意相对人。法定代表人因执行职务造成他人损害的，由公司承担民事责任。公司承担民事责任后，依照法律或者公司章程的规定，可以向有过错的法定代表人追偿。

【典型例题·多选题2—8】 根据公司法律制度的规定，下列关于法定代表人的表述中，正确的有（　　）。

A. 公司的法定代表人应由公司董事长担任

B. 法定代表人辞任的，公司应当在法定代表人辞任之日起30日内确定新的法定代表人

C. 法定代表人以公司名义从事的民事活动，其法律后果由公司承受

D. 公司章程或者股东会对法定代表人职权的限制，可以对抗善意相对人

（七）公司登记

设立公司，应当依法向公司登记机关申请设立登记。法律、行政法规规定设立公司必须报经批准的，应当在公司登记前依法办理批准手续。

申请设立公司，应当提交设立登记申请书、公司章程等文件，提交的相关材料应当真实、合法和有效。申请材料不齐全或者不符合法定形式的，公司登记机关应当一次性告知需要补正的材料。

公司登记事项包括：名称；住所；注册资本；经营范围；法定代表人的姓名；有限责任公司股东、股份有限公司发起人的姓名或者名称。公司登记机关应当将前述规定的公司登记事项通过国家企业信用信息公示系统向社会公示。

依法设立的公司，由公司登记机关发给公司营业执照。公司营业执照签发日期为公司成立日期。公司登记机关可以发给电子营业执照。电子营业执照与纸质执照具有同等法律效力。

公司登记事项发生变更的，应当依法办理变更登记。公司登记事项未经登记或者未经变更登记，不得对抗善意相对人。公司申请变更登记，应当向公司登记机关提交法定代表人签署的变更登记申请书、依法作出的变更决议或者决定等文件。公司变更登记事项涉及修改公司章程的，应当提交修改后的公司章程。公司变更法定代表人的，变更登记申请书由变更后的法定代表人签署。公司营业执照记载的事项发生变更的，公司办理变更登记后，由公司登记机关换发营业执照。

公司因解散、被宣告破产或者其他法定事由需要终止的，应当依法向公司登记机关申请注销登记，由公司登记机关公告公司终止。

【知识拓展】 公司在国家企业信用信息公示系统的法定自主公示事项

公司应当按照规定通过国家企业信用信息公示系统公示下列事项：有限责任公司股东认缴和实缴的出资额、出资方式和出资日期，股份有限公司发起人认购的股份数；有限责任公司股东、股份有限公司发起人的股权、股份变更信息；行政许可取得、变更、注销等信息；法律、行政法规规定的其他信息。

公司应当确保公示信息真实、准确、完整。

【典型例题·多选题 2—9】 根据公司法律制度的规定，下列关于公司登记的表述中，正确的有(　　)。

A. 公司营业执照签发之日，就是公司成立之日

B. 公司登记事项发生变更的，在公司章程上进行修改，无须办理变更登记

C. 公司变更法定代表人的，变更登记申请书由变更前的法定代表人签署

D. 公司登记机关可以发给电子营业执照。电子营业执照与纸质执照具有同等法律效力

二、公司设立

(一)有限责任公司的设立

1. 公司设立时股东的权利与责任

有限责任公司由 1 个以上 50 个以下股东出资设立。

有限责任公司设立时的股东可以签订股东协议，明确各自在公司设立过程中的权利和义务。为设立公司从事的民事活动，其法律后果由公司承受。公司未成立的，其法律后果由公司设立时的股东承受；设立时的股东为 2 人以上的，享有连带债权，承担连带债务。

设立时的股东为设立公司以自己的名义从事民事活动产生的民事责任，第三人有权选择请求公司或者公司设立时的股东承担责任。

设立时的股东因履行公司设立职责造成他人损害的，公司或者无过错的股东承担赔偿责任后，可以向由过错的股东追偿。

2. 公司章程

公司章程是公司最基本的规范性文件，它规定公司组织与经营的最根本的事项。设立有限责任公司，应当由全体股东共同制定公司章程。有限责任公司章程应当载明下列事项：公司名称和住所；公司经营范围；公司注册资本；股东的姓名或者名称；股东的出资额、出资方式和出资日期；公司的机构及其产生办法、职权、议事规则；公司法定代表人的产生、变更办法；股东会认为需要规定的其他事项。

股东应当在公司章程上签名或者盖章，公司章程对公司、股东、董事、监事、高级管理人员具有约束力。

3. 注册资本

有限责任公司的注册资本为在公司登记机关登记的全体股东认缴的出资额。全体股东认缴的出资额由股东按照公司章程的规定自公司成立之日起 5 年内缴足。法律、行政法规以及国务

院决定对有限责任公司注册资本实缴、注册资本最低限额、股东出资期限另有规定的，从其规定。

4. 公司名称

公司的名称是某一公司区别于其他公司的特定标志。公司应当有自己的名称。公司名称应当符合国家有关规定。公司的名称，须经公司登记机关核准后才可使用。有限责任公司应当在名称中标明“有限责任公司”或者“有限公司”的字样。公司的名称权受法律保护。

5. 公司住所

公司的住所为公司主要办事机构所在地。

【典型例题·多选题 2－10】 下列关于有限责任公司设立的表述中，符合法律规定的有（ ）。

A. 股东人数 2 人以上 200 人以下

B. 公司的名称应含有“有限公司”或“有限责任公司”的字样

C. 公司章程由全体股东共同制定

D. 公司住所为公司主要办事机构所在地

6. 设立程序

(1)签订发起人协议

发起人协议是指发起人之间就设立公司事项所达成的明确彼此之间权利义务关系的协议。

(2)制定公司章程

有限责任公司的公司章程由公司全体股东共同制定，经全体股东同意后，在公司章程上签名、盖章。

(3)申请公司名称预先核准

设立有限责任公司，由全体股东指定的代表或者共同委托的代理人向公司登记机关申请公司名称预先核准。预先核准的公司名称保留期为 6 个月。预先核准的公司名称在保留期内，不得用于从事经营活动，不得转让。

(4)报批

法律、行政法规规定需经有关部门审批的要报批，获得批准文件。一般来说，有限责任公司的设立只要不涉及法律、法规的特别要求，直接注册登记即可成立。但法律、行政法规规定设立公司必须报经批准的，应当在公司登记前依法办理批准手续。

(5)缴纳出资

有限责任公司的注册资本为在公司登记机关登记的全体股东认缴的出资额。股东可以用货币出资，也可以用实物、知识产权、土地使用权股权、债权等可以用货币估价并可以依法转让的非货币财产作价出资；但是，法律、行政法规规定不得作为出资的财产除外。对作为出资的非货币财产应当评估作价，核实财产，不得高估或者低估作价。法律、行政法规对评估作价有规定的，从其规定。股东应当按期足额缴纳公司章程中规定的各自所认缴的出资额。股东以货币出资的，应当将货币出资足额存入有限责任公司在银行开设的账户；以非货币财产出资的，应当依法办理其财产权的转移手续。

(6)申请登记

股东认足公司章程规定的出资后，由全体股东指定的代表或者共同委托的代理人向公司登记机关报送公司登记申请书、公司章程等文件，申请设立登记。

(7)审核

对于设立申请,登记机关应当依法进行审查。对于不符合《公司法》规定条件的,不予登记;对于符合《公司法》规定条件的,依法核准登记,发给营业执照。营业执照的签发日期为有限责任公司的成立日期。公司可以凭登记机关办理的营业执照申请开立银行账户、刻制公司印章、申请纳税登记等。

有限责任公司的设立程序如图 2—1 所示。

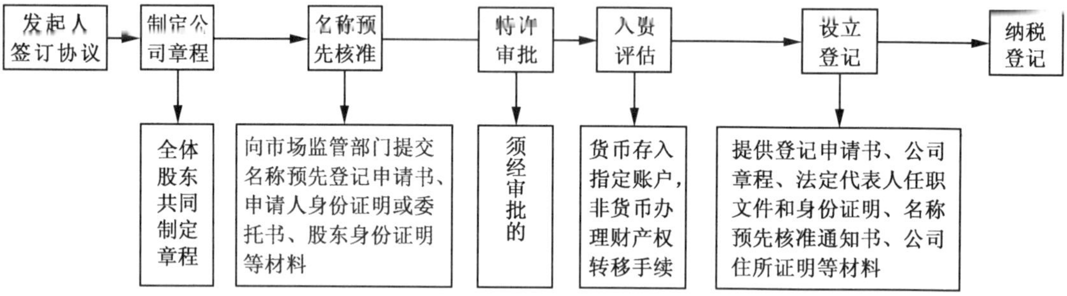

图 2—1 有限责任公司设立流程图

(二)股份有限公司的设立

1. 发起人的义务与责任

设立股份有限公司,应当有 1 人以上 200 人以下为发起人,其中应当有半数以上的发起人在中华人民共和国境内有住所。

发起人承担公司筹办事务。发起人应当签订发起人协议,明确各自在公司设立过程中的权利和义务。

发起人应当在公司成立前按照其认购的股份全额缴纳股款。

2. 注册资本

股份有限公司的注册资本为在公司登记机关登记的已发行股份的股本总额。在发起人认购的股份缴足前,不得向他人募集股份。法律、行政法规以及国务院决定对股份有限公司注册资本实缴、注册资本最低限额另有规定的,从其规定。

3. 公司章程

股份有限公司发起人共同制订公司章程。公司章程应当载明以下事项:公司名称和住所;公司经营范围;公司设立方式;公司注册资本、已发行的股份数和设立时发行的股份数,面额股的每股金额;发行类别股的,每一类别股的股份数及其权利和义务;发起人的姓名或者名称、认购的股份数、出资方式;董事会的组成、职权和议事规则;公司法定代表人的产生、变更办法;监事会的组成、职权和议事规则;公司利润分配办法;公司的解散事由与清算办法;公司的通知和公告办法;股东会认为需要规定的其他事项。

公司章程具有法定性、真实性、自治性和公开性的基本特征。

【典型例题 · 多选题 2—11】 下列关于股份有限公司设立的表述中,符合法律规定的有(　　)。

A. 公司的股东人数为 200 人以下

B. 公司设立方式为发起设立或募集设立

C. 有公司名称

D. 由全体发起人制定公司章程

4. 设立方式

设立股份有限公司，可以采取发起设立或者募集设立的方式。

(1)发起设立

发起设立，是指由发起人认购设立公司应发行的全部股份而设立公司。

(2)募集设立

募集设立，是指发起人认购公司应发行股份的一部分，其余股份向社会公开募集或者向特定对象募集而设立公司。

以募集设立方式设立股份有限公司，发起人认购的股份不得少于公司股本总额的35%；但是，法律、行政法规另有规定的，从其规定。

5. 设立程序

(1)发起设立的程序

①由发起人签订发起人协议，制定公司章程。

②发起人应当认足公司章程规定的公司设立时应发行的股份，并应在公司成立前按照其认购的股份全额缴纳股款。发起人的出资以及出资不足的责任，与有限责任公司出资规定相同。

③发起人认足股份后，召开成立大会，成立大会的召开和表决程序由公司章程或者发起人协议规定。

④申请设立登记。

(2)募集设立的程序

①发起人签订发起人协议，起草公司章程。

②发起人认购公司股份。

③发起人募集股份。

发起人募集股份时需要履行以下义务：向国务院证券监督管理部门递交募股申请，未经国务院证券监督管理部门批准，发起人不得向社会公开募集股份；公告招股说明书，并制作认股书；与证券公司签订承销协议，将公司股份交由证券公司承销；同银行签订代收股款协议；向社会公开募集股份的股款缴足后，应当经依法设立的验资机构验资并出具证明。

④发起人召开成立大会。

募集设立股份有限公司的发起人应当自公司设立时应发行股份的股款缴足之日起30日内召开公司成立大会。发起人应当在成立大会召开15日前将会议日期通知各认股人或者予以公告。成立大会应当有持有表决权过半数的认股人出席，方可举行。

公司设立时应发行的股份未募足，或者发行的股份的股款缴足后，发起人在30日内未召开成立大会的，认股人可以按照所缴股款并加算同期存款利息，要求发起人返还。发起人、认股人缴纳股款或者交付非货币财产出资后，除未按期募足股份、发起人未按期召开成立大会或者成立大会决议不设立公司的情形外，不得抽回其股本。

⑤申请设立登记。

董事会应当授权代表，于成立大会结束后30日内向公司登记机关申请公司设立登记。公司登记机关对符合法律规定条件的，予以登记，发给营业执照。公司营业执照签发之日，为公司成立日期。

【知识拓展】 成立大会的职权

成立大会行使下列职权：

审议发起人关于公司筹办情况的报告；

通过公司章程；

选举董事、监事；

对公司的设立费用进行审核；

对发起人非货币财产出资的作价进行审核；

发生不可抗力或者经营条件发生重大变化直接影响公司设立的，可以作出不设立公司的决议。

成立大会对前款所列事项作出决议，必须经出席会议的认股人所持表决权过半数通过。

股份有限公司的设立程序如图 2—2 所示。

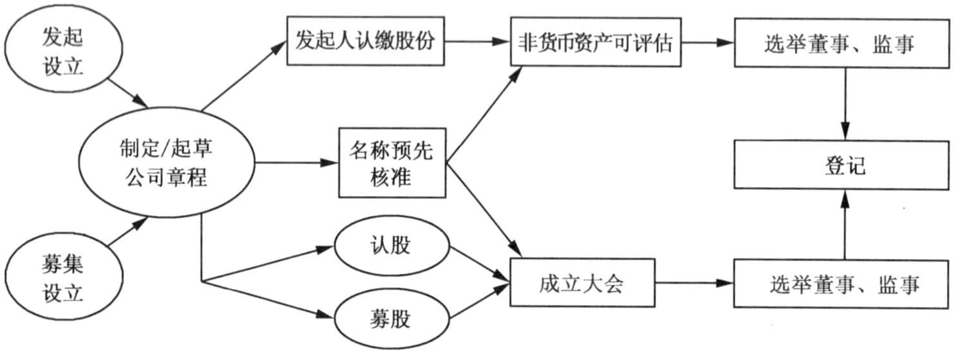

图 2—2 股份有限公司的设立流程

【典型例题·多选题 2—12】 甲股份有限公司在设立过程中发生了下列情形：该公司发起人共有 7 人，其中 4 人在中国境内有住所；注册资本为人民币 8 000 万元，其中 3 000 万元由发起人认购，其余向社会公开募集；由于该公司是募集设立的股份有限公司，因此所有出资必须以货币的形式；发起人应当自股款缴足之日起 30 日内主持召开公司成立大会。下列关于该股份有限公司设立的做法中，符合法律规定的有(　　)。

A. 公司的发起人共有 7 人，其中 4 人在中国境内有住所

B. 注册资本为人民币 8 000 万元，其中 3 000 万元由发起人认购

C. 所有出资必须以货币的形式

D. 发起人应当自股款缴足之日起 30 日内主持召开公司创立大会

三、公司内部治理机构

(一)股东会

1. 股东会的性质与职权

股东会由全体股东组成,是公司的权力机构,依法行使下列职权:

(1)选举和更换董事、监事,决定有关董事、监事的报酬事项;

(2)审议批准董事会的报告;

(3)审议批准监事会的报告;

(4)审议批准公司的利润分配方案和弥补亏损方案;

(5)对公司增加或者减少注册资本作出决议;

(6)对发行公司债券作出决议;

(7)对公司合并、分立、解散、清算或者变更公司形式作出决议;

(8)修改公司章程;

(9)公司章程规定的其他职权。

对上述所列事项,股东以书面形式一致表示同意的,可以不召开股东会会议,直接作出决定,并由全体股东在决定文件上签名、盖章。只有一个股东的有限责任公司或股份有限公司不设股东会。股东作出上述所列事项的决定时,应当采用书面形式,并由股东签名或者盖章后置备于公司。

股东会可以授权董事会对发行公司债券作出决议。

2. 股东会的召集及会议形式

(1)有限责任公司股东会的召集及会议形式

有限责任公司股东会的首次会议由出资最多的股东召集和主持,以后的股东会会议,设立董事会的,由董事会召集,董事长主持;董事长不能履行职务或者不履行职务的,由副董事长主持;副董事长不能履行职务或者不履行职务的,由过半数的董事共同推举一名董事主持。董事会不能履行或者不履行召集股东会会议职责的,由监事会召集和主持;监事会不召集和主持的,代表1/10以上表决权的有限责任公司股东可以自行召集和主持。

有限责任公司股东会会议分为定期会议和临时会议。

①定期会议。定期会议应当按照公司章程的规定按时召开。

②临时会议。经代表1/10以上有表决权的股东,1/3以上董事或监事会提议召开临时会议的,应当召开临时会议。

召开有限责任公司股东会会议,应当于会议召开15日前通知全体股东;但是,公司章程另有规定或者全体股东另有约定的除外。

(2)股份有限公司股东会的召集及会议形式

股份有限公司股东会可以分为年会和临时股东会会议。股东会应当每年召开一次年会。有下列情形之一的,应当在两个月内召开临时股东会会议:

①董事人数不足《公司法》规定人数或者公司章程所定人数的2/3时;

②公司未弥补的亏损达实收股本总额1/3时;

③单独或者合计持有公司10%以上股份的股东请求时；

④董事会认为必要时；

⑤监事会提议召开时；

⑥公司章程规定的其他情形。

股东会会议由董事会召集，董事长主持；董事长不能履行职务或者不履行职务的，由副董事长主持；副董事长不能履行职务或者不履行职务的，由过半数的董事共同推举一名董事主持。董事会不能履行或者不履行召集股东会会议职责的，由监事会召集和主持；监事会不召集和主持的，代表1/10以上表决权的有限责任公司股东可以自行召集和主持。

单独或者合计持有公司10%以上股份的股东请求召开临时股东会会议的，董事会、监事会应当在收到请求之日起10日内作出是否召开临时股东会会议的决定，并书面答复股东。

召开股东会会议，应当将会议召开的时间、地点和审议的事项于会议召开20日前通知各股东；临时股东会会议应当于会议召开15日前通知各股东；单独或者合计持有公司1%以上股份的股东，可以在股东会会议召开10日前提出临时提案并书面提交董事会，临时提案应当有明确议题和具体决议事项。董事会应当在收到提案后2日内通知其他股东，并将该临时提案提交股东会审议。但临时提案违反法律、行政法规或者公司章程的规定，或者不属于股东会职权范围的除外。公司不得提高提出临时提案股东的持股比例。公开发行股份的公司，应当以公告方式作出前述规定的通知。股东会不得对通知中未列明的事项作出决议。

【典型例题·多选题2—13】 下列关于股东会的召集和主持的表述中，正确的有(　　)。

A. 股东会首次会议的召集者和主持者是出资最多的股东

B. 股东会分为年会和临时会议

C. 股东会应提前30日通知全体股东

D. 经代表1/10以上有表决权的股东提议召开临时会议的，应当召开临时会议

3. 股东会的议事规则

(1)普通决议

除特别决议事项外的决议为普通决议，股东会的议事方式和表决程序，除《公司法》另有规定的外，由公司章程规定。股东会作出决议应当经代表过半数表决权的股东通过。

(2)特别决议

股东会会议作出修改公司章程、增加或者减少注册资本的决议，以及公司合并、分立、解散或者变更公司形式的决议，应当经代表2/3以上表决权的股东通过。

股东会会议由股东按照出资比例行使表决权，但是，公司章程另有规定的除外。

股东会应当对所议事项的决定做成会议记录，出席会议的股东应当在会议记录上签名或者盖章。

【知识拓展】 股份有限公司股东会的议事规则

股东出席股东会会议，所持每一股份有一表决权，类别股股东除外。公司持有本公司股份没有表决权。

普通决议：股东会作出决议，应当经出席会议的股东所持表决权过半数通过；法律另有规定的除外。

特别决议：股东会作出修改公司章程、增加或者减少注册资本的决议，以及公司合并、分立、解散或者变更公司形式的决议，必须经出席会议的股东所持表决权的2/3以上通过。

股东会选举董事、监事，可以按照公司章程的规定或者股东会的决议，实行累积投票制。所谓“累积投票制”，是指股东会选举董事或者监事时，每一股份拥有与应选董事或者监事人数相同的表决权，股东拥有的表决权可以集中使用。

股东委托代理人出席股东会会议的，应当明确代理人代理的事项、权限和期限，代理人应当向公司提交股东授权委托书，并在授权范围内行使表决权。

股东会应当对所议事项的决定做成会议记录，主持人、出席会议的董事应当在会议记录上签名。会议记录应当与出席股东的签名册及代理出席的委托书一并保存。

【小案例2—3】 甲、乙两家公司与另外7家国有企业拟联合组建设立丙有限责任公司。2021年3月丙公司依法登记设立，注册资本为1亿元。其中，甲以工业产权出资，协议作价1 200万元；乙出资2 800万元，是出资最多的股东。公司成立后，由甲召集和主持了首次股东会会议，设立了董事会。公司经过一段时间的运作后，经济效益较好。2021年5月，董事会拟定了一个增加注册资本的方案，方案提出将公司现有的注册资本由1亿元增加到1.5亿元，增资方案提交到股东会讨论表决时，代表58%表决权的7名股东赞成增资，而代表42%表决权的另两名股东不赞成增资。股东会通过了增资决议，并授权董事会执行。

点评：本案中，存在两处公司不合法之处。第一，首次股东会应由出资最多的股东召集和主持。故应由乙召集和主持，而非甲。第二，丙公司股东会作出增资决议不合法。股东会会议作出修改公司章程、增加或者减少注册资本的决议，以及公司合并、分立、解散或者变更公司形式的决议，必须经代表表2/3以上表决权的股东通过。

【典型例题·多选题2—14】 下列关于股东会决议的表述中，正确的有（　　）。

A. 股东出席股东会会议，所持每一股份有一表决权，类别股股东除外

B. 股东可以委托代理人出席股东会会议，代理人应当向公司提交股东授权委托书，并在授权范围内行使表决权

C. 公司持有的本公司股份没有表决权

D. 股东会作出普通决议，必须经出席会议的股东所持表决权过半数通过

（二）董事会

1. 董事会的性质与职权

董事会是公司股东会的执行机构，向股东会负责。规模较小或者股东人数较少的公司，可以不设董事会，设一名董事，行使《公司法》规定的董事会的职权。该董事可以兼任公司经理。

董事会行使下列职权：

（1）召集股东会会议，并向股东会报告工作；

（2）执行股东会的决议；

（3）决定公司的经营计划和投资方案；

（4）制订公司的年度财务预算方案、决算方案；

（5）制订公司的利润分配方案和弥补亏损方案；

(6)制订公司增加或者减少注册资本以及发行公司债券的方案;

(7)制订公司合并、分立、解散或者变更公司形式的方案;

(8)决定公司内部管理机构的设置;

(9)决定聘任或者解聘公司经理及其报酬事项,并根据经理的提名决定聘任或者解聘公司副经理、财务负责人及其报酬事项;

(10)公司章程规定或者股东会授予的其他职权。

公司章程对董事会职权的限制不得对抗善意相对人。

2. 董事会的组成

公司董事会成员为3人以上,其成员中可以有公司职工代表。职工人数300人以上的公司,除依法设监事会并有公司职工代表的外,其董事会成员中应当有公司职工代表。董事会的职工代表由公司职工通过职工代表大会、职工大会或者其他形式选举产生。董事会设董事长1人,可以设副董事长。有限责任公司董事长、副董事长的产生办法由公司章程规定。股份有限公司董事长和副董事长由董事会以全体董事的过半数选举产生。

公司可以按照公司章程的规定在董事会中设置由董事组成的审计委员会,行使《公司法》规定的监事会的职权。不设监事会或监事。公司董事会成员中的职工代表可以成为审计委员会成员。

股份有限公司审计委员会成员为3名以上,过半数成员不得在公司担任除董事以外的其他职务,且不得与公司存在任何可能影响其独立客观判断的关系。审计委员会作出决议,应当经审计委员会成员的过半数通过。审计委员会决议的表决,应当一人一票。审计委员会的议事方式和表决程序,除《公司法》另有规定外,由公司章程规定。公司可以按照公司章程的规定在董事会中设置其他委员会。

董事任期由公司章程规定,但每届任期不得超过3年。董事任期届满,连选可以连任。

董事任期届满未及时改选,或者董事在任期内辞任导致董事会成员低于法定人数的,在改选出董事就任前,原董事仍应当依照法律、行政法规和公司章程的规定,履行董事职务。董事辞任的,应当以书面形式通知公司,公司收到通知之日辞任生效,但存在前述规定情形的,董事应当继续履行职务。股东会可可以决议解任董事,决议作出之日解任生效。无正当理由,在任期届满前解任董事的,该董事可以要求公司予以赔偿。

【典型例题·多选题2—15】 下列关于甲股份有限公司董事会的表述中,符合法律规定的有(　　)。

A. 其董事会是必设机构

B. 董事长由董事会以全体董事的过半数选举产生

C. 公司章程规定,董事每届任期为2年

D. 成员人数为11人

3. 董事会会议的召集和议事规则

董事会会议由董事长召集和主持;董事长不能履行职务或者不履行职务的,由副董事长召集和主持;副董事长不能履行职务或者不履行职务的,由过半数的董事共同推举一名董事履行职务。董事会会议应当有过半数的董事出席方可举行。董事会作出决议,应当经全体董事的过半数通过。董事会决议的表决,应当一人一票制。董事会应当对所议事项的决定做成会议记录,出席会议的董事应当在会议记录上签名。

有限责任公司董事会的议事方式和表决程序，除《公司法》有规定的外，由公司章程规定。

【知识拓展】 股份有限公司董事会的议事规则

董事会每年度至少召开两次会议，每次会议应当于会议召开10日前通知全体董事和监事。代表1/10以上表决权的股东、1/3以上董事或者监事会，可以提议召开临时董事会会议。董事长应当自接到提议后10日内，召集和主持董事会会议。董事会召开临时董事会会议，可以另定召集董事会的通知方式和通知时限。

董事会会议应有过半数的董事出席方可举行。董事会作出决议，必须经全体董事的过半数通过。公司章程或者股东会授权董事会决定发行新股的，董事会决议应当经全体董事2/3以上通过。董事会决议的表决，应当一人一票。

董事会会议，应由董事本人出席；董事因故不能出席的，可以书面委托其他董事代为出席，委托书中应载明授权范围。

董事应当对董事会的决议承担责任。董事会的决议违反法律、行政法规或者公司章程、股东会决议，致使公司遭受严重损失的，参与决议的董事对公司负赔偿责任。但经证明在表决时曾表明异议并记载于会议记录的，该董事可以免除责任。

董事会应当对所议事项的决定做成会议记录，出席会议的董事应当在会议记录上签名。

4. 经理的设立及职权

公司可以设经理，由董事会决定聘任或解聘。经理对董事会负责，根据公司章程的规定或者董事会的授权行使职权，并列席董事会会议。股份有限公司的董事会可以决定由董事会成员兼任经理。

【小案例2—4】 某股份有限公司董事会由7名董事组成。2021年3月26日，该公司召开董事会会议，出席该次会议的董事有董事A、董事B、董事C、董事D；董事E因出国考察不能出席会议；董事F因参加省人民代表大会不能出席会议，电话委托董事A代为出席并表决；董事G因病不能出席会议，委托董事会秘书H代为出席并表决，监事会三名监事全部列席会议。会议讨论通过了公司内部机构设置的方案。表决时，除董事B反对外，其他董事均表示同意。该次董事会会议记录，由出席董事会会议的全体董事和列席会议的监事签名后存档。

点评：本案中，首先，出席该次董事会会议的董事人数符合规定。董事会会议应有过半数的董事出席方可举行。其次，董事F电话委托董事A代为出席董事会会议，以及董事G委托董事会秘书H出席董事会会议的行为不符合规定。董事因故不能出席董事会会议时，可以书面委托其他董事代为出席。再次，批准公司内部机构设置的方案不符合规定。董事会决议必须经全体董事的过半数通过。因董事B反对该事项后，实际只有3名董事同意，未超过全体董事7人的半数。最后，董事会会议形成的会议记录无须列席会议的监事签名。董事会的会议记录由出席会议的董事签名。

【知识拓展】 公司股东会、董事会决议的无效、可撤销、不成立情形

公司股东会、董事会的决议内容违反法律、行政法规的无效。

公司股东会、董事会的会议召集程序、表决方式违反法律、行政法规或者公司章程,或者决议内容违反公司章程的,股东自决议作出之日起60日内,可以请求人民法院撤销;但是,股东会、董事会的会议召集程序或者表决方式仅有轻微瑕疵,对决议未产生实质影响的除外。未被通知参加股东会会议的股东自知道或者应当知道股东会决议作出之日起60日内,可以请求人民法院撤销;自决议作出之日起1年内没有行使撤销权的,撤销权消灭。

公司股东会、董事会决议有下列情形之一的,决议不成立:未召开股东会、董事会会议作出决议;股东会、董事会会议未对决议事项进行表决;出席会议的人数或者所持表决权数未达到《公司法》或者公司章程规定的人数或者所持表决权数;同意决议事项的人数或者所持表决权数未达到《公司法》或者公司章程规定的人数或者所持表决权数。

公司股东会、董事会决议被人民法院宣告无效、撤销或者被确认不成立的,公司应当向公司登记机关申请撤销根据该决议已办理的登记;公司根据该决议与善意相对人形成的民事法律关系不受影响。

(三)监事会

1. 监事会的性质与职权

监事会是公司内部的监督机构,公司设监事会。但有两种情况不设监事会。第一种情况:有限责任公司按照公司章程的规定在董事会中设置由董事组成的审计委员会,行使《公司法》规定的监事会的职权,不设监事会或监事。第二种情况:公司股东人数较少和规模较小的,可以设1名监事;经全体股东一致同意,也可以不设监事。

监事会有以下职权:

(1)检查公司财务;

(2)对董事、高级管理人员执行公司职务的行为进行监督,对违反法律、行政法规、公司章程或者股东会决议的董事、高级管理人员提出解任的建议;

(3)当董事、高级管理人员的行为损害公司的利益时,要求董事、高级管理人员予以纠正;

(4)提议召开临时股东会会议,在董事会不履行《公司法》规定的召集和主持股东会会议职责时召集和主持股东会会议;

(5)向股东会会议提出提案;

(6)依照《公司法》第一百八十九条的规定,对董事、高级管理人员提起诉讼;

(7)公司章程规定的其他职权。

监事会可以要求董事、高级管理人员提交执行职务的报告。董事、高级管理人员应当如实向监事会提供有关情况和资料,不得妨碍监事会或监事行使职权。

2. 监事会的组成

监事会成员为3人以上,应当包括股东代表和适当比例公司职工代表,其中职工代表的比例不得低于1/3,具体比例由公司章程规定。监事会中的职工代表由公司职工通过职工代表大会、职工大会或者其他形式民主选举产生。

有限责任公司监事会设主席1人,股份有限公司监事会可以设副主席。主席和副主席由全体监事过半数选举产生。监事任期每届为 3 年，监事任期届满，连选可以连任。监事任期届满未及时改选，或者监事在任期内辞任导致监事会成员低于法定人数的，在改选出监事就任前，原监事仍应当依照法律、行政法规和公司章程的规定，履行监事职务。

3. 监事会的召集和议事规则

监事会会议由监事会主席召集和主持。监事会主席不能履行职务或者不履行职务的，有限责任公司由过半数监事共同推举 1 名监事召集和主持；股份有限公司由监事会副主席召集和主持监事会会议；监事会副主席不能履行或者不履行职务的，由过半数监事共同推举 1 名监事召集和主持监事会会议。

有限责任公司监事会每年度至少召开一次会议，股份有限公司监事会每 6 个月至少召开一次会议，监事可以提议召开临时监事会会议。监事会的议事方式和表决程序，除《公司法》有关规定的外，由公司章程规定，监事会决议应当经全体监事的过半数通过。监事会决议的表决，应当一人一票。

监事会应当对所议事项的决定做成会议记录，出席会议的监事应当在会议记录上签名。

监事可以列席董事会会议，并对董事会决议事项提出质询或者建议。监事会发现公司经营情况异常，可以进行调查；必要时，可以聘请会计师事务所等协助其工作，费用由公司承担。

公司的股东会、董事会、监事会召开会议和表决可以采用电子通信方式，公司章程另有规定的除外。

【典型例题 · 多选题 2－16】 下列关于甲有限责任公司监事会的表述中，符合法律规定的有(　　)。

A. 其监事会是必设机构　　B. 成员中应当有公司职工代表

C. 监事每届任期为 3 年　　D. 每年度至少召开一次会议

【知识拓展】 上市公司的特别规定

上市公司是指其股票在证券交易所上市交易的股份有限公司。

上市公司在 1 年内购买、出售重大资产或者向他人提供担保的金额超过公司资产总额 30%的，应当由股东会作出决议，并经出席会议的股东所持表决权的 2/3 以上通过。

上市公司设独立董事，具体管理办法由国务院证券监督管理机构规定。上市公司的公司章程除载明一般事项外，还应当依照法律、行政法规的规定载明董事会专门委员会的组成、职权以及董事、监事、高级管理人员薪酬考核机制等事项。

上市公司在董事会设置审计委员会的，董事会对下列事项作出决议前应当经审计委员会全体成员过半数通过：聘用、解聘承办公司审计业务的会计师事务所；聘任、解聘财务负责人；披露财务会计报告；国务院证券监督管理机构规定的其他事项。

上市公司设董事会秘书，负责公司股东会和董事会会议的筹备、文件保管以及公司股东资料的管理，办理信息披露事务等事宜。

上市公司董事与董事会会议决议事项所涉及的企业或者个人有关联关系的，该董事应当及时向董事会书面报告。有关联关系的董事不得对该项决议行使表决权，也不得代理其他董事会行使表决权。该董事会会议由过半数的无关联关系董事出席即可举行，董事会会议所作决议须经无关联关系董事过半数通过。出席董事会会议的无关联关系董事人数不足 3 人的，应将该事项提交上市公司股东会审议。

上市公司应当依法披露股东、实际控制人的信息，相关信息应当真实、准确、完整。禁止违反法律、行政法规的固定代持上市公司股票。

上市公司控股子公司不得取得该上市公司的股份。上市公司控股子公司因公司合并、质权行使等原因持有上市公司股份的，不得行使所持股份对应的表决权，并应当及时处分相关上市公司股份。

【知识拓展】 国家出资公司组织机构的特别规定

国家出资公司，是指国家出资的国有独资公司、国有资本控股公司，包括国家出资的有限责任公司、股份有限公司。

国有独资公司章程由履行出资人职责的机构制定。国有独资公司不设股东会，由履行出资人职责的机构行使股东会职权。履行出资人职责的机构可以授权公司董事会行使股东会的部分职权，但公司章程的制定和修改，公司的合并、分立、解散、申请破产，增加或者减少注册资本，分配利润，应当由履行出资人职责的机构决定。

国有独资公司的董事会成员中，应当过半数为外部董事，并应当有公司职工代表。董事会成员由履行出资人职责的机构委派；但是，董事会成员中的职工代表由公司职工代表大会选举产生。董事会设董事长1人，可以设副董事长。董事长、副董事长由履行出资人职责的机构从董事会成员中指定。经理由董事会聘任或者解聘。经履行出资人职责的机构同意，董事会成员可以兼任经理。董事、高级管理人员，未经履行出资人职责的机构同意，不得在其他有限责任公司、股份有限公司或者其他经济组织兼职。国有独资公司在董事会中设置由董事组成的审计委员会行使《公司法》规定的监事会职权的，不设监事会或者监事。

国家出资公司应当依法建立健全内部监督管理和风险控制制度，加强内部合规管理。

四、公司财务会计制度

（一）公司财务会计报告

公司应当依照法律、行政法规和国务院财政部门的规定建立本公司的财务会计制度。公司除法定的会计账簿外，不得另立会计账簿。对公司资产，不得以任何个人的名义开立账户存储。

1. 公司财务会计报告的内容

公司财务会计报告由财务报表和其他报告组成。

财务报表是根据公认会计准则，以表格形式对企业财务状况、现金流量、经营绩效及所有者权益变动情况进行结构性表述的书面文件。财务报表至少应当包括资产负债表、利润表、现金流量表、所有者权益（股东权益）变动表和附注。其中，资产负债表、利润表、现金流量表、所有者权益（股东权益）变动表属于基本财务报表，而附注是对基本财务报表的信息进一步的说明、补充或解释，以便帮助所有者理解和使用报表信息。

其他报告作为财务报表的辅助报告，其编制基础与方式可以不受会计准则约束，而以灵活多样的形式提供各种有关的信息，内容十分广泛，主要包括管理层分析与讨论预测报告、物价变动报告及企业社会责任报告等。

2. 公司财务会计报告的送交、置备与公告

公司应当在每一会计年度终了时编制财务会计报告，并依法经会计师事务所审计。有限责任公司应当依照公司章程规定的期限将财务会计报告送交各股东。股份有限公司的财务会计报告应当在召开股东会年会的 20 日前置备于本公司，供股东查阅；公开发行股票的股份有限公司必须公告其财务会计报告。

(二)公司利润分配

1. 公司利润分配顺序

公司应当按照下列顺序分配利润：弥补以前年度的亏损，缴纳所得税，依法提取法定公积金，提取任意公积金，向股东分配股利。

2. 公积金

公司公积金是公司为预防亏损、增加财力、扩大营业规模，依照法律和公司章程的规定或股东会的决议，从公司盈余或公司资本收益中提取的一种储备金(详见表 2—2)。

表 2—2　公积金的种类、提取比例与用途一览表

种类	公积金		
	盈余公积金		资本公积金
	法定公积金	任意公积金	
额度	按税后利润(减弥补亏损额)10%提取，达到注册资本的 50%的，可以不再提取	按股东会决议	股票溢价发行款、发行无面额股所得股款未计入注册资本的金额以及国务院财政部门规定列入资本公积金的其他项目
用途	弥补亏损、扩大公司经营规模，转增资本，但转增留存的公积金不得少于转增前注册资本的 25%	弥补公司亏损、扩大公司生产经营或者转增公司注册资本，但留存的公积金无比例的限制	弥补公司亏损、扩大公司生产经营或者转增公司注册资本。公积金弥补公司亏损，应当先使用任意公积金和法定公积金，仍不能弥补的，可以按照规定使用资本公积金

3. 股利分配

股利是按照股份支付给股东的公司盈余。公司当年无利润时不得分配股利。

有限责任公司按照股东实缴的出资比例分配利润，但是全体股东约定不按照出资比例分配利润的除外。股份有限公司按照股东所持有的股份比例分配利润，但公司章程另有规定的除外。公司用公积金弥补亏损后，仍有亏损的，可以减少注册资本弥补亏损。公司依照规定减少注册资本后，在法定公积金和任意公积金累积额达到公司注册资本 50%前，不得分配利润。公司持有本公司股份不得分配利润。

公司违反《公司法》规定向股东分配利润的，股东应当将违反规定分配的利润退还公司；给公司造成损失的，股东及负有责任的董事、监事、高级管理人员应当承担赔偿责任。股东会作出分配利润的决议的，董事会应当在股东会决议作出之日起 6 个月内进行分配。

(三)公司聘用、解聘承办公司审计业务的会计师事务所的相关规定

公司聘用、解聘承办公司审计业务的会计师事务所，按照公司章程的规定，由股东会、董事会或者监事会决定。公司股东会、董事会或者监事会就解聘会计师事务所进行表决时，应当允许会

计师事务所陈述意见。

公司应当向聘用的会计师事务所提供真实、完整的会计凭证、会计账簿、财物会计报告及其他会计资料，不得拒绝、隐匿、谎报。

【典型例题·多选题2—17】 甲股份有限公司于2021年通过募集设立，注册资本为人民币5 000万元，在设立过程中，经有关部门批准，以超过股票票面金额1.2倍的价格发行股票，实际所得人民币6 000万元，股票发行的溢价款为1 000万元。当年公司进行财务核算时，其财务记录上显示该公司实现盈利2 000万元(不包括公司股票发行的溢价款)。税后利润1 400万元，甲公司股东会决定提取100万元列为法定公积金，提取200万元列为任意公积金。2023年甲公司因开发新产品需要扩大经营规模，决定将所有公积金用于转增公司注册资本。下列关于甲公司公积金的提取和用途的做法中，符合法律规定的有(　　)。

A. 甲公司决定将股票发行的溢价款1 000万元列为公司资本公积金

B. 甲公司决定提取100万元列为法定公积金

C. 甲公司决定提取200万元列为任意公积金

D. 甲公司决定将所有公积金转增为公司注册资本

五、公司合并、分立与变更

(一)公司合并

公司合并，是指两家或两家以上的公司依照法定程序变更为一家公司的法律行为。

1. 公司合并的种类

(1)吸收合并。一家公司吸收其他公司为吸收合并，被吸收的公司解散。

(2)新设合并。两家以上公司合并设立一家新的公司为新设合并，合并各方解散。

2. 公司合并的程序

公司与其持股90%以上的公司合并，被合并的公司不需经股东会决议，但应当通知其他股东，其他股东有权请求公司按照合理的价格收购其股权或者股份。公司合并支付的价款不超过本公司净资产10%的，可以不经股东会决议；但是公司章程另有规定的除外。如果公司依照前述规定合并不经股东会决议的，则应当经董事会决议。

其他公司合并的，应当按照下述程序进行：

(1)公司的权力机构作出合并决议并以特别表决通过。

(2)合并各方签订合并协议，并编制资产负债表和财产清单。

(3)通知或公告债权人。公司应当自作出合并决议之日起10日内通知债权人，并于30日内在报纸上或者国家企业信用信息公示系统公告。债权人自接到通知书之日起30日内，未接到通知书的自公告之日起45日内，可以要求公司清偿债务或提供相应的担保。

(4)债权债务的处理。公司合并时，合并各方的债权、债务，应当由合并后存续的公司或者新设的公司承继。

(5)办理相关登记。解散的公司需要办理注销登记；新设的公司需要办理设立登记；因合并存续的公司，其登记事项发生变化的，应当办理变更登记。

【典型例题·多选题2—18】 下列关于公司合并的表述中，符合法律规定的有(　　)。

A. 公司合并可以采用新设合并或吸收合并的方式

B. 公司因新设合并解散，需进行清算

C. 因合并存续的公司，应办理变更登记

D. 公司合并时，合并各方的债权、债务，应当由合并后的公司承继

(二)公司分立

公司分立，是指一家公司依照法定程序分为两家或两家以上的公司的法律行为。公司分立，其财产作相应的分割。

1. 公司分立的种类

(1)派生分立。公司以其部分资产另设一家或数家新的公司，为派生分立，原公司存续。

(2)新设分立。公司全部资产分别划归两家或两家以上的新公司，为新设分立，原公司解散。

2. 公司分立的程序

(1)公司权力机构作出分立决议并以特别表决通过。

(2)分立各方应当签订分立协议，并对公司财产作相应的分割，编制资产负债表和财产清单。

(3)通知或公告债权人。公司应当自作出分立决议之日起 10 日内通知债权人，并于 30 日内在报纸上或者国家企业信用信息公示系统公告。

(4)债务的处理。公司分立前的债务由分立后的公司承担连带责任。但是，公司在分立前与债权人就债务清偿达成的书面协议另有约定的除外。

(5)办理相关登记。解散的公司需要办理注销登记；新设的公司需要办理设立登记；因分立而存续的公司，其登记事项发生变化的，应当办理变更登记。

【典型例题·单选题 2—3】 甲公司于 2022 年 10 月召开股东会议，决议公司分立为 A 公司和 B 公司。双方约定尚欠乙公司 60 万元货款由 A 公司和 B 公司各清偿 30 万元。下列判断中，正确的是(　　)。

A. 甲公司是新设分立

B. 甲公司是派生分立

C. 乙公司只能要求 A 公司和 B 公司各自清偿 30 万元债务

D. 乙公司要求 A 公司或 B 公司清偿其全部债务，A 公司或 B 公司可以分立决议抗辩

(三)公司增资、减资、变更公司组织形式

1. 公司增加注册资本

有限责任公司增加注册资本时，股东在同等条件下有权优先按照实缴的出资比例认缴出资。但是全体股东约定不按照出资比例优先认缴出资的除外。股东认缴新增资本的出资，依照《公司法》设立有限责任公司缴纳出资的有关规定执行。

股份有限公司为增加注册资本发行新股时，股东不享有优先认购权，公司章程另有规定或者股东会决议决定股东享有优先认购权的除外。股东认购新股，依照《公司法》设立股份有限公司缴纳股款的有关规定执行。

公司增加注册资本，应当依法向公司登记机关办理变更登记。

2. 公司减少注册资本

(1)公司减少注册资本时，应当编制资产负债表和财产清单。

(2)公司权力机构作出减少注册资本决议，并以特别表决通过。

(3)通知或公告债权人。公司应当自股东会作出减少注册资本决议之日起 10 日内通知债权人，并于 30 日内在报纸上或者国家企业信用信息公示系统公告。债权人自接到通知之日起 30 日内，未接到通知的自公告之日起 45 日内，有权要求公司清偿债务或提供相应的担保。公司减

少注册资本，应当按照股东出资或者持有股份的比例相应减少出资额或者股份，法律另有规定、有限责任公司全体股东另有约定或者股份有限公司章程另有规定的除外。

(4)办理相关登记。公司减少注册资本，应当依法向公司登记机关办理变更登记。

公司用公积金弥补亏损后，仍有亏损的，可以减少注册资本弥补亏损，公司不得向股东分配，也不得免除股东缴纳出资或者股款的义务，依照前述规定减少注册资本的，应当自股东会作出减少注册资本决议之日起 30 日内在报纸上或者国家企业信用信息公示系统公告。

违反法律规定减少注册资本的，股东应当退还其收到的资金，减免股东出资的应当恢复原状；给公司造成损失的，股东及负有责任的董事、监事、高级管理人员应当承担赔偿责任。

3. 公司组织形式的变更

公司组织形式的变更，是指公司依法变更其组织形式，如有限责任公司变更为股份有限公司或股份有限公司变更为有限责任公司，并不需要经过解散、清算等程序。由于变更组织形式后的公司与原公司具有前后的一致性，因此原公司的债权和债务由变更后的公司概括承继。

公司变更组织形式按下列程序进行：

(1)应当由公司董事会拟定公司变更组织形式的具体方案。

(2)股份有限公司变更为有限责任公司时，须经出席股东会的股东所持表决权的 2/3 以上通过，同时要符合《公司法》规定的有限责任公司的条件；有限责任公司变更为股份公司时，须经股东会代表 2/3 以上表决权的股东通过，同时应符合《公司法》规定的股份有限公司的条件。

(3)依法变更公司章程。此为公司变更组织形式的必经程序。其中，有限责任公司转变为股份有限公司，必须对公司资产状况进行准确的评估，确定公司的实有财产，然后折合为股份，折合的实收股本总额不得高于公司净资产额。为增加注册资本而需公开发行股份时，应当依《公司法》和《证券法》的相关规定办理。

(4)董事会应向公司登记机关申请公司的变更登记，经核准取得公司登记机关换发的营业执照。

【典型例题·多选题 2－19】 下列关于股份有限公司减资和增资的说法中，正确的有(　　)。

A. 公司需要减少注册资本时，必须编制资产负债表及财产清单

B. 公司应当自作出减少注册资本决议之日起 15 日内通知债权人，并于 30 日内在报纸上公告

C. 公司增资和减资，均须经公司权力机构特别表决通过

D. 公司增资和减资，均须依法向公司登记机关办理变更登记

六、公司解散与清算

(一)公司解散

根据《公司法》的规定，公司因下列原因解散：

(1)公司章程规定的营业期限届满或者公司章程规定的其他解散事由出现；

(2)股东会决议解散；

(3)因公司合并或者分立需要解散；

(4)依法被吊销营业执照、责令关闭或者被撤销；

(5)公司经营管理发生严重困难，继续存续会使股东利益受到重大损失，通过其他途径不能解决的，持有公司全部股东表决权 10%以上的股东可以请求人民法院解散公司，人民法院依照《公司法》的规定予以解散；

公司出现前述规定的解散事由，应当在10日内将解散事由通过国家企业信用信息公示系统予以公示。

公司有第一种、第二种情形，且未向股东分配财产的，可以通过修改公司章程或者经股东会决议而存续，但该决议须经过公司权力机构特别表决通过。公司因合并或分立而解散的，无须清算；其他情形解散的，应当清算；公司因破产而解散的，适用《中华人民共和国企业破产法》（以下简称《企业破产法》）的规定。

（二）公司清算

1. 清算组的成立

（1）清算组的成立时间。公司应当在解散事由出现之日起15日内成立清算组，董事为公司清算义务人，开始清算。

（2）清算组的成员。清算组由董事组成，但是公司章程另有规定或者股东会决议另选他人的除外。清算义务人未及时履行清算义务，给公司或者债权人造成损失的，应当承担赔偿责任。逾期不成立清算组进行清算或者成立清算组后不清算的，利害关系人可以申请人民法院指定有关人员组成清算组进行清算。人民法院应当受理该申请，并及时组织清算组进行清算。公司因依法吊销营业执照、责令关闭或者被撤销而解散的，作出吊销营业执照、责令关闭或者撤销决定的部门或者公司登记机关，可以申请人民法院指定有关人员组成清算组进行清算。

（3）清算组的职权。清算组在清算期间行使下列职权：

①清理公司财产，分别编制资产负债表和财产清单；

②通知、公告债权人；

③处理与清算有关的公司未了结的业务；

④清缴所欠税款以及清算过程中产生的税款；

⑤清理债权、债务；

⑥分配公司清偿债务后的剩余财产；

⑦代表公司参与民事诉讼活动。

清算组成员履行清算职责，负有忠实义务和勤勉义务。清算组成员怠于履行清算职责，给公司造成损失的，应当承担赔偿责任；因故意或者重大过失给债权人造成损失的，应当承担赔偿责任。

2. 通知或者公告债权人申报债权

清算组应当自成立之日起10日内通知债权人，并于60日内在报纸上或者国家企业信用信息公示系统公告。债权人应当自接到通知书之日起30日内，未接到通知书的自公告之日起45日内，向清算组申报其债权。

债权人申报债权，应当说明债权的有关事项，并提供证明材料。清算组应当对债权进行登记。在申报债权期间，清算组不得对债权人进行清偿。

3. 清理财产清偿债务

清算组在清理公司财产、编制资产负债表和财产清单后，应当制订清算方案，并报股东会或者人民法院确认。

清算组应当用公司财产优先拨付清算费用，然后按照下列顺序进行清偿：

（1）职工的工资、社会保险费用和法定补偿金；

（2）缴纳所欠税款；

(3)公司债务。

4. 分配剩余财产

按以上顺序清偿后,如有剩余财产,公司股东可以分配剩余财产。有限责任公司按照股东的出资比例分配,股份有限公司按照股东持有的股份比例分配。

清算期间,公司存续,但不得开展与清算无关的经营活动。

清算组在清理公司财产、编制资产负债表和财产清单后,发现公司财产不足以清偿债务的,应当依法向人民法院申请宣告破产清算。人民法院受理破产申请后,清算组应当将清算事务移交人民法院指定的破产管理人。

5. 清算终结

公司清算结束后,清算组应当制作清算报告,报股东会或者人民法院确认,并报送公司登记机关,申请注销公司登记。

公司在存续期间未产生债务,或者已清偿全部债务的,经全体股东承诺,可以按照规定通过简易程序注销公司登记。如果股东承诺内容不实的,则应当对注销登记前的债务承担连带责任。通过简易程序注销公司登记,应当通过国家企业信用信息公示系统予以公告,公告期限不少于20日。公告期限届满后,未有异议的,公司可以在20日内向公司登记机关申请注销公司登记。公司被吊销营业执照、责令关闭或者被撤销,满3年未向公司登记机关申请注销公司登记的,公司登记机关可以通过国家企业信用信息公示系统予以公告,公告期限不少于60日。公告期限届满后,未有异议的,公司登记机关可以注销公司登记,公司注销登记,原公司股东、清算义务人的责任不受影响。

公司被依法宣告破产的,依照有关企业破产的法律实施破产清算。

【典型例题·多选题 2-20】 下列关于有限责任公司解散和清算的说法中,正确的有(　　)。

A. 清算期间,公司存续,但不得开展与清算无关的经营活动

B. 公司应当在解散事由出现之日起15日内成立清算组

C. 清算组应当优先缴纳所欠税款

D. 公司的清算组由董事、监事或股东组成

第二节　合伙企业法和个人独资企业法

一、普通合伙企业

普通合伙企业是由普通合伙人组成,合伙人对合伙企业债务承担无限连带责任的经济组织。

(一)普通合伙企业设立

1. 设立条件

(1)有两个以上合伙人

合伙人可以为自然人、法人或其他组织。若合伙人为自然人的,则应当具备完全民事行为能力。《合伙企业法》规定,国有独资公司、国有企业、上市公司以及公益性的事业单位、社会团体不得成为普通合伙人。

(2)有书面合伙协议

合伙协议，是指依法由全体合伙人协商一致、规范合伙人相互间的权利和义务、以书面形式订立的契约。合伙协议应载明下列事项：合伙企业的名称和主要经营场所的地点；合伙目的和合伙企业的经营范围；合伙人的姓名及其住所；合伙人出资的方式、数额和缴付出资的期限；利润分配和亏损分担办法；合伙企业事务的执行；入伙与退伙；合伙企业的解散和清算；合伙企业的经营期限；争议的解决方式；违约责任；等等。合伙协议须经全体合伙人签名、盖章后生效。

合伙人违反合伙协议的，应当依法承担违约责任。在履行合伙协议过程中发生争议的，应协商或调解，协商或调解不成的，可按照合伙协议的约定或向仲裁机构申请仲裁，或向人民法院起诉。

(3)有合伙人认缴或实缴的出资

普通合伙人可以用货币、实物、劳务、知识产权、土地使用权或者其他财产权利出资。劳务出资是普通合伙企业区别于公司出资的重要不同之处。合伙人以劳务出资的，其评估办法由全体合伙人协商确定，并在合伙协议中载明。合伙人以实物、知识产权、土地使用权或其他财产权利出资，需要评估作价的，可由全体合伙人协商确定，也可以由全体合伙人委托法定评估机构评估。合伙人应当按照合伙协议约定的出资方式、数额和缴付期限，履行出资义务。

(4)有合伙企业的名称和生产经营场所

普通合伙企业应当在其名称中标明“普通合伙”字样，特殊的普通合伙企业应当在其名称中标明“特殊普通合伙”字样。合伙企业登记的主要经营场所只能为一个，并且应当在企业登记机关登记管辖区内。

(5)法律、行政法规规定的其他条件

【典型例题·单选题 2－4】 下列主体中，可以成为普通合伙企业合伙人的是（　　）。

A. 张某，国家公务员

B. 黄某，15 岁，中国科技大学少年班大学生

C. 甲国独资公司

D. 乙一人有限责任公司

2. 设立程序

(1)申请人与登记机关

设立合伙企业，应由全体合伙人指定的代表或者共同委托的代理人向企业登记机关申请设立登记。登记机关为市场监督管理部门。

(2)申请材料

申请设立合伙企业，应向企业登记机关提交登记申请书、合伙协议书、全体合伙人的身份证明等文件。法律、行政法规规定设立合伙企业须报经审批的，还应当提交有关批准文件。

(3)登记

企业登记机关应自收到申请人提交所需的全部文件之日起 20 日内，作出是否登记的决定。予以登记的，发给营业执照；不予登记的，登记机关应当给予书面答复并说明理由。

合伙企业的营业执照签发日期，为合伙企业成立之日。合伙企业领取营业执照之前，合伙人不得以合伙企业的名义从事合伙业务。合伙企业设立分支机构的，应当向分支机构所在地的企业登记机关申请登记，领取营业执照。

普通合伙企业的设立流程见图 2－3。

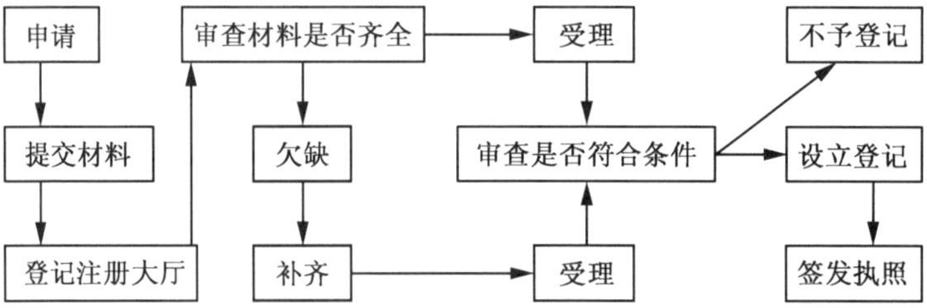

图 2—3 普通合伙企业的设立流程

【小案例 2—5】 周某、王某、李某、张某四人决定投资设立一家普通合伙企业，并签订了书面合伙协议。合伙协议的部分内容如下：周某以专利权作价 10 万元，以劳务作价 5 万元，共出资 15 万元；王某以机器设备作价出资 10 万元；李某以商标权作价出资 5 万元；张某以货币出资 5 万元。

点评：本案中，该合伙协议的内容合法。普通合伙人可以用货币、实物、劳务、知识产权、土地使用权或者其他财产权利出资。

（二）普通合伙企业财产

1. 财产构成

合伙人的出资、以合伙企业名义取得的收益和依法取得的其他财产，均为合伙企业的财产。

合伙人出资后，依其出资比例在合伙企业中享有财产份额。除《合伙企业法》另有规定外，合伙人在合伙企业清算前，不得请求分割合伙企业的财产。

2. 财产管理与使用

在合伙企业存续期间，合伙企业财产依法由全体合伙人共同管理和使用。主要表现如下：

(1)合伙人之间转让在合伙企业中的全部或者部分财产份额的，应通知其他合伙人。合伙人向合伙人以外的人转让其在合伙企业中的全部或部分财产份额的，除合伙协议另有约定外，须经其他合伙人一致同意，其他合伙人在同等条件下有优先购买权。合伙人以外的人依法受让合伙人在合伙企业中的财产份额的，经修改合伙协议即成为合伙企业的合伙人，依照《合伙企业法》和修改后的合伙协议享有权利并履行义务。

(2)合伙人以其在合伙企业中的财产份额出质的，须经其他合伙人一致同意；未经其他合伙人一致同意，其行为无效，由此给善意第三人造成损失的，由行为人依法承担赔偿责任。

【典型例题·多选题 2—21】 下列关于合伙企业财产的表述中，符合法律规定的有（　　）。

A. 合伙企业的财产包括合伙人的出资、以合伙企业名义取得的收益和依法取得的其他财产

B. 合伙人之间转让在合伙企业中的全部或者部分财产份额的，除合伙协议另有约定外，须经其他合伙人一致同意

C. 合伙人向合伙人以外的人转让其在合伙企业中的全部或部分财产份额的，除合伙协议另有约定外，须经其他合伙人一致同意

D. 合伙人以其在合伙企业中的财产出质的，其行为无效，除非经过其他合伙人一致同意

（三）普通合伙企业管理

1. 普通合伙企业的事务执行

各合伙人对执行合伙企业事务享有同等的权利，根据《合伙企业法》，合伙事务执行的方式主要有：

（1）由全体合伙人共同执行合伙企业事务。各合伙人均有权执行合伙企业的事务，对外代表合伙企业。这是合伙企业事务执行的常用形式，尤其适合合伙人较少的企业。

（2）由合伙协议约定或者全体合伙人共同决定，委托一名或者数名合伙人执行合伙企业事务，其他合伙人不再执行合伙企业事务。但并非所有的合伙事务都可以委托部分合伙人决定，除合伙协议另有约定外，以下事项必须经过全体合伙人一致同意：

①改变合伙企业的名称；

②改变合伙企业的经营范围、主要经营场所的地点；

③处分合伙企业的不动产；

④转让或者处分合伙企业的知识产权和其他财产权利；

⑤以合伙企业名义为他人提供担保；

⑥聘任合伙人以外的人担任合伙企业的经营管理人员。

若合伙人违背全体合伙人一致同意规则，给合伙企业或其他合伙人带来损失的，则应承担赔偿责任。

合伙企业对合伙人执行合伙事务以及对外代表合伙企业权利的限制，不得对抗善意第三人。

【小案例 2－6】 甲、乙、丙、丁共同设立普通合伙企业。约定由甲执行合伙企业事务，对外代表合伙企业，但签订 10 万元以上的合同应经其他合伙人同意。合伙协议中未规定合伙企业的经营期限。合伙企业设立过程中，乙向朋友借款 1 万元，购买企业的办公用品。后乙提出，这 1 万元债务应该按照约定的分配比例承担。但是甲、丙和丁都不同意。合伙企业经营期间先后发生了下列行为和事项：(1)甲为了改善企业经营管理，独自聘用合伙人以外的张某担任该合伙企业的经理；(2)甲以合伙企业的名义与某公司签订了总额为 20 万元的购销合同；(3)丙私自以其出资的商标权出质向黄某借款。

点评：本案中，1 万元的债务属于共同债务，应当由合伙人按照合伙协议约定的比例分担，但对外各合伙人承担连带责任。合伙企业经营期间发生的三项行为均为不合法的行为。第一，聘请合伙人以外的人担任合伙企业经营管理人员需要全体合伙人一致同意。第二，合伙人应当在授权范围内从事相应的行为，但合伙企业对合伙人执行合伙事务以及对外代表合伙企业权利的限制，不得对抗善意第三人，所以该购销合同不能当然有效，如果相对人是善意的，则该合同有效。第三，出质行为无效，合伙人以其在合伙企业中的财产份额出质的，须经其他合伙人一致同意；未经其他合伙人一致同意，其行为无效。

2. 合伙人的权利和义务

（1）合伙人在执行合伙事务中的权利

①合伙人平等享有事务执行权；

②执行合伙事务的合伙人对外代表合伙企业；

③不执行合伙事务的合伙人有权监督执行事务合伙人执行合伙事务的情况；

④合伙人为了解合伙企业的经营状况和财务状况，有权查阅合伙企业会计账簿等财务资料；

⑤合伙人分别执行合伙事务的，执行事务合伙人可以对其他合伙人执行的事务提出异议。

⑥受委托执行合伙事务的合伙人不按照合伙协议或者全体合伙人的决定执行事务的，其他合伙人可以决定撤销该委托。

(2)合伙人在执行合伙事务中的义务

①合伙事务执行人应定期向其他合伙人报告企业经营状况和财务状况；

②合伙人不得自营或同他人合作经营与本合伙企业相竞争的业务；

③除合伙协议另有约定或全体合伙人一致同意外，合伙人不得同本合伙企业进行交易；

④合伙人不得从事损害本合伙企业的活动。

若合伙人违反上述义务，则由此获得的收益归合伙企业所有，给合伙企业或其他合伙人造成损失的，应承担赔偿责任。

3. 非合伙人参与经营管理

在合伙企业中，受人力资源或管理经验所限，可能需要在合伙人之外聘任非合伙人担任合伙企业的经营管理人员，参与合伙企业的经营管理工作。《合伙企业法》规定，除合伙协议另有约定外，经全体合伙人一致同意，可以聘任合伙人以外的人担任合伙企业的经营管理人员。

受聘的合伙企业的经营管理人员应当在合伙企业授权范围内履行职务。受聘的经营管理人员，超越合伙企业授权范围履行职务，或者在履行职务过程中因故意或者重大过失给合伙企业造成损失的，依法承担赔偿责任。

4. 合伙企业的损益分配与债务清偿

(1)合伙企业的损益分配

合伙企业的利润分配、亏损分担，按照合伙协议的约定办理；合伙协议未约定或者约定不明确的，由合伙人协商决定；协商不成的，由合伙人按照实缴出资比例分配、分担；无法确定出资比例的，由合伙人平均分配、分担。合伙协议不得约定将全部利润分配给部分合伙人或者由部分合伙人承担全部亏损。

(2)合伙企业债务的清偿

合伙企业对其存续期间的债务，应先以其全部财产用于清偿。合伙企业不能清偿到期债务的，合伙人承担无限连带责任。合伙人之间的内部约定的分担比例对债权人没有约束力。合伙人清偿数额超过其规定的亏损分担比例的，有权向其他合伙人追偿。

(3)合伙人个人债务的清偿

合伙企业存续期间，合伙人发生与合伙企业无关的债务，相关债权人不得以其债权抵销其对合伙企业的债务，不得代位行使合伙人在合伙企业中的权利。

合伙人的自有财产不足以清偿其与合伙企业无关的债务的，该合伙人可以以其从合伙企业中分取的收益用于清偿；债权人也可以依法请求人民法院强制执行该合伙人在合伙企业中的财产份额用于清偿。

人民法院强制执行合伙人的财产份额时，应当通知全体合伙人，其他合伙人有优先购买权；其他合伙人未购买，又不同意将该财产份额转让给他人的，依照《合伙企业法》的规定为该合伙人办理退伙结算，或办理削减该合伙人相应财产份额的结算。

【典型例题·多选题 2—22】 下列关于合伙企业债务清偿的表述中，符合法律规定的有(　　)。

A. 应先以合伙企业的财产清偿

B. 合伙企业不能清偿到期债务的，合伙人承担无限连带责任

C. 合伙人之间的内部约定的分担比例对债权人没有约束力

D. 合伙人清偿数额超过其规定的亏损分担比例的，有权向其他合伙人追偿

（四）入伙和退伙

1. 入伙

入伙指在合伙企业存续期间，合伙人以外的第三人加入合伙企业，取得合伙人资格。

（1）入伙的条件和程序

新合伙人入伙，除合伙协议另有约定外，应当经全体合伙人一致同意，并依法订立书面入伙协议。原合伙人应向新合伙人如实告知入伙前合伙企业的经营状况和财务状况。

（2）入伙的效果

新合伙人与原合伙人享有同等权利，承担同等责任，即新合伙人对入伙前合伙企业的债务承担无限连带责任。

2. 退伙

退伙指合伙人退出合伙企业，丧失合伙人资格。

（1）退伙的种类

退伙分为自愿退伙和法定退伙（见表2—3）。自愿退伙是指合伙人作出自愿的意思表示而退伙。法定退伙是指合伙人基于法律规定的事由而退伙。

表2—3　　退伙种类及其事由一览表

退伙种类		退伙事由
自愿退伙	协议退伙	合伙协议约定了合伙期限，在合伙企业存续期间有下列情形之一的，合伙人可以退伙： ·合伙协议约定的退伙事由出现 ·经全体合伙人一致同意 ·发生合伙人难以继续参加合伙的事由 ·其他合伙人严重违反合伙协议约定的义务
	通知退伙	·合伙协议未约定合伙期限的，合伙人在不给合伙企业事务执行造成不利影响的情况下，可以退伙，但应当提前30日通知其他合伙人
法定退伙	当然退伙	·作为合伙人的自然人死亡或者被依法宣告死亡 ·个人丧失偿债能力 ·作为合伙人的法人或者其他组织依法被吊销营业执照、责令关闭、撤销，或者被宣告破产 ·法律规定或者合伙协议约定合伙人必须具有相关资格而丧失资格 ·合伙人在合伙企业中的全部财产份额被人民法院强制执行
	除　　名	·未履行出资义务 ·因故意或者重大过失给合伙企业造成损失 ·执行合伙事务时有不正当行为 ·发生合伙协议约定的事由

普通合伙人被依法认定为无民事行为能力人或者限制民事行为能力人的，经其他合伙人一致同意，可以依法转为有限合伙人，普通合伙企业依法转为有限合伙企业。其他合伙人未能一致同意的，该无民事行为能力或者限制民事行为能力的合伙人退伙。

除除名退伙外，其他退伙的，退伙事由实际发生之日为退伙生效日。除名退伙，对合伙人的除名决议应当书面通知被除名人。被除名人接到除名通知之日，除名生效，被除名人退伙。被除名人对除名决议有异议的，可以自接到除名通知之日起30日内，向人民法院起诉。

【知识拓展】 合伙人死亡或者被依法宣告死亡后财产份额的处理

合伙人死亡或者被依法宣告死亡的，对该合伙人在合伙企业中的财产份额享有合法继承权的继承人，按照合伙协议的约定或者经全体合伙人一致同意，从继承开始之日起，取得该合伙企业的合伙人资格。

有下列情形之一的，合伙企业应当向合伙人的继承人退还被继承合伙人的财产份额：

继承人不愿意成为合伙人；

法律规定或者合伙协议约定合伙人必须具有相关资格，而该继承人未取得该资格；

合伙协议约定不能成为合伙人的其他情形。

合伙人的继承人为无民事行为能力人或者限制民事行为能力人的，经合伙人一致同意，可以依法成为有限合伙人，普通合伙企业依法转为有限合伙企业。全体合伙人未能一致同意的，合伙企业应当将被继承合伙人的财产份额退还给该继承人。

(2)退伙结算

合伙人退伙，其他合伙人应当与该退伙人按照退伙时的合伙企业财产状况进行结算，退还退伙人的财产份额。退伙人对给合伙企业造成的损失负有赔偿责任的，相应扣减其应当赔偿的数额。退伙时有未了结的合伙企业事务的，待该事务了结后进行结算。

退伙人对基于其退伙前的原因发生的合伙企业债务，承担无限连带责任。

【小案例 2—7】 甲、乙、丙、丁共同设立普通合伙企业。合伙企业经营期间先后发生了下列行为和事项：(1)丁经全体合伙人一致同意退伙，退伙时有一笔 20 万元的中国银行贷款因尚未到期而未结算；(2)合伙企业吸收了赵某入伙，赵某出资 3 万元；(3)乙因故死亡，其儿子小乙年仅 14 岁，是唯一继承人；(4)甲未经其他合伙人的同意，将自有房屋以 1 万元租给合伙企业；(5)丙设立一家个人独资企业，经营与合伙企业相同的业务；(6)赵某因自身原因对外负债 10 万元，到期后却无力用个人财产偿还；(7)最后合伙企业因经营亏损，合伙人纷纷退伙，合伙企业只剩下甲一人，于是甲解散企业。各合伙人退伙时，上述 20 万元欠款均未结算。企业解散后，中国银行要求甲清偿 20 万元债务并支付利息，甲主张按合伙协议约定的亏损分担比例承担责任。

点评：首先，乙死亡，经过其他合伙人一致同意，或合伙协议中有约定时，其儿子可以继承其合伙人资格，但其儿子只有 14 岁，属于限制民事行为能力人，故只能成为有限合伙人。赵某则视为当然退伙。其次，《合伙企业法》规定，合伙人不得自营或同他人合作经营与本合伙企业相竞争的业务；除合伙协议另有约定或全体合伙人一致同意外，合伙人不得同本合伙企业进行交易；故第(4)项、(5)项行为均不合法。最后，清偿 20 万元债务应当由甲、乙的儿子、丙、丁、赵某共同承担责任。但乙的儿子仅以在合伙企业解散时取得的财产为限承担责任，其他合伙人甲、丙、丁、赵某一律承担无限连带责任。赵某作为新的合伙人，新合伙人与原合伙人享有同等权利，承担同等责任，即新合伙人对入伙前合伙企业的债务承担无限连带责任。退伙人对基于其退伙前的原因发生的合伙企业债务，承担无限连带责任。后赵某当然退伙，也应当对其退伙前债务承担连带责任。

（五）特殊的普通合伙企业

1. 特殊的普通合伙企业的适用范围

特殊的普通合伙企业是指以专业知识和专门技能为客户提供有偿服务的专业服务机构，如登记为合伙企业的会计师事务所、律师事务所等，此种合伙企业名称中应当标明“特殊的普通合伙”字样。

2. 特殊的普通合伙企业的责任形式

特殊普通合伙企业的特殊性主要体现在“债务责任的承担”，具体有两种债务承担方式：

（1）有限责任与无限连带责任相结合

一个合伙人或者数个合伙人在执业活动中因故意或者重大过失造成合伙企业债务的，应当承担无限责任或者无限连带责任，其他合伙人以其在合伙企业中的财产份额为限承担责任。合伙人执业活动中因故意或者重大过失造成的合伙企业债务，以合伙企业财产对外承担责任后，该合伙人应当按照合伙协议的约定对给合伙企业造成的损失承担赔偿责任。

（2）无限连带责任

合伙人在执业活动中非因故意或者重大过失造成的合伙企业债务以及合伙企业的其他债务，由全体合伙人承担无限连带责任。

特殊的普通合伙企业应当建立执业风险基金，办理职业保险。

【典型例题·多选题 2—23】 下列关于特殊的普通合伙企业的表述中，符合法律规定的有（　　）。

A. 登记为合伙企业的会计师事务所属于特殊的普通合伙企业

B. 合伙人对合伙企业债务一律承担无限连带责任

C. 特殊的普通合伙企业应当建立执业风险基金，办理职业保险

D. 特殊的普通合伙企业名称中只需要标明“普通合伙”字样

二、有限合伙企业

有限合伙企业是由普通合伙人和有限合伙人组成，普通合伙人对合伙企业债务承担无限连带责任，有限合伙人以其认缴的出资额为限对合伙企业债务承担责任的经济组织。

（一）有限合伙企业设立的特别规定

1. 合伙人条件

有限合伙企业的合伙人人数限制在 2～50 人，除非法律另有规定。但是，有限合伙企业至少应当有一个普通合伙人。

2. 有限合伙企业名称

有限合伙企业名称中应当标明“有限合伙”字样。

3. 有限合伙企业协议

有限合伙企业协议是企业开展生产经营的重要依据，除普通合伙协议所应载明事项外，还应当载明下列事项：普通合伙人和有限合伙人的姓名或者名称、住所；执行事务合伙人应具备的条件和选择程序；执行事务合伙人权限与违约处理办法；执行事务合伙人的除名条件和更换程序；有限合伙人入伙、退伙的条件、程序以及相关责任；有限合伙人和普通合伙人相互转变程序。

4. 有限合伙的出资

有限合伙人可以用货币、实物、知识产权、土地使用权或者其他财产权利作价出资，不得以劳

务出资。

有限合伙人应当按照合伙协议的约定按期足额缴纳出资；未按期足额缴纳的，应当承担补缴义务，并对其他合伙人承担违约责任。

【典型例题·多选题2—24】 有限合伙人的下列出资方式中，符合法律规定的有（　　）。

A. 现金　　B. 劳务

C. 土地使用权　　D. 注册商标

（二）有限合伙企业管理的特别规定

1. 有限合伙企业的事务执行

有限合伙企业只能由普通合伙人执行合伙事务。执行事务合伙人的报酬及报酬提取方式可以在合伙协议中予以明确。

有限合伙人不执行合伙事务，不得对外代表有限合伙企业。但有限合伙人的下列行为，不视为执行合伙事务：

（1）参与决定普通合伙人入伙、退伙；

（2）对企业的经营管理提出建议；

（3）参与选择承办有限合伙企业审计业务的会计师事务所；

（4）获取经审计的有限合伙企业财务会计报告；

（5）对涉及自身利益的情况，查阅有限合伙企业财务会计账簿等财务资料；

（6）在有限合伙企业中的利益受到侵害时，向有责任的合伙人主张权利或者提起诉讼；

（7）执行事务合伙人怠于行使权利时，督促其行使权利或者为了本企业的利益以自己的名义提起诉讼；

（8）依法为本企业提供担保。

有限合伙人未经授权以有限合伙企业名义与第三人进行交易，第三人有理由相信有限合伙人为普通合伙人并与其交易的，该有限合伙人对该笔交易承担与普通合伙人同样的责任；给有限合伙企业或者其他合伙人造成损失的，该有限合伙人应当承担赔偿责任。

2. 有限合伙人的权利

（1）与本企业交易。有限合伙人可以同本有限合伙企业进行交易；但是，合伙协议另有约定的除外。

（2）竞业许可。有限合伙人可以自营或者同他人合作经营与本有限合伙企业相竞争的业务；但是，合伙协议另有约定的除外。

（3）财产份额出质。有限合伙人可以将其在有限合伙企业中的财产份额出质；但是，合伙协议另有约定的除外。

（4）财产份额转让。有限合伙人可以将其在有限合伙企业中的财产份额对外转让；但是，合伙协议另有约定的除外。

3. 有限合伙企业的利润分配

有限合伙企业不得将全部利润分配给部分合伙人；但是，合伙协议另有约定的除外。

【典型例题·多选题2—25】 在合伙协议未另有约定时，有限合伙人的下列行为中，符合法律规定的有（　　）。

A. 与本企业签订一份房屋买卖合同　　B. 自营一家与本企业有相同业务的公司

C. 将其在有限合伙企业的财产份额出质　　D. 担任合伙企业事务执行人员

（三）有限合伙企业入伙与退伙的特别规定

1. 入伙

与普通合伙企业新入伙的合伙人不同，新入伙的有限合伙人对入伙前有限合伙企业的债务，仅以其认缴的出资额为限承担责任。

2. 退伙

有限合伙人有下列情形之一的，当然退伙：

（1）作为合伙人的自然人死亡或者被依法宣告死亡；

（2）作为合伙人的法人或者其他组织依法被吊销营业执照、责令关闭、撤销，或者被宣告破产；

（3）合伙人在合伙企业中的全部财产份额被人民法院强制执行。

作为有限合伙人的自然人在有限合伙企业存续期间丧失民事行为能力的，其他合伙人不得因此要求其退伙。

作为有限合伙人的自然人死亡、被依法宣告死亡或者作为有限合伙人的法人及其他组织终止时，其继承人或者权利承受人可以依法取得该有限合伙人在有限合伙企业中的资格。

有限合伙人退伙后，对基于其退伙前的原因发生的有限合伙企业债务，以其退伙时从有限合伙企业中取回的财产承担责任。

（四）合伙人性质的转变

根据《合伙企业法》，除合伙协议另有约定外，普通合伙人转变为有限合伙人，或者有限合伙人转变为普通合伙人，应当经全体合伙人一致同意。

有限合伙人转变为普通合伙人的，对其作为有限合伙人期间有限合伙企业发生的债务承担无限连带责任；普通合伙人转变为有限合伙人的，对其作为普通合伙人期间合伙企业发生的债务承担无限连带责任。

有限合伙企业仅剩有限合伙人的，应当解散；有限合伙企业仅剩普通合伙人的，转为普通合伙企业。

【小案例 2—8】 甲商行是一家有限合伙企业，由有限合伙人 A 公司与普通合伙人张某、李某共同投资设立。在经营过程中，发生了下列争议：A 公司擅自以甲商行的名义与不知情的第三方 B 公司签订供货合同，后因 A 公司违约致使甲商行遭到 B 公司的索赔而产生了两百余万元的损失，李某和张某要求 A 公司承担该笔损失但遭拒。A 公司曾与甲商行发生过一笔交易，甲商行对 A 公司负有 130 万元的经营性债务。李某、张某以 A 公司与甲商行之间存在竞业关系为由而拒绝偿付该笔债务。

点评：A 公司以甲商行名义与 B 公司签订的合同有效，产生 200 万元的债务 A 公司也需承担责任。根据《合伙企业法》的规定，有限合伙人未经授权以有限合伙企业的名义与第三人交易，第三人有理由相信有限合伙人为普通合伙人并与其交易的，该有限合伙人对该笔交易承担与普通合伙人同样的责任；给有限合伙企业或者其他合伙人造成损失的，该有限合伙人应当承担赔偿责任。另外，A 公司与甲商行进行的交易合法。根据《合伙企业法》的规定，除合伙协议另有约定外，有限合伙人可以同本有限合伙企业进行交易，可以自营或者同他人合作经营与本有限合伙企业相竞争的业务。本案中，显然合伙协议中并没有限制有限合伙人的权利，故 A 公司与甲商行的交易合法。

三、个人独资企业

(一)个人独资企业的设立

1. 设立条件

(1)投资人为一个自然人。个人独资企业的投资人只能是一个自然人,而且该自然人应当具有中华人民共和国国籍。同时该投资人应当具有完全民事行为能力。法律、行政法规禁止从事营利性活动的人,不得作为投资人申请设立个人独资企业。

(2)有合法的企业名称。个人独资企业的名称应当与其责任形式及从事的营业活动相符合,而且只准使用一个名称,并不得在名称中使用"有限""有限责任""公司"等字样。

(3)有投资人申报的出资。一定的资本是任何企业得以存在的物质基础,独资企业也不例外。但由于投资人对独资企业的债务承担无限责任,因此《个人独资企业法》对出资的最低数额未作强制性规定。设立个人独资企业可以用货币出资,也可以用实物、土地使用权、知识产权或者其他财产权利出资,投资人可以个人财产出资,也可以家庭共有财产作为个人出资。以家庭共有财产作为个人出资的,投资人应当在设立(变更)登记申请书上予以注明。

(4)有固定的生产经营场所和必要的生产经营条件。经营场所是个人独资企业从事生产经营活动的所在地,独资企业一般只有一个经营场所,记载企业登记机关登记的营业地点。从事经营的必要条件是指根据企业的业务性质、规模等因素而需具有设施、设备、人员等方面的条件。

(5)有必要的从业人员。个人独资企业应当拥有与企业的经营范围和经营规模相适应的从业人员。

2. 设立程序

(1)提出设立申请。申请设立个人独资企业,应当由投资人或者其委托的代理人向个人独资企业所在地的登记机关提出设立申请。

(2)核准登记。登记机关应当在收到设立申请文件之日起15日内,对符合《个人独资企业法》规定条件的予以登记,发给"营业执照";对不符合《个人独资企业法》规定条件的,不予登记,并发给企业登记驳回通知书。个人独资企业"营业执照"的签发日期,为个人独资企业成立日期,在领取个人独资企业"营业执照"前,投资人不得以个人独资企业名义从事经营活动。

(3)设立分支机构登记。个人独资企业设立分支机构,应当由投资人或者其委托的代理人向分支机构所在地的登记机关申请设立登记。登记机关应当在收到按规定提交的全部文件之日起15日内,作出核准登记或者不予登记的决定。核准登记的,发给营业执照;不予登记的,应当给予书面答复,说明理由。

【典型例题·多选题2－26】 下列关于个人独资企业的表述中,符合法律规定的有(　　)。

A. 投资人只能为中国国籍的自然人　　B. 个人独资企业的名称可以使用"有限"字样

C. 个人独资企业对出资有最低限额的要求　D. 个人独资企业可以设立分支机构

(二)个人独资企业事务管理

个人独资企业投资人可以自行管理企业事务,也可以委托或者聘用其他具有民事行为能力的人负责企业的事务管理。投资人委托或者聘用他人管理个人独资企业事务,应当与受托人或者被聘用的人签订书面合同。投资人对受托人或者被聘用的人员职权的限制,不得对抗善意第三人。投资人委托或者聘用的人员管理个人独资企业事务时违反双方订立的合同,给投资人造成损失的,应当承担民事赔偿责任。

投资人委托或者聘用的管理个人独资企业事务的人员不得实施下列行为：利用职务上的便利，索取或者收受贿赂；利用职务或者工作上的便利侵占企业财产；挪用企业的资金归个人使用或者借贷给他人；擅自将企业资金以个人名义或者以他人名义开立账户储存；擅自以企业财产提供担保；未经投资人同意，从事与本企业相竞争的业务；未经投资人同意，同本企业订立合同或者进行交易；未经投资人同意，擅自将企业商标或者其他知识产权转让给他人使用；泄露本企业的商业秘密；法律、行政法规禁止的其他行为。

【小案例 2—9】 某个人独资企业的投资人甲聘用管理学硕士乙作为本个人独资企业的经理，双方在聘用合同中约定，乙经营管理甲的企业，甲向乙支付年薪 10 万元，对外乙可以企业的名义从事法律行为，但若以该企业名义同他人签订标的额超过 20 万元的合同，则必须经甲审查同意。经营中，乙为了抓住商机，在没有经过甲同意的前提下，同丙签订了标的额 25 万元的货物采购合同。三天后，该货物价格急剧下滑。为了减少给该个人独资企业的损失，乙以合同未经甲同意为由向丙主张无效。

点评：乙的主张不能成立。理由就是投资人对受托人或者被聘用的人员（乙）职权的限制（以该企业名义同他人签订标的额超过 20 万元的合同，必须经甲审查同意），不得对抗善意第三人（丙）。

四、合伙企业和个人独资企业的解散与清算

（一）解散事由

1. 合伙企业的解散事由

合伙企业有下列情形之一的，应当解散：(1)合伙协议约定的经营期限届满，合伙人不愿继续经营；(2)合伙协议约定的解散事由出现；(3)全体合伙人决定解散；(4)合伙企业已不具备法定人数满 30 天；(5)合伙协议约定的合伙目的已经实现或者无法实现；(6)被依法吊销营业执照；(7)出现法律、行政法规规定的合伙企业解散的其他原因。

2. 个人独资企业的解散事由

个人独资企业有下列情形之一的，应当解散：(1)投资人决定解散；(2)投资人死亡或者被宣告死亡，无继承人或者继承人决定放弃继承；(3)被依法吊销营业执照；(4)法律、行政法规规定的其他情形。

【典型例题 · 多选题 2—27】 下列情形中，属于合伙企业解散的有（　　）。

A. 合伙企业仅剩一名合伙人已满 30 天

B. 合伙企业被依法吊销营业执照

C. 全体合伙人决定解散合伙企业

D. 合伙协议约定的合伙目的已经实现

（二）清算程序

1. 合伙企业的清算

(1)清算人的确定

合伙企业解散应当进行清算，清算人由全体合伙人担任；经全体合伙人过半数同意，可以自合伙企业解散事由出现后 15 日内指定一个或者数个合伙人，或者委托第三人，担任清算人。

自合伙企业解散事由出现之日起15日内未确定清算人的，合伙人或者其他利害关系人可以申请人民法院指定清算人。

清算人有以下职责：清算人应清理合伙企业财产，并编制资产负债表和财产清单；处理与清算有关的合伙企业未完结的事务；缴纳拖欠的税款；清理债权、债务；处理清偿债务后的财产；代表合伙企业参加诉讼或仲裁。清算人违反以上职责，给合伙企业、其他合伙人或企业债权人造成损失的，依法承担赔偿责任。

(2)通知与公告程序

清算人应自确定之日起10日内将合伙企业解散事项通知债权人，并于60日内在报纸上公告。债权人应当在接到通知之日起30日内，未接到通知的自公告之日起45日内，向清算人申报债权，并提供相关证明材料。清算期间，合伙企业存续，但不得从事与清算无关的经营活动。

(3)清偿的顺序

合伙企业财产在支付清算费用和职工工资、社会保险费用、法定补偿金以及缴纳所欠税款、清偿债务后的剩余财产，可以按照合伙协议的约定进行分配。合伙协议未约定或者约定不明确的，由合伙人协商决定；协商不成的，由合伙人按照实缴出资比例分配、分担；无法确定出资比例的，由合伙人平均分配、分担。

(4)注销登记

清算结束后，清算人应编制清算报告，经全体合伙人签字盖章后，在15日内向企业登记机关报送该报告，申请注销登记。经企业登记机关注销登记，合伙企业终止，原普通合伙人对合伙企业存续期间的债务仍承担无限连带责任。

(5)合伙企业的破产与债务清偿

合伙企业到期不能清偿债务的，债权人可以依法向人民法院提起破产清算申请，也可直接要求合伙企业清偿。合伙企业被宣告破产的，普通合伙人对合伙企业债务仍承担无限连带责任。

2. 个人独资企业的清算

(1)清算人的确定

个人独资企业解散，由投资人自行清算或者由债权人申请人民法院指定清算人进行清算。

(2)通知与公告程序

投资人自行清算的，应当在清算前15日内书面通知债权人；无法通知的，应当予以公告。债权人应当在接到通知之日起30日内，未接到通知的应当在公告之日起60日内，向投资人申报其债权。

(3)清偿的顺序

个人独资企业解散的，财产应当按照下列顺序清偿：所欠职工工资和社会保险费用，所欠税款，其他债务。个人独资企业财产不足以清偿债务的，投资人应当以其个人的其他财产予以清偿。

(4)责任消灭制度

个人独资企业解散后，原投资人对个人独资企业存续期间的债务仍应承担偿还责任，但债权人自独资企业解散后5年内未向债务人提出偿债请求的，该责任消灭。

(5)注销登记程序

个人独资企业清算结束后，投资人或者人民法院指定的清算人应当编制清算报告，并于15日内到登记机关办理注销登记。注销登记一旦完成，个人独资企业即告消灭。

第三节 企业破产法

一、破产的概念与《企业破产法》的适用范围

(一)破产的概念

破产,是指企业法人不能清偿到期债务,并且资产不足以清偿全部债务或者明显缺乏清偿能力的,由其债权人或债务人自己诉请法院宣告破产并依破产程序偿还债务的一种法律制度。

(二)《企业破产法》的适用范围

《企业破产法》的适用范围是我国境内所有具有法人资格的企业,其他法律规定企业法人以外的组织的清算,属于破产清算的,参照适用《企业破产法》规定的程序。

【典型例题·单选题2—5】 根据《企业破产法》的规定,下列选项中,属于企业破产原因的是(　　)。

A. 经营管理不善造成严重亏损,不能清偿到期债务

B. 不能清偿到期债务,并且资产不足以清偿全部债务

C. 不能清偿到期债务,并且有丧失偿债可能

D. 不能清偿到期债务

二、破产申请及其受理

(一)破产申请

破产申请由破产申请人向债务人住所地的人民法院提出。破产申请人可以是债务人、债权人、清算组。申请人提出申请时,应当提交破产申请书和有关证据。

破产申请书应当载明下列事项:(1)申请人、被申请人的基本情况;(2)申请目的;(3)申请的事实和理由;(4)人民法院认为应当载明的其他事项。

债务人提出申请的,还应当向人民法院提交财产状况说明、债务清册、债权清册、有关财务会计报告、职工安置预案以及职工工资的支付和社会保险费用的缴纳情况。

人民法院受理破产申请前,申请人可以请求撤回申请。

(二)破产申请的受理

债权人提出破产申请的,人民法院应当自收到申请之日起5日内通知债务人。债务人对申请有异议的,应当自收到人民法院的通知之日起7日内向人民法院提出。人民法院应当自异议期满之日起10日内裁定是否受理。其他情形的,人民法院应当自收到破产申请之日起15日内裁定是否受理。有特殊情况需要延长裁定受理期限的,经上一级人民法院批准,可以延长15日。

人民法院受理破产申请的,应当自裁定作出之日起5日内送达申请人。自人民法院受理破产申请的裁定送达债务人之日起至破产程序终结之日,债务人的有关人员承担下列义务:(1)妥善保管其占有和管理的财产、印章和账簿、文书等资料;(2)根据人民法院、管理人的要求进行工作,并如实回答询问;(3)列席债权人会议并如实回答债权人的询问;(4)未经人民法院许可,不得离开住所地;(5)不得新任其他企业的董事、监事、高级管理人员。有关人员,是指公司的法定代表人;经人民法院决定,可以包括公司的财务管理人员和其他经营管理人员。

人民法院裁定不受理破产申请的,应当自裁定作出之日起5日内送达申请人并说明理由。

申请人对裁定不服的，可以自裁定送达之日起10日内向人民法院提起上诉。

【典型例题·单选题2—6】 下列关于破产案件的申请和受理的表述中，正确的是（　　）。

A. 人民法院受理破产申请前，申请人不得请求撤回破产申请

B. 人民法院裁定受理破产申请的，应当同时指定管理人

C. 人民法院裁定不受理破产申请是终局裁定，申请人对裁定不服的，不得提起上诉

D. 人民法院受理破产申请后，债务人仍可以对个别债权人已到期的债务进行清偿

三、破产管理人

（一）破产管理人的产生及其任职资格

人民法院裁定受理破产申请的，应当同时指定管理人。

破产管理人可以由有关部门、机构的人员组成的清算组或者依法设立的律师事务所、会计师事务所、破产清算事务所等社会中介机构担任。人民法院根据债务人的实际情况，可以在征询有关社会中介机构的意见后，指定该机构具备相关专业知识并取得执业资格的人员担任管理人。

有下列情形之一的，不得担任管理人：(1)因故意犯罪受过刑事处罚；(2)曾被吊销相关专业执业证书；(3)与本案有利害关系；(4)人民法院认为不宜担任管理人的其他情形。个人担任管理人的，应当参加执业责任保险。

债权人会议认为管理人不能依法、公正执行职务或者有其他不能胜任职务情形的，可以申请人民法院予以更换。

（二）破产管理人的职责

管理人履行下列职责：(1)接管债务人的财产、印章和账簿、文书等资料；(2)调查债务人财产状况，制作财产状况报告；(3)决定债务人的内部管理事务；(4)决定债务人的日常开支和其他必要开支；(5)在第一次债权人会议召开之前，决定继续或者停止债务人的营业；(6)管理和处分债务人的财产；(7)代表债务人参加诉讼、仲裁或者其他法律程序；(8)提议召开债权人会议；(9)人民法院认为管理人应当履行的其他职责。

管理人应当列席债权人会议，向债权人会议报告职务执行情况，并回答询问。

【典型例题·多选题2—28】 下列各项中，（　　）属于破产管理人履行的职责。

A. 主持召开债权人会议　　B. 决定债务人的内部管理事务

C. 代表债务人参加诉讼　　D. 管理和处分债务人的财产

四、债权申报与债权人会议

（一）债权申报

人民法院受理破产申请后，应当确定债权人申报债权的期限。债权申报期限自人民法院发布受理破产申请公告之日起计算，最短不得少于30日，最长不得超过3个月。

可申报的债权包括：(1)到期债权；(2)未到期债权；(3)附条件、附期限的债权；(4)诉讼、仲裁未决的债权。

下列求偿权和请求权也可作为破产债权申报：(1)债务人的保证人或者其他连带债务人已经代替债务人清偿债务的，以其对债务人的求偿权申报债权；债务人的保证人或者其他连带债务人尚未代替债务人清偿债务的，以其对债务人的将来求偿权申报债权，但是，债权人已经向管理人申报全部债权的除外；(2)管理人或者债务人依照《企业破产法》的规定解除合同的，对方当事人因合同解

除所产生的损害赔偿请求权；(3)债务人是委托合同的委托人，被裁定适用《企业破产法》规定的程序，受托人因不知该事实，继续处理委托事务而产生的请求权；(4)债务人是票据的出票人，被裁定适用《企业破产法》规定的程序，该票据的付款人因继续付款或者承兑而产生的请求权。

债权人应当在人民法院确定的债权申报期限内向管理人申报债权。在人民法院确定的债权申报期限内，债权人未申报债权的，可以在破产财产最后分配前补充申报；但是，此前已进行的分配，不再对其补充分配。为审查和确认补充申报债权的费用，由补充申报人承担。债权人未依照《企业破产法》的规定申报债权的，不得依照破产程序行使权利。

【典型例题·单选题2—7】 A公司因不能清偿到期债务而申请破产清算。法院受理后，管理人开始受理债权人的债权申报。下列债权人申报的债权中，属于应当受偿的破产债权的是(　　)。

A. 债权人甲的保证人，以其对A公司的将来求偿权进行的债权申报

B. 债权人乙，以其已超过诉讼时效的债权进行的债权申报

C. 债权人丙，要求A公司作为承揽人继续履行承揽合同进行的债权申报

D. 某海关，以其对A公司进行处罚尚未收取的罚款进行的债权申报

(二)债权人会议

依法申报债权的债权人为债权人会议的成员，有权参加债权人会议，享有表决权。其中，应当有债务人的职工和工会的代表参加，对有关事项发表意见。债权人可以委托代理人出席债权人会议，行使表决权。代理人出席债权人会议，应当向人民法院或者债权人会议主席提交债权人的授权委托书。

债权人会议行使下列职权：(1)核查债权；(2)申请人民法院更换管理人，审查管理人的费用和报酬；(3)监督管理人；(4)选任和更换债权人委员会成员；(5)决定继续或者停止债务人的营业；(6)通过重整计划；(7)通过和解协议；(8)通过债务人财产的管理方案；(9)通过破产财产的变价方案；(10)通过破产财产的分配方案；(11)人民法院认为应当由债权人会议行使的其他职权。

债权人会议的决议，由出席会议的有表决权的债权人过半数通过，并且其所代表的债权额占无财产担保债权总额的1/2以上。但是，《企业破产法》另有规定的除外。

【知识拓展】　破产企业中债权人的表决权

破产企业中的债权人，分为有表决权的债权人和无表决权的债权人。

有表决权的债权人是指破产债权人，即破产宣告前对破产企业所成立的，并且只有通过破产程序，才可以从破产财产中获得公平受偿的债权人。这类债权人包括无财产担保的债权人、虽有财产担保但放弃优先受偿权的债权人以及虽有财产担保但担保物的价款低于债权额而未能受偿的债权人。

无表决权的债权人是指有财产担保、不放弃优先受偿权且担保财产足以清偿债权的债权人。由于这类债权人与破产财产分配没有什么关系，因此他们无须对破产财产分配中的有关问题进行表决。

【典型例题·多选题2—29】 下列关于债权人会议的表述中，符合法律规定的有(　　)。

A. 债权人会议应当有债务人的职工和工会的代表参加

B. 债权人可以委托代理人出席债权人会议，行使表决权

C. 有财产担保的债权人是有表决权的债权人

D. 债权人会议的决议，由出席会议的债权人过半数通过

五、重整与和解

（一）重整

债务人或者债权人可以依照《企业破产法》的规定，直接向人民法院申请对债务人进行重整。

在重整期间，有下列情形之一的，经管理人或者利害关系人请求，人民法院应当裁定终止重整程序，并宣告债务人破产：(1)债务人的经营状况和财产状况继续恶化，缺乏挽救的可能性；(2)债务人有欺诈、恶意减少债务人财产或者其他显著不利于债权人的行为；(3)由于债务人的行为致使管理人无法履行职务。

重整计划由债务人负责执行。债务人不能执行或者不执行重整计划的，人民法院经管理人或者利害关系人请求，应当裁定终止重整计划的执行，并宣告债务人破产。

（二）和解

债务人可以依照《企业破产法》的规定，直接向人民法院申请和解；也可以在人民法院受理破产申请后、宣告债务人破产前，向人民法院申请和解。债务人申请和解，应当提出和解协议草案。债权人会议通过和解协议的决议，由出席会议的有表决权的债权人过半数同意，并且其所代表的债权额占无财产担保债权总额的 2/3 以上。债务人应当按照和解协议规定的条件清偿债务。债务人不能执行或者不执行和解协议的，人民法院经和解债权人请求，应当裁定终止和解协议的执行，并宣告债务人破产。

【典型例题·判断题 2—1】 破产重整期间债务人的经营状况和财产状况继续恶化，缺乏挽救的可能性，经管理人或者利害关系人请求，人民法院应当裁定终止重整程序，并宣告债务人破产。（　　）

六、破产清算

（一）破产宣告

当债务人满足破产原因而又无破产障碍时，人民法院可以裁定宣告该债务人破产。人民法院依照《企业破产法》的规定宣告债务人破产的，应当自裁定作出之日起 5 日内送达债务人和管理人，自裁定作出之日起 10 日内通知已知债权人，并予以公告。

（二）破产财产

1. 破产财产的构成

破产财产是指破产宣告时至破产程序终结前，破产企业所有的可用于破产分配的全部财产。由此，破产财产的构成有以下几部分：(1)破产宣告时破产企业经营管理的全部财产。(2)破产企业在被宣告破产后至破产程序终结前所取得的财产，如清算组依法进行必要民事活动所取得的财产，清算组行使追回权所追回的财产。(3)应当由破产企业行使的其他财产权利，如专利权、商标权、专有技术以及破产企业原来与其他企业联营所投入的财产和应得的利益等。(4)超过担保债务数额部分的担保财产。

2. 破产撤销权

人民法院受理破产申请前 1 年内，涉及债务人财产的下列行为，管理人有权请求人民法院予以撤销：(1)无偿转让财产的；(2)以明显不合理的价格进行交易的；(3)对没有财产担保的债务提

供财产担保的;(4)对未到期的债务提前清偿的;(5)放弃债权的。

人民法院受理破产申请前6个月内,债务人不能清偿到期债务,并且资产不足以清偿全部债务或者明显缺乏清偿能力,仍对个别债权人进行清偿的,管理人有权请求人民法院予以撤销;但是,个别清偿使债务人财产受益的除外。

3. 破产取回权

破产取回权是指财产的权利人可以不依照破产程序,从由管理人管理、控制的债务人财产中,取回原本不属于债务人的财产的权利。

4. 破产抵销权

破产抵销权是指债权人在破产申请受理前对债务人负有债务的,不论其债权与所负债务的种类是否相同,也不论其债权是否已经届至清偿期,均有向管理人主张用其债权抵销其所负债务的权利。

【典型例题·多选题2—30】 人民法院受理破产申请前1年内,涉及债务人财产的下列行为中,管理人有权请求人民法院予以撤销的有(　　)。

A. 无偿转让财产的

B. 以明显不合理的价格进行交易的

C. 对未有财产担保的债务提供财产担保的

D. 对未到期的债务提前清偿的

(三)破产债权

1. 破产债权的范围

破产债权是指破产宣告前对破产企业所成立的,并且只有通过破产程序,才可以从破产财产中获得公平受偿的债权。它包括:(1)破产宣告前成立的无财产担保的债权;(2)虽有财产担保但放弃优先受偿权的债权;(3)虽有财产担保,但担保物的价款低于债权额,其未能受偿的债权;等等。

2. 别除权

破产宣告前成立的有财产担保的债权,债权人享有就该担保物优先受偿的权利。

【小案例2—10】 人民法院受理了某公司的破产案件,指定了破产管理人。管理人清理该公司的财产情况如下:厂房价值200万元,在向甲银行贷款时办理了抵押;从乙公司租用的一台价值90万元的机器设备;在破产申请日前6个月,破产企业将一台价值120万元的生产设备赠与丙公司;对丁企业拥有未到期的债权150万元,同时丁企业拥有该公司无担保的到期债权100万元。

点评:本案涉及取回权、撤销权、别除权和抵销权等权利。乙公司有权取回自己出租的机器设备。管理人可以申请撤销破产企业将一台价值120万元的生产设备赠与丙公司的行为。甲银行有权对抵押物厂房申请变卖后价款优先受偿。丁企业有权提出100万元的债权与破产企业进行抵销。

(四)破产财产的变价与分配

1. 破产财产的变价

管理人应当及时拟订破产财产变价方案,提交债权人会议讨论。管理人应当按照通过的破产财产变价方案,适时变价出售破产财产。变价出售破产财产应当通过拍卖进行。但是,债权人会议另有决议的除外。破产企业可以全部或者部分变价出售。企业变价出售时，可以将其中的无形资产和其他财产单独变价出售。按照国家规定不能拍卖或者限制转让的财产，应当按照国家规定的方式处理。

2. 破产财产的分配

破产财产在优先清偿破产费用和共益债务后，依照下列顺序清偿：(1)破产人所欠职工的工资和医疗、伤残补助，抚恤费用，所欠的应当划入职工个人账户的基本养老保险、基本医疗保险费用，以及法律、行政法规规定应当支付给职工的补偿金；(2)破产人欠缴的除前项规定以外的社会保险费用和破产人所欠税款；(3)普通破产债权。

破产财产不足以清偿同一顺序的清偿要求的，按照比例分配。

【小案例 2—11】 某破产企业管理人清理该企业的财产和权利的情况如下：注册商标作价 50 万元；对外投资 100 万元；因企业破产而解除劳动合同，劳动者享有 30 万元的经济补偿金请求权；因管理人决定解除与甲公司未履行的合同，从而造成甲公司损失 80 万元；欠缴税款 60 万元；破产财产拍卖费用 10 万元。

点评：本案中的破产财产包括注册商标作价 50 万元和破产企业对外投资 100 万元。破产债权包括劳动者 30 万元的经济补偿金请求权、甲公司损失 80 万元、税款 60 万元。优先拨付破产费用即拍卖费用 10 万元后，按下列顺序清偿：(1)职工经济补偿金 30 万元；(2)所欠税款 60 万元；(3)普通债权——甲公司损失 80 万元。

(五)破产程序的终结

破产企业无财产可供分配的，管理人应当请求人民法院裁定终结破产程序。人民法院应当自收到管理人终结破产程序的请求之日起 15 日内作出是否终结破产程序的裁定。裁定终结的，应当予以公告。管理人应当自破产程序终结之日起 10 日内，持人民法院终结破产程序的裁定，向破产人的原登记机关办理注销登记。

综合应用

【材料】 张某、李某、甲有限责任公司和乙股份有限公司欲共同投资 200 万元设立一家有限责任公司。其中，张某以现金出资 30 万元，李某以知识产权作价 20 万元出资，甲有限责任公司以厂房作价 100 万元出资，乙股份有限公司以现金 50 万元出资。公司以销售电脑配件为主要营业内容。公司住所地拟设在江西省九江市。

【任务】 模拟设立有限责任公司。每 10 人一组，分别扮演公司设立中的股东。根据上述材料，制定一份公司章程。公司章程内容应符合法律规定的必备条款，确定出资缴纳方式、期限、公司名称、公司住所、股东、组织机构、经营范围、员工人数、经营模式、战略计划、解散清算等信息。

课程思政

课程思政
（第二章）

典型例题答案

典型例题答案
（第二章）

第三章　合同法

能力目标

- 掌握合同订立、履行、变更、转让、终止以及合同担保的法律规定；
- 能够根据具体业务的需要依法订立各种合同，避免订立有瑕疵的合同；
- 能够运用履行抗辩权维护本方的履行利益和运用代位权、撤销权保全本方的债权；
- 能够运用情势变更原理和法定解除权单方变更和解除合同；
- 能够合理运用违约责任形式，追究违约方的法律责任。

知识要点

◆合同　◆合同分类　◆合同订立规则　◆合同成立　◆合同内容和形式　◆合同效力　◆合同履行规则　◆合同履行抗辩权　◆合同保全　◆合同变更　◆合同转让　◆合同终止　◆保证　◆抵押权　◆质权　◆留置权　◆定金　◆违约责任

情景导入

服装销售合同

合同号：××××销字第××号

卖方：广东××服饰有限公司(以下简称甲方)

买方：江西九江××商厦(以下简称乙方)

按照《民法典·合同编》及有关法规规定，经双方协商一致，就乙方从甲方采购服装一事达成如下合同条款，以资双方共同信守。

一、商品名称、种类、规格、单位、数量和价款(见表3—1)

表3—1　　商品的基本情况和价款

序号	商品名称	种类	规格	数量/单位	单价(元)
1	夹克衫	男	M-XXL	每一规格10件，共40件	170
2	休闲裤	男	W23-29	每一规格10条，共70条	130
3	西服	男	65-85	每一规格10套，共50套	500
4	合同总价款	40 900元(人民币)			

二、质量标准

甲方交付的货物的质量应当与甲方提供的样品相符。

三、交货方式、时间、地点及运费负担与支付方式

甲方代办运输，善意地选定承运的物流公司，于 2021 年 2 月 16 日将货物交给承运人。交货地点为承运人所在地，交货前的运费由甲方承担，交货后的运费由乙方承担，甲方先垫付，货到后与合同价款一并结算。

四、货款支付时间与方式

乙方收到货物后 10 日内通过银行转账方式付清全部货款和运费。

五、定金

合同订立时，乙方向甲方交付定金 8 000 元，若甲方不履行交货义务，则应双倍返还定金；若乙方不履行付款义务，则无权要求返还定金；若双方均依约履行义务，则乙方有权要求以该定金充抵相应金额的货款。

六、违约责任

若甲方未按约定时间交货，除甲方发生不可抗力导致不能履行或者乙方不能实现合同目的外，则应当继续履行。

若乙方在销售过程中发现货物质量有瑕疵，则有权要求甲方予以更换或退货，由此发生的费用由甲方承担。

任何一方违反本合同约定给对方造成损失，均应当承担赔偿责任。

七、合同的变更或解除

甲、乙双方均应严格信守本合同，除非依照法律规定，否则任何一方均不得擅自变更或解除合同。

八、争议解决方式

因履行本合同发生的争议，双方应当友好协商解决，若协商不成，则可按下列第______种方式解决：

1. 向______人民法院提起诉讼；

2. 向______仲裁委员会申请仲裁。

九、辅助资料和补充协议

双方为订立本合同而发生的往来信函、传真、电子邮件均为本合同的组成部分。

双方因履行本合同达成的补充协议与本合同具有同等法律效力。

补充协议与本合同不一致的，以补充协议为准。

十、其他事项

本合同自甲、乙双方签字、盖章之时生效。

本合同共一式两份，甲、乙双方各执一份，具有同等法律效力。

甲方：广东××服饰有限公司
代表(签名)：
地址：广州市××路××号
电话：020××××××
××××年××月××日

乙方：江西九江××商厦
代表(签名)：
地址：九江市××路××号
电话：0792××××××
××××年××月××日

第一节 概 述

《中华人民共和国民法典》于 2020 年 5 月 28 日第十三届全国人民代表大会第三次会议通过，自 2021 年 1 月 1 日起施行，其中第三编为“合同”，调整因合同产生的民事关系，以下简称《民法典·合同编》。原《中华人民共和国合同法》同时废止。

一、合同的定义、特征与法律效果

（一）合同的定义

合同是民事主体之间设立、变更、终止民事权利义务关系的协议。

《民法典·合同编》调整因合同产生的民事关系。婚姻、收养、监护等有关身份关系的协议，适用有关该身份关系的法律规定，例如总则编、人格权编、婚姻家庭编中的相关规定；在总则编、人格权编、婚姻家庭编或其他法律中没有规定的，可以根据其性质参照适用合同编规定。

（二）合同的特征

《民法典·合同编》调整的合同具有以下特征：(1)合同的主体是民事主体，包括自然人、法人和其他组织；(2)合同是当事人意思表示一致的协议；(3)合同以设立、变更和终止民事权利义务为目的。

【知识拓展】 行政合同

行政合同，是指行政机关为维护与增进公共利益，实现行政管理目标，与相对人(自然人、法人或其他组织)之间经过协商一致达成的协议。行政合同由行政法调整。但是，行政机关作为民事主体参与民事活动签订的合同，例如，行政机关购买办公用品与商家订立的买卖合同，仍然受《民法典·合同编》调整。

（三）合同的法律效果

依法成立的合同，受法律保护。当事人应当按照合同中的约定履行自己的义务，任何一方不得擅自变更或者解除合同，否则，将承担违约责任。

依法成立的合同，一般情况下，仅对双方当事人具有法律约束力，但是法律另有规定或者合同另有约定的除外。例如，合同约定为他人设置权利的，债务人就应当向第三人履行债务。

【典型例题·判断题 3－1】 离婚协议适用《民法典·合同编》的规定。(　　)

二、合同的基本原则

当事人订立、履行、变更、解除、终止合同，均属于民事活动，应当遵循《民法典·总则编》有关民事主体从事民事活动的基本原则的规定。

（一）平等原则

民事主体的法律地位一律平等。首先，所有自然人参与民事活动的法律资格是平等的，不因人而异；其次，民事主体之间，无论是自然人、法人或其他组织，在从事民事活动时的法律地位均是平等的，即便是行政机关与自然人进行交易，双方的法律地位也是平等的，若一方利用自己的优势地位强加给对方不公平的“霸王条款”，则该条款无效；最后，所有民事主体的合法权益受到法律的平等保护。

（二）自愿原则

民事主体有权自愿进行民事活动，有权自主决定民事法律关系的内容及其变动，且应当自觉承担相应的法律后果。

（三）公平原则

民事主体从事民事活动，应当秉持公平理念，公平、合理地确定各方的权利和义务，并依法承担相应的民事责任。

（四）诚实信用原则

民事主体从事民事活动，应当秉持善意，不欺不诈，诚实待人，信守自己的承诺。

（五）合法与公序良俗原则

民事主体进行民事活动，不得违反法律的强制性规定，不违背公共秩序和善良习惯。

（六）绿色原则

民事主体从事民事活动，应当有利于节约资源、保护生态环境。

【小案例 3—1】　小雯明知张某已婚，仍与张某同居，后怀孕。为了结这段孽缘，张某与小雯签下 34 万元分手费协议，要求她到医院打掉肚子里的孩子。小雯做了人工流产后，张某却拒绝支付分手费。小雯将张某告上法院，要求对方履行分手费协议。

点评：小雯明知张某已婚而与其同居，既破坏了他人的婚姻家庭关系，又违反了国家的公共秩序和社会的一般道德，应受到道义上的谴责。所以，双方订立的分手费协议因违反公序良俗原则而不应受到《民法典·合同编》保护。

三、合同的分类

（一）有名合同和无名合同

根据法律是否明文规定合同的名称，可以将合同分为有名合同与无名合同。有名合同，又称典型合同，是指在法律上有特定名称及具体规则的合同。如我国《民法典·合同编》所规定的 19 种合同（详见表 3—2）。无名合同，又称非典型合同，例如，劳务合同，是指在法律上尚未确定名称与规则的合同。

有名合同与无名合同的区分意义主要在于两者适用的法律规则不同。对于有名合同，应当直接适用法律有关该类合同的具体规定；对于无名合同，则首先应当考虑适用《民法典·合同编》中通则的一般规定。

表 3—2　　《民法典·合同编》规定的 19 种合同

合同名称	基本含义
买卖合同	出卖人转移标的物的所有权于买受人，买受人接受此项财产并支付约定价款
供用电、水、气、热力合同	一方在一定期限内向他方供给一定种类、品质和数量的电、水、气、热力，而由他方给付价金
赠与合同	赠与人表示将自己的财产无偿给予受赠人，受赠人表示接受赠与
借款合同	借款人向贷款人借款，到期返还借款并支付利息

续表

合同名称	基本含义
保证合同	为保障债权的实现，保证人和债权人约定，当债务人不履行到期债务或者发生当事人约定的情形时，保证人履行债务或者承担责任
租赁合同	出租人将租赁物交付给承租人使用、收益，承租人支付租金
融资租赁合同	出租人根据承租人对出卖人、租赁物的选择，向出卖人购买租赁物，提供给承租人使用，承租人支付租金
保理合同	应收账款债权人将现有的或者将有的应收账款转让给保理人，保理人提供资金融通、应收账款管理或者催收、应收账款债务人付款担保等服务
承揽合同	承揽人按照定作人的要求完成工作，交付工作成果，定作人给付报酬。承揽包括加工、定作、修理、复制、测试、检验等多种工作形式
建设工程合同	承包人进行工程建设，发包人支付价款。该合同包括工程勘察、设计、施工合同
运输合同	承运人将旅客或者货物从起运地点运输到约定地点，旅客、托运人或者收货人支付票款或者运输费用。该合同包括客运合同、货运合同、多式联运合同
技术合同	当事人就技术开发、转让、咨询或者服务方面的权利和义务的约定
保管合同	保管人为寄存人保管物品，并在约定期限内或应寄存人的请求，返还保管物品
仓储合同	保管人储存存货人交付的仓储物，存货人支付仓储费
委托合同	受托人为委托人办理委托事务，委托人支付约定报酬或不支付报酬
物业服务合同	物业服务人在物业服务区域内，为业主提供建筑物及其附属设施的维修养护、环境卫生和相关秩序的管理维护等物业服务，业主支付物业费
行纪合同	行纪人以自己的名义为委托人从事贸易活动，委托人支付报酬
中介合同	中介人向委托人报告订立合同的机会或者提供订立合同的媒介服务，委托人支付报酬
合伙合同	两个以上的合伙人为了共同的事业目的，订立的共享利益、共担风险的协议

（二）双务合同和单务合同

根据合同当事人是否互相负有给付义务，可将合同分为双务合同和单务合同。双务合同是指当事人双方互负给付义务的合同，如买卖合同、租赁合同等。单务合同，是指合同双方当事人中仅有一方负担义务而另一方只享有权利的合同，如借用合同、赠与合同等。

（三）有偿合同和无偿合同

根据合同当事人之间的权利义务是否存在对价关系，可以将合同分为有偿合同与无偿合同。有偿合同是指当事人一方给予对方某种利益，对方要得到该利益必须为此支付相应代价的合同，即双方存在对价关系，如买卖合同、租赁合同、承揽合同、运输合同等。无偿合同，是指一方给付对方某种利益，对方取得该利益时并不支付相应代价的合同，即双方不存在对价关系，如赠与合同、借用合同等。实践中，有的合同既可以是有偿的，也可以是无偿的，如自然人之间的保管合同、委托合同等，是否有偿依双方约定。

（四）诺成合同和实践合同

根据合同的成立是否需要交付标的物，可将合同分为诺成合同和实践合同。诺成合同，是指双方当事人意思表示一致就可以成立的合同，如买卖合同、租赁合同等。实践合同又称要物合同，是指除当事人双方意思表示一致外，还须交付标的物或完成其他现实交付才能生效的合同，如借用合同、自然人之间的借款合同、保管合同、定金合同等。

（五）要式合同和不要式合同

根据法律对合同的形式是否有特定要求，可将合同分为要式合同与不要式合同。要式合同，是指根据法律规定必须采取特定形式的合同，如保证合同、抵押合同、质押合同等。不要式合同，是根据法律规定不需要采取特定形式而由当事人约定形式的合同。当事人可以采取口头方式，也可以采取书面形式订立合同。

（六）主合同和从合同

根据合同相互间的主从关系，可以将合同分为主合同与从合同。主合同是指不以其他合同的存在为前提而能够独立存在的合同。从合同是指不能独立存在而以其他合同的存在为前提的合同。例如，甲与乙订立借款合同，丙为担保乙偿还借款而与甲签订保证合同，则甲、乙之间的借款合同为主合同，甲、丙之间的保证合同为从合同。

【典型例题·多选题 3－1】 小李向 A 工商银行借款 20 万元做服装生意，双方订立了借款合同。同时，小李的父亲老李作为保证人为小李还款担保，与 A 工商银行订立保证合同。关于借款合同和保证合同分别属于什么类型的合同，下列表述中，正确的是（　　）。

A. 借款合同为主合同，保证合同为从合同

B. 借款合同和保证合同均为有偿合同

C. 借款合同和保证合同均为单务合同

D. 借款合同和保证合同均为有名合同

第二节　合同的订立

合同的订立又称缔约，是当事人在平等、自愿的基础上，为设立、变更、终止财产权利义务关系而进行协商、达成协议的行为过程。从合同实务上看，合同订立主要包括要约和承诺、合同的成立、合同的内容和形式以及合同的效力等内容。

一、合同订立的方式

当事人订立合同，可以采取要约、承诺方式或者其他方式。在订立合同中，要约人发出要约，受要约人作出承诺，合同即告成立。合同成立的其他方式，主要是指格式条款、悬赏广告等。

（一）要约

要约，在国际贸易中被称为“发盘”，是希望和他人订立合同的意思表示。发出要约的一方被称为“要约人”，接收要约的一方被称为“受要约人”。

1. 要约的构成要件

（1）要约的内容须具体确定。所谓“具体”，是指要约内容必须具有足以使合同成立的主要条款。而合同的主要条款应当根据具体的合同进行判断。不同的合同所要求的主要条款也不相同。所谓“确定”，是指要约内容必须明确，而不能含糊不清。要约应当使受要约人理解要约人的真实意思，否则无法承诺。

（2）要约须表明，一旦受要约人承诺，要约人就受该意思表示约束。要约方发出要约的目的是与受要约方订立合同，其要约必须表明在受要约人承诺时受该要约的约束，否则，要约人希望与受要约人订立合同的目的就不能实现。在实践中，虽然要约人一般不会在要约中明确地表达

此意，但可以从要约的内容中推定要约人具有此意。

【知识拓展】 要约邀请

要约邀请是希望他人向自己发出要约的意思表示。拍卖公告、招标公告、招股说明书、债券募集办法、基金招募说明书、商业广告和宣传、寄送的价目表等为要约邀请。

悬赏广告属于要约。商业广告的内容符合要约规定的，视为要约。

【小案例 3－2】 小王对小周说："我这辆七成新的'永久'自行车 200 元卖给你，你要不要？"

点评：在即时清结的交易中，小王的这个意思表示包含了标的物名称、数量、质量、规格、价款等信息，符合要约应具体确定的要求。虽然小王没有向小周明示"受要约的约束"，但小周从要约的内容中可以合理地得出以下信息："只要我表示同意，小王就得将该自行车按 200 元的价格卖给我。"因此，小王的意思表示构成要约。

2. 要约的生效与失效

以对话方式发出的要约，受要约人知道其内容时生效。以非对话方式发出的要约，到达受要约人时生效。所谓"到达"，只要进入受要约人通常的地址、住所或能够控制的地方（如信箱），或者受要约人的代理人收到，均视为到达。采用数据电文形式发出要约的，该要约进入受要约人指定系统时生效；未指定系统的，受要约人知道或者应当知道该数据电文进入其系统时生效。要约生效，受要约人即取得承诺的资格。

有下列情形之一的，要约失效：(1)拒绝要约的通知到达要约人；(2)要约人依法撤销要约；(3)承诺期限届满，受要约人未作出承诺；(4)受要约人对要约的内容作出实质性变更。

3. 要约的撤回与撤销

要约可以撤回，但撤回要约的通知应当在要约到达受要约人之前或者与要约同时到达受要约人。要约撤回仅适用书面要约，口头要约一经发出即到达受要约人而生效，无法撤回。

要约也可以撤销。撤销要约的意思表示以对话方式作出的，该意思表示的内容应当在受要约人作出承诺之前为受要约人所知道；撤销要约的意思表示以非对话方式作出的，应当在受要约人作出承诺之前到达受要约人。要约被依法撤销时失去法律效力。但是，要约有下列情形之一的，不得撤销：(1)要约人确定了承诺期限或者以其他形式明示要约不可撤销；(2)受要约人有理由认为要约是不可撤销的，并已经为履行合同做了准备工作。

【典型例题·单选题 3－1】 关于要约的效力，下列表述中，错误的是（　　）。

A. 要约发出时即生效

B. 要约到达受要约人时生效

C. 要约因被受要约人拒绝失效

D. 要约因被要约人依法撤销失效

（二）承诺

承诺，在国际贸易中被称为"接受"，是受要约人同意要约的意思表示。

1. 承诺的构成要件

一项有效的要约一经承诺，即表明各方就合同的主要条款达成协议，合同即告成立。承诺必须具备下列要件方可成立：

（1）承诺须由受要约人或其代理人向要约人作出。首先，如前文所述，要约生效，受要约人取得承诺的资格，换言之，只有接收要约的人才有资格作出承诺。其次，要约人发出要约是希望与受要约人订立合同，同理，受要约人对要约表示同意也是希望与要约人订立合同。所以，承诺只有向要约人作出，双方才能实现订立合同的目的。

（2）承诺须在规定的期限内到达要约人。承诺应当在要约确定的期限内到达要约人。要约没有确定承诺期限的，承诺应当依照下列规定到达：①要约以对话方式作出的，应当即时作出承诺，但当事人另有约定的除外；②要约以非对话方式作出的，承诺应当在合理期限内到达。

【知识拓展】 逾期承诺与迟到的承诺

受要约人超过承诺期限发出承诺，或者在承诺期限内发出承诺，按照通常情形不能及时到达要约人的，除要约人及时通知受要约人该承诺有效的以外，为新要约。

受要约人在承诺期限内发出承诺，按照通常情形能够及时到达要约人，但因其他原因承诺到达要约人时超过承诺期限的，除要约人及时通知受要约人因承诺超过期限不接受该承诺的以外，该承诺有效。

（3）承诺的内容须与要约的内容一致。受要约人对要约的内容作出实质性变更的，为新要约。所谓“实质性变更”，是指对有关合同标的、数量、质量、价款或者报酬、履行期限、履行地点和方式、违约责任和解决争议方法等的变更。受要约人对要约的内容作出非实质性变更的，除要约人及时表示反对或者要约表明承诺不得对要约的内容作出任何变更的以外，为有效承诺，合同的内容以承诺的内容为准。

（4）承诺的方式必须符合要约的要求。如果要约规定承诺须以特定方式作出，否则无效，则受要约人的承诺须符合该特定方式。

【小案例 3－3】 小明对小强说：“我这部八成新的‘联想’手机 300 元卖给你，你要不要？”该要约为口头要约，小强听到时即取得承诺的资格。如果小强同意小明的要约，只能当即向小明表示，才能达成交易。如果小强当时不置可否，第二天才向小明表示同意购买，则为逾期承诺，除非小明告知小强其承诺有效，否则不能构成有效承诺，实为新要约。如果小强听到要约时对小明说：“如果你这手机卖 260 元，我就要。”因小强对要约的价款做了变更，属于实质性变更，所以该意思表示就是新要约。

2. 承诺的方式、撤回和生效

承诺应当以通知的方式作出，但根据交易习惯或者要约表明可以通过行为作出承诺的除外。

承诺可以撤回，但撤回承诺的通知应当在承诺通知到达要约人之前或者与承诺通知同时到达要约人。

承诺通知到达要约人时生效。承诺不需要通知的，根据交易习惯或者要约的要求作出承诺的行为时生效。对承诺到达的理解与前文要约到达的理解相同。

【典型例题·单选题 3—2】 小黄有一辆电动车想卖掉，在微信群(仅 8 人)发出要约："××电动车，卖价 1 800 元，一手交钱，一手交货，想买的话，下午 3 点前回复，先回复优先。"下列回复中，能成立合同的是(　　)。

A. 小刘在下午 1 点回复：愿出价 1 700 元购买

B. 小李在下午 1 点回复：同意出价 1 800 元，需分两期付款

C. 小周在下午 2 点回复：我买

D. 小陶在下午 2 点 30 分回复：我买

(三)缔约过失责任

1. 缔约过失责任的界定

缔约过失责任，是指在合同订立过程中，缔约一方因违反其依据诚实信用原则所应当承担的法定义务，导致另一方的信赖利益受损，而应当承担的损害赔偿责任。关于合同订立过程的起止时间，通说认为，始于要约生效之时，终于合同成立之时。合同成立后无效或者被撤销，只要导致无效或被撤销的原因发生在合同订立过程中，有过错的一方就应承担缔约过失责任。

2. 缔约过失责任的适用情形

当事人在订立合同过程中有下列情形之一，给对方造成损失的，应当承担缔约过失责任：(1)假借订立合同，恶意进行磋商；(2)故意隐瞒与订立合同有关的重要事实或者提供虚假情况；(3)泄露或者不正当地使用其在订立合同过程中知悉的对方的商业秘密给对方造成损失的；(4)有其他违背诚实信用原则的行为。

3. 缔约过失责任赔偿范围

《民法典·合同编》没有对缔约过失责任的赔偿范围作出明确规定。一般认为，信赖利益的损失包括直接损失和间接损失。直接损失主要包括：(1)缔约费用及其利息；(2)准备履约所支付的费用及其利息等。间接损失主要是指交易差价损失，如因信赖合同有效成立而放弃与他人进行交易的差价损失，因合同不成立、无效、被撤销而在市场上以合同价格购买同类标的物的差价损失等。

【典型例题·多选题 3—2】 下列情形中，当事人应当承担缔约过失责任的是(　　)。

A. 合同订立过程中，一方当事人恶意磋商导致合同未成立

B. 合同订立过程中，一方当事人欺诈，合同成立后被依法撤销

C. 合同订立过程中，一方当事人知悉对方的商业秘密且不正当使用

D. 合同依法成立后，一方当事人拒绝履行合同约定的义务

二、合同的成立

合同在何时何地成立依当事人所采用的合同订立的方式而定。

(一)合同成立时间

1. 一般规定

承诺生效时合同成立，但是法律另有规定或者当事人另有约定的除外。

2. 书面合同的成立时间

当事人采用合同书形式订立合同的，自当事人均签名、盖章或者按指印时合同成立。在签名、盖章或者按指印之前，当事人一方已经履行主要义务，对方接受时，该合同成立。

法律、行政法规规定或者当事人约定合同应当采用书面形式订立，当事人未采用书面形式但

是一方已经履行主要义务，对方接受时，该合同成立。

3. 确认书、网上购物的合同成立时间

当事人采用信件、数据电文等形式订立合同要求签订确认书的，签订确认书时合同成立。

当事人一方通过互联网等信息网络发布的商品或者服务信息符合要约条件的，对方选择该商品或者服务并提交订单成功时合同成立，但是当事人另有约定的除外。

（二）合同成立地点

1. 承诺生效地

一般情况下，承诺生效的地点为合同成立的地点。采用数据电文形式订立合同的，收件人的主营业地为合同成立的地点；没有主营业地的，其住所地为合同成立的地点。当事人另有约定的，按照其约定。

2. 签名、盖章或者按指印地

当事人采用合同书形式订立合同的，最后签名、盖章或者按指印的地点为合同成立的地点，但是当事人另有约定的除外。

【典型例题・判断题 3－2】 当事人采用合同书形式订立合同，仅一方当事人签名、盖章或者按指印的，该合同不成立。（　　）

三、合同的内容与形式

（一）合同的内容

合同的内容有两方面的含义：一方面，从合同作为一种民事法律关系来说，合同的内容是指合同中规定的当事人的权利和义务；另一方面，从合同作为一种法律文书来说，合同的内容是指合同的各项条款。此处所说的合同内容是指合同条款。

1. 合同的一般条款

《民法典・合同编》第四百七十条规定，合同的内容由当事人约定，一般包括以下条款：(1)当事人的名称或者姓名和住所；(2)标的；(3)数量；(4)质量；(5)价款或者报酬；(6)履行期限、地点和方式；(7)违约责任；(8)解决争议的方法。

2. 格式条款

格式条款是当事人为了重复使用而预先拟定，并在订立合同时未与对方协商的条款。

(1)格式条款提供方的法定义务

提供格式条款的一方应当遵循公平原则确定当事人之间的权利和义务，并采取合理的方式提请对方注意免除或者限制其责任的条款，按照对方的要求，对该条款予以说明。格式条款提供方未履行前述义务的，对方当事人可以主张该条款不成为合同的内容。

【小案例 3－4】 曲某至广州市某酒楼消费，自带白酒并自己开启，结账时酒楼收取了186元餐饮费和20元“开瓶费”，曲某认为酒楼收取20元“开瓶费”不合理而诉至法院。

点评：本例中，法院认为被告规定“谢绝自带酒水，自带酒水收取开瓶费20元”属于格式条款，尽管将其张贴在显眼位置，但没有依据公平原则合理确定权利和义务，侵犯了原告的自主消费权，故该条款因显失公平而应予撤销，遂判决被告返还原告20元。

(2)无效格式条款

格式条款具有《民法典·总则编》第六章第三节规定的无效民事法律行为和《民法典·合同编》第五百零六条规定的无效免责条款情形的，或者提供格式条款一方免除其责任、加重对方责任、限制对方主要权利的，或者排除对方主要权利的，该条款无效。

【小案例 3－5】 张某一家三口参加甲旅行社组织的海南四日游。旅途中，该团所乘汽车因车轮打滑撞击其他汽车，导致张某右腿骨粉碎性骨折。为此，张某一家要求甲旅行社赔偿各项损失共计 385 000 元。旅行社以双方所签格式合同中规定"如果由于第三方原因造成游客人身或财产损害的，旅行社概不负责"为由拒赔。张某诉至法院。

点评：本例中，法院判决，甲旅行社提供的格式合同中的免责条款免除自身责任，排除对方主要权利，属于无效条款。张某系与甲旅行社签订合同，由于第三人原因造成的张某受伤害，应由合同当事方甲旅行社向张某作出赔偿，甲旅行社与汽车公司之间的责任分担应另行依法处理。

（3）格式条款的解释规则

对格式条款的理解发生争议的，应当按通常理解予以解释。若格式条款有两种以上解释，则应当作出不利于提供格式条款一方的解释。若格式条款与非格条式款不一致，则应当采用非格式条款。

【典型例题·判断题 3－3】 当事人对格式条款的理解有争议的，格式条款的提供方享受最终解释权。（　　）

（二）合同形式

当事人订立合同，可以采用书面形式、口头形式和其他形式。

1. 书面形式

除法律、行政法规规定应当采用书面形式外，当事人可以自行决定合同的形式。当事人约定采用书面形式的，应当采用书面形式。书面形式包括合同书、信件、电报、电传、传真等可以有形地表现所载内容的形式。

2. 口头形式

口头形式是指以对话方式订立合同。在法律没有特别规定和当事人没有特别约定的情况下，当事人可以采用口头形式订立合同。其优点是简便快捷，但缺点是发生纠纷难以举证，不易分清责任。在实践中，采用口头形式订立的合同主要是即时清结的合同和小额交易，如集市的现货交易、商店里的零售等。

3. 其他形式

在实践中，除书面形式和口头形式外，还存在默示形式等其他形式。所谓"默示形式"，是指不依赖语言或文字等明示形式，而通过某种事实即可推知行为人的意思表示而成立的合同形式。行为人虽然并没有作出明示的意思表示，但根据法律的规定，可以认定行为人的某种客观事实状态就是表达同意进行民事活动的意思。例如，乘客乘坐公共汽车时向投币箱投币与公交公司订立的客运合同即为默示形式。

四、合同的效力

要约人与受要约人意思表示一致，合同即告成立，但合同成立并不意味着合同生效。已经成立的合同可能因欠缺某一方面的生效要件而归于无效合同、可撤销合同或者效力待定合同。只有具备合同生效要件的合同才是有效合同。关于合同效力的规定见《民法典·总则编》第六章第三节"民事法律行为的效力"和《民法典·合同编》第三章"合同的效力"。

（一）有效合同

1. 合同有效要件

订立有效合同属于民事法律行为。根据《民法典·总则编》第一百四十三条规定，具备下列条件的民事法律行为有效：(1)行为人具有相应的民事行为能力；(2)意思表示真实；(3)不违反法律、行政法规的强制性规定，不违背公序良俗。换言之，有效合同须具备以上三个要件。

2. 合同生效时间

(1)成立时生效

一般情况下，依法成立的合同，自成立时生效。

(2)批准登记时生效

法律、行政法规规定应当办理批准、登记等手续生效的，依照其规定，合同办理批准、登记手续时生效。

(3)条件成就时生效

当事人对合同的效力可以约定附条件。附生效条件的合同，自条件成就时生效。附解除条件的合同，自条件成就时失效。所谓"条件"，是指将来发生的决定法律行为效力的不确定的事实。所谓"条件成就"，是指作为条件的事实出现。条件成就须顺其自然，不可人为阻止或者促成。若当事人为自己的利益不正当地阻止条件成就，则视为条件已成就；不正当地促成条件成就，视为条件不成就。

【小案例 3—6】 宋某想将一幢房屋卖掉，问余某想不想买。余某对宋某说："如果明天有只喜鹊站在你屋顶上，我就买你的屋子。"余某所言便是为房屋买卖合同附加了一个生效条件。宋某听后，立即找来数只喜鹊，第二天放在屋顶上，并放上一些鸟食供喜鹊食用。

点评：宋某所为属于不正当地促成条件成就，视为条件不成就，房屋买卖合同不能生效。

(4)期限届至时生效

当事人对合同的效力可以约定附期限。附生效期限的合同，自期限届至时生效。附终止期限的合同，自期限届满时失效。所谓"期限"，是指将来必然到来的客观事实。例如，高某与涂某于 2020 年 12 月 8 日订立房屋租赁合同，其中约定合同生效日期为 2021 年 1 月 10 日。该合同即附生效期限的合同。

（二）无效合同

无效合同是相对于有效合同而言的，是指合同虽然成立，但因其违反法律、行政法规、社会公共利益，被确认为无效。合同无效有全部无效和部分无效之分。合同部分无效，不影响其他部分的效力，其他部分仍然有效。依《民法典》的相关规定，无效合同包括以下五种：

1. 无民事行为能力人订立的合同

无民事行为能力人不能独立进行民事活动，不具有订立合同的法律资格。

2. 当事人恶意串通订立的损害他人合法利益的合同

所谓"恶意串通"，是指订立合同的双方代表或当事人相互勾结，为牟取私利而损害他人合法权益的行为。

> **【小案例 3—7】** 李某作为A公司的采购业务员，在与B公司订立某产品买卖合同时，为牟取个人利益，与B公司串通，以高于市场价10%的价格确定标的物的价款，高出的金额作为好处费由B公司存入李某的个人账户。
>
> **点评：**该合同便是恶意串通损害A公司利益的合同，应当认定为无效合同。

3. 以虚假的意思表示订立的合同

当事人以虚假的意思表示订立的合同无效。以虚假的意思表示隐藏的民事法律行为的效力，依照有关法律规定处理。虚假的意思表示背后可能有隐藏的民事法律行为。民间所称的“阴阳合同”，其中的“阳合同”就是以虚假的意思表示订立的合同，“阴合同”则是被隐藏的合同。有些虚假的意思表示背后没有隐藏的民事法律行为。例如，以逃避债务为目的假装财产赠与，赠与行为是虚假表示，但并不存在隐藏行为。

> **【小案例 3—8】** 2018年曝出的影视演员签订“阴阳合同”事件便是典型的以虚假意思表示隐藏真实民事法律行为的案例，双方就同一次演出订立了两份合同，一份填写真实的演出报酬（“阴合同”），另一份填低演出报酬（“阳合同”）并以此申报纳税，以达到少缴税款的目的。这里的“阴合同”只要符合合同生效要件，就是有效的；而“阳合同”是以虚假意思表示订立的，是无效的。

4. 违反法律、行政法规的强制性规定

法律、行政法规包含强制性规定和任意性规定。对于任意性规定，当事人可以约定排除适用。而对于强制性规定，当事人必须依照法律规定予以适用，不得以双方约定予以变更和排除适用。强制性规定是法律基于保护国家利益、社会公共利益的需要对当事人意思自治所施加的一种限制。当事人在订立合同时不服从这种限制，会因损害国家利益、社会公共利益而使合同被判定无效。例如，蒋某等六人在未取得采矿许可证的情况下将其所经营的瓷泥矿转让给曹某，该转让合同因违反了法律、行政法规关于采矿必须办理许可证的强制性规定，被法院判决无效。但是，该强制性规定不导致该民事法律行为无效的除外。例如，某食品店向一农户出售种子，违反了《中华人民共和国种子法》的强制性规定，应当承担相应的法律责任，但出于保护农户的目的，不应认定该买卖行为无效。

5. 违背公序良俗的合同

公序良俗是公共秩序和善良习俗的简称。有些行为不违法，但违背公序良俗也会被判定无效，例如，危害家庭关系的行为、违反性道德的行为、违反人权和人格尊严行为等。

此外，合同中的下列免责条款无效：(1)造成对方人身伤害的；(2)因故意或者重大过失造成对方财产损失的。合同中的免责条款，是指双方当事人在合同中约定的，为免除或者限制一方或者双方当事人未来责任的条款。例如，甲与乙在合同中约定，甲方若因过失造成乙方人身伤害，则不承担赔偿责任。该条款就是无效条款。

【典型例题 · 判断题 3—4】 周某将婚姻期间取得的一套房产赠送给情人小吴，该赠与合同双方当事人意思表示真实，为有效合同。（ ）

（三）可撤销合同

合同成立后，因存在认识错误、违反公平原则或者意思表示不真实等情形，当事人可以请求人民法院或仲裁机构予以撤销。可撤销合同有以下三类：

1. 因重大误解而订立的

重大误解是指行为人因对行为的性质，对方当事人，标的物的品种、质量、价格和数量等发生错误认识，使行为的后果与自己的意思相悖，并造成较大损失的行为。基于重大误解订立的合同，当事人有权请求人民法院或者仲裁机构予以撤销。

【小案例 3－9】 某相机专卖店将价格为 3 800 元的相机标成 380 元，顾客李某觉得很便宜，买了此相机 2 部，相机店出具了发票。后来相机店发现价格标错，找到李某要求补交货款或退货，李某不同意。相机专卖店诉至法院，请求撤销合同。

点评：本案中，法院判决，原告标错价格的行为就属于对合同价款的重大误解，请求撤销合同应予支持，因撤销合同造成被告的损失由原告赔偿。

2. 在订立合同时显失公平的

一方利用对方处于危困状态、缺乏判断能力等情形，致使民事法律行为成立时显失公平的，受损害方有权请求人民法院或者仲裁机构予以撤销。所谓“危困状态”，一般指因陷入暂时性困境而急需金钱或财物救急。所谓“缺乏判断能力”，是指对行为的性质缺乏理性思考、对行为的后果缺乏评估的能力。显失公平是指双方当事人在合同中的权利和义务明显失衡、显著不相称。判断是否显失公平，应以合同成立时为限。

【小案例 3－10】 甲父因重病住院，需支付大笔医疗费，甲一时难以筹集，意欲将一套价值 60 万元的房产出售。乙闻讯，向甲表示愿出 40 万元购买，甲无奈同意。

点评：本案中，甲正处于危难之际，将房产以 40 万元卖给乙并非其真实意思，而乙利用了甲的困境，故意压低价格，合同成立时双方的权利和义务明显不对等，故此合同为显失公平的合同，甲可请求人民法院予以撤销。

3. 以欺诈、胁迫的手段使对方在违背真实意思的情况下订立的

有下列情形之一的，受欺诈方有权请求人民法院或者仲裁机构撤销合同：(1)一方以欺诈手段，使对方在违背真实意思的情况下订立合同的；(2)第三人实施欺诈行为，使一方在违背真实意思的情况下订立合同，对方知道或者应当知道该欺诈行为的。

一方或者第三人以胁迫手段，使对方在违背真实意思的情况下订立合同，受胁迫方有权请求人民法院或者仲裁机构予以撤销。

享有撤销权的合同当事人应当在法定期间内行使撤销权。有下列情形之一的，撤销权消灭：(1)当事人自知道或者应当知道撤销事由之日起 1 年内、重大误解的当事人自知道或者应当知道撤销事由之日起 90 日内没有行使撤销权；(2)当事人受胁迫，自胁迫行为终止之日起 1 年内没有行使撤销权；(3)当事人知道撤销事由后明确表示或者以自己的行为表明放弃撤销权；(4)当事人自民事法律行为发生之日起 5 年内没有行使撤销权。

【典型例题·多选题 3－3】 下列各项中，属于可撤销合同的是(　　)。

A. 甲公司隐瞒重要事实与乙公司订立的合同

B. 王某以公开李某隐私为要挟与李某订立的合同

C. 郑某在罗某筹钱为父亲治病的情况下，压低房价，与罗某订立的房屋买卖合同

D. 陈某误将某产品的B型号当作A型号与高某订立的买卖合同

(四)效力待定合同

效力待定合同，是指合同虽然已经成立，但由于不完全符合合同生效的要件，因此其效力处于不确定状态。效力待定合同一般须经有权人表示承认才能生效，主要有以下几类：

1. 限制民事行为能力人依法不能独立订立的合同

限制民事行为能力人订立的合同有两种情形：

一是纯获利益的合同或者与其年龄、智力、精神健康状况相适应的合同，是有效合同。

二是除前一种情形之外的其他合同，须经法定代理人追认，才能生效。此类合同的相对人可以催告法定代理人在30内予以追认。法定代理人未作表示的，视为拒绝追认。合同被追认之前，善意相对人有撤销的权利。撤销应当以通知的方式作出。

【小案例3—11】 小强是某中学高二学生，17岁，想要一部手机，但父母总以玩手机影响学习为由予以拒绝。一日，小强趁父母不在家，找出自己的压岁钱存折，到银行取出3 000元，去手机店买了一部售价为2 950元的某品牌手机，再到文具店买了一支售价为40元的钢笔。

点评：本案中，小强是限制民事行为能力人，其订立的手机买卖合同与其年龄、智力、精神健康状况不相适应，属于效力待定合同，须由其父母追认方为有效；若其父母不追认，则不发生效力。而小强订立的钢笔买卖合同则与其年龄、智力、精神健康状况相适应，属于有效合同。

2. 无代理权人订立的合同

行为人没有代理权、超越代理权或者代理权终止后以被代理人名义订立的合同，未经被代理人追认，对被代理人不发生效力，由行为人承担责任。被代理人追认的，则合同生效。此类合同有关催告、追认、撤销的规定同限制民事行为能力人订立的合同。

无权代理人以被代理人的名义订立合同，被代理人已经开始履行合同义务或者接受相对人履行的，视为对合同的追认。

行为人实施的行为未被追认的，善意相对人有权请求行为人履行债务或者就其受到的损害请求行为人赔偿，但是赔偿的范围不得超过被代理人追认时相对人所能获得的利益。相对人知道或者应当知道行为人无权代理的，相对人和行为人按照各自的过错承担责任。

但是，表见代理订立的合同为有效合同。表见代理是指行为人虽无代理权，但由于被代理人的行为造成了足以使善意第三人相信其有代理权的表象，而与善意第三人进行的、由被代理人承担法律后果的代理行为。《民法典·总则编》第一百七十二条规定，行为人没有代理权、超越代理权或者代理权终止后以被代理人名义订立合同，相对人有理由相信行为人有代理权的，该代理行为有效。

【小案例3—12】 甲去杭州出差，乙委托甲在杭州购买1 000克西湖龙井绿茶，价格在750～800元/500克。甲在杭州找了几家茶叶店，发现甲想要的茶叶的价格都在950元/500克以上，最后在一家茶叶店以950元/500克的价格为乙购买了1 000克西湖龙井绿茶。回来后，甲说明了茶叶的市场价格情况，向乙交付茶叶，乙欣然接受并付款。

点评：本案中，甲购买茶叶的代理行为超越了代理权限，该买卖合同属于效力待定合同。乙接受茶叶并付款，视为对甲的越权代理行为的追认，该合同对乙产生约束力。如果乙因为价格过高而拒绝接受茶叶，则该合同对乙不产生约束力，其后果由甲承担。

【典型例题·判断题3—5】 无代理权人订立的合同均为效力待定合同。（　　）

（五）合同无效或被撤销的法律后果

1. 合同自始无效

无效的合同或者被撤销的合同自始没有法律约束力。但是，合同部分无效，不影响其他部分效力的，其他部分仍然有效。

2. 争议解决条款具有独立性

合同中约定的解决争议条款具有独立性。合同无效、被撤销或者终止的，争议解决条款的效力不受影响。

3. 返还财产和赔偿损失

合同无效或者被撤销后，因该合同取得的财产，应当予以返还；不能返还或者没有必要返还的，应当折价补偿。有过错的一方应当赔偿对方因此而受到的损失；双方都有过错的，应当各自承担相应的责任。

第三节　合同的履行

合同履行，是指当事人按照约定全面、适当地完成合同义务的行为，债权人的债权得到完全实现。合同履行是合同制度的核心内容。

一、合同履行原则

（一）遵守约定原则

遵守约定包括：(1)适当履行。当事人须按照合同约定的履行主体、涉及合同的标的、数量、质量、价款或者报酬以及履行期限、地点、方式等适当履行，完全符合合同约定的要求。(2)全面履行。当事人应当按照合同所约定的各项条款，全面而完整地完成合同义务。

（二）诚实信用的原则

当事人履行合同要遵循诚实信用的原则，要守信用、讲实话、办实事，要有善意。当事人应当根据合同的性质、目的和交易习惯履行下列义务：(1)通知义务，即一方依约履行前或者出现法定情形（如发生不可抗力事件）时应当及时通知对方；(2)协助义务，即一方依约履行合同义务时，另一方应当提供必要的协助；(3)保密义务，即合同当事人对于履行合同过程中获悉的对方的商业秘密不得对外泄露，也不得自行利用。

（三）绿色原则

当事人在履行合同过程中，应当避免浪费资源、污染环境和破坏生态。

二、合同履行规则

(一)漏洞条款的补救规则

合同生效后,当事人就质量、价款或者报酬、履行地点等内容没有约定或者约定不明确的,可以协议补充;不能达成补充协议的,按照合同有关条款或者交易习惯确定;依交易习惯仍不能确定的,适用下列规则(见表3—3)。

表3—3 漏洞条款的补救规则

漏洞条款	适用规则
质量标准不明确	按"强制性国家标准→推荐性国家标准→行业标准→通常标准或者符合合同目的的特定标准"的顺序确定
价款或者报酬不明确	按照订立合同时履行地的市场价格履行
	依法应当执行政府定价或者政府指导价的,按照相关规定履行
履行地点不明确	给付货币的,在接受货币一方所在地履行
	交付不动产的,在不动产所在地履行
	其他标的,在履行义务一方所在地履行
履行期限不明确	债务人可以随时履行,债权人也可以随时要求履行,但应当给对方必要的准备时间
履行方式不明确	按照有利于实现合同目的的方式履行
履行费用负担不明确	由履行义务一方负担;因债权人因素增加的履行费用,由债权人负担

通过网络订立的电子合同的标的是交付商品并采用快递方式交付的,收货人的签收时间为交付时间。电子合同的标的是提供服务的,没有明显的交付标志,生成的电子凭证或者实物凭证中载明的时间为提供服务时间;前述凭证没有载明时间或者载明时间与实际提供服务时间不一致的,以实际提供服务的时间为准。

电子合同的标的物为采用在线传输方式交付的,合同标的物进入对方当事人指定的特定系统且能够检索识别的时间为交付时间。

【知识拓展】 执行政府定价或政府指导价的履行规则

执行政府定价或者政府指导价的,在合同约定的交付期限内政府价格调整时,按照交付时的价格计价。逾期交付标的物的,遇价格上涨时,按照原价格执行;价格下降时,按照新价格执行。逾期提取标的物或者逾期付款的,遇价格上涨时,按照新价格执行;价格下降时,按照原价格执行。

【典型例题·多选题3—4】 当事人对合同标的物的质量、价款等内容约定不明确,不能达成补充协议,且无交易习惯可遵循,下列做法中不正确的是(　　)。

A. 质量标准不明确,按通常标准确定

B. 价款不明确,按合同履行时签订地的市场价履行

C. 履行地点不明确,交付货币的,在履行义务一方所在地履行

D. 履行费用不明确,由履行义务一方承担,但因债权人因素增加的费用除外

(二)涉及第三人的履行规则

依据合同相对性原则，合同中的权利只能赋予合同的当事人，合同中的义务也只能在当事人之间设定，依法成立的合同仅对当事人有法律约定力，而对当事人以外的第三人不发生法律效力。随着市场的发展，合同相对性原则已不能适应社会经济生活对合同的社会功能的要求，涉及第三人的履行时有发生。《民法典·合同编》就涉及第三人的履行确立以下规则：

1. 向第三人履行

当事人约定由债务人向第三人履行债务的，债务人未向第三人履行债务或者履行债务不符合约定，应当向债权人承担违约责任。法律规定或者当事人约定第三人可以直接请求债务人向其履行债务，第三人未在合理期限内明确拒绝，债务人未向第三人履行债务或者履行债务不符合约定的，第三人可以请求债务人承担违约责任；债务人对债权人的抗辩，可以向第三人主张。

2. 第三人履行

当事人约定由第三人向债权人履行债务，第三人不履行债务或者履行债务不符合约定的，债务人应当向债权人承担违约责任。

3. 第三人代为履行

债务人不履行债务，第三人对履行该债务具有合法利益的，第三人有权向债权人代为履行；但是，根据债务性质、按照当事人约定或者依照法律规定只能由债务人履行的除外。

债权人接受第三人履行后，其对债务人的债权转让给第三人，但是债务人和第三人另有约定的除外。

【知识拓展】　合同相对性原理的主要内容

主体相对性，即合同关系只能发生在特定的主体之间，只有合同当事人一方能够向合同的另一方当事人基于合同提出请求或提起诉讼。

内容相对性，即指除法律、合同另有规定以外，只有合同当事人才能享有合同规定的权利，并承担该合同规定的义务，当事人以外的任何第三人不能主张合同上的权利，更不负担合同中规定的义务。

责任相对性，包括两个方面：(1)在因第三人的行为造成债务不能履行的情况下，债务人仍应向债权人承担违约责任。债务人在承担违约责任后，有权向第三人追偿。(2)债务人只能向债权人承担违约责任，而不应向第三人承担违约责任。

【小案例 3—13】　甲欠乙 1 000 元，在还款期限届至时，因丙欠甲 1 000 元到期未还，甲便对乙说："我欠你的 1 000 元由丙在两天内替我向你归还。"乙应允。甲便通知丙，将 1 000 元欠款在两天内还给乙。后因丙未还款，甲、乙、丙就谁该承担违约责任发生争议。

点评：本案中，甲与乙存在借款合同关系，双方约定由第三人丙向债权人乙履行还款义务，由于丙与乙不存在合同关系，而违约责任以存在合同关系为前提，故丙未向乙还的款仍然应当由甲承担。

三、合同履行抗辩权

抗辩权，又称异议权，是指在双务合同中，一方当事人依法享有对抗或者否认对方请求权的权利。合同履行的抗辩权是与请求权相对应的权利，仅存在于双方互负对待给付义务的双务合同中。《民法典·合同编》规定了三种履行抗辩权。

（一）同时履行抗辩权

同时履行抗辩权，是指在没有先后履行顺序的双务合同中，一方当事人在对方未履行其合同义务或在对方履行债务不符合约定时，拒绝其履行要求或拒绝其相应的履行要求的权利。

1. 同时履行抗辩权的行使条件

当事人行使同时履行抗辩权须具备以下条件：(1)双方互负债务基于同一双务合同产生；(2)双方互负的债务没有先后履行顺序且已届清偿期；(3)对方能够履行债务却未履行或履行不当。

2. 同时履行抗辩权的效力

同时履行抗辩权属延期的抗辩权，只是暂时阻止对方当事人请求权的行使，非永久的抗辩权。一旦对方当事人完全履行了合同义务，同时履行抗辩权便失去了存在的基础，当事人就应当履行自己的义务。当事人行使同时履行抗辩权致使合同迟延履行的，迟延履行责任由对方当事人承担。

【小案例 3—14】 汤某与刘某经协商订立了一份房屋买卖合同，其中约定，汤某以 60 万元的价格将自有的一套房屋卖给刘某，合同订立后 30 日内，刘某分两次付清购房款，购房款付清当日，双方一同到房产管理部门办理过户登记手续。合同订立后的第二十日，刘某交付了第一期购房款 30 万元，便要求汤某办理房产过户手续。汤某认为，自己履行办理过户手续的义务是在购房款付清时，于是拒绝了刘某的履行请求。

点评：本例中，刘某的第二次付款义务与汤某的办理过户手续义务没有先后履行顺序，应当同时履行，刘某在未履行第二次付款义务时便要求汤某履行义务，汤某可以依法行使同时履行抗辩权，拒绝刘某的履行请求。

（二）后履行抗辩权

后履行抗辩权，是指在有先后履行顺序的双务合同中，先履行一方未履行债务或者履行债务不符合约定时，后履行一方拒绝其履行要求或拒绝其相应的履行要求的权利。

1. 后履行抗辩权的行使条件

当事人行使后履行抗辩权须具备以下条件：(1)双方互负债务基于同一双务合同产生；(2)双方互负债务有先后履行顺序；(3)负有先履行义务的一方未履行合同义务或履行合同义务不符合约定。

2. 后履行抗辩权的效力

后履行抗辩权的效力与同时履行抗辩权的效力基本相同。

【小案例 3－15】 2020 年 10 月 15 日，A 公司与 B 公司订立大豆购销合同，其中约定，A 公司按 4.2 元/千克的价格向 B 公司供应一级大豆（含水量 1%）200 吨，总金额为 840 000 元，11 月 20 日前交货。B 公司于 10 月 30 日前向 A 公司支付预付款 200 000 元，余款在收货后 10 日内结清。合同成立后，B 公司依约支付了预付款，A 公司于 10 月 30 日交货，但交付的大豆含水量达到 3%。于是，B 公司拒付余款。

点评：本案中，双方在合同中约定了履行义务顺序，A 公司交货不符合约定的标准，B 公司可以行使后履行抗辩权，拒绝支付余款。若 A 公司将标的物更换为符合约定标准的大豆，则 B 公司应当支付余款，但有权要求 A 公司承担违约责任。

（三）不安抗辩权

不安抗辩权，是指在有先后履行顺序的双务合同中，应当先履行合同义务的一方当事人，在履行前有证据证明后履行的一方当事人不能履行合同义务，或有不能履行合同义务的可能时，中止履行自己的合同义务的权利。

1. 不安抗辩权的适用情形

应当先履行合同义务的当事人，有确切证据证明对方有下列情形之一的，可以中止履行：(1)经营状况严重恶化；(2)转移财产、抽逃资金，以逃避债务；(3)丧失商业信誉；(4)有丧失或者可能丧失履行债务能力的其他情形。

当事人没有确切证据而中止履行的，应当承担违约责任。

2. 不安抗辩权的行使

不安抗辩权属延期抗辩权，当事人只是中止合同的履行。当事人行使不安抗辩权后，应当立即通知对方当事人。如果对方当事人提供了担保，则不安抗辩权消灭，当事人应当恢复履行。如果对方在合理期限内未恢复履行能力并且未提供适当担保的，则视为以自己的行为表明不履行主要债务，中止履行的一方可以解除合同并可以请求对方承担违约责任。

【典型例题·多选题 3－5】 关于不安抗辩权，下列表述中正确的有（　　）。

A. 不安抗辩权是先履行义务的当事人享有的权利

B. 先履行义务的当事人担心后履行义务的当事人不履行义务，可以行使不安抗辩权

C. 先履行义务的当事人有证据证明后履行义务的当事人生产经营状况严重恶化，可以解除合同

D. 当事人依法行使不安抗辩权解除合同的，可以要求对方承担违约责任

四、合同保全

合同保全，是指法律为防止因债务人财产的不当减少致使债权人债权的实现受到危害而设置的保全债务人责任财产的法律制度，包括代位权和撤销权。

（一）代位权

代位权，是指债务人怠于行使其债权或者与该债权有关的从权利，影响债权人到期债权的实现，债权人为保全债权，向人民法院请求以自己的名义代位行使债务人对相对人的债权的权利。

1. 代位权行使的条件

债权人提起代位权诉讼须符合下列条件：(1)债权人对债务人的债权合法；(2)债务人怠于对

第三人行使其合法且已到期的债权，对债权人造成损害；(3)债务人的债权非专属于债务人自身。

所谓“专属于债务人自身的债权”，是指基于扶养关系、抚养关系、赡养关系、继承关系产生的给付请求权和劳动报酬、退休金、养老金、抚恤金、安置费、人寿保险、人身伤害赔偿请求权等权利。

债权人的债权到期前，债务人的债权或者与该债权有关的从权利存在诉讼时效期间即将届满或者未及时申报破产债权等情形，影响债权人的债权实现的，债权人可以代位向债务人的相对人请求其向债务人履行、向破产管理人申报或者作出其他必要的行为。

2. 代位权行使的范围及费用负担

代位权的行使范围以债权人的债权为限。债权人行使代位权的必要费用，由债务人负担。

3. 代位权行使的效力

人民法院认定代位权成立的，由债务人的相对人向债权人履行义务，债权人接受履行后，债权人与债务人、债务人与次债务人之间相应的债权债务关系终止。

【典型例题·判断题 3—6】 债务人怠于行使对第三人的到期债权，对其债权人的债权造成损害的，债权人可向人民法院提起代位权诉讼。(　　)

(二)撤销权

撤销权，是指债权人在债务人与他人实施处分其财产或权利的行为危害债权的实现时，请求法院予以撤销的权利。

1. 撤销权的适用范围

债务人有下列情形之一，影响债权人的债权实现的，债权人可以向人民法院提起撤销权诉讼：(1)以放弃债权或者债权担保、无偿转让财产等方式无偿处分财产权益；(2)恶意延长其到期债权的履行期限；(3)以明显不合理的低价转让财产、以明显不合理的高价受让他人财产或者为他人的债务提供担保，且债务人的相对人知道或者应当知道该情形。

2. 撤销权行使的范围及费用负担

撤销权的行使范围以债权人的债权为限。债权人行使撤销权所支付的律师代理费、差旅费等必要费用，由债务人负担。

3. 撤销权的行使期间

撤销权自债权人知道或者应当知道撤销事由之日起 1 年内行使。自债务人的行为发生之日起 5 年内没有行使撤销权的，该撤销权消灭。

4. 撤销权行使的效力

债务人影响债权人的债权实现的行为被撤销的，自始没有法律约束力。

【典型例题·多选题 3—6】 下列情形中，债权人可以行使撤销权的有(　　)。

A. 王某怠于行使对宋某的到期债权，对其债权人余某的债权造成损害

B. 丁某放弃对高某的到期债权，对其债权人刘某的债权造成损害

C. 罗某为逃避债务，将财产全部赠送给其妻弟张某，对其债权人肖某的债权造成损害

D. 陈某以低于市场价 20%的价格出售其财产，对债权人胡某的债权造成损害

第四节　合同的变更、转让与终止

合同生效后，当事人应当依约全面履行合同。合同履行完毕即终止，此为正常终止。但是，

在合同运行过程中，主、客观情况的变化可能影响合同的正常履行，导致合同被当事人变更、转让或者非正常终止。

一、合同的变更

合同变更，是指合同成立后，当事人在原合同的基础上对合同的内容进行修改或者补充。合同变更仅指合同内容的变更，不包括合同主体的变更。依变更方式不同，合同变更可分为协商变更和情势变更。

（一）协商变更

合同生效后，任何一方未经对方同意，都不得改变合同的内容。如果当事人认为有必要对双方的权利义务关系进行调整，则可以依据要约、承诺等有关合同成立的规定，对合同内容进行修改或者补充。如果双方当事人就变更事项达成一致意见，当事人就应当按照变更后的内容履行合同。法律、行政法规规定变更合同应当办理批准、登记等手续的，依照其规定办理相关手续后产生变更的效力。

当事人对合同变更的内容约定不明确的，推定为未变更。

（二）情势变更

情势变更，是指合同成立后，合同的基础条件发生了当事人在订立合同时无法预见的、不属于商业风险的重大变化，继续履行合同对于当事人一方明显不公平的，受不利影响的当事人可以与对方重新协商；在合理期限内协商不成的，当事人可以请求人民法院或者仲裁机构变更或者解除合同。

情势变更的适用条件：(1)情势发生变更，也就是合同成立时所赖以存在的客观情况发生了重大变化，如物价飞涨、汇率大幅度变化、国家政策出现重大调整等。(2)情势变更发生在合同成立之后，履行完毕之前。(3)该情势变更并非不可抗力造成，也不属于商业风险。(4)当事人在订立合同时无法预见该情势变更。(5)情势发生变更后，若继续履行原合同则对一方当事人明显不公。

人民法院或者仲裁机构应当结合案件的实际情况，根据公平原则变更或者解除合同。

【小案例 3－16】 付某与谢某订立了一份房屋租赁合同，其中约定，谢某承租付某的三室两厅房屋一套，月租为 1 800 元，按季度于当季开始前 5 日内支付，租期为 2 年。合同履行即将满 1 年时，付某提出，因周边的房屋出租价格发生了较大幅度的上涨，合同期第二年的房租调整为 2 000 元/月，但谢某不同意。双方发生争议。

点评：本例中，房屋租赁合同履行期间未发生不可抗力事件，周边房租价格的上涨属于当事人订立合同时可以预见的商业风险，也不符合情势变更原则。付某欲提高房租，只能与谢某协商，在谢某不同意变更的情况下，双方应当依照合同约定履行各自的义务。

【典型例题・判断题 3－7】 合同成立后，标的价格涨跌幅度明显超出可预见的范围，当事人可以根据情势变更请求变更或解除合同。（　　）

二、合同的转让

合同的转让，即合同主体的变更，是指合同依法成立后，当事人一方依法将其合同债权和债务全部或部分转让给第三方的行为，具体可分为合同权利的转让、合同义务的转让以及合同权利和义务的一并转让。

（一）合同权利的转让

1. 合同权利转让的条件

合同权利转让，是指债权人将合同的权利全部或者部分转让给第三人的行为。合同权利转让须符合以下条件：

(1)须存在有效的债权。

(2)债权的转让人与受让人达成转让协议。

(3)转让的债权必须是依法可以转让的权利。按照《民法典・合同编》规定，以下三种债权不得转让：①根据合同性质不得转让的权利，如基于身份关系的委托合同；②按照当事人约定不得转让的权利；③依照法律规定不得转让的权利。

(4)债权人应当将债权转让协议通知债务人。未经通知，该转让对债务人不发生效力。

2. 合同权利转让的效力

(1)债权人发生变化

合同权利全部转让的，受让人承继原债权人的合同权利，成为新的债权人，债务人向新债权人履行合同义务。合同权利部分转让的，原债权人和受让人按照转让协议分别享有相应的合同权利，债务人按照转让通知分别向原债权人和新债权人履行合同义务。

(2)从权利一并转移

债权人转让权利的，受让人取得与债权有关的从权利，但该从权利专属于债权人自身的除外。受让人取得从权利不因该从权利未办理转移登记手续或者未转移占有而受影响。

(3)抗辩权不受影响

债务人接到债权转让通知后，债务人对让与人的抗辩，可以向受让人主张。

(4)抵销权不受影响

有下列情形之一的，债务人可以向受让人主张抵销：①债务人接到债权转让通知时，债务人对让与人享有债权，且债务人的债权先于转让的债权到期或者同时到期；②债务人的债权与转让的债权基于同一合同产生。

（二）合同义务的转让

1. 合同义务转让的条件

合同义务转让，是指债务人将合同义务的全部或部分转移给第三人。合同义务转让须符合以下条件：

(1)须存在有效的债务。

(2)债务具有可转让性。根据债权性质不得转让、按照当事人约定不得转让或者依照法律规定不得转让的债务，不可转让。

(3)债务的转让人与受让人达成转让协议。

(4)须经债权人同意。当事人订立合同一般是建立在了解对方的资信情况和偿还能力的基础上，在合同义务转让时，受让人的资信情况及履行能力会直接影响债权人合同权利的实现。因此，债务人将债务转让给第三人，应当经债权人同意；否则，转让行为对债权人不发生效力。

第三人与债务人约定加入债务并通知债权人，或者第三人向债权人表示愿意加入债务，债权人未在合理期限内明确拒绝的，视为同意，债权人可以请求第三人在其愿意承担的债务范围内和债务人承担连带债务。

2. 合同义务转让的效力

(1)债务人发生变化

合同义务全部转移的,新债务人完全取代了原债务人,承担全面的履行合同义务;合同义务部分转移的,新的债务人加入原债务中,与原债务人一起向债权人履行义务。

(2)从债务一并转移

债务人转让义务的,新债务人应当承担与主债务有关的从债务,但该从债务专属于原债务人自身的除外。

(3)抗辩权一并转移

债务人转移义务的,新债务人可以主张原债务人对债权人的抗辩。

【典型例题·多选题 3—7】 关于合同权利和合同义务的转让,下列表述中正确的有(　　)。

A. 债权人将合同的权利转让给第三人,双方达成一致后,须通知债务人

B. 债权人将合同的权利转让给第三人,债务人对债权人享有的抵销权可以向受让人主张

C. 债务人将合同的义务转让给第三人,通知债权人即可

D. 债务人将合同的义务转让给第三人,须经债权人同意

(三)合同权利、义务的一并转让

当事人一方经对方同意,可以将自己在合同中的权利和义务一并转让给第三人。权利和义务一并转让的,须遵守合同权利转让和合同义务转让的相关规定。

【小案例 3—17】 甲公司与乙公司经协商订立了一份买卖合同。合同约定,甲公司作为卖方,应按约定向乙公司供应 2 万支显像管,交货时间为 2023 年 9 月 12 日。合同签订后,甲公司因生产条件发生变化预计在 9 月 12 日前无法生产出 2 万支显像管。为了按时交货,甲公司遂向乙公司提议,将其中的 5 000 支显像管的交付义务转让给生产同类产品的丙公司,相应的价款由乙公司直接支付给丙公司。乙公司同意甲公司的提议后,甲公司与丙公司订立合同部分转让协议。

点评:本案便是合同权利、义务的一并转让,甲公司和丙公司按照转让协议分别履行各自的义务,享有相应的合同权利。

三、合同的终止

合同终止,是指合同当事人双方在合同关系建立以后,因一定的法律事实的出现,使合同确立的权利义务关系消灭。合同终止后,当事人应当遵循诚实信用的原则,根据交易习惯履行通知、协助、保密、旧物回收等义务。

(一)解除

合同的解除,是合同有效成立后,因当事人一方或双方的意思表示,使合同关系归于消灭的行为。合同解除是合同终止的事由之一,可分为协商解除和法定解除。

1. 协商解除

协商解除即双方解除。在合同尚未履行完毕前,当事人协商一致,可以解除合同。当事人可

以约定一方解除合同的事由。解除合同的事由发生时，享有解除权的一方可以解除合同。

2. 法定解除

法定解除即单方解除。《民法典·合同编》规定，有下列情形之一的，当事人可以单方解除合同：

(1)因不可抗力致使不能实现合同目的；

(2)在履行期限届满之前，当事人一方明确表示或以自己的行为表明不履行主要债务；

(3)当事人一方迟延履行主要债务，经催告后在合理期限内仍未履行；

(4)当事人一方迟延履行债务或者有其他违约行为致使不能实现合同目的；

(5)法律规定的其他情形。

以持续履行的债务为内容的不定期合同，当事人可以随时解除合同，但是应当在合理期限内通知对方。

3. 解除权的行使

(1)行使期限。法律规定或者当事人约定解除权行使期限，期限届满当事人不行使的，该权利消灭。法律没有规定或者当事人没有约定解除权行使期限，自解除权人知道或者应当知道解除事由之日起1年内不行使，或者经对方催告后在合理期限内不行使的，该权利消灭。

(2)解除通知。当事人一方依法主张解除合同的，应当通知对方。合同自通知到达对方时解除；通知载明债务人在一定期限内不履行债务则合同自动解除，债务人在该期限内未履行债务的，合同自通知载明的期限届满时解除。对方对解除合同有异议的，任何一方当事人均可以请求人民法院或者仲裁机构确认解除行为的效力。

当事人一方未通知对方，直接以提起诉讼或者申请仲裁的方式依法主张解除合同，人民法院或者仲裁机构确认该主张的，合同自起诉状副本或者仲裁申请书副本送达对方时解除。

【典型例题·多选题3－8】 合同当事人一方有下列情形中的（　　）时，另一方有权解除合同。

A. 甲公司所在地遭遇3.9级地震，需延期履行，不影响合同目的的实现

B. 乙公司在合同履行期限届满前通知对方将不履行交货义务

C. 丙公司未按约定期限履行交货义务

D. 丁公司违约导致合同目的不能实现

4. 合同解除的效力

(1)合同解除后，尚未履行的，终止履行；已经履行的，根据履行情况和合同性质，当事人可以请求恢复原状或者采取其他补救措施，并有权要求赔偿损失。

(2)合同因违约而解除的，解除权人可以请求违约方承担违约责任，但是当事人另有约定的除外。

(3)主合同解除后，担保人对债务人应当承担的民事责任仍应当承担担保责任，但是担保合同另有约定的除外。

(4)合同的权利和义务终止，不影响合同中结算和清理条款、争议解决条款的效力。

(二)抵销

抵销，是指二人互负债务时，各以其债权充当债务之清偿，而使其债务与对方的债务在对等额内相互消灭，可分为法定抵销和约定抵销。

1. 法定抵销

当事人互负债务，该债务的标的物种类、品质相同的，任何一方均可以将自己的债务与对方

的到期债务抵销；但是，根据债务性质、按照当事人约定或者依照法律规定不得抵销的除外。

当事人主张抵销的，应当通知对方。通知自到达对方时生效。抵销不得附条件或者附期限。

2. 约定抵销

当事人互负债务，标的物种类、品质不相同的，经双方协商一致，也可以抵销。

（三）提存

提存，是指债务人于债务履行期届满时，将无法交付的标的物交给提存机关以消灭债务的制度。

1. 适用提存的法定情形

有下列情形之一，难以履行债务的，债务人可以将标的物提存：

（1）债权人无正当理由拒绝受领；

（2）债权人下落不明；

（3）债权人死亡未确定继承人、遗产管理人，或者丧失民事行为能力未确定监护人；

（4）法律规定的其他情形。

标的物不适于提存或者提存费用过高的，债务人依法可以拍卖或者变卖标的物，提存所得的价款。

2. 债务人的通知义务

债务人将标的物提存后，除债权人下落不明的以外，应当及时通知债权人或者债权人的继承人、遗产管理人、监护人、财产代管人。

3. 提存期间的风险和费用负担及孳息处理

标的物提存后，毁损、灭失的风险由债权人承担。提存期间，提存费用由债权人负担；标的物的孳息归债权人所有。

4. 提存的效力

债务人将标的物或者将标的物依法拍卖、变卖所得价款交付提存部门时，提存成立。

提存成立的，视为债务人在其提存范围内已经交付标的物。

债权人可以随时领取提存物，但债权人对债务人负有到期债务的，在债权人未履行债务或者提供担保之前，提存部门根据债务人的要求应当拒绝其领取提存物。债权人领取提存物的权利，自提存之日起5年内不行使而消灭，提存物扣除提存费用后归国家所有。但是，债权人未履行对债务人的到期债务，或者债权人向提存部门书面表示放弃领取提存物权利的，债务人负担提存费用后有权取回提存物。

（四）其他终止方式

1. 债务免除

债权人免除债务人部分或者全部债务的，债权债务部分或者全部终止，但是债务人在合理期限内拒绝的除外。

2. 债权和债务同归于一人

债权和债务同归于一人的，债权债务终止，但是损害第三人利益的除外。

【典型例题·多选题3—9】 下列情形中，（　　）将导致合同权利义务的终止。

A. 解除合同　　B. 抵销债务　　C. 免除债务　　D. 提存债务

第五节　合同的担保

合同担保，是为了保障合同的债权实现而采取的法律措施。我国现行的担保方式有《民法典·物权编》规定的抵押权、质权、留置权和《民法典·合同编》规定的保证、定金五种。

一、抵押权

抵押权，是指为担保债务的履行，债务人或者第三人不转移财产的占有，将该财产抵押给债权人，债务人不履行到期债务或者发生当事人约定的实现抵押权的情形，债权人有权就该财产优先受偿。提供抵押财产的债务人或者第三人为抵押人；接受抵押担保的债权人为抵押权人；抵押人提供的用于担保债务履行的特定财物为抵押财产。

（一）抵押财产

1. 可以抵押的财产

《民法典·物权编》规定，债务人或者第三人有权处分的下列财产可以抵押：(1)建筑物和其他土地附着物；(2)建设用地使用权；(3)海域使用权；(4)生产设备、原材料、半成品、产品；(5)正在建造的建筑物、船舶、航空器；(6)交通运输工具；(7)法律、行政法规未禁止抵押的其他财产。

抵押人可以将上述所列财产一并抵押。

【知识拓展】　抵押权法律关系中的“房地一体”

● 一体抵押。以建筑物抵押的，该建筑物占用范围内的建设用地使用权一并抵押。以建设用地使用权抵押的，该土地上的建筑物一并抵押。抵押人未依照前述规定一并抵押的，未抵押的财产视为一并抵押。乡镇、村企业建设用地使用权不得单独抵押。以乡镇、村企业的厂房等建筑物抵押的，其占用范围内的建设用地使用权一并抵押。

● 一体处分。建设用地使用权抵押后，该土地上新增的建筑物不属于抵押财产。该建设用地使用权实现抵押权时，应当将该土地上新增的建筑物与建设用地使用权一并处分，但新增建筑物所得的价款，抵押权人无权优先受偿。

2. 不得抵押的财产

依照《民法典·物权编》的规定，下列财产不得抵押：(1)土地所有权；(2)耕地、宅基地、自留地、自留山等集体所有的土地使用权，但法律规定可以抵押的除外；(3)学校、幼儿园、医疗机构等以公益为目的成立的非营利法人的教育设施、医疗卫生设施和其他社会公益设施；(4)所有权、使用权不明或者有争议的财产；(5)依法被查封、扣押、监管的财产；(6)法律、行政法规规定不得抵押的其他财产。

（二）抵押合同与抵押权设立

1. 抵押合同

设立抵押权，当事人应当采取书面形式订立抵押合同。抵押合同一般包括下列条款：(1)被担保债权的种类和数额；(2)债务人履行债务的期限；(3)抵押财产的名称、数量等情况；(4)担保的范围。

抵押权人在债务履行期限届满前，与抵押人约定债务人不履行到期债务时抵押财产归债权人所有的，只能依法就抵押财产优先受偿。

2. 抵押权设立

抵押可分为动产抵押和不动产抵押。抵押财产的性质不同，基于该财产的抵押权的设立条件和时间也不相同。

(1)登记设立

以建筑物和其他土地附着物、建设用地使用权、海域使用权以及正在建造的建筑物等不动产抵押的，应当办理抵押登记。抵押权自登记时设立。

(2)抵押合同生效即设立

以动产抵押的，抵押权自抵押合同生效时设立；未经登记，不得对抗善意第三人。

以动产抵押的，不得对抗正常经营活动中已经支付合理价款并取得抵押财产的买受人。抵押权设立前，抵押财产已经出租并转移占有的，原租赁关系不受该抵押权的影响。

【典型例题·多选题 3－10】 关于抵押合同的效力与抵押权的效力，下列表述中正确的有(　　)。

A. 抵押合同未采用书面形式的，无效

B. 抵押权均自抵押合同生效时设立

C. 抵押权均自登记时设立

D. 经登记的抵押权可以对抗善意第三人

(三)抵押权的维护

1. 抵押财产的转让

抵押期间，抵押人可以转让抵押财产。当事人另有约定的，按照其约定。抵押财产转让的，抵押权不受影响。

抵押人转让抵押财产的，应当及时通知抵押权人。抵押权人能够证明抵押财产转让可能损害抵押权的，可以请求抵押人将转让所得的价款向抵押权人提前清偿债务或者提存。转让的价款超过债权数额的部分归抵押人所有，不足部分由债务人清偿。

2. 抵押权的转让

抵押权因担保债权实现而设立，作为从权利，须依附于债权而存在，不得与债权分离而单独转让或者作为其他债权的担保。债权转让的，担保该债权的抵押权一并转让，但法律另有规定或者当事人另有约定的除外。

3. 抵押财产的保值

抵押人的行为足以使抵押财产价值减少的，抵押权人有权请求抵押人停止其行为；抵押财产价值减少的，抵押权人有权请求恢复抵押财产的价值，或者提供与减少的价值相应的担保。抵押人不恢复抵押财产的价值，也不提供担保的，抵押权人有权请求债务人提前清偿债务。

4. 抵押权的放弃与变更

抵押权人可以放弃抵押权或者抵押权的顺位。抵押权人与抵押人可以协议变更抵押权顺位以及被担保的债权数额等内容。但是，抵押权的变更未经其他抵押权人书面同意的，不得对其他抵押权人产生不利影响。

债务人以自己的财产设定抵押，抵押权人放弃该抵押权、抵押权顺位或者变更抵押权的，其他担保人在抵押权人丧失优先受偿权益的范围内免除担保责任，但是其他担保人承诺仍然提供担保的除外。

5. 抵押财产被扣押后的孳息处理

债务人不履行到期债务或者发生当事人约定的实现抵押权的情形，致使抵押财产被人民法院依法扣押的，自扣押之日起抵押权人有权收取该抵押财产的天然孳息或者法定孳息，但抵押权人未通知应当清偿法定孳息的义务人的除外。前述孳息应当先充抵收取孳息的费用。

【典型例题·多选题 3－11】 关于抵押财产，下列表述中正确的有（　　）。

A. 抵押财产不转移占有

B. 抵押财产因抵押人的行为减值，抵押权人有权要求抵押人提供相应担保

C. 抵押人有权转让抵押财产，但应当通知抵押权人

D. 抵押财产被法院扣押后，该抵押财产的孳息由法院收取

（四）抵押权实现

1. 抵押权的实现方式

债务人不履行到期债务或者发生当事人约定的实现抵押权的情形，抵押权人可以与抵押人协议以抵押财产折价或者以拍卖、变卖该抵押财产所得的价款优先受偿。抵押财产折价或者变卖的，应当参照市场价格。协议损害其他债权人利益的，其他债权人可以请求人民法院撤销该协议。

抵押权人与抵押人未就抵押权实现方式达成协议的，抵押权人可以请求人民法院拍卖、变卖抵押财产。

抵押财产折价或者拍卖、变卖后，其价款超过债权数额的部分归抵押人所有，不足部分由债务人清偿。

2. 抵押权的实现顺序

同一财产向两个以上债权人抵押的，拍卖、变卖抵押财产所得的价款依照下列规定清偿：(1)抵押权已登记的，按照登记的时间先后清偿；(2)抵押权已登记的先于未登记的受偿；(3)抵押权未登记的，按照债权比例清偿。

3. 抵押权与质权并存的处理

同一财产既设立抵押权又设立质权的，拍卖、变卖该财产所得的价款按照登记、交付的时间先后确定清偿顺序。

【典型例题·判断题 3－8】 抵押权人在订立抵押合同时与抵押人约定，债务人不履行到期债务时抵押财产归债权人所有的，只要双方意思表示真实，该约定就有效。（　　）

二、质权

质权，是指为担保债务的履行，债务人或者第三人将其动产或权利出质给债权人占有，可办理出质登记，债务人不履行到期债务或者发生当事人约定的实现质权的情形，债权人有权就该动产或权利优先受偿。债务人或者第三人为出质人，债权人为质权人，出质的动产或权利为质押财产。根据质押财产的不同，质权可分为动产质权和权利质权。

（一）动产质权

动产质权的质押财产为动产，但法律、行政法规禁止转让的动产不得出质。

1. 动产质押合同

设立质权，当事人应当订立书面质押合同。质押合同一般包括下列条款：(1)被担保债权的种类和数额；(2)债务人履行债务的期限；(3)质押财产的名称、数量等情况；(4)担保的范围；(5)质押财产交付的时间、方式。

质权人在债务履行期限届满前，与出质人约定债务人不履行到期债务时质押财产归债权人所有的，只能依法就质押财产优先受偿。

2. 动产质权的设立

质权自出质人交付质押财产时设立。出质人与质权人订立质权合同，该合同自依法成立时生效，但质权以转移占有为必要条件，而质权合同只是明确双方当事人权利和义务的协议，若出质人不交付质物，即使质权合同生效，质权也不能设立。

3. 质押期间的权利和义务

质权人有权收取质押财产的孳息，但是合同另有约定的除外。该孳息应当先充抵收取孳息的费用。

未经出质人同意，质权人擅自使用、处分质押财产，造成出质人损害，或者转质，造成质押财产毁损、灭失的，应当承担赔偿责任。

质权人负有妥善保管质押财产的义务；因保管不善致使质押财产毁损、灭失的，应当承担赔偿责任。

质权人的行为可能使质押财产毁损、灭失的，出质人可以请求质权人将质押财产提存，或者请求提前清偿债务并返还质押财产。

因不可归责于质权人的事由可能使质押财产毁损或者价值明显减少，足以危害质权人权利的，质权人有权请求出质人提供相应的担保；出质人不提供的，质权人可以拍卖、变卖质押财产，并与出质人协议将拍卖、变卖所得的价款提前清偿债务或者提存。

4. 质权的放弃

债务人以自己的财产出质，质权人放弃该质权的，其他担保人在质权人丧失优先受偿权益的范围内免除担保责任，但其他担保人承诺仍然提供担保的除外。

5. 动产质权的实现

债务人履行债务或者出质人提前清偿所担保的债权的，质权人应当返还质押财产。

债务人不履行到期债务或者发生当事人约定的实现质权的情形，质权人可以与出质人协议以质押财产折价，也可以就拍卖、变卖质押财产所得的价款优先受偿。质押财产折价或者变卖的，应当参照市场价格。质押财产折价或者拍卖、变卖后，其价款超过债权数额的部分归出质人所有，不足部分由债务人清偿。

出质人可以请求质权人在债务履行期届满后及时行使质权；质权人不行使的，出质人可以请求人民法院拍卖、变卖质押财产；因质权人怠于行使权利造成损害的，由质权人承担赔偿责任。

【典型例题·多选题 3－12】 关于动产质押与动产质权，下列表述中不正确的有（　　）。

A. 动产质押可以是债务人的动产，也可以是第三人的动产

B. 当事人以动产设立质权，应当订立书面质押合同

C. 动产质权自质押合同生效时设立

D. 动产质权自登记时设立

（二）权利质权

1. 可出质的权利

权利质权的质押财产为法律规定的权利。依《民法典·物权编》的规定，债务人或者第三人有权处分的下列权利可以出质：(1)汇票、支票、本票；(2)债券、存款单；(3)仓单、提单；(4)可以转让的基金份额、股权；(5)可以转让的注册商标专用权、专利权、著作权等知识产权中的财产权；

(6)现有的以及将有的应收账款;(7)法律、行政法规规定可以出质的其他财产权利。

2. 权利质权的设立

以权利出质的,当事人应当订立书面质权合同。但质权合同生效并不创设质权。权利质权设立的条件和时间依出质权利的类型不同而不同,具体内容见表3—4。

表3—4　　不同类型出质权利的质权设立一览表

<table>
<tr><th>出质权利类型</th><th>质押合同设立</th></tr>
<tr><td rowspan="2">汇票、支票、本票、债券、存款单、仓单、提单</td><td>有权利凭证的,自权利凭证交付质权人时设立</td></tr>
<tr><td>无权利凭证的,自办理出质登记时设立</td></tr>
<tr><td>基金份额、股权</td><td rowspan="3">自办理出质登记时设立</td></tr>
<tr><td>注册商标专用权、专利权、著作权等知识产权中的财产权</td></tr>
<tr><td>现有的以及将有的应收账款</td></tr>
</table>

【小案例3—18】 天津市陈林洗染公司于1993年被认证为中华老字号;2001年"陈林"商标被认定为天津市著名商标;2005年陈林洗染公司被评为全国洗涤十佳企业。2009年底,陈林洗染公司为解决资金缺口,向天津银行申请商标权质押贷款。天津银行在国家商标局查询后,请北京中金浩资产评估公司对"陈林"商标专用权进行了评估。2010年初,陈林洗染公司与天津银行签订了商标权质押合同,并依法在天津市商标局办理了质押登记,随后获得天津银行贷款1 000万元,成为天津市利用知识产权质押贷款成功的首批企业。

3. 权利质权的实现

(1)汇票、支票、本票、债券、存款单、仓单、提单的兑现日期或者提货日期先于主债权到期的,质权人可以兑现或者提货,并与出质人协议将兑现的价款或者提取的货物提前清偿债务或者提存。

(2)基金份额、股权出质后,不得转让,但经出质人与质权人协商同意的除外。出质人转让基金份额、股权所得的价款,应当向质权人提前清偿债务或者提存。

(3)知识产权中的财产权出质后,未经质权人同意,出质人不得转让或者许可他人使用。经质权人同意,出质人转让或者许可他人使用出质的知识产权中的财产权所得的价款,应当向质权人提前清偿债务或者提存。

(4)应收账款出质后,不得转让,但经出质人与质权人协商同意的除外。出质人转让应收账款所得的价款,应当向质权人提前清偿债务或者提存。

【知识拓展】 人保与物保并存时的处理

被担保的债权既有物的担保又有人的担保的,债务人不履行到期债务或者发生当事人约定的实现担保物权的情形,债权人应当按照约定实现债权;没有约定或者约定不明确,债务人自己提供物的担保的,债权人应当先就该物的担保实现债权;第三人提供物的担保的,债权人可以就物的担保实现债权,也可以要求保证人承担保证责任。提供担保的第三人承担担保责任后,有权向债务人追偿。

【典型例题·单选题 3－3】 下列各项中，不可以设立权利质权的是(　　)。

A. 基金份额　　B. 提单

C. 专利权中的署名权　　D. 将有的应收账款

三、留置权

留置权，是指在债务人不履行到期债务时，债权人有权依照法律规定留置已合法占有的债务人的动产，并就该动产优先受偿的权利。债权人为留置权人，其合法占有的债务人的动产为留置财产。

(一)留置权成立的条件

1. 债权人已经合法占有债务人的动产

实务中，因保管、运输、承揽等合同发生的债权，债务人不履行债务的，债权人可以留置其基于此类合同占有的债务人的动产；但法律规定或者当事人约定不得留置的动产除外。

2. 除企业之间的留置外，债权人留置的动产应当与债权属于同一法律关系

债务人未按约定履行其到期的合同义务，一般情况下，债权人只能留置其占有的该合同项下的动产。例如，保管合同中寄存人不按期交付保管费，保管人可以留置保管物。如果保管人对寄存人享有的是保管合同之外的其他债权而留置保管物，或者保管人留置的是债务人的其他财产，则不能成立留置权。而企业之间，因交易频繁、追求效率、讲究信用，可以留置与债权不属于同一法律关系的动产。

3. 债务人不履行到期债务

留置权的成立须以债权已届清偿期而债务人未全部履行为要件。只有在债务履行期限届满，债务人仍不履行债务时，债权人才可以将其合法占有的债务人的动产留置。

【典型例题·多选题 3－13】 在债务人不履行债务时，下列债权人中，(　　)可以留置其占有的债务人的动产。

A. 保管合同的保管人　　B. 租赁合同的出租人

C. 运输合同的承运人　　D. 承揽合同的定做人

(二)留置期间的权利与义务

留置权人负有妥善保管留置财产的义务；因保管不善致使留置财产毁损、灭失的，应当承担赔偿责任。

留置权人有权收取留置财产的孳息。所收取的孳息应当先充抵收取孳息的费用。

(三)留置权的实现

留置权人与债务人应当约定留置财产后的债务履行期间；没有约定或者约定不明确的，留置权人应当给债务人 60 日以上履行债务的期限，但鲜活易腐等不易保管的动产除外。债务人逾期未履行的，留置权人可以与债务人协议以留置财产折价，也可以就拍卖、变卖留置财产所得的价款优先受偿。留置财产折价或者变卖的，应当参照市场价格。

债务人可以请求留置权人在债务履行期届满后行使留置权；留置权人不行使的，债务人可以请求人民法院拍卖、变卖留置财产。

留置财产折价或者拍卖、变卖后，其价款超过债权数额的部分归债务人所有，不足部分由债务人清偿。

（四）留置权优先与留置权消灭

同一动产上已设立抵押权或者质权，该动产又被留置的，留置权人优先受偿。

留置权人对留置财产丧失占有或者留置权人接受债务人另行提供担保以及债权消灭的，留置权消灭。

【小案例 3－19】 黄某以自有的奔驰轿车为抵押物向 A 银行贷款 30 万元，期限为 6 个月，双方签订了借款合同和抵押合同，并办理了抵押登记手续。抵押期间，该轿车在一次外出途中发生重大交通事故，后被送到 B 修理厂修理，发生修理费 5 万元。因修理费未付，该车留置在 B 修理厂。还款期限届满时，黄某未能归还贷款，A 银行提起诉讼，主张对抵押的轿车实现抵押权。经估价，该轿车经修理后仅值 30 万元。

点评：本案中，黄某先与 A 银行存在借款合同关系和抵押权法律关系，后又与 B 修理厂存在承揽合同关系和留置权法律关系，当黄某的债务履行期届满时，出现了抵押权和留置权并存的现象，依《民法典·物权编》的规定，留置权优先于抵押权受偿，因而，在该轿车拍卖或者变卖所得价款中，B 修理厂先受偿 5 万元，剩余部分由 A 银行受偿。

四、保证

保证，是指为保障债权的实现，保证人和债权人约定，当债务人不履行债务或者发生当事人约定的情形时，由保证人按照约定履行债务或者承担责任的担保方式。保证人为主合同当事人以外的第三人。主合同的债务人为被保证人。

（一）保证人资格

根据《民法典·合同编》第六百八十三条规定，下列两种情形的法人和非法人组织不得为保证人：

（1）机关法人不得为保证人，但是经国务院批准为使用外国政府或者国际经济组织贷款进行转贷的除外。

（2）以公益为目的的非营利法人、非法人组织不得为保证人。

除此之外的法人和非法人组织以及完全民事行为能力人可以为保证人。

（二）保证合同

采用保证方式担保的，应当订立保证合同。保证合同可以是单独订立的书面合同，也可以是主债权债务合同中的保证条款。第三人单方以书面形式向债权人作出保证，债权人接收且未提出异议的，保证合同成立。

保证人与债权人可以协商订立最高额保证的合同，约定在最高债权额限度内就一定期间连续发生的债权提供保证。

保证合同的内容一般包括被保证的主债权的种类、数额，债务人履行债务的期限，保证的方式、范围和期间等条款。

（三）保证方式

保证的方式有一般保证和连带责任保证两种。保证方式关系到保证人如何承担保证责任，因此，在订立保证合同时，当事人应当对保证的方式作出明确约定。当事人在保证合同中对保证方式没有约定或者约定不明确的，按照一般保证承担保证责任。

1. 一般保证

当事人在保证合同中约定，债务人不能履行债务时由保证人承担保证责任的，为一般保证。一般保证的特点是保证人享有先诉抗辩权。所谓“先诉抗辩权”，是指一般保证的保证人在主合同纠纷未经审判或者仲裁，并就债务人财产依法强制执行仍不能履行债务前，对债权人可以拒绝承担保证责任。先诉抗辩权是保证人的一项权利，保证人既可以选择行使，也可以将其放弃，但有下列情形之一的，保证人不得行使先诉抗辩权：(1)债务人下落不明，且无财产可供执行；(2)人民法院已经受理债务人破产案件；(3)债权人有证据证明债务人的财产不足以履行全部债务或者丧失履行债务能力；(4)保证人书面表示放弃《民法典·合同编》第六百八十七条规定的权利。

【小案例 3—20】 宋某向樊某借款 10 000 元，出具借据一张，约定借期为 6 个月，宋某的朋友程某作为保证人在借据上签字，并注明承担一般保证责任。还款期已至时，宋某无力还款，于是樊某找到程某，要求程某承担保证责任，替宋还款。不料，程某却说：“要我承担保证责任，你必须向法院起诉宋某。”樊某无奈，只得向法院起诉宋某。此例中，因程某承担一般保证责任，在樊某未起诉宋某的情况下直接要求程某还款，依《民法典·合同编》的规定，程某可以行使先诉抗辩权。

2. 连带责任保证

当事人在保证合同中约定保证人与债务人对债务承担连带责任的，为连带责任保证。连带责任保证的债务人不履行到期债务或者发生当事人约定的情形时，债权人可以请求债务人履行债务，也可以请求保证人在其保证范围内承担保证责任。

【典型例题·多选题 3—14】 关于保证担保，下列表述中，正确的有(　　)。

A. 政府机关不得为企业提供保证担保

B. 公益组织可以担任保证人

C. 债权人可与保证人约定保证方式

D. 保证合同未约定保证方式的，为连带责任保证

(四)保证责任

1. 保证责任范围

保证责任范围包括主债权及其利息、违约金、损害赔偿金和实现债权的费用。当事人另有约定的，按照其约定。

2. 保证期间

债权人与保证人可以约定保证期间，但是约定的保证期间早于主债务履行期限或者与主债务履行期限同时届满的，视为没有约定；没有约定或者约定不明确的，保证期间为主债务履行期限届满之日起 6 个月。债权人与债务人对主债务履行期限没有约定或者约定不明确的，保证期间自债权人请求债务人履行债务的宽限期届满之日起计算。

一般保证的债权人未在保证期间对债务人提起诉讼或者申请仲裁，或者连带责任保证的债权人未在保证期间请求保证人承担保证责任的，保证人不再承担保证责任。

3. 主合同转让或者变更对保证责任的影响

(1)债权转让对保证责任的影响。债权人转让全部或者部分债权，未通知保证人的，该转让对保证人不发生效力。保证人与债权人约定禁止债权转让，债权人未经保证人书面同意转让债

权的，保证人对受让人不再承担保证责任。

(2)债务转让对保证责任的影响。债权人未经保证人书面同意，允许债务人转移全部或者部分债务，保证人对未经其同意转移的债务不再承担保证责任，但是债权人和保证人另有约定的除外。第三人加入债务的，保证人的保证责任不受影响。

(3)主合同变更对保证责任的影响视情况而定。债权人和债务人未经保证人书面同意，协商变更主债权债务合同内容，减轻债务的，保证人仍对变更后的债务承担保证责任；加重债务的，保证人对加重的部分不承担保证责任。债权人和债务人变更主债权债务合同的履行期限，未经保证人书面同意的，保证期间不受影响。

【典型例题·判断题 3－9】 主合同债务转让，经债权人同意即可，不影响保证责任。( )

4. 保证份额

同一债务有两个以上保证人的，保证人应当按照保证合同约定的保证份额，承担保证责任；没有约定保证份额的，债权人可以请求任何一个保证人在其保证范围内承担保证责任。

5. 保证人的追偿权

保证人承担保证责任后，除当事人另有约定外，有权在其承担保证责任的范围内向债务人追偿，享有债权人对债务人的权利，但是不得损害债权人的利益。

6. 债务人的抗辩权、抵销权、撤销权与保证人的关系

保证人可以主张债务人对债权人的抗辩。债务人放弃抗辩的，保证人仍有权向债权人主张抗辩。

债务人对债权人享有抵销权或者撤销权的，保证人可以在相应范围内拒绝承担保证责任。

【典型例题·多选题 3－15】 对同一合同债权，既有抵押担保，又有保证人保证的，在债务人不履行到期债务时，债权人实现债权的方法有( )。

A. 抵押合同和保证合同有约定的，依约定

B. 抵押合同和保证合同未约定，抵押财产是债务人的，债权人应当先就抵押财产实现抵押权

C. 抵押合同和保证合同未约定，抵押财产是第三人的，债权人应当先要求保证人承担保证责任

D. 抵押合同和保证合同未约定，抵押财产是第三人的，债权人应当先就抵押财产实现抵押权

五、定金

定金是当事人约定，在合同订立时或在合同义务履行之前，一方向对方支付一定数额的金钱以担保债务履行的一种担保方式。

(一)定金合同/条款

当事人可以约定一方向对方给付定金作为债权的担保。定金合同自实际交付定金时成立。定金的数额由当事人约定，但不得超过主合同标的额的 20%，超出部分不具有定金效力。实际交付的定金数额多于或者少于约定数额的，视为变更约定的定金数额。

(二)定金的效力

债务人履行债务的，定金应当抵作价款或者收回。给付定金的一方不履行债务或者履行债

务不符合约定，致使不能实现合同目的的，无权请求返还定金；收受定金的一方不履行债务或者履行债务不符合约定，致使不能实现合同目的的，应当双倍返还定金。

【小案例 3－21】 杨某通过某房地产中介公司看中一套二手房，经协商，杨某与房东陈某订立了房屋买卖合同。合同约定，房屋售价 60 万元，杨某向房东交付定金 6 万元，合同成立后一个月一次性付清购房款，房款付清当日双方一同到房产局办理过户登记手续。合同订立后的第二天，杨某交付了定金。20 日后，因房价下跌，且杨某家人对该房屋不太满意，杨某提出解除合同，要求房东退还定金。

点评：此例中，房屋买卖合同及定金条款系当事人协商一致的结果，且定金已实际交付，合法有效，应受法律保护。依《民法典·合同编》规定，杨某作为给付定金的一方，不履行房屋买卖合同约定的付款义务，无权要求返还定金。

第六节　违约责任

违约，是指合同当事人完全没有履行合同或者履行合同义务不符合约定的行为。由于合法有效的合同受法律保护，因此，合同当事人的违约行为在无免责事由的情况下就是违法行为，依法应当承担相应的法律责任，即违约责任。

一、违约类型

根据违约行为发生的时间，违约行为总体上可分为预期违约和实际违约。

（一）预期违约

预期违约，又称事先违约，是指在履行期限届满之前，当事人一方无正当理由明确表示或者以自己的行为表明不履行合同义务的行为，包括明示违约和默示违约。明确表示不履行合同义务的，为明示违约。以行为表明不履行合同义务的，为默示违约。

（二）实际违约

实际违约，是指在合同履行期限届满后，当事人不履行或不完全履行合同义务的行为。实际违约又可分为不履行、不适当履行和迟延履行。

1. 不履行

不履行包括履行不能和拒绝履行两种情况。履行不能又称给付不能，是指债务人出于某种原因，例如，特定标的物灭失，事实上已不可能履行债务。履行不能使合同的目的客观上无法实现，债权人只能要求赔偿损失，而不能请求继续履行。拒绝履行，是指在合同履行期限届满后，债务人无正当理由，客观上能够履行合同义务却拒不履行。债务人拒绝履行的，除其他违约责任外，还须承担继续履行的义务。

2. 不适当履行

不适当履行，是指合同当事人履行合同义务不符合约定的情形，包括瑕疵履行和加害给付两种情况。瑕疵履行，是指合同义务人未完全按照合同约定的数量、质量、价款、履行地点和履行方式履行义务。加害给付，是指因债务人的履行行为有瑕疵，使债权人的人身或者利益受到损害。例如，因债务人交付的家电质量不合格，致使使用人在使用过程中受到损害等。

3. 迟延履行

迟延履行，又称逾期履行，是指当事人未在合同履行期限届满时及时履行义务，包括给付迟延（债务人的迟延）和受领迟延（债权人的迟延）两种。给付迟延，是指债务人在履行期限到来时，能够履行而没有按期履行债务。受领迟延，是指债权人对于债务人的履行应当受领而不受领。

二、违约责任的形式

一方当事人违反合同约定，在没有免责事由的情况下，依违约的具体情形应当承担继续履行、采取补救措施、赔偿损失、违约金、定金等责任。各种责任形式的具体适用情形及适用规则见表 3—5。

表 3—5　各种违约责任形式的适用情形及其限制一览表

<table>
<tr><th>责任形式</th><th>适用情形</th><th colspan="2">适用规则</th></tr>
<tr><td rowspan="2">继续履行</td><td rowspan="2">不履行或不适当履行</td><td colspan="2">非金钱债务有下列情形之一的，不适用继续履行：
● 法律上或者事实上不能履行
● 债务的标的不适于强制履行或者履行费用过高
● 债权人在合理期限内未要求履行</td></tr>
<tr><td colspan="2">根据债务的性质不得强制履行的，对方可以请求其负担由第三人替代履行的费用</td></tr>
<tr><td>采取补救措施</td><td>标的物质量不符合约定</td><td colspan="2">对违约责任有约定的，依约定承担；无约定且依照法律规定仍不能确定的，受损害方根据标的的性质以及损失的大小，可以合理选择要求对方承担修理、重作、更换、退货、减少价款或者报酬等违约责任</td></tr>
<tr><td rowspan="3">赔偿损失</td><td rowspan="3">违约方承担继续履行或者采取补救措施责任后，非违约方还有其他损失</td><td colspan="2">合理预见规则：当事人一方违约给对方造成损失的，损失赔偿额应当相当于因违约所造成的损失，包括合同履行后可以获得的利益，但不得超过违约方订立合同时预见到或者应当预见到的因违约可能造成的损失</td></tr>
<tr><td colspan="2">减轻损害规则：当事人一方违约后，对方应当采取适当措施防止损失的扩大；没有采取适当措施致使损失扩大的，不得就扩大的损失要求赔偿。当事人因防止损失扩大而支出的合理费用，由违约方承担</td></tr>
<tr><td colspan="2">经营者对消费者提供商品或者服务有欺诈行为的，依照《消费者权益保护法》的规定承担三倍赔偿责任</td></tr>
<tr><td rowspan="3">违约金</td><td rowspan="3">约定违约金数额或者赔偿额的计算方法</td><td>约定的违约金低于造成的损失的，当事人可以请求人民法院或者仲裁机构予以增加</td><td rowspan="4">违约金责任和定金责任并存时，一方违约的，对方可选择适用两者之一</td></tr>
<tr><td>约定的违约金过分高于造成的损失（超过实际损失 30%）的，当事人可以请求予以适当减少</td></tr>
<tr><td>当事人就迟延履行约定违约金的，违约方支付违约金后，还应当履行债务</td></tr>
<tr><td>定金</td><td>不履行债务或者履行债务不符合约定，致使不能实现合同目的</td><td>● 定金数额超过合同标的额 20%的，超过部分不具有定金效力
● 给付定金的一方无权请求返还定金；收受定金的一方应当双倍返还定金
● 定金不足以弥补一方违约造成的损失的，对方可以请求赔偿超过定金数额的损失</td></tr>
</table>

【典型例题·单选题 3—4】 下列各项中，(　　)不属于违约责任的形式。

A. 定金　　B. 罚金　　C. 违约金　　D. 赔偿损失

三、免责事由

免责事由，是指当事人对其违约行为免于承担违约责任的事由。依《民法典·合同编》，免责事由可分为法定免责事由和约定免责事由。

（一）法定免责事由

法定免责事由是指由法律直接规定、不需要当事人约定即可援用的免责事由，主要指不可抗力。当事人因不可抗力不能履行合同的，根据不可抗力的影响，部分或者全部免除责任，但是，迟延履行期间发生的不可抗力不具有免责效力。

不可抗力，是指不能预见、不能避免并且不能克服的客观情况，主要包括以下几种情形：(1)自然灾害，如地震、台风、洪水等；(2)政府行为，如征收、征用等；(3)社会异常事件，如罢工、骚乱等。

当事人一方因不可抗力不能履行合同的，应当及时通知对方，以减轻可能给对方造成的损失，并应当在合理期限内提供证明。

（二）约定免责事由

约定免责事由，是指当事人在合同中约定免除将来可能发生的违约责任的条款，即免责条款。但免责条款不能排除当事人的基本义务，也不能排除故意或重大过失的责任。免责条款具有《民法典》规定的无效民事法律行为或无效合同情形的，自始无效。

【知识拓展】　违约责任与侵权责任竞合

因当事人一方的违约行为，同时侵害对方人身和财产权益的，受损害方有权选择依照《民法典》要求其承担违约责任或者依照其他法律要求其承担侵权责任。债权人依法向人民法院起诉时作出选择后，在一审开庭以前又变更诉讼请求的，人民法院应当准许。

【典型例题·判断题 3－10】　当事人未按照合同约定履行义务的，均应承担违约责任。（　　）

综合应用

【材料】　2023 年 8 月 20 日，市民甲贴出招租广告，内容如下：本人在××市××路××小区南区××栋××单元××楼有一套三室一厅住房，有厨房和卫生间，使用面积 105 平方米，拟对外出租，内有彩电、冰箱、洗衣机各一台，沙发一套，可供承租人使用，租金和租赁期限面议。有意者请与本人联系，电话：138××××7656。个体户乙正在寻租住房，了解此信息后，便与甲联系。2023 年 9 月 10 日，双方经协商就房屋租赁事宜达成一致，签订合同。

【任务】　每两人为一组，分别扮演甲和乙，根据上述材料，选取一套具体位置的房子作为标的物，并实地调查该地段房租行情，模拟签订一份合法有效的房屋租赁合同。合同书的制作应当符合格式要求，包括首部、正文和尾部三个部分。首部包括标题和双方当事人姓名。正文部分应当具备以下条款：房屋位置、面积和用途，期限与续租，租金、押金及交付时间，水、电等费用承担，房屋交付与维修，房屋使用与转租，合同的变更与终止，违约责任与免责，争议解决方法等条款。

尾部当事人的基本信息应当包括:双方的亲笔签名、住址、身份证号、联系电话、签约时间以及房东的房权证号等。

课程思政

课程思政
(第三章)

典型例题答案

典型例题答案
(第三章)

第四章　会计法律制度

能力目标

- 理解和掌握会计核算、会计档案管理、会计监督、会计人员等知识；
- 熟悉会计工作管理体制、代理记账、会计岗位设置、会计工作交接等知识；
- 了解会计法律制度的概念、《会计法》的适用范围、会计机构以及会计法律责任。

知识要点

◆会计工作管理体制　◆会计机构　◆代理记账　◆会计岗位设置　◆会计人员　◆会计工作交接　◆会计核算　◆会计档案管理　◆会计监督　◆会计法律责任

情景导入

瑞幸咖啡财务造假事件

2020年4月2日，瑞幸咖啡发布公告，承认虚假交易22亿元。其股价暴跌80%，盘中数次暂停交易，后发布道歉声明。瑞幸审计机构安永会计师事务所（以下简称安永）表示，在对公司2019年年度财务会计报告进行审计的过程中，发现公司部分管理人员在2019年第二季度至第四季度通过虚假交易虚增了公司相关期间的收入、成本及费用。

2020年7月31日，证监会宣布，瑞幸咖啡财务造假调查处置工作取得了重要进展。调查显示，瑞幸咖啡境内运营主体及相关管理人员、相关第三方公司大规模虚构交易，虚增收入、成本、费用，虚假宣传等行为，违反了《会计法》和《反不正当竞争法》的相关规定。证监会表示，瑞幸咖啡境内关联的新三板挂牌公司神州优车股份有限公司、北京氢动益维科技股份有限公司信息披露违法行为，违反了《证券法》的相关规定。财政部、国家市场监管总局、证监会将依法对瑞幸咖啡境内运营主体及相关责任人、协助造假及帮助虚假宣传的多家第三方公司、两家新三板关联公司及相关责任人予以行政处罚。证监会信息显示，证监会已向涉案当事人送达行政处罚事先告知书。相关责任主体如涉嫌犯罪的，将依法移送公安司法机关进一步追责。

第一节　会计法律制度概述

一、会计法律制度的概念

会计关系是指会计机构和会计人员在办理会计事务过程中，以及国家在管理会计工作过程中发生的经济关系。会计关系主体为会计机构和会计人员，客体为与会计工作相关的具体事务。

会计法律制度是调整会计关系的法律规范的总称，表现形式包括法律、法规、规章和其他规范性文件，具体内容如表4—1所示。

表4—1 **我国主要会计法律制度**

表现形式	名　称	发布机构
会计基本法律	《中华人民共和国会计法》	全国人民代表大会常务委员会
会计行政法规	《总会计师条例》	国务院
	《企业财务会计报告条例》	
会计规章	《会计人员管理办法》	财政部
	《代理记账管理办法》	
	《会计档案管理办法》	
	《会计基础工作规范》	
	《企业会计准则及其解释》	
	《会计专业技术人员继续教育规定》	财政部、人力资源和社会保障部

【典型例题·多选题4—1】 下列各项中，属于会计行政法规的有（　　）。

A.《总会计师条例》

B.《企业财务会计报告条例》

C.《预算法实施条例》

D.《企业会计准则》

二、《会计法》的适用范围

《会计法》适用范围为国家机关、社会团体、公司、企业、事业单位和其他组织（以下统称单位）的会计事务。

《会计法》规定，国家实行统一的会计制度，即国务院财政部门根据《会计法》制定的关于会计核算、会计监督、会计机构和会计人员以及会计工作管理的制度。

在中国境外设立的中国投资企业为外国法人，应当适用所在国的法律，但是向国内报送会计报表时，按照《会计法》及其相关法律法规进行。个体工商户设置会计账簿，进行会计核算，由国务院财政部门根据《会计法》的原则另行规定。

【典型例题·多选题4—2】 下列各项中，属于《会计法》适用范围的有（　　）。

A. 外国在我国的常驻机构

B. 我国驻外国的使馆、领馆

C. 我国在境外投资设立的企业，向国内报送财务会计报告

D. 澳门特别行政区

三、会计工作管理体制

（一）会计工作的行政管理

管理会计工作应当遵循“统一领导，分级管理”的原则，国务院财政部门主管全国的会计工

作，县级以上地方各级人民政府财政部门管理本行政区域内的会计工作。在上述前提下，实行分级负责、分级管理，充分调动地区、部门、单位管理会计工作的积极性和创造性，同时审计机关、税务部门等其他相关部门在各自职责范围内发挥作用。

（二）单位内部的会计工作管理

单位负责人（单位领导人）对本单位的会计工作和会计资料的真实性、完整性负责。单位负责人应当保证会计机构、会计人员依法履行职责，不得授意、指使、强令会计机构、会计人员违法办理会计事项。

【典型例题·判断题4—1】 县级以上地方各级人民政府财政部门管理本行政区域内的会计工作。（　　）

第二节　会计机构和会计人员

一、会计机构

会计机构是指各单位办理会计事务的职能部门。各单位应根据会计业务的需要设置会计机构，或者在有关机构中设置会计人员并指定会计主管人员；不具备设置条件的，应当委托经批准从事会计代理记账业务的中介机构代理记账。

【典型例题·单选题4—1】 单位会计主管人员是指（　　）。

A. 总会计师

B. 会计机构负责人

C. 未设总会计师的单位分管会计工作的行政副职

D. 未单独设置会计机构而在有关机构中指定行使会计机构负责人职权的会计人员

二、代理记账

代理记账，是指代理记账机构接受委托办理会计业务。代理记账机构是指依法取得代理记账资格，从事代理记账业务的机构。根据《会计基础工作规范》的规定，没有设置会计记账机构或者配备会计人员的单位，应当根据《代理记账管理办法》的规定，委托会计师事务所或者持有代理记账许可证书的代理记账机构进行代理记账。

（一）代理记账的业务范围

代理记账机构可以接受委托办理下列业务：

(1)根据委托人提供的原始凭证和其他相关资料，按照国家统一的会计制度的规定进行会计核算，包括审核原始凭证、填制记账凭证、登记会计账簿、编制财务会计报告等；

(2)对外提供财务会计报告；

(3)向税务机关提供税务资料；

(4)委托人委托的其他会计业务。

（二）委托人、代理记账机构及其从业人员各自的责任

委托人委托代理记账机构代理记账，应当在协商的基础上，根据相关法律规定，订立书面委托合同，明确各自应当承担的责任（表4—2）。

表 4—2 委托人、代理记账机构及其从业人员各自的责任

责任主体	责任内容
委托人	对本单位发生的经济业务事项，应当填制或者取得符合国家统一的会计制度规定的原始凭证
	应当配备专人负责日常货币收支和保管
	及时向代理记账机构提供真实、完整的原始凭证和其他相关资料
	对于代理记账机构退回的，要求按照国家统一的会计制度规定进行更正、补充的原始凭证，应当及时予以更正、补充
代理记账机构及其从业人员	遵守有关法律、法规和国家统一会计制度的规定，按照委托合同办理代理记账业务
	对在执行业务中知悉的商业秘密予以保密
	对委托人要求其做出不当的会计处理，提供不实的会计资料，以及其他不符合法律、法规和国家统一会计制度行为的，予以拒绝
	对委托人提出的有关会计处理相关问题予以解释。代理记账机构为委托人编制的财务会计报告，经代理记账机构负责人和委托人负责签名后，按照有关法律、法规和国家统一会计制度的规定对外提供

【典型例题·多选题 4—3】 下列各项中，代理记账机构可以根据委托代表、委托人办理的业务事项有(　　)。

A. 登记会计账簿

B. 编制财务会计报告

C. 向税务机构提供纳税资料

D. 出具审计报告

三、会计岗位设置

(一)会计工作岗位设置要求

根据《会计基础工作规范》的要求，各单位应当根据会计业务需要设置会计工作岗位。会计工作岗位一般可分为：会计机构负责人或者会计主管人员、出纳、财产物资核算、工资核算、成本费用核算、财务成果核算、资金核算、往来结算、总账报表、稽核、档案管理等。开展会计电算化和管理会计的单位，可以根据需要设置相应的工作岗位，也可以与其他工作岗位相结合。档案管理部门的人员管理会计档案，不属于会计岗位。

会计工作岗位，可以一人一岗、一人多岗或者一岗多人。但出纳人员不得兼任(兼管)稽核、会计档案保管和收入、支出、费用、债权债务账目的登记工作。会计人员的工作岗位应当有计划地进行轮换。

(二)会计人员回避制度

国家机关、国有企业、事业单位任用会计人员应当实行回避制度。单位领导人的直系亲属不得担任本单位的会计机构负责人、会计主管人员。会计机构负责人、会计主管人员的直系亲属不得在本单位会计机构中担任出纳工作。需要回避的直系亲属关系有：夫妻关系、直系血亲关系、三代以内旁系血亲以及姻亲关系。

【小案例 4－1】 某国有企业调整领导班子，任命行政办公室主任李某兼任会计主管人员，原档案室工作人员李某的儿子小李担任出纳工作。

问：该公司的做法符合法律规定吗？

点评：国家机关、国有企业、事业单位任用会计人员应当实行回避制度。会计机构负责人、会计主管人员的直系亲属不得在本单位会计机构中担任出纳工作。因此，小李担任出纳不符合法律的规定。

【典型例题・多选题 4－4】 下列关于会计岗位设置的表述中，错误的有（　　）。

A. 出纳人员不得兼任债权债务账目的登记工作

B. 会计人员的工作岗位应当有计划地进行轮换

C. 会计工作岗位不得一岗多人

D. 档案管理部门的人员管理会计档案属于会计岗位

四、会计人员

（一）会计人员的概念和范围

会计人员，是指根据《会计法》的规定，在单位中从事会计核算，实行会计监督等会计工作的人员。会计人员包括从事下列具体会计工作的人员：（1）出纳；（2）稽核；（3）资产、负债和所有者权益（净资产）的核算；（4）收入、费用（支出）的核算；（5）财务成果（政府预算执行结果）的核算；（6）财务会计报告（决算报告）编制；（7）会计监督；（8）会计机构内会计档案管理；（9）其他会计工作。担任单位会计机构负责人（会计主管人员）、总会计师的人员，属于会计人员。

（二）对会计人员的一般要求

会计人员从事会计工作，应当符合下列要求：（1）遵守《会计法》和国家统一的会计制度等法律法规；（2）具备良好的职业道德；（3）按照国家有关规定参加继续教育；（4）具备从事会计工作所需要的专业能力。会计人员具有会计类专业知识，基本掌握会计基础知识和业务技能，能够独立处理基本会计业务，就表明其具备从事会计工作所需要的专业能力。

会计机构负责人或会计主管人员，是在一家单位内具体负责会计工作的中层领导人员。会计机构负责人、会计主管人员应当具备下列基本条件：（1）坚持原则，廉洁奉公；（2）具备会计师以上专业技术职务资格或者从事会计工作不少于 3 年；（3）熟悉国家财经法律、法规、规章和方针、政策，掌握本行业业务管理的有关知识；（4）有较强的组织能力；（5）身体状况能够适应本职工作的要求。

（三）会计工作的禁入规定

因有提供虚假财务会计报告，做假账，隐匿或者故意销毁会计凭证、会计账簿、财务会计报告，贪污，挪用公款，职务侵占等与会计职务有关的违法行为被依法追究刑事责任的人员，不得再从事会计工作。因伪造、变造会计凭证、会计账簿，编制虚假财务会计报告，隐匿或者故意销毁依法应当保存的会计凭证、会计账簿、财务会计报告，尚不构成犯罪的，5 年内不得从事会计工作。会计人员具有违反国家统一的会计制度的一般违法行为，情节严重的，5 年内不得从事会计工作。

【小案例 4—2】 某公司的会计李某，发现公司账面上有一笔闲置资金，便私自将这笔资金挪到自己的银行账户中，用于支付自己的信用卡账单。后经公司内部审计发现了这一问题，李某最终被公司解聘，并被追究了相关法律责任。

点评：会计从业人员在工作中要严格遵守各项规定，若与其会计职务有关的违法行为被依法追究刑事责任，则该会计从业人员不得再从事会计工作。同时，公司应该完善内部管理制度，加强对会计人员的监督和管理，防范各类会计违规行为的发生。

【典型例题·多选题 4—5】 下列人员中，不允许担任会计主管人员的有（ ）。

A. 从事会计工作 6 年的甲

B. 具备高级会计师专业技术职务资格的乙

C. 曾因篡改财务会计报告而被追究刑事责任的原会计师丙

D. 具备初级会计专业技术资格且从事会计工作 2 年的丁

（四）会计专业职务与会计专业技术资格

1. 会计专业职务

会计人员职称层级分为初级、中级、副高级和正高级，名称依次为助理会计师、会计师、高级会计师和正高级会计师，需具备相应的能力条件和学历学位条件（详见表 4—3）。

表 4—3 会计职称取得条件

职称	知识经验、工作能力、科研业绩等条件	学历学位条件
助理会计师	（1）基本掌握会计基础知识和业务技能； （2）能正确理解并执行财经政策、会计法律法规和规章制度； （3）能独立处理一个方面或某个重要岗位的会计工作	具备国家教育部门认可的高中毕业（含高中、中专、职高、技校）以上学历
会计师	（1）系统掌握会计基础知识和业务技能； （2）掌握并能正确执行财经政策、会计法律法规和规章制度； （3）具有扎实的专业判断和分析能力，能独立负责某领域会计工作	具备博士学位；或具备硕士学位，从事会计工作满 1 年；或具备第二学士学位或研究生班毕业，从事会计工作满 2 年；或具备大学本科学历或学士学位，从事会计工作满 4 年；或具备大学专科学历，从事会计工作满 5 年
高级会计师	（1）系统掌握和应用经济与管理理论、财务会计理论与实务； （2）具有较高的政策水平和丰富的会计工作经验，能独立负责某领域或一个单位的财务会计管理工作； （3）工作业绩较为突出，有效提高了会计管理水平或经济效益； （4）有较强的科研能力，取得了一定的会计相关理论研究成果，或主持完成会计相关研究课题、调研报告、管理方法或制度创新等	具备博士学位，取得会计师职称后，从事与会计师职责相关工作满 2 年；或具备硕士学位，或第二学士学位或研究生班毕业，或大学本科学历或学士学位，取得会计师职称后，从事与会计师职责相关工作满 5 年；或具备大学专科学历，取得会计师职称后，从事与会计师职责相关工作满 10 年

续表

职称	知识经验、工作能力、科研业绩等条件	学历学位条件
正高级会计师	(1)系统掌握和应用经济与管理理论、财务会计理论与实务，把握工作规律； (2)政策水平高，工作经验丰富，能积极参与一个单位的生产经营决策； (3)工作业绩突出，主持完成会计相关领域重大项目，解决重大会计相关疑难问题或关键性业务问题，提高单位管理效率或经济效益； (4)科研能力强，取得重大会计相关理论研究成果，或其他创造性会计相关研究成果，推动会计行业发展	一般应具有大学本科及以上学历或学士以上学位，取得高级会计师职称后，从事与高级会计师职责相关工作满5年

2. 会计专业技术资格

会计专业技术资格，是指担任会计专业职务的任职资格，简称会计资格。

会计专业技术资格分为初级资格、中级资格和高级资格三个级别，分别对应初级、中级，副高级会计职称(会计专业职务)的任职资格。目前，初级、中级资格实行全国统一考试制度，高级会计师资格实行考试与评审相结合制度。通过全国统一考试取得初级或中级会计专业技术资格的会计人员，表明其已具备担任相应级别会计专业职务的任职资格。用人单位可根据工作需要和德才兼备的原则，从获得会计专业技术资格的会计人员中择优聘任。

【典型例题·多选题4－6】 根据《会计专业职务试行条例》的规定，下列各项中，属于会计专业职务的有(　　)。

A. 会计师

B. 高级会计师

C. 总会计师

D. 助理会计师

(五)会计人员继续教育

会计专业技术人员应当接受继续教育，从而提高业务水平和职业道德水平。单位应当组织和督促本单位的会计人员参加继续教育。继续教育内容包括公需科目和专业科目。公需科目包括专业技术人员应当普遍掌握的法律法规、政策理论、职业道德、技术信息等基本知识，专业科目包括会计专业技术人员从事会计工作应当掌握的财务会计、管理会计、财务管理、内部控制与风险管理、会计信息化、会计职业道德、财税金融、会计法律法规等相关专业知识。

继续教育实行学分制管理，每年参加继续教育取得的学分不少于90学分，且专业科目一般不少于总学分的2/3。会计专业技术人员参加继续教育取得的学分，在全国范围内当年度有效，不得结转以后年度。用人单位应当建立本单位会计专业技术人员继续教育与使用、晋升相衔接的激励机制，将参加继续教育情况作为会计专业技术人员考核评价、岗位聘用的重要依据。会计专业技术人员参加继续教育情况，应当作为聘任会计专业技术职务或者申报评定上一级资格的重要条件。

【知识拓展】 继续教育的形式

会计专业技术人员可以自愿选择参加继续教育的形式。会计专业技术人员继续教育的形式有：

(1)参加县级以上地方人民政府财政部门、人力资源和社会保障部门，新疆生产建设兵团财政局、人力资源和社会保障局，中共中央直属机关事务管理局，国家机关事务管理局(以下统称继续教育管理部门)组织的会计专业技术人员继续教育培训、高端会计人才培训、全国会计专业技术资格考试等会计相关考试、会计类专业会议等。

(2)参加会计继续教育机构或用人单位组织的会计专业技术人员继续教育培训。

(3)参加国家教育行政主管部门承认的中专以上(含中专，下同)会计类专业学历(学位)教育；承担继续教育管理部门或行业组织(团体)的会计类研究课题，或在有国内统一刊号(CN)的经济、管理类报刊上发表会计类论文；公开出版会计类书籍；参加注册会计师、资产评估师、税务师等继续教育培训。

(4)继续教育管理部门认可的其他形式。

(六)总会计师

总会计师是主管本单位会计工作的行政领导，是单位行政领导成员，直接对单位主要行政领导人负责。设置总会计师的单位在单位行政领导成员中不设与总会计师职权重叠的副职。总会计师组织领导本单位的财务管理、成本管理、预算管理、会计核算和会计监督等方面的工作，参与本单位重要经济问题的分析和决策。

《会计法》规定，国有的和国有资产占控股地位或者主导地位的大、中型企业必须设置总会计师。总会计师由具有会计师以上专业技术资格的人员担任。《总会计师条例》规定，事业单位和业务主管部门根据需要，经批准可以设置总会计师。其他单位可以根据业务需要，自行决定是否设置总会计师。

【典型例题·判断题 4—2】 总会计师是单位会计机构的负责人。(　　)

五、会计工作交接

(一)会计工作交接的责任

会计人员工作调动或因故离职，必须将本人所经管的会计工作全部移交给接替人员。没有办清交接手续的，不得调动或者离职。移交人员对所移交的会计凭证、会计账簿、会计报表和其他有关资料的合法性、真实性承担法律责任。接替人员应当认真接管移交工作，并继续办理移交的未了事项。

会计人员临时离职或者因病不能工作且需要接替或者代理的，会计机构负责人(会计主管人员)或者单位领导人必须指定有关人员接替或者代理，并办理交接手续。临时离职或者因病不能工作的会计人员恢复工作的，应当与接替或者代理人员办理交接手续。移交人员因病或者其他特殊原因不能亲自办理移交的，经单位领导人批准，可由移交人员委托他人代办移交，但委托人应当承担对所移交的会计凭证、会计账簿、会计报表和其他有关资料的合法性、真实性的法律责任。单位撤销时，必须留有必要的会计人员，会同有关人员办理清理工作，编制决算。未移交前，不得离职。接收单位和移交日期由主管部门确定。单位合并、分立的，其会计工作交接手续比照上述有关规定办理。

(二)会计工作的监交

会计人员办理交接手续,必须有监交人负责监交。一般会计人员办理交接手续,由会计机构负责人(会计主管人员)监交;会计机构负责人办理交接手续,由单位负责人监交,必要时主管单位可以派人会同监交。移交人员在办理移交时,要按移交清册逐项移交;接替人员要逐项核对点收。交接完毕后,交接双方和监交人要在移交清册上签名或者盖章,并应在移交清册上注明:单位名称,交接日期,交接双方和监交人的职务、姓名,移交清册页数以及需要说明的问题和意见等。移交清册一般应当填制一式三份,交接双方各执一份,存档一份。接替人员应当继续使用移交的会计账簿,不得自行另立新账,以保持会计记录的连续性。

【典型例题·单选题 4—2】 会计工作交接时,接替人员在交接时因疏忽没有发现所接会计资料存在真实性、合法性方面的问题。如事后发现,该问题应由(　　)负责。

A. 接替人和原移交人员共同　　B. 移交人员

C. 接替人　　D. 会计机构负责人

第三节　会计核算与监督

一、会计核算

会计核算是会计工作的首要职能,是指以货币为主要计量单位,运用专门的会计方法,对生产经营活动或预算执行过程及其结果进行连续、系统、全面的记录、计算、分析,定期编制并提供财务会计报告和其他会计资料,为经营决策和宏观经济管理提供依据的一项会计活动。

(一)会计核算的主要内容

根据《会计法》的规定,下列经济业务事项,应当办理会计手续,进行会计核算:

(1)款项和有价证券的收付;

(2)财物的收发、增减和使用;

(3)债权债务的发生和结算;

(4)资本、基金的增减;

(5)收入、支出、费用、成本的计算;

(6)财务成果的计算和处理;

(7)需要办理会计手续、进行会计核算的其他事项。

【典型例题·单选题 4—3】 下列各项中,不属于企业会计核算具体内容的是(　　)。

A. 支出、费用、成本的分析、考核和检查

B. 财产物资的收发、增减和使用

C. 债权债务的发生和结算

D. 财务成果的计算和处理

(二)会计年度

会计年度是以年度为单位进行会计核算的时间区间。我国会计年度采用公历年制。自公历1月1日起至12月31日为一个会计年度。会计年度具体可划分为半年度、季度和月度。

（三）记账本位币

记账本位币，是指日常登记账簿和编制财务会计报告用以计量的货币。会计核算原则上以人民币为记账本位币。业务收支以人民币以外的货币为主的单位，可以选定其中一种货币作为记账本位币，但是编报的财务会计报告应当折算为人民币。

【典型例题·单选题 4－4】 某外商投资企业的业务收支以美元为主，兼有少量人民币业务。下列关于该企业记账本位币适用的表述中，正确的是（　　）。

A. 可同时选择美元和人民币作为记账本位币

B. 可从美元和人民币中选择一种作为记账本位币

C. 只能选择人民币作为记账本位币

D. 可使用美元编报的财务会计报告

（四）会计核算的基本要求

1. 依法建账

各单位应当按照《会计法》和国家统一的会计制度规定建立会计账册，进行会计核算。各单位发生的各项经济业务事项应当统一进行会计核算，不得违反规定私设会计账簿进行登记、核算。

2. 根据实际发生的经济业务进行会计核算

各单位必须根据实际发生的经济业务事项进行会计核算，填制会计凭证，登记会计账簿，编制财务会计报告。会计核算以实际发生的经济业务为依据，体现了会计核算的真实性和客观性要求。

3. 保证会计资料的真实性和完整性

会计资料的真实性，主要是指会计资料所反映的内容和结果，应当同单位实际发生的经济业务的内容及其结果相一致。会计资料的完整性，主要是指构成会计资料的各项要素都必须齐全，以使会计资料如实、全面地记录和反映经济业务发生情况，便于会计资料使用者全面、准确地了解经济活动情况。会计资料的真实性和完整性，是会计资料最基本的质量要求，是会计工作的生命。

《会计法》规定，任何单位都不得以虚假的经济业务事项或者资料进行会计核算；任何单位和个人都不得伪造、变造会计凭证、会计账簿及其他会计资料，不得提供虚假的财务会计报告。

【小案例 4－3】 A 公司的财务部门在编制年度财务报表时，为了使公司的利润看起来更高，将部分实际未发生的销售业务和收入纳入了财务报表中。此外，该公司还将部分资产价值过高地计入资产负债表中，以提高公司的净资产和资产总额。

点评：任何单位都不得以虚假的经济业务事项或者资料进行会计核算，该公司的行为违背了会计资料真实性的要求。

4. 正确采用会计处理方法

各单位的会计核算应当按照规定的会计处理方法进行，保证会计指标的口径一致、相互可比和会计处理方法的前后各期一致，不得随意变更；确有必要变更的，应当按照国家统一的会计制度的规定变更，并将变更的原因、情况及影响在财务会计报告中说明。

5. 正确使用会计记录文字

根据《会计法》的规定，会计记录的文字应当使用中文。在民族自治地方，会计记录可以同时使用当地通用的一种民族文字。在中国境内的外商投资企业、外国企业和其他外国组织的会计记录可以同时使用一种外国文字。

6. 使用电子计算机进行会计核算必须符合法律规定

使用电子计算机进行会计核算即会计电算化，它是一种采用电子计算机替代手工记账、算账、报账，以及对会计资料进行电子化分析和利用的现代记账手段。

《会计法》规定，使用电子计算机进行会计核算的，其软件及其生成的会计凭证、会计账簿、财务会计报告和其他会计资料，必须符合国家统一的会计制度的规定。

（五）会计凭证

各单位在按照《会计法》和《会计基础工作规范》的有关规定办理会计手续、进行会计核算时，必须以会计凭证为依据。会计凭证按其来源和用途，分为原始凭证和记账凭证两种。

1. 原始凭证

原始凭证是经济业务发生所取得或填制的书面证明，来源于实际发生的经济业务事项。原始凭证分为自制原始凭证和外来原始凭证两种。

原始凭证必须具备以下内容：凭证的名称；填制凭证的日期；填制凭证单位名称或者填制人的姓名；经办人员的签名或者盖章；接受凭证单位名称；经济业务内容；数量、单价和金额。

外来原始凭证（如发票、收据等），必须盖有填制单位的财务专用章或发票专用章，同时具有套印的税务部门或有权监制部门的专用章以及填制人员的签名或盖章；从个人取得的原始凭证，必须有填制人员的签名或者盖章，同时应写明住址，必要时注明身份证号码。自制原始凭证（如入库单、领料单等）必须有经办单位负责人（或其指定的人员）和经办人签名或者盖章。对外开出的原始凭证，必须加盖本单位公章。凡填有大写和小写金额的原始凭证，大写与小写金额必须相符。购买实物的原始凭证，必须有验收证明。支付款项的原始凭证，必须有收款单位和收款人的收款证明。一式几联的原始凭证，应当注明各联的用途，只能以一联作为报销凭证。发生销货退回的，除填制退货发票外，还必须有退货验收证明；退款时，必须取得对方的收款收据或者汇款银行的凭证，不得以退货发票代替收据。经上级有关部门批准的经济业务，应当将批准文件作为原始凭证附件。如果批准文件需要单独归档，则应当在凭证上注明批准机关名称、日期和文件字号。

会计机构、会计人员必须按照国家统一的会计制度的规定对原始凭证进行审核，对不真实、不合法的原始凭证有权不予接受，并向单位负责人报告；对记载不准确、不完整的原始凭证予以退回，并要求按照国家统一的会计制度的规定更正、补充。原始凭证记载的各项内容均不得涂改；原始凭证有错误的，应当由出具单位重开或者更正，更正处应当加盖出具单位印章；原始凭证金额有错误的，应当由出具单位重开，不得在原始凭证上更正。

【小案例4—4】 A企业处理一批采购单据时，发现一张购买办公桌的发票，其金额栏中的数字有更改的迹象。经查阅相关合同记录，确认更改后的金额数字是正确的，于是立即通知供应商在发票“金额”栏更改处加盖出具单位印章，并登记入账。

点评：A企业的做法不正确。原始凭证金额有错误的，应当由出具单位重开，不得在原始凭证上更正。

2. 记账凭证

记账凭证指对经济业务事项按其性质加以归类，确定会计分录，并据以登记会计账簿的凭证。它具有分类归纳原始凭证和满足登记会计账簿需要的作用。记账凭证可以分为收款凭证、付款凭证和转账凭证,也可以使用通用记账凭证。记账凭证应当根据经过审核的原始凭证及有关资料编制。

记账凭证必须具备以下内容:填制凭证的日期;凭证编号;经济业务摘要;会计科目;金额;所附原始凭证张数;填制凭证人员、稽核人员、记账人员、会计机构负责人(会计主管人员)签名或者盖章。收款和付款记账凭证还应当由出纳人员签名或者盖章。

以自制的原始凭证或者原始凭证汇总表代替记账凭证的,也必须具备记账凭证应有的项目。实行会计电算化的单位,打印出的机制记账凭证要加盖制单人员、审核人员、记账人员及会计机构负责人(会计主管人员)的印章或者签字。

填制记账凭证时,应当对记账凭证进行连续编号。一笔经济业务需要填制两张以上记账凭证的,可以采用分数编号法编号。记账凭证可以根据每一张原始凭证填制,或者根据若干张同类原始凭证汇总填制,也可以根据原始凭证汇总表填制。但不得将不同内容和类别的原始凭证汇总填制在一张记账凭证上。除结账和更正错误的记账凭证可以不附原始凭证外,其他记账凭证必须附原始凭证。如果一张原始凭证涉及几张记账凭证,则可以把原始凭证附在一张主要的记账凭证后面,并在其他记账凭证上注明附该原始凭证的记账凭证的编号或者附原始凭证复印件。一张原始凭证所列支出需要几家单位共同负担的,应当将其他单位负担的部分,开给对方原始凭证分割单,进行结算。原始凭证分割单必须具备原始凭证的基本内容以及费用分摊情况等。

如果在填制记账凭证时发生错误,则应当重新填制。已经登记入账的记账凭证,在当年内发现填写错误时,可以用红字填写一张与原内容相同的记账凭证,在摘要栏注明“注销某月某日某号凭证”字样,同时用蓝字重新填制一张正确的记账凭证,注明“订正某月某日某号凭证”字样。如果会计科目没有错误,只是金额错误,则可以将正确数字与错误数字之间的差额,另编一张调整的记账凭证,调增金额用蓝字,调减金额用红字。发现以前年度记账凭证有错误的,应当用蓝字填制一张更正的记账凭证。

3. 保管要求

会计凭证登记完毕后,应当按照分类和编号顺序保管,不得散乱丢失。记账凭证应当连同所附的原始凭证或者原始凭证汇总表,按照编号顺序,折叠整齐,按期装订成册并加具封面,注明单位名称、年度、月份和起讫日期、凭证种类、起讫号码,由装订人在装订线封签外签名或者盖章。

对于数量过多的原始凭证,可以单独装订保管,在封面上注明记账凭证日期、编号、种类,同时在记账凭证上注明“附件另订”和原始凭证名称及编号。

各种经济合同、存出保证金收据以及涉外文件等重要原始凭证,应当另编目录,单独登记保管,并在有关的记账凭证和原始凭证上注明日期和编号。

原始凭证不得外借,其他单位如因特殊原因需要使用原始凭证时,经本单位会计机构负责人、会计主管人员批准,可以复制。向外单位提供的原始凭证复制件,应当在专设的登记簿上登记,并由提供人员和收取人员共同签名或者盖章。

从外单位取得的原始凭证如有遗失,应当取得原开出单位盖有公章的证明,并注明原凭证的号码、金额和内容等,由经办单位会计机构负责人、会计主管人员和单位领导人批准后,才能代作原始凭证。如果确实无法取得证明的,如火车、轮船、飞机票等凭证,则由当事人写明详细情况,由经办单位会计机构负责人、会计主管人员和单位领导人批准后,代作原始凭证。

【典型例题·多选题4—7】 甲公司会计人员赵某审核原始凭证所采取的下列处理方式中，符合法律规定的有(　　)。

A. 发现原始凭证有涂改，要求出具单位重开

B. 退回记载不完整的原始凭证，要求补充

C. 发现原始凭证金额有错误，要求出具单位更正

D. 拒绝接受不真实的原始凭证，并向单位负责人报告

(六)会计账簿

会计账簿全面记录和反映一家单位的经济业务事项，是编制财务会计报告的重要依据。会计账簿包括总账、明细账、日记账和其他辅助账簿。

1. 启用会计账簿的基本要求

启用会计账簿时，应当在账簿封面上写明单位名称和账簿名称。在账簿扉页上应当附启用表，内容包括：启用日期、账簿页数、记账人员和会计机构负责人及会计主管人员的姓名，并加盖名章和单位公章。记账人员或者会计机构负责人、会计主管人员调动工作时，应当注明交接日期、接办人员或者监交人员的姓名，并由交接双方人员签名或者盖章。

启用订本式账簿，应当从第一页到最后一页顺序编定页数，不得跳页、缺号。使用活页式账页，应当按账户顺序编号，并须定期装订成册。装订后再按实际使用的账页顺序编定页码。另加目录，记明每个账户的名称和页次。

2. 登记会计账簿的基本要求

(1)登记会计账簿时，应当将会计凭证日期、编号、业务内容摘要、金额和其他有关资料逐项记入账内，做到数字准确、摘要清楚、登记及时、字迹工整。

(2)登记完毕后，要在记账凭证上签名或者盖章，并注明已经登账的符号，表示已经记账。

(3)账簿中书写的文字和数字上面要留有适当空格，不要写满格；一般应占格距的1/2。

(4)登记账簿要用蓝黑墨水或者碳素墨水书写，不得使用圆珠笔(银行的复写账簿除外)或者铅笔书写。下列情况，可以用红色墨水记账：①按照红字冲账的记账凭证，冲销错误记录；②在不设借贷等栏的多栏式账页中，登记减少数；③在三栏式账户的余额栏前，如未印明余额方向的，在余额栏内登记负数余额；④根据国家统一会计制度规定可以用红字登记的其他会计记录。

(5)各种账簿按页次顺序连续登记，不得跳行、隔页。如果发生跳行、隔页，则应当将空行、空页划线注销，或者注明“此行空白”“此页空白”字样，并由记账人员签名或者盖章。

(6)凡需要结出余额的账户，结出余额后，应当在“借或贷”等栏内写明“借”或者“贷”等字样。没有余额的账户，应当在“借或贷”等栏内写“平”字，并在“余额”栏用“θ”表示。现金日记账和银行存款日记账必须逐日结出余额。

(7)每一账页登记完毕结转下页时，应当结出本页合计数及余额，写在本页最后一行和下页第一行有关栏内，并在摘要栏内注明“过次页”和“承前页”字样；也可以将本页合计数及金额只写在下页第一行有关栏内，并在摘要栏内注明“承前页”字样。

对需要结计本月发生额的账户，结计“过次页”的本页合计数应当为自本月初起至本页末的发生额合计数；对需要结计本年累计发生额的账户，结计“过次页”的本页合计数应当为自年初起至本页末的累计数；对既不需要结计本月发生额也不需要结计本年累计发生额的账户，可以只将每页末的余额结转次页。

实行会计电算化的单位，用计算机打印的会计账簿必须连续编号，经审核无误后装订成册，

并由记账人员和会计机构负责人、会计主管人员签字或者盖章。

3. 账簿记录发生错误的更正方法

账簿记录发生错误，不准涂改、挖补、刮擦或者用药水消除字迹，不准重新抄写，必须按照下列方法进行更正：

(1)登记账簿时发生错误，应当将错误的文字或者数字划红线注销，但必须使原有字迹仍可辨认，然后在划线上方填写正确的文字或者数字，并由记账人员在更正处盖章。对于错误的数字，应当全部划红线更正，不得只更正其中的错误数字。对于文字错误，可只划去错误的部分。

(2)由于记账凭证错误而使账簿记录发生错误，应当按更正的记账凭证登记账簿。

4. 结账

各单位应当按照规定定期结账。结账前，必须将本期内所发生的各项经济业务全部登记入账。结账时，应当结出每个账户的期末余额。年度终了结账时，所有总账账户都应当结出全年发生额和年末余额；要把各账户的余额结转到下一会计年度，并在摘要栏注明“结转下年”字样；在下一会计年度新建有关会计账簿的第一行余额栏内填写上年结转的余额，并在摘要栏注明“上年结转”字样。

【典型例题·单选题4—5】 下列各种方法中，(　　)适用于记账后发现账簿错误是由于记账凭证中会计科目运用错误引起的情况。

A. 划线更正法　　B. 红字更正法　　C. 补充登记法　　D. 平行登记法

(七)财务会计报告

财务会计报告是单位对外提供的、反映单位某一特定日期财务状况和某一会计期间经营成果、现金流量等会计信息的文件。

财务会计报告由会计报表、会计报表附注和财务情况说明书组成。企业财务会计报告按编制时间分为年度、半年度、季度和月度财务会计报告。年度、半年度财务会计报告应当包括会计报表、会计报表附注、财务情况说明书。会计报表应当包括资产负债表、利润表、现金流量表及相关附表。季度、月度财务会计报告通常仅指会计报表，会计报表至少应当包括资产负债表和利润表。国家统一的会计制度规定季度、月度财务会计报告需要编制会计报表附注的，从其规定。

财务会计报告应当由单位负责人和主管会计工作的负责人、会计机构负责人(会计主管人员)签名并盖章；设置总会计师的单位，还需由总会计师签名并盖章。

【典型例题·单选题4—6】 月度报表通常不包括(　　)。

A. 资产负债表　　B. 利润表　　C. 现金流量表　　D. 相关附表

(八)账务核对和财产清查

各单位应当定期对会计账簿记录的有关数据与库存实物、货币资金、有价证券、往来单位或者个人等进行相互核对，保证会计账簿记录与实物及款项的实有数额相符、会计账簿记录与会计凭证的有关内容相符、会计账簿之间相对应的记录相符、会计账簿记录与会计报表的有关内容相符，即账证相符、账账相符、账实相符。对账工作每年至少进行一次。

财产清查制度是通过定期或不定期、全面或部分地对各项财产物资进行实地盘点和对库存现金、银行存款、债权债务进行清查核实的一种制度。通过清查，可以发现财产管理工作中存在的问题，以便查清原因，改善经营管理，保护财产的完整和安全；可以确定各项财产的实存数，以便查明实存数与账面数是否相符，并查明不符的原因和责任制定相应措施，做到账实相符，保证会计资料的真实性。

【典型例题·单选题4—7】 根据会计法律制度的规定，下列关于账务核对的表述中，不正确的是(　　)。

A. 保证会计账簿记录与实物及款项的实有数额相符

B. 保证会计账簿记录与年度财务预算相符

C. 保证会计账簿之间相对应的记录相符

D. 保证会计账簿记录与会计凭证的有关内容相符

二、会计档案管理

各单位对会计凭证、会计账簿、财务会计报告及其他会计资料应建立档案并妥善保管。

(一)归档要求和利用

(1)单位的会计机构或会计人员所属机构(以下统称单位会计管理机构)按照归档范围和归档要求，负责定期将应当归档的会计资料整理立卷，编制会计档案保管清册。

(2)当年形成的会计档案，在会计年度终了后，可由单位会计管理机构临时保管1年，再移交单位档案管理机构保管。因工作需要确需推迟移交的，应当经单位档案管理机构同意。单位会计管理机构临时保管会计档案最长不超过3年。临时保管期间，会计档案的保管应当符合国家档案管理的有关规定，且出纳人员不得兼管会计档案。

(3)单位可以利用计算机、网络通信等信息技术手段管理会计档案。同时满足下列条件的，单位内部形成的属于归档范围的电子会计资料可仅以电子形式保存，形成电子会计档案：①形成的电子会计资料来源真实有效，由计算机等电子设备形成和传输；②使用的会计核算系统能够准确、完整、有效接收和读取电子会计资料，能够输出符合国家标准归档格式的会计凭证、会计账簿、财务会计报告等会计资料，设定了经办、审核、审批等必要的审签程序；③使用的电子档案管理系统能够有效接收、管理、利用电子会计档案，符合电子档案的长期保管要求，并建立了电子会计档案与相关联的其他纸质会计档案的检索关系；④采取有效措施，防止电子会计档案被篡改；⑤建立电子会计档案备份制度，能够有效防范自然灾害、意外事故和人为破坏的影响；⑥形成的电子会计资料不属于具有永久保存价值或者其他重要保存价值的会计档案。满足上述条件，单位从外部接收的电子会计资料附有符合《中华人民共和国电子签名法》规定的电子签名的，可仅以电子形式归档保存，形成电子会计档案。

(4)单位应当严格按照相关制度利用会计档案，在进行会计档案查阅、复制、借出时履行登记手续，严禁篡改和损坏。单位保存的会计档案通常不得对外借出。确因工作需要且根据国家有关规定必须借出的，应当严格按照规定办理相关手续。会计档案借用单位应当妥善保管和利用借入的会计档案，确保借入会计档案的安全完整，并在规定时间内归还。

【典型例题·判断题4—3】 各单位保管的会计档案一般不得借出，如有特殊需求，可以不经单位负责人批准提供查阅或复制，并办理登记手续。(　　)

(二)保管期限和销毁

会计档案保管期限分为永久、定期两类。会计档案的保管期限是从会计年度终了后的第一天算起。永久，是指会计档案须永久保存；定期，是指会计档案保存应达到法定的时间，定期保管期限一般分为10年和30年。《会计档案管理办法》规定的会计档案保管期限为最低保管期限(详见表4—4)。

表4—4　　会计档案的内容和保管期限的具体规定(以企业和其他组织为例)

会计档案的类别	会计档案的内容	保管期限
会计凭证	原始凭证	30年
	记账凭证	30年
会计账簿	总账	30年
	明细账	30年
	日记账	30年
	固定资产卡片	固定资产报废清理后保管5年
	其他辅助性账簿	30年
财务会计报告	月度、季度、半季度财务会计报告	10年
	年度财务会计报告	永久
其他会计资料	银行存款余额调节表	10年
	银行对账单	10年
	纳税申报表	10年
	会计档案移交清册	30年
	会计档案保管清册	永久
	会计档案销毁清册	永久
	会计档案鉴定意见书	永久

单位应当定期对已到保管期限的会计档案进行鉴定,并形成会计档案鉴定意见书。经鉴定,仍需继续保存的会计档案,应当重新划定保管期限;对保管期满,确无保存价值的会计档案,可以销毁。会计档案鉴定工作应当由单位档案管理机构牵头,组织单位会计、审计、纪检监察等机构或人员共同进行。

保管期满但未结清的债权债务会计凭证和涉及其他未了事项的会计凭证不得销毁,纸质会计档案应当单独抽出立卷,电子会计档案单独转存,保管到未了事项完结时为止。单独抽出立卷或转存的会计档案,应当在会计档案鉴定意见书、会计档案销毁清册和会计档案保管清册中列明。

【典型例题·单选题4—8】 根据会计法律制度的规定,企业和其他组织的下列会计档案中,应永久保管的是(　　)。

A. 会计档案移交活册　　　　B. 会计档案销毁清册

C. 财务会计报告　　　　　　D. 纳税申报表

【知识拓展】 特殊情况下的会计档案处置

会计专业技术人员可以自愿选择参加继续教育的形式。会计专业技术人员继续教育的形式有:

1. 单位分立情况下的会计档案处置

单位分立后原单位存续的,其会计档案应当由分立后的存续方统一保管, 其他方可以查阅、复制与其业务相关的会计档案。单位分立后原单位解散的，其会计档案应当经各方协商后由其中一方代管或按照国家档案管理的有关规定处置，各方可以查阅、复制与其业务相关的会计档案。

单位分立中未结清的会计事项所涉及的会计凭证，应当单独抽出由业务相关方保存，并按照规定办理交接手续。

单位因业务移交其他单位办理所涉及的会计档案，应当由原单位保管，承接业务单位可以查阅、复制与其业务相关的会计档案。对其中未结清的会计事项所涉及的会计凭证，应当单独抽出由承接业务单位保存，并按照规定办理交接手续。

2. 单位合并情况下的会计档案处置

单位合并后原各单位解散或者一方存续而其他方解散的，原各单位的会计档案应当由合并后的单位统一保管。单位合并后原各单位存续的，其会计档案仍应当由原各单位保管。

3. 建设单位项目建设会计档案的交接

建设单位在项目建设期间形成的会计档案，需要移交建设项目接受单位的，应当在办理竣工财务决算后及时移交，并按照规定办理交接手续。

4. 单位之间交接会计档案的手续

单位之间交接会计档案时，交接双方应当办理会计档案交接手续。移交会计档案的单位，应当编制会计档案移交清册，列明应当移交的会计档案的名称、卷号、册数、起止年度、档案编号、应保管期限和已保管期限等内容。交接会计档案时，交接双方应当按照会计档案移交清册所列内容逐项交接，并由交接双方的单位有关负责人负责监督。交接完毕后，交接双方经办人和监督人应当在会计档案移交清册上签名或盖章。电子会计档案应当与其元数据一并移交，特殊格式的电子会计档案应当与其读取平台一并移交。档案接受单位应当对保存电子会计档案的载体及其技术环境进行检验，确保所接收电子会计档案的准确、完整、可用和安全。

三、会计监督

会计监督是会计的基本职能之一，是对单位的经济活动进行检查监督，借以控制经济活动，使经济活动能够根据一定的方向、目标、计划，遵循一定的原则正常进行。会计监督可分为单位内部监督、社会监督和政府监督。

（一）单位内部监督

会计工作的单位内部监督是指各单位的会计机构、会计人员依据法律、法规、国家统一的会计制度及单位内部会计管理制度等的规定，通过会计手段对本单位经济活动的合法性、合理性和有效性进行监督。内部会计监督的主体是各单位的会计机构、会计人员，内部会计监督的对象是单位的经济活动。

会计工作的单位内部监督的内容十分广泛，涉及人、财、物等诸多方面，各单位应当建立、健全本单位内部会计监督制度。单位内部会计监督制度应当符合下列要求：(1)记账人员与经济业务事项和会计事项的审批人员、经办人员、财务保管人员的职责权限应当明确，并相互分离、相互制约；(2)重大对外投资、资产处置、资金调度和其他重要经济业务事项的决策和执行的相互监督、相互制约程序应当明确；(3)财产清查的范围、期限和组织程序应当明确；(4)对会计资料定期进行内部审计的办法和程序应当明确。

会计机构、会计人员对违反《会计法》和国家统一的会计制度规定的会计事项，有权拒绝办理或者按照职权予以纠正。发现会计账簿记录与实物、款项及有关资料不相符的，按照国家统一的会计制度的规定有权自行处理的，应当及时处理；无权处理的，应当立即向单位负责人报告，请求查明原因，作出处理。单位负责人应当保证会计机构、会计人员依法履行职责，不得授意、指使、强令会计机构、会计人员违法办理会计事项。

【典型例题·单选题 4—9】 单位内部会计监督的对象是各单位的（　　）。

A. 会计人员　　B. 经济活动

C. 会计机构和会计人员　　D. 其他部门

（二）社会监督

会计工作的社会监督，主要是指由注册会计师及其所在的会计师事务所等中介机构接受委托，依法对单位的经济活动进行审计，出具审计报告，发表审计意见的一种监督制度。

根据《会计法》的规定，法律、行政法规规定须经注册会计师审计的单位，应当向受委托的会计师事务所如实提供会计凭证、会计账簿、财务会计报告和其他会计资料以及有关情况。任何单位或者个人不得以任何方式要求或者示意注册会计师及其所在的会计师事务所出具不实或者不当的审计报告。

《会计法》规定，任何单位和个人对违反《会计法》和国家统一的会计制度规定的行为，有权检举。这是为了充分发挥社会各方面的力量，鼓励任何单位和个人检举会计违法行为，也属于会计工作社会监督的范畴。

【知识拓展】 审计报告的类型

审计报告分为标准审计报告和非标准审计报告。

标准审计报告，是指不含说明段、强调事项段、其他事项段或其他任何修饰性用语的无保留意见的审计报告。包含其他报告责任段，但不含强调事项段或其他事项段的无保留意见的审计报告也被视为标准审计报告。

非标准审计报告，是指带强调事项段或其他事项段的无保留意见的审计报告和非无保留意见的审计报告。非无保留意见，包括保留意见、否定意见和无法表示意见三种类型。

无保留意见，是指当注册会计师认为财务报表在所有重大方面按照适用的财务报表编制基础的规定编制并实现公允反映时发表的审计意见。

当存在下列情形之一时，注册会计师应当在审计报告中发表非无保留意见：(1)根据获取的审计证据，得出财务报表整体存在重大错报的结论；(2)无法获取充分、适当的审计证据，不能得出财务报表整体不存在重大错报的结论。

当存在下列情形之一时，注册会计师应当发表保留意见：(1)在获取充分、适当的审计证据后，注册会计师认为错报单独或汇总起来对财务报表影响重大，但不具有广泛性；(2)注册会计师无法获取充分、适当的审计证据以作为形成审计意见的基础，但认为未发现的错报（如存在）对财务报表可能产生的影响重大，但不具有广泛性。

在获取充分、适当的审计证据后，如果认为错报单独或汇总起来对财务报表的影响重大且具有广泛性，注册会计师就应当发表否定意见。

> 如果无法获取充分、适当的审计证据以作为形成审计意见的基础，但认为未发现的错报（如存在）对财务报表可能产生的影响重大且具有广泛性，注册会计师就应当发表无法表示意见。在极少数情况下，可能存在多个不确定事项。尽管注册会计师对每个单独的不确定事项获取了充分、适当的审计证据，但由于不确定事项之间可能存在相互影响，以及可能对财务报表产生累积影响，因此注册会计师不可能对财务报表形成审计意见。在这种情况下，注册会计师应当发表无法表示意见。

（三）政府监督

会计工作的政府监督，主要是指财政部门代表国家对各单位和单位中相关人员的会计行为实施的监督检查，以及对发现的会计违法行为实施行政处罚。这里所说的财政部门，是指县级以上人民政府财政部门和国务院财政部门、省级以上人民政府财政部门派出机构。

除财政部门外，审计、税务、人民银行、证券监管、保险监管等部门依照有关法律、行政法规规定的职责和权限，可以对有关单位的会计资料实施监督检查。依法实施监督检查后，应当出具检查结论。

财政部门对各单位的下列情况实施监督：

(1)是否依法设置会计账簿；

(2)会计凭证、会计账簿、财务会计报告和其他会计资料是否真实、完整；

(3)会计核算是否符合《会计法》和国家统一的会计制度的规定；

(4)从事会计工作的人员是否具备专业能力、遵守职业道德。

在对各单位会计凭证、会计账簿、财务会计报告和其他会计资料的真实性、完整性实施监督，发现重大违法嫌疑时，国务院财政部门及其派出机构可以向与被监督单位有经济业务往来的单位和被监督单位开立账户的金融机构查询有关情况，有关单位和金融机构应当给予支持。

依法对有关单位的会计资料实施监督检查的部门及其工作人员对在监督检查中知悉的国家秘密和商业秘密负有保密义务。

【典型例题·单选题 4－10】 对某市甲公司实施的下列会计监督中，属于社会监督的是（　　）。

A. 市财政局对甲公司开展会计信息质量检查

B. 甲公司的纪检部门检查本公司会计账簿

C. 市税务局对甲公司开展增值税专项税务检查

D. 乙会计师事务所接受委托审计甲公司的年度财务会计报告

第四节　会计法律责任

违反会计法律制度应当承担的法律责任，在《会计法》及相关法律、法规、规章中都作出了相应的规定。本节主要介绍《会计法》对会计违法行为的法律责任的规定。

一、违反国家统一会计制度的法律责任

违反《会计法》规定，有下列行为之一的，由县级以上人民政府财政部门责令限期改正，可以对单位并处 3 000 元以上 5 万元以下的罚款；对其直接负责的主管人员和其他直接责任人员，可

以处 2 000 元以上 2 万元以下的罚款；属于国家工作人员的，还应当由其所在单位或者有关单位依法给予行政处分；构成犯罪的，依法追究刑事责任：

(1)不依法设置会计账簿的；

(2)私设会计账簿的；

(3)未按照规定填制、取得原始凭证或者填制、取得的原始凭证不符合规定的；

(4)以未经审核的会计凭证为依据登记会计账簿或者登记会计账簿不符合规定的；

(5)随意变更会计处理方法的；

(6)向不同的会计资料使用者提供的财务会计报告编制依据不一致的；

(7)未按照规定使用会计记录文字或者记账本位币的；

(8)未按照规定保管会计资料，致使会计资料毁损、灭失的；

(9)未按照规定建立并实施单位内部会计监督制度或者拒绝依法实施监督或者不如实提供有关会计资料及有关情况的；

(10)任用会计人员不符合《会计法》规定的。

会计人员有上述所列行为之一，情节严重的，5 年内不得从事会计工作。有关法律对上述所列行为的处罚另有规定的，依照有关法律的规定办理。

【典型例题 · 多选题 4—8】 下列情形中，属于会计违法行为的有(　　)。

A. 私设会计账簿

B. 未按照规定使用会计记录文字

C. 随意变更会计处理方法

D. 拒绝接受金额错误的原始凭证

二、伪造、变造会计资料以及编制虚假财务会计报告的法律责任

伪造、变造会计凭证、会计账簿，编制虚假财务会计报告，构成犯罪的，依法追究刑事责任。尚不构成犯罪的，由县级以上人民政府财政部门予以通报，可以对单位并处 5 000 元以上 10 万元以下的罚款；对其直接负责的主管人员和其他直接责任人员，可以处 3 000 元以上 5 万元以下的罚款；属于国家工作人员的，还应当由其所在单位或者有关单位依法给予撤职直至开除的行政处分；其中的会计人员，5 年内不得从事会计工作。

三、隐匿或者故意销毁会计资料的法律责任

隐匿或者故意销毁依法应当保存的会计凭证、会计账簿、财务会计报告，构成犯罪的，依法追究刑事责任。尚不构成犯罪的，由县级以上人民政府财政部门予以通报，可以对单位并处 5 000 元以上 10 万元以下的罚款；对其直接负责的主管人员和其他直接责任人员，可以处 3 000 元以上 5 万元以下的罚款；属于国家工作人员的，还应当由其所在单位或者有关单位依法给予撤职直至开除的行政处分；其中的会计人员，5 年内不得从事会计工作。根据《刑法》第一百六十二条之一的规定，隐匿或者故意销毁依法应当保存的会计凭证、会计账簿、财务会计报告，情节严重的，处 5 年以下有期徒刑或者拘役，并处或者单处 2 万元以上 20 万元以下罚金。单位犯该罪的，对单位判处罚金，并对其直接负责的主管人员和其他直接责任人员，依照上述规定处罚。

四、授意、指使、强令会计机构及人员从事会计违法行为的法律责任

授意、指使、强令会计机构、会计人员及其他人员伪造、变造会计凭证、会计账簿，编制虚假财务会计报告，或者隐匿、故意销毁依法应当保存的会计凭证、会计账簿、财务会计报告，构成犯罪的，依法追究刑事责任。尚不构成犯罪的，可以处 5 000 元以上 5 万元以下的罚款；属于国家工作人员的，还应当由其所在单位或者有关单位依法给予降级、撤职、开除的行政处分。

> **【小案例 4－5】** 某公司总经理钟某任职期间，公司经营业绩不理想，眼看任期届满难以完成利润考核指标，便找到会计主管赵某，授意赵某"帮助"改善公司经营业绩。为此，赵某将次年的销售合同提前"发货"，提前开具销售发票，并确认收入。有了这笔"提前收入"的支撑，钟某顺利"完成"了当年的各项利润考核指标。
>
> **点评：**该行为是严重的会计造假行为，涉及公司高层领导和会计主管的合谋，相关人员应承担相应的法律责任。

五、单位负责人打击报复会计人员的法律责任

单位负责人对依法履行职责、抵制违反《会计法》规定行为的会计人员以降级、撤职、调离工作岗位、解聘或者开除等方式实行打击报复，构成犯罪的，依法追究刑事责任。尚不构成犯罪的，由其所在单位或者有关单位依法给予行政处分。对受打击报复的会计人员，应当恢复其名誉和原有职务、级别。根据《刑法》第二百五十五条规定，公司、企业、事业单位、机关、团体的领导人，对依法履行职责、抵制违反《会计法》规定行为的会计人员实行打击报复，情节恶劣的，处 3 年以下有期徒刑或者拘役。

六、财政部门及有关行政部门工作人员职务违法的法律责任

财政部门及有关行政部门的工作人员在实施监督管理中滥用职权、玩忽职守、徇私舞弊或者泄露国家秘密、商业秘密，构成犯罪的，依法追究刑事责任；尚不构成犯罪的，依法给予行政处分。收到对违反《会计法》和国家统一的会计制度规定的行为检举的部门及负责处理检举的部门，将检举人姓名和检举材料转给被检举单位和被检举人个人的，由所在单位或者有关单位依法给予行政处分。

综合应用

【材料】 江西华美食品有限公司是一家生产糖果、饼干等食品的小型企业，公司设有财务科，有财务科科长 1 人，另有会计和出纳各 1 人。2022 年 9 月，会计王某因病请假 1 个月，出纳李某到龄退休。

【任务】 每 5 人为一组，按照会计工作交接的有关要求，模拟会计岗位和出纳岗位交接，填写移交清册，完成交接程序。

课程思政

课程思政
（第四章）

典型例题答案

典型例题答案
（第四章）

第五章　支付结算法律制度

能力目标

➢ 了解支付结算的基本概念；
➢ 掌握与银行结算相关的知识；
➢ 掌握银行非现金支付业务知识；
➢ 熟悉支付结算纪律、违反支付结算法律制度的法律责任。

知识要点

◆支付结算　◆票据　◆票据法律关系　◆票据行为　◆票据权利　◆票据抗辩　◆票据丧失的补救　◆汇票　◆本票　◆支票　◆银行卡业务　◆银行结算账户　◆支付结算　◆网上银行

情景导入

经济学家们曾经说过支付是交易的终点，货币流动的起点。从物物交换到一般等价物，从飞钱到交子，从本票到汇票，从纸币到电子货币，社会生产力的发展催生了支付工具的发展，而支付工具的发展又反过来作用于社会生产力。

几千年的支付过程中，开始的那一头是以物易物，现在的这一头是去中心化的虚拟货币。归类处理下，支付货币的发展可以分为两个阶段：

支付货币的第一阶段是货币的实物商品本位阶段。无论是最初的羊换鸡的物物交换，还是以贝壳、金银充当一般等价物的交换，或者是纸币与金银捆绑的汇兑本位制，本质上都是将实物作为一般等价物，充当了商品，被定性为某种价值或者价格去进行交换的行为。直到世界经济发展，黄金储备严重不足，美元实际贬值，布雷顿森林体系解体，黄金与美元脱钩，这一阶段才告结束，进入货币的第二阶段。

支付货币的第二阶段是信用货币阶段。信用货币与实物商品完全脱离关系，是由国家法律规定，强制流通、独立发挥货币职能的货币；根据各国财富实力、人民对央行的信心、利率水平等确定货币价值。其具体表现形式有纸币和电子货币，比如人民币和比特币。支付作为一种职能手段本身，其职能是依靠货币作为价值尺度来实现的。

支付的三个过程，即交易、清分、结算，具体可以分为货币形态、交易方式、认证形式、交易终端、记账方式等，其演进方式如表5—1所示。

表 5-1　支付过程的演进

支付阶段	货币形态	支付方式	认证形式	交易终端	记账方式
货币实物商品本位阶段	非金银一般等价物	线下交易	靠脸	面对面	无
	金银	线下交易	靠脸	面对面	无/手工
	纸币	线下交易	靠脸	面对面	无/手工
信用货币阶段	纸币	线下交易	靠脸	面对面	无/手工/电子票据记账
		汇款单/支票	电子密码/纸质凭证	银行柜台	手工/电子票据记账
	电子货币	二维码/NFC/转账	电子密码/生物认证	POS机/ATM/网关	电子流水账

支付发展到现在这个阶段——互联网支付，支付已经融入各行各业，成为日常生活中不可或缺的一部分，而互联网支付本身的演进也扩展了自身的边界。从当初做中间收入，交易信息的过把手；到信息流的增加，资金流进一步扩大，开始做大数据分析，精准画像，精准营销，建立征信体系；再到后来希望资金落地，掌握用户入口，做账户体系，从网关支付走向账户支付，由卡基向账基的跃进；再进一步到围绕账户体系去做的实名认证、场景建设、应用建设……支付的每一次拓展都改变了这个行业对支付的认识。

对于国家，通过支付交易，能够透视整个社会经济发展情况，分析其中信息与资金的流向，是一国金融市场的核心技术设施。所以一个安全、高效的支付体系的建立就具有历史的必然性，现代支付体系呼之欲出。

第一节　支付结算概述

一、支付结算的概念和支付结算服务组织

（一）支付结算的概念

支付结算是指单位、个人在社会经济活动中使用票据、银行卡和汇兑、托收承付、委托收款等结算方式进行货币给付及其资金清算的行为。其中，银行是支付结算和资金结算的中介机构。需要注意的是，未经中国人民银行批准的非银行金融机构和其他单位，不得作为中介机构办理支付结算业务。

（二）支付结算服务组织

我国支付结算服务组织主要有中央银行、银行业金融机构（以下简称商业银行）、特许清算机构、非金融支付机构（以下简称支付机构）等。

（1）中国人民银行作为我国的中央银行，负责建设运行支付清算系统，向银行、特许清算机构、支付机构提供账户、清算等服务。

（2）商业银行面向广大单位和个人，提供账户、支付工具、结算等服务。

（3）特许清算机构主要向其成员机构提供银行卡、电子商业汇票等特定领域的清算服务。

（4）支付机构主要为个人和中小微企业提供网络支付、银行卡收单和多用途预付卡发行与受

理等支付服务。

【典型例题·单选题5—1】 支付结算作为一种法律行为，不属于其法律特征的是(　　)。

A. 支付结算必须通过中国人民银行批准的金融机构进行

B. 支付结算是一种要式行为

C. 支付结算的发生取决于委托人的意志

D. 支付结算实行分级管理的管理体制

二、支付结算的工具

随着互联网技术的发展，网上银行、条码支付、网络支付等电子支付方式得到快速发展，我国已经形成以票据和银行卡为主体、以电子支付为发展方向的非现金支付工具体系。其中，票据和汇兑在大额支付中占据主导地位。而银行卡收单、网络支付、预付卡、条码支付则在小额支付中占据非常重要的地位。

三、支付结算的基本要求

(一)支付结算的原则

1. 恪守信用、履约付款原则

产生支付结算行为时，结算当事人必须依照双方约定依法承担义务和履行权利，严格遵守信用，履行付款义务，特别是应当按照约定的付款金额和付款日期进行支付。

2. 谁的钱进谁的账，由谁支配原则

这一原则主要在于维护存款人对存款资金的所有权，保证其对资金支配的自主权。

3. 银行不垫款原则

银行在办理结算过程中，只负责办理结算当事人之间的款项划拨，不承担垫付任何款项的责任。这一原则主要在于划清银行资金与存款人资金的界限，保护银行资金的所有权和安全，有利于促使单位和个人直接对自己的债权债务负责。

【典型例题·单选题5—2】 付款人账户内没有资金，或收款人应收的款项由于付款人的原因不能收回时，银行的中介职责可以不履行，这体现了办理支付结算原则中的(　　)。

A. 恪守信用原则　　B. 谁的钱进谁的账，由谁支配原则

C. 银行不垫款原则　　D. 履约付款原则

(二)支付结算的要求

1. 使用合规凭证

单位、个人和银行办理支付结算，必须使用按中国人民银行统一规定印制的票据凭证和结算凭证。一家单位在几家金融机构开户的，只能在一家金融机构开设一个基本存款账户。一般存款账户不得办理现金支付。

2. 维护存款人账户内资金的自主支配权

除国家法律、行政法规另有规定外，银行不得为任何单位或者个人查询账户情况，不得为任何单位或者个人冻结、扣划款项，不得停止单位、个人存款的正常支付。

3. 保证票据和结算凭证内容的真实性

票据和结算凭证上的签章和其他记载事项应当真实，不得伪造、变造。

(1)出票金额、出票日期、收款人名称不得更改，更改的票据无效；更改的结算凭证，银行不予

受理。

(2)对票据和结算凭证上的其他记载事项,原记载人可以更改,更改时应当由原记载人在更改处签章证明。

4. 明确票据和结算凭证上的重要记载事项

(1)签章

单位、银行在票据上的签章和单位在结算凭证上的签章,为该单位、银行的盖章加其法定代表人或其授权的代理人的签名或盖章。

个人在票据和结算凭证上的签章,应为该个人本人的签名或盖章。

(2)收款人名称

单位和银行的名称应当记载全称或者规范化简称。

(3)出票日期

票据的出票日期应当使用中文大写。出票日期应规范填写,在填写月、日时,月为"壹""贰""壹拾"的,日为"壹"至"玖"和"壹拾""贰拾""叁拾"的,应当在其前加"零";日为"拾壹"至"拾玖"的,应当在其前加"壹"。票据出票日期使用小写填写的,银行不予受理。大写日期未按要求规范填写的,银行可予受理;但由此造成损失的,由出票人自行承担。

(4)金额

中文大写金额数字应用正楷或行书填写。如果金额数字书写中使用繁体字,则也应受理。如"壹、贰、叁、肆、伍、陆、柒、捌、玖、拾、佰、仟、万、亿、元、角、分、零、整(正)"等字样。不得用一、二(两)、三、四、五、六、七、八、九、十、廿、毛、另(或0)填写。

中文大写金额数字到"元"为止的,在"元"之后应写"整"(或"正")字;到"角"为止的,在"角"之后可以不写"整"(或"正")字。大写金额数字有"分"的,"分"后面不写"整"(或"正")字。

中文大写金额数字前应标明"人民币"字样,大写金额数字应紧接"人民币"字样填写,不得留有空白。大写金额数字前未印"人民币"字样的,应加填"人民币"三字。

在票据和结算凭证大写金额栏内不得预印固定的"仟、佰、拾、万、仟、佰、拾、元、角、分"字样。

阿拉伯小写金额数字中有"0"时,中文大写应按照汉语语言规律、金额数字构成和防止涂改的要求进行书写。举例如下:

第一,阿拉伯数字中间有"0"时,中文大写金额要写"零"字。如¥1 409.50,应写成人民币壹仟肆佰零玖元伍角整(正)或者人民币壹仟肆佰零玖元伍角。

第二,阿拉伯数字中间连续有几个"0"时,中文大写金额中间可以只写一个"零"字。如¥6 007.14,应写成人民币陆仟零柒元壹角肆分。

第三,阿拉伯数字万位或元位是"0"或者数字中间连续有几个"0",万位、元位也是"0",但千位、角位不是"0"时,中文大写金额中可以只写一个"零"字,也可以不写"零"字。如¥1 680.32,应写成人民币壹仟陆佰捌拾元零叁角贰分,或者写成人民币壹仟陆佰捌拾元叁角贰分;又如¥107 000.53,应写成人民币壹拾万柒仟元零伍角叁分,或者人民币壹拾万零柒仟元零伍角叁分。

第四,阿拉伯金额数字角位是"0",而分位不是"0"时,中文大写金额"元"后面应写"零"字。如¥16 409.02应写成人民币壹万陆仟肆佰零玖元零贰分;又如¥325.04,应写成人民币叁佰贰拾伍元零肆分。

阿拉伯小写金额数字前面,均应填写人民币符号"¥"。阿拉伯小写金额数字要认真填写,不得连写,以防分辨不清。

【典型例题·多选题5-1】 填写票据和结算凭证时,下列选项中,中文大写正确的有(　　)。

A. ￥8 007.14,写成人民币捌仟零柒元壹角肆分

B. ￥1 970.42,写成人民币壹仟玖佰柒拾元肆角贰分

C. ￥325.04,写成人民币叁佰贰拾伍元零肆分

D. ￥1 409.50,写成人民币壹仟肆佰零玖元伍角零分

第二节　银行结算账户

一、银行结算账户的概念和种类

(一)银行结算账户的概念

银行结算账户是指存款人在经办银行开立的,用于资金支付结算的人民币活期存款账户。这里的存款人是指在中国境内开立银行结算账户的机关、团体、部队、企业、事业单位、其他组织、个体工商户和自然人;银行是指经中国人民银行批准在中国经营支付结算业务的政策性银行、商业银行等。

(二)银行结算账户的种类

银行结算账户按存款人不同分为单位银行结算账户和个人银行结算账户。

1. 单位银行结算账户

存款人以单位名称开立的银行结算账户为单位银行结算账户,单位银行结算账户按用途又可分为基本存款账户、一般存款账户、专用存款账户、临时存款账户。

(1)基本存款账户:存款人因办理日常转账结算和现金收付需要开立的银行结算账户,是存款人的主办账户。

(2)一般存款账户:存款人因借款或其他结算需要,在基本存款账户开户银行以外的银行营业机构开立的银行结算账户。

(3)专用存款账户:存款人按照法律、行政法规和规章,对其特定用途资金进行专项管理和使用而开立的银行结算账户。

(4)临时存款账户:存款人因临时需要并在规定期限内使用而开立的银行结算账户。

2. 个人银行结算账户

存款人凭个人身份证件以自然人名称开立的银行结算账户则为个人结算账户。

二、银行结算账户的开立、变更和撤销

(一)银行结算账户的开立

存款人开立银行结算账户时,应填写开户申请书,并提交证明文件材料,银行应对存款人的开户申请书填写的事项和证明文件的真实性、完整性、合规性进行认真审查。存款人开立基本存款账户、临时存款账户和预算单位开立专用存款账户实行核准制度,需要中国人民银行核准,银行应及时将存款人的开户申请书、相关的证明文件和银行审核意见等开户资料报送中国银行当地分支行核准,经其核准后办理开户手续。中国人民银行应当于2个工作日内对银行报送的开

户资料的合规性进行审核，作出是否准予开户的决定。符合开立一般存款账户、其他专用存款账户、个人银行结算账户条件的，不需要核准，应在开户之后的5日内向中国人民银行当地分支行备案。存款人应以实名开立银行结算账户，对其出具的开户申请资料实质内容的真实性负责，法律、行政法规另有规定的除外。

（二）银行结算账户的变更

存款人账户信息资料发生变化和改变时，应于5个工作日内到开户银行办理变更手续。具体包括名称、法定代表人或者主要负责人、住址以及其他开户资料发生的变更。银行接到存款人的变更通知后，应及时办理变更手续，并与2个工作日内向中国人民银行报告。

存款人变更名称，但不改变开户银行及账号的，应于5个工作日内向开户行提出银行结算账户的变更申请，并出具有关部门的证明文件。单位法定代表人或者主要负责人、住址以及其他开户资料发生变更的，于5个工作日内书面通知开户银行并提供有关证明。

（三）银行结算账户的撤销

存款人因开户资格或者其他原因终止银行结算账户使用的，应向开户银行提出撤销银行结算账户的申请。存款人应申请银行结算账户撤销的事由包括：(1)被撤并、解散、宣告破产或者关闭的；(2)注销、被吊销营业执照的；(3)因迁址，需要变更开户银行的；(4)其他原因需要撤销银行结算账户的。存款人有上述第(1)、(2)项情形的，应于5个工作日内向开户银行提出撤销银行结算账户的申请。

发生被撤并、解散、宣告破产或者关闭，或者被注销、被吊销营业执照等情形，导致存款人主体资格终止的，应于5个工作日内向开户银行提出撤销银行结算账户的申请，其基本存款账户开户银行应自撤销银行结算账户之日起2个工作日内，将撤销该基本存款账户的情况书面通知该存款人其他银行结算账户的开户银行；其他银行结算账户开户银行应当自收到通知之日起2个工作日内通知存款人撤销有关银行结算账户；存款人应该自收到通知之日起3个工作日内办理其他银行结算账户的撤销。存款人主体资格终止后，撤销银行结算账户的，应当先撤销一般存款账户、专用存款账户、临时存款账户，将账户资金转入基本存款账户后，方可办理基本存款账户的撤销。银行得知存款人主体资格终止情形的，存款人超过规定期限未主动办理撤销银行结算账户手续的，银行有权停止其银行结算账户的对外支付。

因地址变更或者其他原因需要变更开户银行的，银行在收到存款人撤销银行结算账户的申请后，对于符合销户条件的，应当在2个工作日内办理撤销手续。存款人需要重新开立基本存款账户的，应当在撤销其原基本存款账户后10日内申请重新开立基本存款账户。存款人在申请重新开立基本存款账户时，除应根据开立基本存款账户的规定出具相关证明文件外，还应当出具“已开立银行结算账户清单”。

【典型例题·单选题5－3】 根据规定，存款人因主体资格终止而撤销银行结算账户的顺序是（　　）。

A. 先撤销一般存款账户、专用存款账户、临时存款账户，将账户资金转入基本存款账户后，方可办理基本存款账户的撤销

B. 先撤销基本存款账户、一般存款账户、专用存款账户，将账户资金转入临时存款账户后，方可办理临时存款账户的撤销

C. 先撤销基本存款账户、一般存款账户、专用存款账户，将账户资金转入专用存款账户后，方可办理专用存款账户的撤销

D. 先撤销基本存款账户、专用存款账户、临时存款账户，将账户资金转入一般存款账户后，方可办理一般存款账户的撤销

三、各类银行结算账户的开立和使用

（一）基本存款账户

基本存款账户是办理账户结算和现金收付的主办账户，经营活动的日常资金收付以及工资、奖金和现金的支取均可通过该账户办理。存款人只能在银行开立一个基本存款账户并且在其账户内应有足够的资金。存款人的基本存款账户，实行人民银行当地分支机构核发开户许可证制度。开立基本存款账户是开立其他银行结算账户的前提。

凡是具有民事权利能力和民事行为能力，并依法独立享有民事权利和承担民事义务的法人和其他组织，均可以开立基本存款账户。同时，有些单位虽然不是法人组织，但具有独立核算资格，有自主办理资金结算的需要，包括非法人企业外国驻华机构、个体工商户、单位设立的独立核算的附属机构等，也可以开立基本存款账户。但是，单位内部的非独立核算机构不得开立基本存款账户。

（二）一般存款账户

一般存款账户是存款人因借款或其他结算需要，在基本存款账户开户银行以外的银行营业机构开立的银行结算账户。存款人开立的一般存款账户没有数量限制，但一般存款账户不能在存款人基本存款账户的开户银行开立。一般存款账户用于办理存款人借款转存、借款归还和其他结算的资金收付。该账户可以办理现金缴存，但不得办理现金支取。该账户开立数量没有限制。一般存款账户自正式开户之日起就可办理付款业务，但因借款转存开立的一般存款账户除外。

根据《账户管理办法》的有关规定，存款人申请开立一般存款账户时，应填制开户申请书，提供规定的证明文件；银行应对存款人的开户申请书填写的事项和证明文件的真实性、完整性、合规性进行认真审查，符合一般存款账户条件的，银行应办理开户手续，同时应在其基本存款账户开户登记证上登记账户名称、账号、账户性质、开户银行、开户日期，并签章，于开户之日起5个工作日内向中国人民银行当地分支行备案；自开立一般存款账户之日起3个工作日内书面通知其基本存款账户开户银行。开立一般存款账户，实行备案制，无须中国人民银行核准。

（三）专用存款账户

专用存款账户是指存款人按照法律、行政法规和规章，对其特定用途资金进行专项管理和使用而开立的银行结算账户。专用存款账户用于办理各项专用资金的收付，适用于基本建设资金，更新改造资金，财政预算外资金，粮、棉、油收购资金，证券交易结算资金，期货交易保证金，信托基金，金融机构存放同业资金，政策性房地产开发资金，单位银行卡备用金，住房基金，社会保障基金，收入汇缴资金，业务支出资金，党、团、工会设在单位的组织机构经费，其他需要专项管理和使用的资金。

开立专用存款账户的目的是保证特定用途的资金专款专用，并有利于监督管理。《账户管理办法》强调，只有法律、行政法规和规章规定要专户存储和使用的资金，才纳入专用存款账户管理，从此角度而言，该办法缩小了纳入专用存款账户管理的资金的范围。

（四）预算单位零余额账户

预算单位零余额账户是指预算单位经财政部门批准，在国库集中支付代理银行开立的，用于办理国库集中支付业务的银行结算账户。预算单位零余额账户可办理转账、汇兑、委托收款和提

取现金等支付结算业务。预算单位是以非营利为主的社会服务组织，分为一级预算单位、二级预算单位和基层预算单位。预算单位在使用财政性资金的时候，应当按照规定的程序和要求，向财政部门提出设立零余额账户的申请，财政部门审核同意后通知代理银行。一个基层预算单位开设一个零余额账户。

零余额账户作为之前传统账户的替代，一方面兼顾预算单位的传统支付习惯，使预算单位可以依据预算管理权限向零余额账户发出支付命令，履行支付义务，保证为执行预算而采购商品或提供劳务时做出的支付承诺按时兑现；另一方面能够体现在国库单一账户制度改革中，保持预算管理体制赋予预算单位的管理权限及其会计主体地位不变的改革要求。

（五）临时存款账户

临时存款账户是存款人因临时需要并在规定期限内使用而开立的银行结算账户。因异地临时经营活动需要时，可以申请开立异地临时存款账户，用于资金的收付。

取消企业银行账户许可后，我国境内依法设立的企业法人、非法人企业、个体工商户（以下统称企业）在银行办理基本存款账户、临时存款账户业务（含企业在取消账户许可前已开立基本存款账户、临时存款账户的变更和撤销业务），人民银行不再核发开户许可证，由核准制改为“备案制”，中国人民银行不再核发开户许可证。

（六）个人银行结算账户

个人银行结算账户，是自然人以身份证或者相应的证件，因投资、消费、结算等而开立的可办理支付结算业务的银行结算账户。建立个人银行账户分类管理机制，即在现有个人银行账户基础上，增加银行账户种类，将个人银行账户分为Ⅰ类银行账户、Ⅱ类银行账户、Ⅲ类银行账户（以下分别简称Ⅰ类户、Ⅱ类户、Ⅲ类户），不同类别的个人银行账户有不同的功能和权限。Ⅰ类户、Ⅱ类户、Ⅲ类户均可实行账面开户，通过远程视频柜员机和智能柜员机受理开户申请。银行工作人员现场核验开户申请人身份信息的，银行可为其开立Ⅰ类户；通过网络银行和手机银行等电子渠道受理银行账户开户申请的，银行可为开户申请人开立Ⅱ类户或者Ⅲ类户。

根据《人民币银行结算账户管理办法》的规定，下列款项可以转入个人银行结算账户：(1)工资、奖金收入；(2)稿费、演出费等劳务收入；(3)债券、期货、信托等投资的本金和收益；(4)个人债权或产权转让收益；(5)个人贷款转存；(6)证券交易结算资金和期货交易保证金；(7)继承、赠与款项；(8)保险理赔、保费退还等款项；(9)纳税退还；(10)农、副、矿产品销售收入；(11)其他合法款项。

（七）异地银行结算账户

异地银行结算账户是指存款人符合法定条件，根据需要在异地开立相应的银行结算账户。存款人有下列情形之一的，可以在异地开立有关银行结算账户：营业执照注册地与经营地不在同一行政区域（跨省、市、县），需要开立基本存款账户的；办理异地借款和其他结算需要开立一般存款账户的；存款人因附属的非独立核算单位或派出机构发生的收入汇缴或业务支出需要开立专用存款账户的；异地临时经营活动需要开立临时存款账户的；自然人根据需要在异地开立个人银行结算账户的。异地银行结算账户应按照开设的不同账户的使用规定使用。

存款人有下列情形之一的，可以在异地开立有关银行结算账户：

(1)营业执照注册地与经营地不在同一行政区域（跨省、市、县）需要开立基本存款账户的；

(2)办理异地借款和其他结算需要开立一般存款账户的；

(3)存款人因附属的非独立核算单位或派出机构发生的收入汇缴或业务支出需要开立专用

存款账户的；

(4)异地临时经营活动需要开立临时存款账户；

(5)自然人根据需要在异地开立个人银行结算账户的。

【典型例题·多选题5－2】 下列关于存款人申请开立银行结算账户名称的表述中，正确的有（　　）。

A. 单位开立银行结算账户的名称应与其提供的申请开户的证明文件的名称全称一致

B. 有字号的个体工商户开立银行结算账户的名称，应与其营业执照的字号相一致

C. 无字号的个体工商户开立银行结算账户的名称，由“个体户”字样和营业执照记载的经营者姓名构成

D. 自然人开立银行结算账户的名称，应与其提供的有效身份证件中的名称全称一致。

四、银行结算账户的管理

(一)银行结算账户的实名制管理

存款人应以实名开立银行结算账户，并对其出具的开户(变更、撤销)申请资料实质内容的真实性负责，法律、行政法规另有规定的除外。

存款人应按照账户管理规定使用银行结算账户办理结算业务，不得出租、出借银行结算账户，不得利用银行结算账户套取银行信用或进行洗钱活动。

(二)银行结算账户资金的管理

在银行开立存款账户的单位和个人办理支付结算，账户内须有足够的资金保证支付。银行依法为单位、个人在银行开立的存款账户内的存款保密，维护其资金的自主支配权。除国家法律、行政法规另有规定外，银行不得为任何单位或者个人查询账户情况，不得为任何单位或者个人冻结、划扣款项，不得停止单位、个人存款的正常支付。

(三)银行结算账户变更事项的管理

存款人申请临时存款账户展期，变更、撤销单位银行结算账户以及补(换)发开户许可证时，可由法定代表人或者单位负责人直接办理，也可授权他人办理。授权他人办理，应出具相应证明文件、授权书等。

(四)存款人预留银行签章的管理

单位遗失预留公章或财务专用章的，应向开户银行出具书面申请、开户许可证、营业执照等相关证明文件；更换预留公章或财务专用章时，应向开户银行出具书面申请、原预留公章或财务专用章等相关证明文件。

个人遗失或更换预留个人印章或更换签字人时，应向开户银行出具经签名确认的书面申请，以及原预留印章或签字人的个人身份证件。银行应留存相应的复印件，并凭此办理预留银行签章的变更。

(五)银行结算账户的对账管理

银行结算账户的存款人应与银行按规定核对账务。存款人收到对账单或者对账信息后，应及时核对账务并在规定期限内向银行发出对账回单或确认信息。

【典型例题·判断题5－1】 存款人申请撤销基本存款账户的，其开户银行应当自撤销银行结算账户之日起3个工作日内将撤销该基本存款账户的情况说明书面通知该存款人其他银行结算账户的开户银行。（　　）

第三节 银行非现金支付业务

一、票据

《中华人民共和国票据法》(以下简称《票据法》)于 1995 年 5 月 10 日第八届全国人民代表大会常务委员会通过，自 1996 年 1 月 1 日起施行。2004 年 8 月 28 日第十届全国人民代表大会常务委员会对《票据法》做了修正。

(一)票据的概念和种类

票据是出票人依法签发的，由自己或委托他人于到期日或见票时无条件支付一定金额给收款人或持票人的有价证券。

《票据法》中的票据仅指汇票、本票和支票。

(二)票据当事人

票据当事人是票据法律关系中享有票据权利、承担票据义务的人，也称票据法律关系主体。它可分为基本当事人和非基本当事人两种。

1. 基本当事人

基本当事人包括出票人、付款人和收款人三种，他们是在票据作成和交付时就业已存在的当事人，是构成票据法律关系的必要主体。

(1)出票人是指在票据上签名并发出票据的人，或者说是签发票据的人。

(2)收款人是指从发票人那里接受票据并有权向付款人请求付款的人。

(3)付款人是受发票人委托付款的人，有的情况下，发票人也是付款人，如本票。

【典型例题·多选题 5－3】 下列各项中，属于票据基本当事人的有(　　)。

A. 出票人　　B. 收款人　　C. 付款人　　D. 保证人

2. 非基本当事人

非基本当事人，是指在票据发出后，通过一定的票据行为加入票据关系而享有一定权利、义务的当事人，包括承兑人、背书人、被背书人、票据保证人和被保证人等。

(1)承兑人是指接受汇票出票人的付款委托，同意承担支付票款义务的人，又称汇票主债务人。

(2)背书人是指在转让票据时，在票据背面或粘单上签字或盖章的当事人，并将该票据交付给受让人的票据收款人或持有人。

(3)被背书人是指被记名受让票据或接受票据转让的人。

(4)票据保证人是指在票据上为保证记载事项，票据债务人不履行票据义务时承担保证责任的人，属于义务主体。

(5)被保证人是指票据保证人所担保的对象。如果保证人未指明被保证人的，已承兑的汇票，承兑人就为被保证人；未承兑的汇票，出票人就为被保证人。

【典型例题·单选题 5－4】 根据支付结算法律制度的规定，下列关于票据付款人的表述中，正确的是(　　)。

A. 支票的付款人是出票人　　B. 商业承兑汇票的付款人是承兑人

C. 银行汇票的付款人是申请人　　D. 银行承兑汇票的付款人是出票人

(三)票据行为

票据行为是以行为人在票据上进行必备事项的记载、完成签名并予以交付为要件,以发生或转移票据上的权利、负担票据上的债务为目的的法律行为。《票据法》规定的票据行为因票据的种类不同而有所区别:汇票行为包括出票、背书、承兑、保证;本票行为包括出票、背书、保证;支票行为包括出票和背书。

1. 票据行为的独立性

票据行为的独立性是指就同一票据所为的若干票据行为互补牵连,都分别依各行为人在票据上记载的内容,独立地发生效力。换言之,在先票据行为无效,不影响后续票据行为的效力;某一票据行为无效,不影响其他票据行为的效力。

2. 票据行为的代理

(1)票据代理的界定

票据行为是一种民事法律行为,适用民事代理制度。票据行为的代理,又称票据代理,是指由代理人代替本人(被代理人)为一定票据的行为。《票据法》规定,票据当事人可以委托其代理人在票据上签章,并应当在票据上表明其代理关系。

票据代理在实际生活中有两种形态:一种是代理人以自己的名义,在票据上签章,明确表明为被代理人即本人为票据行为;另一种是代理人不以自己的名义,而是直接以被代理人即本人的名义,在票据上签章。

(2)票据代理的法律效果

在第一种票据代理中,代理人没有代理权而以被代理人名义在票据上签章的,应当由签章人承担票据责任;代理人超越代理权限的,应当就其超越权限的部分承担票据责任。

在第二种票据代理中,由于代理人直接以本人的名义进行票据签章,而无代理人自己的签章,因此不发生无权代理和越权代理的问题。如果代理人是在未经授权的情况下签发票据,则构成票据伪造,涉嫌犯罪的,依法追究刑事责任。如果符合表见代理的情形,就须本人先承担票据责任。

3. 背书

背书是指以转让票据权利或将一定的票据权利授予他人行使为目的,在票据背面或者粘单上记载有关事项并签章的票据行为。

(1)背书的记载事项

①绝对记载事项:背书人的签章和被背书人的名称。

②相对记载事项:背书日期。汇票未记载背书日期的,视为在汇票到期日前背书。

(2)背书的限制

①出票人限制背书。汇票的出票人在票据上记载“不得转让”字样,汇票不得转让。这时,如果持票人背书转让的,背书行为无效。

②背书人的限制背书。背书人可以在票据上记载“不得转让”字样,如果其后手再背书转让的,原背书人对后手的被背书人不承担保证责任。

③附条件背书及其效力。背书不得附有条件,背书时附条件的,所附条件不具有汇票上的效力。

④分别背书和部分背书及其效力。将汇票金额的一部分转让的背书或将汇票金额分别转让给 2 人以上的背书无效,票据权利不发生转移。

(3)委任背书和质押背书

委任背书,是指背书人授权由被背书人代理自己行使票据权利的背书。委任背书,除一定要记载委任文句外,其他记载事项与一般转让背书相同。在委任背书中,被背书人是票据权利的代理人,委任背书并不发生票据权利的转让,仅发生代理取款权的授予。被背书人有权代背书人行使被委托的汇票权利,但是,被背书人不得再以背书转让汇票权利。

质押背书,是指背书人以质押为目的的背书。质押背书中除了必须记载质押文句外,其他记载事项与转让背书相同。在质押背书中,背书人为出质人,被背书人为质权人。背书记载"质押"字样的,被背书人依法实现其质权时,可以行使汇票权利。

【典型例题·多选题5—4】 根据支付结算法律制度的规定,下列各项中,属于票据行为的有(　　)。

A. 出票　　B. 背书　　C. 承兑　　D. 付款

(四)票据权利与责任

1. 票据权利的概念和种类

票据权利,是指收款人、持票人向票据债务人请求支付票据金额的权利,包括付款请求权和追索权。

(1)付款请求权

付款请求权又称第一次请求权,是指持票人对票据主债务人(如汇票的承兑人、本票的出票人、支票的付款人等)行使请求其支付票据金额的权利。

(2)追索权

追索权也称偿还请求权,是指持票人在第一次请求权没有实现或无法实现的情况下,对票据的其他付款义务人及持票人的前手行使请求偿还票据金额、利息及相关费用的权利。

【知识拓展】《票据法》中的非票据权利

持票人因超过票据权利时效或者因票据记载事项欠缺而丧失票据权利的,仍享有民事权利,可以请求出票人或者承兑人返还其与未支付的票据金额相当的利益。

2. 票据权利的取得方式

(1)原始取得

原始取得是指持票人不经其他任何前手权利人,而最初取得票据。它包括出票取得和善意取得。

出票取得,是指权利人依出票人的出票行为而原始取得票据权利。它是票据权利最主要的原始取得方式,也是其他取得方式的基础。

善意取得,是指票据受让人依《票据法》规定的转让方法,善意地从无处分权人处取得票据,从而取得票据权利。票据权利的善意取得必须符合以下构成要件:①必须是从无权利人处取得票据;②必须是以《票据法》规定的票据转让方式取得票据;③受让人必须是善意的并支付了对价。

(2)继受取得

继受取得是指持票人从有正当处分权的人那里依背书转让或者交付程序而取得票据,如因背书而取得,因税收、继承、赠与而取得,因公司合并而取得等。

【典型例题·多选题5—5】 根据《票据法》的规定，票据持有人有下列情形中的(　　)时，不得享有票据权利。

A. 以欺诈、偷盗、胁迫等手段取得票据的

B. 明知前手以欺诈、偷盗、胁迫等手段取得票据或出于恶意取得票据的

C. 因重大过失取得不符合《票据法》规定的票据

D. 自合法取得票据的前手处因赠与取得票据的

3. 票据权利的行使和保全

票据权利的行使，是指票据权利人请求票据债务人履行票据债务的行为。票据权利的保全，是指票据权利人为了防止票据权利丧失而实施的行为，如按期提示、做成拒绝证书、中断时效等。

持票人对票据债务人行使票据权利，或者保全票据的权利，应当在票据当事人的营业场所和营业时间内进行，票据当事人无营业场所的，应当在其住所进行。

4. 票据权利的消灭

票据权利的消灭，是指由于一定的原因或通过一定的途径，使票据的付款请求权和追索权失去法律效力。导致票据权利消灭的原因有：付款、追索义务人清偿票据债务和追索费用、票据时效期间届满、票据记载事项不合法、保全手续欠缺。除此之外，票据物质形态的消灭也可以使票据权利消灭，民法上一般债权的消灭事由如抵销、混同、提存、免除等也可以使票据权利消灭。

【小案例5—1】 出票人甲签发一张汇票给收款人乙，乙将其背书转让给丙，丙将该汇票赠与丁，丁在法律规定的时间内提示承兑和付款，最后获得了票据金额。

点评：本案中，乙因为出票人甲签发票据而取得票据为原始取得，丙是基于票据背书取得，丁则是基于赠与而无偿取得，丙与丁均为继受取得。

5. 票据责任

票据责任是指票据债务人向持票人支付票据金额的义务。票据债务人承担票据义务，一般有以下四种情况：一是汇票承兑人因承兑而应承担付款义务；二是本票出票人因出票而承担自己付款的义务；三是支票付款人在与出票人有资金关系时承担付款义务；四是汇票、本票、支票的背书人，汇票、支票的出票人、保证人，在票据不获承兑或不获付款时的付款清偿义务。

【典型例题·多选题5—6】 下列主体中，应当向持票人承担票据责任的有(　　)。

A. 空头支票出票人的开户行M银行

B. 不获承兑的商业承兑汇票出票人N公司

C. 签发银行本票的O银行

D. 对商业承兑汇票予以承兑的P公司

(五)票据追索权

票据追索权是指票据得不到承兑或付款时，持票人请求其前手清偿票据金额、利息及有关费用的票据权利。

1. 追索权行使的原因

(1)期前追索权行使的原因

根据《票据法》第六十一条第二款的规定，对于定日付款的汇票、出票后定期付款的汇票以及见票后定期付款的汇票，在汇票到期日前，发生下列情形之一的，持票人可以行使追索权：①汇票

被拒绝承兑的;②承兑人或者付款人死亡、逃匿的;③承兑人或者付款人被依法宣告破产的或者因违法被责令终止业务活动的。

(2)期后追索权行使的原因

汇票到期后,如果汇票的付款人、承兑人或者代理付款人拒绝支付;付款人提示付款时,汇票上所载的付款场所不存在、付款人不存在或下落不明,无法进行提示,因而无法获得付款时,持票人可以行使追索权。

2. 追索权的行使条件

行使追索权的原因是追索权行使的实质条件;行使追索权还需具备形式要件,即票据提示、做成拒绝证明和履行通知义务。

(1)经过票据提示

持票人依法定的承兑提示期限或付款提示期限,向付款人出示票据,请求承兑或付款的行为,为票据提示。票据提示,既是持票人行使支付请求权的行为,也是保全追索权的行为。

(2)提供拒绝证明

持票人行使追索权时,应当提供被拒绝承兑或被拒绝付款的有关证明。

(3)发出退票通知

持票人应当自收到被拒绝承兑或被拒绝付款的有关证明之日起3日内将被拒绝事由书面通知其前手,其前手应当自收到通知之日起3日内书面通知其再前手,持票人也可以同时向各票据债务人发出书面通知。持票人未按规定期限进行通知的,仍可行使追索权,但是因延期通知给其前手或者出票人造成损失的,应负赔偿责任,但赔偿金额以票据金额为限。

【典型例题·多选题5—7】 甲公司签发并承兑了一张汇票给乙公司。乙公司将汇票背书转让给丙公司,并在汇票背面记载“不得转让”字样。丙公司又将汇票背书转让给丁公司。丁公司在向甲公司提示付款时遭到拒绝。下列关于该汇票的表述中,正确的有(　　)。

A. 甲公司不承担票据责任

B. 丁公司可以向丙公司行使追索权

C. 丁公司享有票据权利

D. 丁公司可以向乙公司行使追索权

3. 追索与再追索

(1)追索义务人的责任

汇票的出票人、背书人、承兑人和保证人对持票人承担连带责任。他们均为追索义务人,对持票人承担无条件给付汇票全部金额的责任。

(2)追索权利人的权利行使方式

在同时存在若干个追索义务人的情况下,持票人可以选择其中的任何一个人作为追索对象;也可以不限定一名追索对象,而向一个以上的追索义务人行使追索权;还可以不受已经开始的追索权行使的限制,在未实现其追索权之前进行新的追索。

(3)追索金额的确定

追索金额包括:①被拒绝付款的汇票金额;②汇票金额自到期日或者提示付款日起至清偿日,按照中国人民银行规定的利率计算的利息;③取得有关拒绝证明和发出通知书的费用。

(4)再追索

被追索人清偿债务后,与持票人享有同一追索权利,可以再向其他汇票债务人行使追索权,直至汇票上的债权债务关系因履行或其他法定原因而消灭。

(5)再追索金额的确定

再追索金额包括:①已清偿的全部金额;②前项金额自清偿日起至再追索清偿日,按照中国人民银行规定的利率计算的利息;③发出通知书的费用。

(6)追索权行使的例外

持票人为出票人的,对其前手无追索权;当持票人为背书人时,对其后手无追索权。

【典型例题·多选题5—8】 根据支付结算法律制度的规定,关于票据追索权行使的下列表述中,正确的有(　　)。

A. 持票人收到拒绝证明后,应当将被拒绝事由书面通知其前手

B. 汇票被拒绝承兑的,持票人可以行使追索权

C. 持票人可以对出票人、背书人、承兑人和保证人中的任何一人、数人或全体行使追索权

D. 持票人不能出示拒绝证明或退票理由书的,丧失对全部票据债务人的追索权

【小案例5—2】 A公司为支付所欠B公司的货款,于2022年5月5日开出一张50万元的商业承兑汇票,B公司用此汇票进行背书转让给C公司,以购买一批原材料。但事后不久,B公司发现C公司根本无货可供,完全是一场骗局,于是马上通知付款人停止向C公司支付货款。C公司获此票据后,又将该票据背书转让给了D公司,以支付其所欠工程款。D公司用此汇票向E公司购买一批钢丝,背书时注明了“货到后此汇票方生效”。E公司于2022年7月5日向付款人请求付款。付款人在对该汇票审查后拒绝付款,理由如下:(1)C公司以欺诈行为从B公司获取票据的行为为无效票据行为,B公司已通知付款人停止付款;(2)该汇票未记载付款日期,且背书附有条件,为无效票据。随即付款人便做成退票理由书,交付E公司。

点评:根据《票据法》的规定,票据债务人不得以自己与出票人或者与持票人的前手之间的抗辩事由,对抗善意的持票人。本案中,E公司属善意持票人,其票据权利不受前手票据权利瑕疵的影响。该票据为有效票据。票据的付款日期为相对应记载事项,未记载时不影响票据的效力。附条件背书,所附条件不具有汇票上的效力,但票据仍然有效。故E公司可以向其前手中任何一个或几个当事人行使追索权。

(六)银行汇票

1. 银行汇票的概念和种类

银行汇票是出票银行签发的,由其在见票时按照实际结算金额无条件支付收款人或持票人的票据,包括转账银行汇票、现金银行汇票。

2. 银行汇票的出票

(1)申请

申请人使用银行汇票,应向出票银行填写“银行汇票申请书”。申请人和收款人均为个人,需要使用银行汇票向代理付款人支取现金的,申请人须在“银行汇票申请书”上填明代理付款人名称,在“出票金额”栏先填写“现金”字样,后填写汇票金额。

(2)受理、签发、交付

出票银行受理银行汇票申请书,收妥款项后签发银行汇票。签发银行汇票必须记载下列事

项，欠缺其一的，银行汇票无效：①表明“银行汇票”的字样；②无条件支付的承诺；③出票金额、出票日期；④付款人名称、收款人名称、出票人签章。将银行汇票和解讫通知一并交给申请人。

【典型例题·多选题 5—9】 王某为支付 M 公司货款，向银行申请签发了一张金额为 30 万元的银行汇票。M 公司受理该汇票时，应当审查的内容有（　　）。

A. 银行汇票和解讫通知是否齐全　　B. 该银行汇票是否在提示付款期内

C. 收款人是否确为甲公司　　D. 必须记载的事项是否齐全

（3）实际结算金额

①银行汇票的实际结算金额低于出票金额的，多余金额由出票银行退交申请人。

②未填明实际结算金额和多余金额，或实际结算金额超过出票金额的，银行不予受理。

③银行汇票的实际结算金额一经填写就不得更改，更改实际结算金额的银行汇票无效。

3. 背书转让

（1）银行汇票的背书转让以不超过出票金额的实际结算金额为准。未填写实际结算金额或实际结算金额超过出票金额的银行汇票不得背书转让。

（2）现金银行汇票不得背书转让。

4. 提示付款

（1）提交凭证

持票人向银行提示付款时，须同时提交银行汇票和解讫通知，缺少任何一联，银行均不予受理。

（2）提示付款对象

①在银行开立存款账户的持票人向开户银行提示付款。

②未在银行开立存款账户的个人持票人，可以向任何一家银行机构提示付款。

（3）提示付款期限

①提示付款期限为自出票日起 1 个月。

②持票人超过期限向代理付款银行提示付款却不获付款的，须在票据权利时效内向出票银行作出说明，并提供本人身份证件或单位证明，持银行汇票和解讫通知向出票银行请求付款。

【典型例题·单选题 5—5】 下列款项结算中，可以使用现金银行汇票的是（　　）。

A. 赵某向张某支付购房款 20 万元　　B. 丙公司向刘某支付劳务费 15 万元

C. 孙某向戊公司支付装修款 15 万元　D. 甲公司向乙公司支付材料款 20 万元

5. 退款及丧失

（1）申请人因银行汇票超过付款提示期限或其他原因要求退款时，应将银行汇票和解讫通知同时提交到出票银行，并提供本人身份证件（申请人为个人）或单位证明（申请人为单位）。

（2）缺少解讫通知要求退款的，出票银行应于银行汇票提示付款期满后 1 个月后办理。

（3）出票银行对于转账银行汇票的退款，只能转入原申请人账户；对于符合规定填明“现金”字样银行汇票的退款，才能退付现金。

（4）银行汇票丧失，失票人可以凭人民法院出具的其享有票据权利的证明，向出票银行请求付款或退款。

【典型例题·多选题 5—10】 关于银行汇票和银行本票的退款以及丧失的说法中，正确的有（　　）。

A. 对银行汇票来说，只有符合规定填明“现金”的银行汇票的退款，才能退付现金

B. 对银行本票来说，只有现金银行本票的申请人申请退款，才能退付现金

C. 因超过提示付款期限或其他原因要求退款时，无论银行汇票还是本票，单位申请人均应当提供单位证明

D. 银行汇票和本票丧失的，失票人均可以凭人民法院出具的其享有票据权利的证明，向出票银行请求付款或退款

（七）商业汇票

1. 商业汇票的概念和种类

商业汇票是出票人签发的，委托付款人在指定日期无条件支付确定的金额给收款人或者持票人的票据。商业汇票按照承兑人的不同分为商业承兑汇票和银行承兑汇票。银行承兑汇票由银行以外的付款人承兑。电子商业汇票是指出票人依托上海票据交易所电子商业汇票系统（以下简称电子商业汇票系统），以数据电文形式制作的，委托付款人在指定日期无条件支付确定的金额给收款人或者持票人的票据。电子银行承兑汇票由银行业金融机构、财务公司承兑；电子商业承兑汇票由金融机构以外的法人或其他组织承兑。商业汇票的付款人为承兑人。只有在银行开立存款账户的法人及其他组织之间的结算，才能使用商业汇票。

2. 商业汇票的出票

(1)出票人资格

一般要求：①在（承兑）银行开立存款账户的法人及其他组织。②与付款人（承兑银行）具有真实的委托付款关系。③资信状况良好，具有支付汇票金额的可靠资金来源。

出票人办理电子商业汇票业务，还应满足下列条件：①具备签约开办对公业务的企业网银等电子服务渠道。②与银行签订电子商业汇票业务服务协议。

(2)签发主体

①商业承兑汇票可以由付款人签发并承兑，也可以由收款人签发，由付款人承兑。

②银行承兑汇票应由在承兑银行开立存款账户的存款人签发。

(3)出票形式

①单张出票金额在 100 万元以上的商业汇票原则上应全部通过电子商业汇票办理。

②单张出票金额在 300 万元以上的商业汇票应全部通过电子商业汇票办理。

(4)必须记载事项

纸质商业汇票：①表明“商业承兑汇票”或“银行承兑汇票”字样。②无条件支付的委托。③确定的金额、出票日期。④付款人名称、收款人名称、出票人签章。

电子商业汇票：必须记载事项除与纸质商业汇票的相同部分外，还有“出票人名称、票据到期日”作为必须记载事项。

(5)付款期限及记载的事项

商业汇票的付款期限记载有三种形式：①定日付款的汇票，付款期限在汇票上记载具体的到期日；②出票后定期付款的汇票，付款期限自出票日起按月计算，并在汇票上记载；③见票后定期付款的汇票，付款期限自承兑或拒绝承兑日起按月计算，并在汇票上记载。电子商业汇票的出票日是指出票人记载在电子商业汇票上的出票日期。

纸质商业汇票的付款期限，最长不得超过 6 个月。电子承兑汇票期限自出票日至到期日不超过 1 年。

【典型例题·多选题 5－11】 根据票据法律制度的规定，下列各项中，符合《票据法》规定的

有(　　)。

A. 商业承兑汇票属于商业汇票

B. 商业承兑汇票的承兑人是银行以外的付款人

C. 银行承兑汇票属于商业汇票

D. 银行承兑汇票属于银行汇票

3. 商业汇票的承兑

(1)商业汇票可以在出票时向付款人提示承兑后使用,也可以在出票后先使用再向付款人提示承兑。

(2)付款人承兑汇票后,应当承担到期付款的责任。付款人拒绝承兑的,必须出具拒绝承兑的证明。

(3)银行承兑汇票的承兑:银行应进行资信审核,需与出票人签订承兑协议。承兑银行应按票面金额的一定比例向出票人收取手续费,银行承兑汇票手续费为市场调节价。

【典型例题·单选题5—6】 下列关于商业汇票提示承兑期限的表述中,符合票据法律制度规定的有(　　)。

A. 商业汇票的提示承兑期限,为自汇票到期日起10日内

B. 定日付款的商业汇票,持票人应该在汇票到期日前提示承兑

C. 出票后定期付款的商业汇票,提示承兑期限为自出票日起1个月内

D. 见票后定期付款的商业汇票,持票人应该自出票日起1个月内提示承兑

4. 票据信息登记

(1)纸质票据信息登记与电子化

①纸质银行承兑汇票:纸质票据贴现前,金融机构办理承兑、质押、保证等业务,应当不晚于业务办理的次一工作日在票据市场基础设施(上海票据交易所)完成相关信息登记工作。

②纸质商业承兑汇票完成承兑后,承兑人开户行应当根据承兑人委托代其进行承兑信息登记。承兑信息未能及时登记的,持票人有权要求承兑人补充登记承兑信息。

③纸质票据票面信息与登记信息不一致,以纸质票据票面信息为准。

(2)电子商业汇票信息登记

电子商业汇票签发、承兑、质押、保证、贴现等信息应当通过电子商业汇票系统同步传送至票据市场基础设施。

5. 商业汇票的信息披露

(1)承兑人披露时间

商业承兑汇票的承兑人应当于承兑完成日次一个工作日内,在中国人民银行认可的票据信息披露平台披露每张票据的承兑相关信息,包括出票日期、承兑日起、票据号码、出票人名称、承兑人名称、承兑人社会信用代码、票面金额、票据到期日等。

(2)"定期"披露内容

承兑人应当于每月前10日内披露承兑信用信息,包括累计承兑发生额、承兑余额、累计逾期发生额、逾期余额等。承兑人对披露信息的真实性、准确性、及时性和完整性负责。

(3)企业查询渠道

企业签收商业承兑汇票前,可以通过票据信息披露平台查询票据承兑信息。

【典型例题·多选题5—12】 根据支付结算法律制度的规定,承兑人应当于承兑完成日次

一个工作日内，在中国人民银行认可的票据信息披露平台披露每张票据的承兑相关信息。下列各项中，属于应当披露的内容有(　　)。

A. 出票日期　　B. 承兑日起　　C. 票据到期日　　D. 持票人名称

6. 贴现

(1)概念和当事人

贴现是指票据持票人在票据未到期前为获得现金向银行贴付一定利息而发生的票据转让行为。申请贴现的持票人是“贴出人”，银行是“贴入人”。

【知识拓展】　等不到票据到期就想变现怎么办

“贴”点手续费找银行“变现”，这就是贴现。实质上，票据贴现也是一种融资行为，付出利息，从银行提前拿到钱。

(2)贴现条件

①票据未到期。

②票据未记载“不得转让”事项。

③在银行开立存款账户的是企业法人以及其他组织。

④与出票人或者直接前手之间具有真实的商品交易关系。

(3)贴现利息

①贴现利息＝票面金额×日贴现率×贴现期。

②贴现期的确定：贴现的期限从其贴现之日起至汇票到期日。

计算贴现期时“算头不算尾”。例如，贴现日为 2022 年 12 月 1 日，到期日为 2022 年 12 月 5 日，则计算贴现期的天数为 4 天(12 月 1 日—12 月 4 日)。承兑人在异地的纸质商业汇票，贴现的期限以及贴现利息的计算应另加 3 日的划款日期。

③实付贴现金额按票面金额扣除贴现日至汇票到期前 1 日的利息计算。

(4)到期收款

①贴现到期，贴现银行应向付款人收取票款。

②不获付款的，贴现银行应向其前手追索票款。

③贴现银行追索票款时可从申请人的存款账户直接收取票款。

【典型例题·单选题 5—7】　根据支付结算法律制度的规定，下列关于电子银行承兑汇票持票人向银行申请办理贴现条件的表述中，不正确的是(　　)。

A. 持票人与出票人或者直接前手之间具有真实的商品交易关系

B. 票据必须未到期

C. 必须向银行提供合同与发票

D. 票据上必须未记载“不得转让”事项

7. 纸质票据贴现的特殊规定

(1)贴现人的信息查询与确认

①贴现人(银行)通过票据市场基础设施查询票据承兑信息，并在确认纸质票据必须记载事项与已登记承兑信息一致后，为贴现申请人办理贴现。

②信息不存在或者纸质票据必须记载事项与已登记承兑信息不一致的，不得办理贴现。

(2)贴现办理与停止流通

①贴现人办理纸质票据贴现后,应当在票据上记载“已电子登记权属”字样。

②该票据不再以纸质形式进行背书转让、设立质押或者其他交易行为。已贴现票据应当通过票据市场基础设施办理背书转让、质押、保证、提示付款等票据业务。

③贴现人应当对纸质票据妥善保管。

④办理贴现,贴现申请人无须提供合同、发票等资料。

(3)转贴现的保证增信

①贴现人可以按市场化原则选择商业银行对纸质票据进行保证增信。

②保证增信行对纸质票据进行保管并为贴现人的偿付责任进行先行偿付。

(4)付款确认

①纸质票据

纸质票据贴现后,其保管人可以向承兑人发起付款确认。付款确认可以采用实物确认或者影像确认,两者具有同等效力。承兑人收到票据影像确认请求或者票据实物后,应当在3个工作日内作出或者委托其开户行作出同意或者拒绝到期付款的应答。拒绝到期付款的,应当说明理由。承兑人(或者承兑人开户行)进行付款确认后,除挂失止付、公示催告等合法抗辩情形外,应当在持票人提示付款后付款。

②电子商业汇票

电子商业汇票一经承兑即视同承兑人进行付款确认。

【典型例题·多选题5—13】 根据支付结算法律制度的规定,下列关于票据信息登记与电子化的说法中,正确的有(　　)。

A. 金融机构办理承兑业务,应当不晚于业务办理的次一工作日在票据市场基础设施完成相关信息登记工作

B. 纸质商业承兑汇票完成承兑后,承兑人应进行承兑信息登记

C. 纸质票据票面信息与登记信息不一致的,票据无效

D. 电子商业汇票的签发信息,应当通过电子商业汇票系统同步传送至票据市场基础设施

8. 到期付款

(1)提示付款期限

远期商业汇票的提示付款期限自汇票到期日起10日。超过提示付款期限提示付款的,持票人开户银行不予受理,但在作出说明后,承兑人或者付款人仍应当继续对持票人承担付款责任。

(2)持票人在提示付款内通过票据市场基础设施提示付款的情形

①同意付款:承兑人应当在提示付款当日进行应答或者委托其开户行进行应答。

商业承兑汇票承兑人在提示付款当日同意付款的,承兑人账户余额足够支付票款的,承兑人开户行应当代承兑人作出同意付款应答,并于提示付款日向持票人付款。承兑人账户余额不足以支付票款的,则视同承兑人拒绝付款。承兑人开户行应当于提示付款日代承兑人作出拒付应答并说明理由,同时通过票据市场基础设施通知持票人。

银行承兑汇票的承兑人已于到期前进行付款确认的,票据市场基础设施应当根据承兑人的委托于提示付款日代承兑人发送指令划付资金至持票人资金账户。银行承兑汇票的出票人应于汇票到期前将票款足额交存其开户银行,银行承兑汇票的出票人于汇款到期日未能足额交存票款时,承兑银行付款后,对出票人尚未支付的汇票金额按照每天5‱计收利息。

②拒绝付款：承兑人存在合法抗辩事由拒绝付款的，应当在提示付款当日出具或者委托其开户行出具拒绝付款证明，并通过票据市场基础设施通知持票人。

③当日未做出应答：承兑人或者承兑人开户行在提示付款当日未作出应答的，视为拒绝付款，票据市场基础设施提供拒绝付款证明并通知持票人。

【典型例题·多选题 5—14】 电子商业汇票的付款期限自出票日至到期日不能超过的一定期限是（　　）。

A. 1 年　　B. 3 个月　　C. 2 年　　D. 6 个月

(3)纸质商业汇票的持票人通过开户银行委托收款或直接向付款人提示付款的情形

①纸质商业承兑汇票：付款人开户银行收到通过委托收款寄来的汇票，将汇票留存并通知付款人。付款人收到开户银行的付款通知，应在当日通知银行付款。付款人在接到通知的次日起 3 日内未通知银行付款的，视同付款人承诺付款；付款人存在合法事由拒绝付款的，应自接到通知的次日起 3 日内，作出拒绝付款证明送交开户银行。

②纸质银行承兑汇票：承兑银行应于汇票到期日或到期日后的见票当日支付票款。承兑银行存在合法抗辩事由拒绝支付的，应自接到商业汇票的次日起 3 日内作出拒绝付款证明，连同银行承兑汇票邮寄持票人开户银行转交持票人。

【典型例题·多选题 5—15】 根据票据法律制度的规定，下列关于票据到期后偿付顺序的说法中，正确的有（　　）。

A. 票据未经承兑人付款确认和保证增信即交易的，若承兑人未付款，则应当由贴现人先行偿付

B. 票据经承兑人付款确认且未保证增信即交易的，应当由承兑人付款

C. 票据保证增信后即交易且未经承兑人付款确认的，若承兑人未付款，则应当由贴现人先行偿付

D. 票据保证增信后且经承兑人付款确认的，应当由保证增信人付款

(八)银行本票

本票是出票人签发的，承诺自己在见票时无条件支付确定金额给收款人或者持票人的票据。我国本票仅指银行本票，银行本票是银行签发的，承诺自己在见票时无条件支付确定的金额给收款人或者持票人的票据。银行本票是银行提供的一种银行信用，见票即付，可当场抵用。

1. 本票的出票

(1)出票人资格

本票的出票人必须具有支付本票金额的可靠资金来源，并保证支付。

(2)本票的法定记载事项

本票应当记载下列事项，未记载的，本票无效：①表明“本票”字样。②无条件支付的承诺。③确定的金额。④收款人名称。⑤出票日期。《票据法》规定，本票一律为见票即付，本票的出票日期就成为计算持票人本票权利期限的基准点，是法定绝对必要记载事项。⑥出票人签章。

2. 本票的付款

本票的出票人在持票人提示见票时，必须承担付款的责任。本票自出票日起，付款期限最长不超过 2 个月。

【典型例题·单选题 5—8】 根据支付结算法律制度的规定，关于银行本票使用的下列表述中，不正确的是（　　）。

A. 银行本票的出票人在持票人提示付款时，必须承担付款的责任

B. 注明“现金”字样的银行本票可以用于支取现金

C. 银行本票只限于单位使用，个人不得使用

D. 收款人可以将转账银行本票背书转让给被背书人

(九)支票

支票是出票人签发的，委托办理支票存款业务的银行或者其他金融机构在见票时无条件支付确定的金额给收款人或者持票人的票据。在实践中，我国一直采用现金支票和转账支票。支票的出票人签发支票不得超过其付款时在付款人处实有的存款金额。超过其实有存款金额的，为空头支票。《票据法》禁止签发空头支票。

1. 支票的出票

(1)出票人资格的限制

支票的出票人签发支票须符合下列条件：

①建立账户。《票据法》第八十二条第一款规定，开立支票存款账户，申请人必须使用其本名，并提交证明其身份的合法证件。所以，作为支票的出票人，首先要求在银行或其他金融机构开立一个存款账户，以建立与银行或其他金融机构的资金关系。

②存入足够支付的款项。《票据法》第八十二条第二款规定，开立支票存款账户和领用支票，应当有可靠的资信，并存入一定的资金。

③预留印鉴。为便于付款银行在付款时进行审查，同时免除付款银行善意付款的责任，票据法律法规均规定开立支票存款账户的申请人应该在银行留下其本人的签名样式和印鉴样式。

(2)支票的法定记载事项

支票必须记载下列事项，未记载的，支票无效：①表明“支票”的字样。②无条件支付的委托。③确定的金额。支票的此项应记载事项可以空白授权，但在提示付款时，金额的填写必须符合法律规定，否则无效。④付款人名称。⑤出票日期。⑥出票人签章。

(3)未记载事项的补救

①金额可以由出票人授权补记，未补记前的支票，不得使用。

②支票上未记载收款人名称的，经出票人授权，可以补记。

③支票上未记载付款地的，付款人的营业场所为付款地。

④支票上未记载出票地的，出票人的营业场所、住所或经常居住地为出票地。

(4)出票的效力

①出票人必须按照签发的支票金额承担向持票人付款的保证责任，包括保证自己在付款银行有足够的存款，未签发空头支票等。

②出票人在付款银行的存款足以支付支票金额时，付款人应当在持票人提示付款的当日足额付款，使持票人能及时得到票款的支付。

2. 支票的付款

(1)提示付款。支票的持票人应当自出票日起10日内提示付款；异地使用的支票，付款提示期限由中国人民银行另行规定。超过付款提示期限的，付款人可以拒绝付款。

(2)逾期提示的法律后果。因超过提示付款期限付款人不予付款的，持票人仍享有票据权利，出票人仍应对持票人承担票据责任，支付票据所载金额。

(3)付款的意义。付款人依法支付支票金额的，对出票人不再承担受委托付款的责任，对持

票人不再承担付款责任。但是,付款人以恶意或重大过失付款的除外。

(4)因出票人签发空头支票或者签发与其签名样式或预留印鉴不符的支票,给他人造成损失的,支票的出票人和背书人应当依法承担民事责任。

【典型例题·单选题 5-9】 根据支付结算法律制度的规定,下列关于支票提示付款的表述中,正确的是(　　)。

A. 转账支票的提示付款期限为自出票日起 6 个月

B. 出票人记载自己为收款人的,提示付款不予受理

C. 支票未记载票据金额的,可以提示付款

D. 现金支票仅限于收款人向付款人提示付款

【小案例 5-3】 甲从乙处订购货物,乙缺货但承诺货到后立即发货。甲预先签发一张普通支票但未填写票据金额,交付给乙。后乙无法交货,甲要求乙退还支票,但乙已经将该支票填写票据金额后背书转让给丙。丙到银行取款,但银行因存款不足拒绝付款。丙找甲追索,甲以未收到乙的货物为由拒绝付款。

点评:本案中,支票是可以授权补记票据金额和收款人名称的,所以乙补记票据金额背书转让给丙的行为有效。乙未能交货的行为,不能成为甲拒绝付款的理由,因为票据行为具有无因性的特点。最后,甲签发的支票未在银行预留必要的存款,构成签发空头支票的行为,故甲应当对丙承担相应的民事责任。

二、其他结算方式

(一)汇兑

1. 汇兑的概念和种类

汇兑是汇款人委托银行将其款项支付给收款人的结算方式。汇兑分为信汇、电汇两种,单位和个人的各种款项的结算,均可使用汇兑结算方式。

2. 受理及汇出

(1)汇出行:受理并审核汇兑凭证,办理汇款并向汇款人签发汇款回单。汇款回单只能作为汇出银行受理汇款的依据,不能作为该笔汇款已转入收款账户的证明。

(2)汇入行:将汇入的款项直接转入收款人账户,并向其发出收账通知。收账通知是银行将款项确已收入收款人账户的凭据。

3. 汇兑的撤销

汇款人对汇出银行尚未汇出的款项可以申请撤销。申请撤销时,应出具正式函件或本人身份证及原信、电汇回单。

【典型例题·单选题 5-10】 根据支付结算法律制度的规定,关于汇兑结算方式的下列表述中,不正确的是(　　)。

A. 汇款人在银行开立存款账户的,在汇兑凭证上必须记载其账号

B. 汇款人对汇出银行尚未汇出的款项不得申请撤销

C. 单位和个人的款项结算均可使用

D. 收款人在银行开立存款账户的,在汇兑凭证上必须记载其账号

(二)委托收款

1. 委托收款的概念和适用范围

委托收款是收款人委托银行向付款人收取款项的结算方式。主要适用于:(1)单位和个人凭已承兑的商业汇票、债券、存单等付款人债务证明办理款项的结算。(2)同城、异地均可以使用。

2. 办理委托收款的程序

(1)签发委托收款凭证

委托收款凭证必须记载下列事项,欠缺记载其一的,银行不予受理:①表明“委托收款”的字样。②确定的金额、委托日期。③付款人名称、收款人名称。④收款人签章。⑤委托收款凭据名称及附寄单证张数。

【知识拓展】

委托收款以银行以外的单位为付款人/收款人的,必须记载付款人/收款人开户银行名称。未在银行开立存款账户的个人为收款人的,委托收款凭证必须记载被委托银行名称。欠缺记载的,银行不予受理。

(2)委托

收款人办理委托收款应向银行提交委托收款凭证和有关债务证明。

(3)付款

银行接到寄来的委托收款凭证及债务证明,审查无误后办理付款。

①以银行为付款人的,银行应当在当日将款项主动支付给收款人。

②以单位为付款人的,银行应及时通知付款人,需要将有关债务证明交给付款人的应交给付款人。付款人应于接到通知的当日书面通知银行付款。付款人未在接到通知日的次日起3日内通知银行付款的,视同付款人同意付款,银行应于付款人接到通知日的次日起第四日上午开始营业时,将款项划给收款人。银行在办理划款时,付款人存款账户不足支付的,应通过被委托银行向收款人发出未付款项通知书。

③拒绝付款。付款人审查有关债务证明后,对收款人委托收取的款项需要拒绝付款的,可以办理拒绝付款。以银行为付款人的,应自收到委托收款及债务证明的次日起3日内出具拒绝证明,连同有关债务证明、凭证寄给被委托银行,转交收款人;以单位为付款人的,应在付款人接到通知日的次日起3日内出具拒绝证明,持有债务证明的,应将其送交开户银行。银行将拒绝证明、债务证明和有关凭证一并寄给被委托银行,转交收款人。

【典型例题·单选题5—11】 2023年12月15日,天明公司持一张到期银行承兑汇票到Q银行办理委托收款,该汇票由R银行承兑。天明公司在委托收款凭证上可以不记载的事项是(　　)。

A. 付款人R银行　　B. 收款人天明公司

C. 委托日期　　D. 天明公司地址

三、银行卡

(一)银行卡的概念和分类

1. 银行卡的概念

银行卡是指经批准由商业银行向社会发行的具有消费信用、转账结算、存取现金等全部或部分功能的信用支付工具。

2. 银行卡的分类(详见表 5—2)

表 5—2　银行卡的分类

大类	细类	举例
按是否具有透支功能	信用卡(可以透支)	①贷记卡 (发卡银行给予持卡人一定的信用额度,持卡人可在信用额度内先消费、后还款的信用卡) ②准贷记卡 (持卡人须先按发卡银行要求交存一定金额的备用金,当备用金账户余额不足支付时,可在发卡银行规定的信用额度内透支的信用卡)
	借记卡(不可透支)	①转账卡(含储蓄卡) (实时扣账的借记卡,具有转账结算、存取现金和消费功能) ②专用卡 (具有专门用途、在特定区域使用的借记卡,具有转账结算、存取现金功能) ③储值卡 (发卡银行根据持卡人要求将其资金转至卡内储存,交易时直接从卡内扣款的预付钱包式借记卡) ④联名(认同)卡 (商业银行与营利性机构/非营利性机构合作发行的银行卡附属产品,发卡银行和联名单位应当为联名卡持卡人在联名单位用卡提供一定比例的折扣优惠或特殊服务)
按币种不同	人民币卡	—
	外币卡	①外币卡 (持卡人与发卡银行以除人民币以外的货币作为清算货币的银行卡) ②目前国内商户可受理 VISA(维萨)、MasterCard(万事达)、American Express(美国运通)、DinersClub(大来)等外币卡
按发行对象不同	单位卡(商务卡)	—
	个人卡	—
按信息载体不同	磁条卡	—
	芯片(IC)卡	—

(二)银行卡账户和交易

1. 个人贷记卡申请的基本条件

(1)年满 18 周岁,有固定职业和稳定收入。

(2)有工作单位和户口在常住地的城乡居民。

(3)填写申请表,并在持卡人处亲笔签字。

(4)向发卡银行提供本人及附属卡持卡人、担保人的身份证复印件。

2. 申领流程

申领银行卡,应按规定填制申请表,连同有关资料一并送交发卡银行。发卡银行可根据申请人的资信程度,要求其提供担保。担保的方式可采用保证、抵押,或质押。银行卡及其账户只限经发卡银行批准的持卡人本人使用，不得出租和转借。

3. 注销流程

(1)持卡人在还清全部交易款项、透支本息和有关费用后，可以办理销户。对于持卡人因死亡等原因而需办理的注销和清户，应按照《民法典》和《中华人民共和国公证法》等法规办理。

(2)发卡行受理注销申请之日起45日后，被注销信用卡账户方能清户。

4. 银行卡丢失

持卡人丢失银行卡，应立即持本人身份证件或其他有效证明，并按规定提供有关情况，向发卡银行或代办银行申请挂失，发卡银行或代办银行审核后办理挂失手续。

【典型例题·判断题5－2】 除国家法律、行政法规和国务院外，任何单位和个人均不得强令存款人到指定银行开立银行结算账户。(　　)

(三)银行卡计息与收费

1. 计息

(1)发卡银行对准贷记卡及借记卡(不含储值卡)账户内的存款，按照中国人民银行规定的同期同档次存款利率及计息办法计付利息。

(2)发卡银行对贷记卡账户的存款、储值卡(含IC卡的电子钱包)内的币值不计付利息。

(3)贷记卡持卡人非现金交易享受如下优惠条件：

①免息还款期待遇。银行记账日至发卡行规定的到期还款日之间为免息还款期。最长为60天。

②最低还款额待遇。持卡人在到期还款日前偿还所使用全部银行款项有困难的，可按发卡行规定的最低还款额还款。贷记卡选择最低还款或超过批准的信用额度用卡，不得享受免息还款期待遇。贷记卡支取现金、准贷记卡透支，不享受免息还款期和最低还款额待遇。贷记卡透支按月计收复利，准贷记卡按月计收单利。透支利率为日利率0.05%。

2. 收费

收费是指商业银行办理银行卡收单业务向商户收取结算手续费。

(四)银行卡收单

1. 概念及主体

银行卡收单业务，是指收单机构与特约商户签订银行卡受理协议，在特约商户按约定受理银行卡并与持卡人达成交易后，为特约商户提供交易资金结算服务的行为。

(1)收单机构

①从事银行卡收单业务的银行业金融机构，如各大银行。

②获得"银行卡收单业务许可"、为实体特约商户提供服务的支付机构，如快钱、拉卡拉。

③获得"网络支付业务许可"、为网络特约商户提供服务的支付机构，如支付宝、财付通。

(2)特约商户

①范围：企事业单位、个体工商户或其他组织。按照国家市场监督管理机构的有关规定，开展网络商品交易等经营活动的自然人。

②特约商户还可以分为实体特约商户和网络特约商户。

2. 管理规定

(1)特约商户管理

①实行实名制管理。

②收单机构应当与特约商户签订银行卡受理协议。

③收单机构应当对实体特约商户收单业务进行本地化经营和管理，不得跨省开展收单业务。

④特约商户的收单银行结算账户要求：特约商户的收单银行结算账户应当为其同名单位银行结算账户，或其指定的、与其存在合法资金管理关系的单位银行结算账户。特约商户为个体工商户或自然人的，可使用其同名个人银行结算账户作为收单银行结算账户。

（2）业务与风险管理

①强化业务和风险管理措施

建立风险评级制度，对于风险等级较高的商户，对开通的受理卡种和交易类型进行限制，并采取强化交易监测、设置交易限额、延迟结算、增加检查频率、建立风险准备金等措施。发生风险事件时，收单机构发现特约商户发生疑似银行卡套现、洗钱、欺诈、移机、留存或泄露持卡人账户信息等风险事件的，应当对特约商户采取延迟资金结算、暂停银行卡交易或收回受理终端（关闭网络支付接口）等措施，并承担因未采取措施导致的风险损失责任。涉嫌违法犯罪活动的，应当及时向公安机关报案。

②资金结算

收单机构应按协议及时将交易资金结算到特约商户的收单银行结算账户，资金结算时限最迟不得超过持卡人确认可直接向特约商户付款的支付指令生效日后30个自然日，因涉嫌违法违规等风险交易需延迟结算的除外。

【典型例题·单选题5－12】 根据支付结算法律制度的规定，下列关于银行卡收单机构对特约商户管理的表述中，错误的是（　　）。

A. 特约商户是单位的，其收单银行结算账户可以使用个人银行结算账户

B. 对特约商户实行实名制管理

C. 对实体特约商户与网络特约商户分别进行风险评级

D. 对实体特约商户收单业务实行本地化经营，不得跨省域开展收单业务

3. 结算收费

（1）收单机构向商户收取的收单服务费实行市场调节价，由收单机构与商户协商确定具体费率。

（2）发卡机构收取的发卡行服务费不区分商户类别，实行政府指导价、上限管理，费率为：借记卡交易不超过交易金额的0.35%，单笔收费金额不超过13元，贷记卡交易不超过0.45%，不实行单笔收费封顶控制。

（3）银行卡清算机构收取的网络服务费不区分商户类别，实行政府指导价、上限管理，分别向收单机构、发卡机构计收，费率为：不超过交易金额的0.065%，由发卡机构、收单机构各承担50%（分别向发卡机构、收单机构计收的费率均不超过交易金额的0.0325%）。

对非营利性的医疗机构、教育机构、社会福利机构、养老机构、慈善机构刷卡交易，实行发卡行服务费、网络服务费全额减免。

【典型例题·单选题5－13】 甲公司在A银行开立了一个单位人民币卡账户。下列业务中，可以通过该账户办理的是（　　）。

A. 存入销售收入8万元

B. 从基本存款账户转存10万元

C. 存入现金4万元

D. 支取现金2万元

四、银行电子支付

电子支付是指单位、个人通过计算机、手机等电子终端发出支付指令，依托网络系统以电子信息传递形式进行的货币支付与资金转移。银行的电子支付方式主要有网上银行、手机银行和条码支付等，支付机构的电子支付方式主要有网络支付、条码支付等。

（一）网上银行

1. 网上银行的概念和分类

（1）网上银行的概念

网上银行是银行在互联网上设立虚拟银行柜台，使传统的银行服务不再通过物理的银行分支机构来实现，而是借助于网络与信息技术手段在互联网上实现。

手机银行又称移动银行，是利用手机、Pad 和其他移动设备等实现客户与银行的对接，为客户办理相关银行业务或提供金融服务。

手机银行与网上银行一样，都是通过互联网实现银行柜面业务的延伸，功能基本一致。

（2）网上银行的分类

①按主要服务对象分为企业网上银行和个人网上银行。企业网上银行主要适用于企事业单位，企事业单位可以通过企业网上银行适时了解财务运作情况，及时调度资金，轻松处理大批量的网络支付和工资发放业务。个人网上银行主要适用于个人与家庭，个人可以通过个人网上银行实现实时查询、转账、网络支付和汇款功能。

②按经营组织分为分支型网上银行和纯网上银行。分支型网上银行是指现有的传统银行利用互联网作为新的服务手段，建立银行站点，提供在线服务而设立的网上银行。纯网上银行本身就是一家银行，是专门为提供在线银行服务而成立的，因而也被称为“只有一个站点的银行”。

2. 网上银行的主要功能

企业网上银行的主要功能有账户信息查询、支付指令、B2B 网上支付、批量支付等服务。个人网上银行包括账户信息查询、人民币转账业务、银证转账业务、外汇买卖业务、账户管理业务、B2C 网上支付等功能。

【典型例题·单选题 5—14】 个人网上银行具体业务功能不包括（　　）。

A. 个人余额查询　　B. 信用卡的购物明细查询

C. B2C 网上支付　　D. B2B 网上支付

（二）条码支付

1. 条码支付的概念和分类

条码支付业务是指银行、支付机构应用条码技术，实现收付款人之间货币资金转移的业务活动。条码支付具体包括付款扫码和收款扫码。付款扫码是指付款人通过移动终端识读收款人展示的条码完成支付的行为。收款扫码是指收款人通过识读付款人移动终端展示的条码完成收款的行为。其中，支付机构向客户提供基于条码技术付款服务的，应当取得网络支付业务许可；支付机构为实体特约商户和网络特约商户提供条码支付收单服务的，应当分别取得银行卡收单业务许可和网络支付业务许可。

当前，常见的条码支付包括银行及支付机构条码。中国银联携手各商业银行、支付机构共同开发建设、共同维护运营的便民支付服务，以及融合了多个银行和支付机构的支付端口、提供聚合类型二维码的聚合支付。

【知识拓展】

银联便民支付服务除条码支付功能外，还可以实现转账、缴费、信用卡还款等多项功能，并集合了部分银行的信用卡申请、理财信贷等服务。

2. 交易验证及限额

(1)交易验证要素

①仅客户本人知悉的要素，如静态密码等。

②仅客户本人持有并特有的，不可复制或者不可重复利用的要素，如经过安全认证的数字证书、电子签名，以及通过安全渠道生成和传输的一次性密码等。

③客户本人生物特征要素，如指纹等。

【典型例题·多选题5－16】 条码支付有多种交易验证方式，其中包括使用仅客户本人持有并特有的，不可复制或者不可重复利用的要素的方式。下列各项中，属于该方式的有(　　)。

A. 数字证书　　B. 电子签名

C. 通过安全渠道生成和传输的一次性密码　　D. 指纹

(2)限额要求

①风险防范能力达到A级，采用包括数字证书或电子签名在内的两类(含)以上有效要素对交易进行验证的，没有限额，而是由会员单位与客户通过协议自主约定单日累计限额。

②风险防范能力达到B级，采用不包括数字证书、电子签名在内的两类(含)以上有效要素对交易进行验证的，同一客户单个银行账户或所有支付账户单日累计金额应不超过5 000元。

③风险防范能力达到C级，采用不足两类要素对交易进行验证的，同一客户单个银行账户或所有支付账户单日累计金额应不超过1 000元。

④风险防范能力达到D级，即使用静态条码的，同一客户单个银行账户或所有支付账户单日累计交易金额应不超过500元。

(3)对条码的要求

银行、支付机构提供收款扫码服务的，应使用动态条码，设置条码有效期、使用次数等方式，以防条码被重复使用导致重复扣款，确保条码真实有效。

3. 商户管理

(1)一般商户

银行、支付机构拓展特约商户应落实实名制规定，严格审核特约商户的营业执照等证明文件，以及法定代表人或负责人的有效身份证件等申请材料，确认申请材料的真实性、完整性、有效性，并留存申请材料的影印件或复印件。

(2)实体特约商户(小微商户)

在遵循"了解你的客户"原则的前提下，可以通过审核商户主要负责人身份证明文件和辅助证明材料为其提供条码支付收单服务。

【知识拓展】

辅助证明材料包括但不限于营业场所租赁协议或者产权证明、集中经营场所管理方出具的证明文件等能够反映小微商户真实、合法地从事商品或服务交易活动的材料。

(3)收款限额

以同一个身份证件在同一家银行、支付机构办理的全部小微商户基于信用卡的条码支付收款金额日累计不超过1 000元、月累计不超过1万元。

4. 风险管理

(1)风险管理措施

①银行、支付机构应提升风险识别能力，采取有效措施防范风险，及时发现、处理可疑交易信息及风险事件；

②评估业务相关的洗钱和恐怖融资风险，采取与风险水平相适应的管控措施；

③对特约商户进行检查、评估，并结合特约商户风险等级及交易类型等因素设置或与其约定单笔及日累计交易限额；

④对风险等级较高的特约商户，应采用强化交易监测、建立特约商户风险准备金、延迟清算等风险管理措施；

⑤确保客户身份或账户信息安全，防止泄露，并根据收付款不同业务场景设置条码有效性和使用次数；

⑥充分披露条码支付业务产品类型、办理流程、操作规程、收费标准等信息，明确业务风险点及相关责任承担机制、风险损失赔付方式及操作方式。

(2)风险监测体系

银行、支付机构应建立条码支付交易风险监测体系，及时发现可疑交易，并采取阻断交易、联系客户核实交易等方式防范交易风险。

(3)风险事件

银行、支付机构发现特约商户发生疑似套现、洗钱、恐怖融资、欺诈、留存或泄露账户信息等风险事件的，应对特约商户采取延迟资金结算、暂停交易、冻结账户等措施，并承担因未采取措施导致的风险损失责任；发现涉嫌违法犯罪活动的，应及时向公安机关报案。

第四节　支付机构非现金支付业务

一、支付机构的概念和支付服务的种类

(一)支付机构的概念

根据《中华人民共和国中国人民银行法》等法律法规，中国人民银行制定了《非金融机构支付服务管理办法》，自2010年9月1日施行。支付机构的概念是指非金融机构在取得了人民银行颁发的“支付业务许可证”后，可以从事金融相关支付业务。未经中国人民银行批准，任何非金融机构和个人均不得从事或变相从事支付业务。

(二)支付服务的种类

1. 网络支付

网络支付，是指客户为了购买特定的商品或者服务，通过计算机、手机等电子设备，利用互联网发起支付指令，实现货币资金转移的一种行为。

2. 预付卡

预付卡，是指发卡机构以营利为目的，通过特定载体和形式发行的，可在特定机构购买商品

或服务的预付凭证。

3. 银行卡收单

银行卡收单，是指签约银行向商户提供的本外币资金结算服务。

二、网络支付

（一）网络支付的概念

网络支付又称互联网支付，是指客户为了购买特定的商品或者服务，通过计算机、手机等电子设备，利用互联网发起支付指令，实现货币资金转移的一种行为。客户需要支付机构为其提供网络访问通道，客户通过网上注册并向互联网支付账户转入资金后，可以向其他同样持有账户的个人或者企业进行货币支付或资金流转。

（二）网络支付机构

1. 网络支付机构的概念

网络支付机构是指依法取得“支付业务许可证”，获准办理互联网支付、手机支付等网络支付业务的支付机构。

2. 网上支付的主要方式

（1）网上银行

网上银行简称网银，是指传统线下银行借助互联网设立虚拟线上银行柜面，使得银行传统线下柜面业务不再受局限，而是借助互联网与数字信息技术在互联网上实现办理银行业务。按照经营模式分类可分为单纯网上银行和分支型网上银行。按主要服务对象分为企业网上银行和个人网上银行。

（2）第三方支付

第三方支付是指具备一定实力和信誉保障的独立机构，与各大银行签订协议，依托互联网采用线上和线下两种渠道支付，完成从个人到企业的在线货币支付、资金清算、查询等的一种支付交易方式。

（三）支付账户

1. 使用要求

个人、企业支付账户不得透支自己的支付账户，不得出借、出租、出售支付账户给他人，不得利用支付账户自己从事或者协助他人从事非法活动。

2. 实名制管理

支付机构为客户开立支付账户时，应当对客户实行实名制管理。具体要求包括：登记客户身份基本信息，核实客户有效身份证件，按规定留存有效身份证件复印件或者影印件，并通过 3 个（含）以上合法安全的外部渠道对客户身份基本信息进行多重交叉验证，确保有效核实客户身份及其真实意愿，不得开立匿名、假名支付账户。外部验证渠道包括但不限于政府部门数据库、商业银行账户信息系统、商业化数据库等能够有效验证客户身份基本信息的数据库或系统。

3. 交易验证

（1）支付机构应当事先或在首笔交易时自主识别客户身份并分别取得客户和银行的协议授权，同意其向客户的银行账户发起支付指令扣划资金。

（2）银行应当事先或在首笔交易时自主识别客户身份并与客户直接签订授权协议，明确约定扣款适用范围和交易验证方式，设立与客户风险承受能力相匹配的单笔和单日累计交易限额，承诺无条件全额承担此类交易的风险损失先行赔付责任。

(3)除单笔金额不超过200元的小额支付业务，公共事业缴费、税费缴纳、信用卡还款等收款人固定并且定期发生的支付业务，以及符合《非金融机构支付服务管理办法》第三十七条规定的情形以外，支付机构不得代替银行进行交易验证。

(四)网络支付的相关规定

1. 网络支付的限额要求

(1)客户采用包括数字证书或电子签名在内的两类以上要素进行验证的交易，单日累计限额由支付机构与客户通过协议自主约定。

(2)客户采用不包括数字证书、电子签名在内的两类以上有效要素进行验证的交易，单个客户所有支付账户单日累计金额应不超过5 000元。

(3)采用不足两类有效要素进行验证的交易，单个客户所有账户单日累计金额应不超过1 000元，且支付机构应当无条件承诺全额承担此类交易的风险损失赔付责任。

2. 业务与风险管理

支付机构应当建立客户风险评级管理制度、机构内部的交易风险管理制度以及交易监测管理系统，动态调整客户风险评级和相关风险控制管理措施，一旦发现有疑似诈骗、套现、洗钱等非法交易行为，就及时采取相应措施。

【典型例题·单选题5－15】 根据支付结算法律制度的规定，下列关于第三方支付的说法中，错误的是(　　)。

A. 线上支付是指通过互联网实现的用户与商户、商户与商户之间在线货币支付、资金清算、查询统计过程

B. 第三方平台结算支付模式的资金划拨是在平台内部进行的，此时划拨的是实际的资金

C. 目前第三方支付机构主要有金融型支付企业和互联网型支付企业两类模式

D. 在第三方支付模式下，支付者必须在第三方支付机构平台上开立账户

【典型例题·判断题5－3】 网络支付的支付方式只有网上银行这一种。(　　)

三、预付卡

(一)预付卡的概念和分类

1. 预付卡的概念

预付卡，是指发卡机构以营利为目的，通过特定载体和形式发行的，可在特定机构购买商品或服务的预付凭证。预付卡，按是否记载持卡人身份信息分为记名预付卡和不记名预付卡；按信息载体不同分为磁条卡、芯片(IC)卡。

2. 预付卡的分类

商业预付卡按使用范围不同可划分为单用途预付卡和多用途预付卡。

(1)单用途预付卡

单用途商业预付卡(以下简称单用途卡)是指《非金融机构支付服务管理办法》规定的企业发行的，仅限于在本企业、本企业自有经营场所、本企业所属集团，或同一品牌特许经营体系内兑付货物或服务的预付凭证，包括以磁条卡、芯片卡、纸券等为载体的实体卡和以密码、串码、图形、生物特征信息等为载体的虚拟卡。

(2)多用途预付卡

多用途预付卡是由发卡机构发行，可以让除发行机构之外的企业或商户购买商品或服务用的一种预付卡，可跨地区、跨行业、跨法人使用。

（二）预付卡的相关规定

1. 预付卡的限额

发卡机构发行的预付卡应当以人民币计价，单张记名预付卡资金限额不超过 5 000 元，单张不记名预付卡资金限额不超过 1 000 元。中国人民银行可视情况调整预付卡资金限额。

2. 预付卡的期限

记名预付卡应当可挂失，可赎回，不得设置有效期。不记名预付卡不挂失，不赎回，《非金融机构支付服务管理办法》另有规定的除外。不记名预付卡有效期不得低于 3 年。预付卡不得具有透支功能。发卡机构发行销售预付卡时，应向持卡人告知预付卡的有效期及计算方法。超过有效期尚有资金余额的预付卡，发卡机构应当提供延期、激活、换卡等服务，保障持卡人继续使用。

3. 预付卡的办理

（1）个人或单位购买记名预付卡或一次性购买不记名预付卡 1 万元以上的，应当使用实名并提供有效身份证件。发卡机构应当识别购卡人、单位经办人的身份，核对有效身份证件，登记身份基本信息，并留存有效身份证件的复印件或影印件。代理他人购买预付卡的，发卡机构应当采取合理方式确认代理关系，核对代理人和被代理人的有效身份证件，登记代理人和被代理人的身份基本信息，并留存代理人和被代理人的有效身份证件的复印件或影印件。

（2）使用实名购买预付卡的，发卡机构应当登记购卡人姓名或单位名称、单位经办人姓名、有效身份证件名称和号码、联系方式、购卡数量、购卡日期、购卡总金额、预付卡卡号及金额等信息。对于记名预付卡，发卡机构还应当在预付卡核心业务处理系统中记载持卡人的有效身份证件信息、预付卡卡号、金额等信息。

（3）单位一次性购买预付卡 5 000 元以上，个人一次性购买预付卡 5 万元以上的，应当通过银行转账等非现金结算方式购买，不得使用现金购买。购卡人不得使用信用卡购买预付卡。

（4）采用银行转账等非现金结算方式购买预付卡的，付款人银行账户名称与购卡人名称应当一致。发卡机构应当核对账户信息和身份信息的一致性，在预付卡核心业务处理系统中记载付款人银行账户名称和账号、收款人银行账户名称和账号、转账金额等信息。

4. 预付卡的充值

（1）预付卡只能通过现金、银行转账方式进行充值。同时获准办理“互联网支付”业务的发卡机构，还可通过持卡人在本发卡机构开立的实名网络支付账户进行充值。不得使用信用卡为预付卡充值。办理一次性金额 5 000 元以上预付卡充值业务的，不得使用现金。单张预付卡充值后的资金余额不得超过规定限额。

（2）预付卡现金充值应当通过发卡机构网点进行，但单张预付卡同日累计现金充值在 200 元以下的，可通过自助充值终端、销售合作机构代理等方式充值，收取的现金应当直接存入发卡机构备付金银行账户。

5. 预付卡的使用

（1）发卡机构、受理机构应当加强对特约商户的巡检和监控，要求特约商户在营业场所显著位置标明受理的预付卡名称和种类，按照预付卡受理协议的要求受理预付卡，履行相关义务。特约商户不得以任何形式存储与商户结算、对账无关的预付卡信息。特约商户出现损害当事人合法权益及其他严重违规违约操作的，发卡机构、受理机构应当立即终止其预付卡受理服务。特约商户不得协助持卡人进行任何形式的预付卡套现。

(2)预付卡不得用于或变相用于提取现金；不得用于购买、交换非本发卡机构发行的预付卡、单一行业卡及其他商业预付卡或向其充值；卡内资金不得向银行账户或向非本发卡机构开立的网络支付账户转移。

(3)预付卡不得用于网络支付渠道，下列情形除外：缴纳公共事业费；在本发卡机构合法拓展的实体特约商户的网络商店中使用；同时获准办理“互联网支付”业务的发卡机构，其发行的预付卡可向在本发卡机构开立的实名网络支付账户充值，但同一客户的所有网络支付账户的年累计充值金额合计不超过5 000元。

【典型例题·单选题5—16】 根据支付结算法律制度的规定，下列关于预付卡的说法中，正确的是(　　)。

A. 记名预付卡的有效期最长为3年

B. 单张记名预付卡的资金限额不得超过1 000元

C. 购卡人可以使用信用卡购买预付卡

D. 预付卡以人民币计价，不具有透支能力

【典型例题·单选题5—17】 根据支付结算法律制度的规定，下列关于预付卡使用的表述中，正确的是(　　)。

A. 可在发卡机构签约的特约商户中使用

B. 向银行账户转移卡内资金

C. 可用于提取现金

D. 可用于购买非本发卡机构发行的预付卡

第五节　支付结算纪律与法律责任

一、支付结算纪律

(一)单位和个人的支付结算纪律

(1)不准签发没有资金保证的票据或远期支票，套取银行信用。

(2)不准签发、取得和转让没有真实交易和债权债务的票据，套取银行和他人资金；不准无理拒绝付款，任意占用他人资金。

(3)不准违反规定开立和使用账户。

(二)银行的支付结算纪律

(1)不准以任何理由压票、任意退票、截留挪用客户和他行资金。

(2)不准无理拒绝支付应由银行支付的票据款项。

(3)不准无理拒付、不扣少扣滞纳金。

(4)不准违章签发、承兑、贴现票据，套取银行资金。

(5)不准签发空头银行汇票、银行本票和办理空头汇款。

(6)不准在支付结算制度之外规定附加条件，影响汇路畅通。

(7)不准违反规定为单位和个人开立账户。

(8)不准拒绝受理、代理他行正常结算业务。

(9)不准放弃对企事业单位和个人违反结算纪律的制裁。

二、违反支付结算法律制度的法律责任

(一)签发空头支票、印章与预留印鉴不符、密码错误支票的法律责任

签发空头支票或者签发与其预留的签章不符的支票,不以骗取财物为目的的,由中国人民银行处以票面金额5%但不低于1 000元的罚款;持票人有权要求出票人赔偿支票金额2%的赔偿金。

(二)无理拒付、占用他人资金行为的法律责任

故意压票、拖延支付的,银行机构违反票据承兑等结算业务规定,不予兑现,不予收付入账,压单、压票或者违反规定退票的,责令其改正,有违法所得的,没收违法所得;违法所得5万元以上的,并处违法所得1倍以上5倍以下罚款;没有违法所得或者违法所得不足5万元的,处5万元以上50万元以下罚款。

(三)违反账户规定行为的法律责任

单位和个人违反《银行账户管理办法》开立和使用账户的,应按规定承担行政责任。

存款人开立、撤销银行结算账户,不得有下列行为:违反《银行账户管理办法》规定开立银行结算账户;伪造、变造证明文件欺骗银行开立银行结算账户;违反《银行账户管理办法》规定不及时撤销银行结算账户。

非经营性的存款人,有上述所列行为之一的,给予警告并处以1 000元的罚款;经营性的存款人有上述所列行为之一的,给予警告并处以1万元以上3万元以下的罚款;构成犯罪的,移交司法机关依法追究刑事责任。

存款人使用银行结算账户,不得有下列行为:违反《银行账户管理办法》规定将单位款项转入个人银行结算账户;违反《银行账户管理办法》规定支取现金;利用开立银行结算账户逃废银行债务;出租、出借银行结算账户;从基本存款账户之外的银行结算账户转账存入、将销货收入存入或现金存入单位信用卡账户;法定代表人或主要负责人、存款人地址以及其他开户资料的变更事项未在规定期限内通知银行。非经营性的存款人有上述所列一至五项行为的,给予警告并处以1 000元罚款;经营性的存款人有上述所列一至五项行为的,给予警告并处以5 000元以上3万元以下的罚款;存款人有上述所列第六项行为的,给予警告并处以1 000元的罚款。

银行在银行结算账户的开立中,不得有下列行为:违反《银行账户管理办法》规定为存款人多头开立银行结算账户;明知或应知是单位资金,而允许以自然人名称开立账户存储。银行有上述所列行为之一的,给予警告,并处以5万元以上30万元以下的罚款;对该银行直接负责的高级管理人员、其他直接负责的主管人员、直接责任人员按规定给予纪律处分;情节严重的,中国人民银行有权停止对其开立基本存款账户的核准,责令该银行停业整顿或者吊销经营金融业务许可证;构成犯罪的,移交司法机关依法追究刑事责任。

银行在银行结算账户的使用中,不得有下列行为:提供虚假开户申请资料欺骗中国人民银行许可开立基本存款账户、临时存款账户、预算单位专用存款账户;开立或撤销单位银行结算账户,未按《银行账户管理办法》规定在其基本存款账户开户登记证上予以登记、签章或通知相关开户银行;违反《银行账户管理办法》第四十二条规定办理个人银行结算账户转账结算;为储蓄账户办理转账结算;违反规定为存款人支付现金或办理现金存入;超过期限或未向中国人民银行报送账

户开立、变更、撤销等资料。银行有上述所列行为之一的,给予警告,并处以5 000元以上3万元以下的罚款;对该银行直接负责的高级管理人员、其他直接负责的主管人员、直接责任人员按规定给予纪律处分;情节严重的,中国人民银行有权停止对其开立基本存款账户的核准,构成犯罪的,移交司法机关依法追究刑事责任。

伪造、变造、私自印制开户登记证的存款人,属非经营性的,处以1 000元罚款;属经营性的,处以1万元以上3万元以下的罚款;构成犯罪的,移交司法机关依法追究刑事责任。

(四)票据欺诈等行为的法律责任

有利用票据、信用卡、结算凭证欺诈的行为,构成犯罪的,应依法承担刑事责任;情节轻微,不构成犯罪的,应按照规定承担行政责任。

(五)非法出租、出借、出售、购买银行结算账户或支付账户行为的法律责任

经公安机关认定的出租、出借、出售、购买银行结算账户(含银行卡)或者支付账户的单位和个人及相关组织者,假冒他人身份或者虚构代理关系开立银行结算账户或者支付账户,5年内暂停其银行账户非柜面业务、支付账户所有业务,并不得为其新开立账户;惩戒期满后,受惩戒的单位和个人办理新开立账户业务的,银行和支付机构应加大审核力度;中国人民银行将上述单位和个人信息移送金融信用信息基础数据库并向社会公布。

【典型例题·多选题5—17】 下列选项中,属于银行的支付结算纪律内容的有(　　)。

A. 不准无理拒付、不扣少扣滞纳金

B. 不准违反规定为单位和个人开立账户

C. 不准以任何理由压票、任意退票、截留挪用客户和他行资金

D. 不准无理拒绝支付应由银行支付的票据款项

【小案例5—4】 大学生小刘有一张银行卡一直未使用。同学小周向他提出租用这张银行卡,每月给200元的租用费用。小刘思来想去便同意了。结合支付结算法律制度的规定,分析小刘的行为有没有违法。若违法了,则小刘需要承担哪些后果?

点评:小刘出租自己银行卡的行为违法了《银行账户管理办法》,小刘会受到行政部门给予警告并处以1 000元罚款。

综合应用

【材料】 某公司在广交会上与外商签订了一份出口合同,并凭外商所给的以国外某银行为付款人的、金额为6万美元的支票,在2天后将货物装运出口。随后,出口公司将支票通过我国国内银行向国外付款行托收支票时,被告知该支票为空头支票。试分析我方应吸取的教训。

【任务】 每五到七人一组,根据上述材料,利用PPT形式总结分析在利用空头支票诈骗的案件中我方应吸取的教训和经验,例如,应了解客户资信状况,加强与国外银行的练习,掌握支票的使用,避免造成损失等。

课程思政

课程思政
（第五章）

典型例题答案

典型例题答案
（第五章）

第六章　劳动合同法与社会保险法

能力目标

- 了解劳动关系、社会保险、劳动争议及其解决方式；
- 熟悉劳动合同变更和履行、集体合同、劳务派遣、社会保险费征缴与管理的规定；
- 掌握劳动合同的主要内容以及有关劳动合同订立、解除和终止的规定；
- 掌握基本养老保险、基本医疗保险、工伤保险、失业保险的主要内容；
- 能够根据《劳动合同法》的规定订立、变更、履行、解除和终止劳动合同；
- 能够灵活运用劳动争议解决机制处理劳动争议，依法维权。

知识要点

◆劳动关系　◆劳动合同种类　◆劳动合同订立　◆劳动合同主要内容　◆劳动合同履行与变更　◆劳动合同解除与终止　◆集体合同　◆劳务派遣　◆劳动争议解决　◆社会保险　◆基本养老保险　◆基本医疗保险和生育保险　◆工伤保险　◆失业保险

情景导入

我国自建立社会主义市场经济伊始，就十分重视劳动立法，早在1994年7月就制定颁布了《劳动法》。进入21世纪尤其是自2007年以来，我国加快了劳动立法步伐，先后颁布了《劳动合同法》、《职工带薪年休假条例》、《中华人民共和国劳动争议调解仲裁法》（以下简称《劳动争议调解仲裁法》）、《中华人民共和国劳动合同法实施条例》（以下简称《劳动合同法实施条例》）、《社会保险法》、《女职工劳动保护特别规定》等多部重要的法律法规，修改了《中华人民共和国职业病防治法》（以下简称《职业病防治法》）、《工伤保险条例》等法律法规，并出台了一系列配套法规、规章和司法解释，极大地完善了劳动者权益的法律保障机制。

然而，在社会现实中，劳动法律法规的执行情况仍然存在不少问题：(1)在部分用人单位尤其是一些小规模私营企业，劳动合同签订率较低，甚至部分小企业、小作坊、个体经济组织根本就不签订劳动合同。(2)有些劳动合同的内容不够规范，没有规定劳动报酬、工作时间和休息休假、职业病危害防护等必备条款；有些用人单位甚至让劳动者在空白劳动合同上签字，不给劳动者合同文本，也不让劳动者知道合同内容。(3)在劳动合同履行过程中，用人单位强制加班且不依法支付加班费，不给职工年休假且不依法支付年休假工资，以及随意变更、解除或者终止劳动合同等现象较为普遍。(4)许多用人单位滥用劳务派遣，在常规性工作岗位上使用劳务派遣工，以规避用工风险和法律责任，侵害了劳动者的合法权益。(5)部分用人单位和劳动者对参加社会保险存在一些错误认识。例如，有些用人单位认为，参加养老保险只要满缴费年限即可，多缴无益；有些劳动者认为自己还年轻，身体健康，离退休时间还远，参加社会保险，个人还要承担部分费用，影响了眼前收益，暂时无须参保。(6)在劳动者维权意识不断增强的同时，出现了片面理解法律、诉求内容缺乏法律依据、期望值过高等情况，从而影响了劳动争议解决的效率。

以上问题充分说明，完善的劳动立法只是给劳动者权益提供了一个制度性保障，劳动者权益的实现还需要劳动者积极学法、用人单位自觉守法和劳动行政部门严格执法三者的有机结合。

第一节　劳动合同法

一、概述

(一)劳动关系

劳动关系是指劳动者与用人单位依法签订劳动合同而在劳动者与用人单位之间产生的劳动权利与劳动义务关系。其基本内容是劳动者接受用人单位的管理，从事用人单位安排的工作而提供劳动，用人单位提供劳动条件和劳动保护并支付劳动报酬。

1. 劳动关系的特征

(1)主体具有特定性

劳动关系的双方当事人是特定的，一方是劳动者，另一方是用人单位。

(2)内容具有较强的法定性

在劳动关系中，劳动者是相对弱势的一方，用人单位在劳动合同的订立、履行、变更、解除、终止等方面均掌握主动权。为保护劳动者的合法权益，劳动法规作出了较多的强制性规定。用人单位违反强制性规定，须承担相应的法律责任。

(3)双方法律地位兼具平等性和隶属性

当事人订立劳动合同，应当遵循平等自愿、协商一致的原则，双方的法律地位是平等的。但在劳动关系存续过程中，用人单位享有管理权，劳动者有服从管理的义务，双方的法律地位具有隶属性。

2. 劳动关系的主体资格

劳动法律关系是指劳动关系当事人在实现劳动过程中依据劳动法律规范而形成的劳动权利和劳动义务关系。它是劳动关系在法律上的表现，包括主体、内容和客体三个要素。

(1)劳动者

一般认为，《劳动法》中的劳动者，是指达到法定年龄、具有劳动能力，以从事某种社会劳动获取收入为主要生活来源的自然人，包括我国公民、外国人和无国籍人。《劳动法》禁止用人单位招用未满16周岁的未成年人，但文艺、体育和特种工艺单位在依照国家有关规定、履行审批手续的情况下，可招用未满16周岁的未成年人，招用后，须保障其接受义务教育的权利。

劳动者无论男女，均享有平等就业权。首先，劳动者就业，不因民族、种族、性别、宗教信仰不同而受歧视。其次，用人单位在录用员工时，除国家规定的不适合妇女的工种或岗位外，不得以性别为由拒绝录用妇女或提高对妇女的录用标准。最后，劳动法规还对残疾人、少数民族人员、退役军人等作出了特别规定予以保护。

(2)用人单位

用人单位是指依法使用和管理劳动者并付给其劳动报酬的组织。在我国，用人单位可以是依法成立的企事业单位、国家机关和社会团体，也可以是个体经济组织。

用人单位设立的分支机构，依法取得营业执照或登记证书的，可以作为用人单位与劳动者订立劳动合同；未依法取得营业执照或登记证书的，受用人单位的委托，可以与劳动者订立劳动合同。

【知识拓展】 劳务关系

劳务关系，是指劳务提供者与劳务需求者通过口头或书面约定，由劳务提供者向劳务需求者提供一次性的或者特定的劳动服务，劳务需求者依约向劳务提供者支付劳务报酬的一种平等主体之间的民事权利义务关系，如加工承揽关系、建设工程承包关系等。其适用的法律主要是《民法典·全同编》。在劳务关系中，劳务需求者需要的是劳务提供者的工作成果，对劳务过程不进行管理，生产工具等由劳务提供者自备，报酬按等价交换原则确定，可以一次性支付，也可以分期支付，此乃其与劳动关系的主要区别。

【典型例题·多选题6—1】 甲公司招聘会计，经面试考核，决定录用小李。下列关于双方建立劳动关系的表述中，不正确的有(　　)。

A. 只要小李符合岗位要求，甲公司就可以与其建立劳动关系

B. 小李需年满16周岁，甲公司才可以与其建立劳动关系

C. 劳动关系的内容均由双方协商约定

D. 劳动关系建立后，双方法律地位平等

(二)劳动立法

我国调整劳动关系的基本法律是1995年1月1日起施行的《劳动法》，主要内容包括：促进就业、劳动合同和集体合同、工作时间和休息休假、工资、劳动安全卫生、女职工和未成年工特殊保护、职业培训、社会保险和福利、劳动争议、监督检查、法律责任等。2008年1月1日起施行的《劳动合同法》是规范劳动合同的专门法律。2008年5月1日起施行的《劳动争议调解仲裁法》则是规范劳动争议解决机制的专门法律。此外，国务院先后颁布了《劳动合同法实施条例》《职工带薪年休假条例》等若干行政法规。

(三)劳动合同法的适用范围

中华人民共和国境内的企业、个体经济组织、民办非企业单位等组织(以下简称用人单位，包括会计师事务所、律师事务、基金会等)与劳动者建立劳动关系，订立、履行、变更、解除或者终止劳动合同，适用《劳动合同法》。

国家机关、事业单位、社会团体和与其建立劳动关系的劳动者，订立、履行、变更、解除或者终止劳动合同，依照《劳动合同法》执行。

事业单位与实行聘用制的工作人员订立、履行、变更、解除或者终止劳动合同，法律、行政法规或者国务院另有规定的，依照其规定；未作规定的，依照《劳动合同法》有关规定执行。

【典型例题·判断题6—1】 国家机关招用临时工，不适用《劳动合同法》。(　　)

二、劳动合同的订立

用人单位与劳动者订立劳动合同，应当遵循合法、公平、平等自愿、协商一致、诚实信用的原则。

（一）劳动合同订立的一般程序与双方义务

1. 劳动合同订立的一般程序

订立劳动合同一般包括以下几个步骤：

（1）发布招聘信息。用人单位的招聘信息一般包括工种或岗位、名额、对象及条件、工资和福利待遇、劳动保护条件等内容。

（2）自愿报名。求职者根据招聘信息结合自身的能力和爱好，自愿报名，依招聘方的要求向招聘方递交个人简历和相关材料。

（3）审查与考核。招聘方对应聘人员的材料进行形式审查，然后对基本符合要求的人员通过面试或其他方式进行考核。

（4）确定录用对象。招聘方对应聘人员进行考核后，按照择优录用原则确定拟录用对象。

（5）发出录用通知。招聘方确定拟录用对象后，向拟录用对象发出录用通知书。

（6）签订书面劳动合同。接到录用通知书的求职者愿意与招聘方建立劳动关系的，在规定期限或合理期限内与招聘方订立书面劳动合同。

2. 劳动合同订立时双方的义务

在订立劳动合同时，用人单位应当如实告知劳动者工作内容、工作条件、工作地点、职业危害、安全生产状况、劳动报酬，以及劳动者要求了解的其他情况；不得扣押劳动者的居民身份证和其他证件，不得要求劳动者提供担保或者以其他名义向劳动者收取财物。同时，用人单位有权了解劳动者与劳动合同直接相关的基本情况，劳动者应当如实说明。

用人单位违法扣押劳动者居民身份证等证件的，由劳动行政部门责令限期退还劳动者本人，并依照有关法律规定给予处罚。用人单位以担保或者其他名义向劳动者收取财物的，由劳动行政部门责令限期退还劳动者本人，并以每人500元以上2 000元以下的标准处以罚款；给劳动者造成损害的，应当承担赔偿责任。

【小案例6－1】 平阳县某中学是经核准从事普通高中教育登记的民办非企业单位。从2014年至2019年，该校向16名教职工先后收取了1 000至2 000元不等的应聘押金。

处理：平阳县劳动行政部门在巡查中发现该校的违法行为，责令全部退还押金，同时作出行政处罚决定，对该校处以罚款8 000元。该校不服，向平阳县法院提起行政诉讼，请求撤销该处罚决定。法院审理后作出维持处罚决定的判决。

（二）劳动合同订立的相关规定

1. 劳动关系建立的时间

用人单位自用工之日起即与劳动者建立劳动关系。用人单位应当建立职工名册备查。用人单位与劳动者在用工前订立劳动合同的，劳动关系自用工之日起建立。

2. 劳动合同的法定形式

除非全日制用工可以采用口头形式订立劳动合同外，建立劳动关系，应当订立书面劳动合同。劳动合同一式两份，双方各执一份。

3. 用工时未订立书面劳动合同的处理

（1）已建立劳动关系，未同时订立书面劳动合同的，应当自用工之日起1个月内订立书面劳动合同。自用工之日起1个月内，经用人单位书面通知后，劳动者不与用人单位订立书面劳动合同的，用人单位应当书面通知劳动者终止劳动关系，无须向劳动者支付经济补偿，但是应当依法向劳动者支付其实际工作时间的劳动报酬。

(2)用人单位未在用工的同时订立书面劳动合同，与劳动者约定的劳动报酬不明确的，新招用的劳动者的劳动报酬按照集体合同规定的标准执行；没有集体合同或者集体合同未规定的，实行同工同酬。

(3)用人单位自用工之日起超过1个月不满1年未与劳动者订立书面劳动合同的，应当向劳动者每月支付2倍的工资，并与劳动者补订书面劳动合同；劳动者不与用人单位订立书面劳动合同的，用人单位应当书面通知劳动者终止劳动关系，并依法支付经济补偿。支付2倍工资的起算时间为自用工之日起满1个月的次日，截止时间为补订书面劳动合同的前1日。

(4)用人单位自用工之日起满1年不与劳动者订立书面劳动合同的，自用工之日起满1个月的次日至满1年的前1日应当向劳动者每月支付2倍的工资，并视为自用工之日起满1年的当日已经与劳动者订立无固定期限劳动合同，应当立即与劳动者补订书面劳动合同。

【知识拓展】 非全日制用工

非全日制用工，是指以小时计酬为主，劳动者在同一用人单位一般平均每日工作时间不超过4小时，每周工作时间累计不超过24小时的用工形式。

双方当事人可以订立书面劳动合同，也可以订立口头协议，但不得约定试用期。劳动者可以与一个或者一个以上用人单位订立劳动合同；但是，后订立的劳动合同不得影响先订立的劳动合同的履行。

双方当事人任何一方都可以随时通知对方终止用工。终止用工，用人单位不向劳动者支付经济补偿金。

小时计酬标准不得低于用人单位所在地人民政府规定的最低小时工资标准。劳动报酬结算支付周期最长不得超过15日。

【典型例题·多选题6—2】 小余于2023年2月15日到A公司上班。双方于2023年5月15日签订书面劳动合同。关于劳动关系的建立时间和未签订书面劳动合同的法律责任，下列表述中，正确的有(　　)。

A. 双方劳动关系于2023年2月15日建立　　B. 双方劳动关系于2023年5月15日建立

C. A公司应向小余支付2个月的2倍工资　　D. A公司应向小余支付3个月的2倍工资

【小案例6—2】 2023年7月10日，大学毕业的小林应聘到一家公司做计算机维护工作，招聘时单位口头答应试用期3个月，试用期月薪2 500元，试用期满后开始签订劳动合同和缴纳社会保险。但是，试用期满后公司没有兑现诺言。2023年12月9日小林要求辞职，并要求单位补缴社会保险等，公司领导根本不承认当初对他有任何承诺。小林一气之下申请劳动仲裁，要求公司支付未签劳动合同的“双倍工资”并补缴社会保险。

裁决：本案中，因小林有理有据，劳动仲裁机构裁决公司支付自2023年8月10日至同年12月9日的双倍工资差额4 800元，并为小林补缴社会保险。

（三）劳动合同的效力

1. 劳动合同的生效

一般情况下，劳动合同依法成立时生效，即双方当事人意思表示一致，在劳动合同文本上签字盖章之日，就产生法律效力。劳动合同附有生效条件或生效期限的，待条件成就或期限届至时生效。劳动合同生效后，对双方当事人均有法律约束力，双方当事人必须履行劳动合同中规定的义务。

2. 无效劳动合同

无效劳动合同，是指当事人违反法律、法规签订的对当事人全部或部分不产生法律约束力的劳动合同。劳动合同部分无效，不影响其他部分效力的，其他部分仍然有效。《劳动合同法》第二十六条规定，下列劳动合同无效或者部分无效：(1)以欺诈、胁迫的手段或者乘人之危，使对方在违背真实意思的情况下订立或者变更的劳动合同；(2)用人单位免除自己的法定责任、排除劳动者权利的劳动合同；(3)违反法律、行政法规强制性规定的劳动合同。

对劳动合同的无效有争议的，由劳动争议仲裁机构或者人民法院确认。劳动合同被确认无效，劳动者已付出劳动的，用人单位应当向劳动者支付劳动报酬。劳动报酬的数额，参照本单位相同或者相近岗位劳动者的劳动报酬确定。因劳动合同无效给对方造成损害的，有过错的一方应当承担赔偿责任。

【典型例题·多选题 6—3】 下列情形中，劳动合同无效或部分无效的有（　　）。

A. 刘某凭伪造的初级会计师资格证被甲公司录用后双方订立的劳动合同

B. 乙公司与胡某订立的劳动合同有部分条款违反法律、行政法规强制性规定

C. 丙公司与袁某（女）订立的劳动合同约定袁某不得结婚、怀孕

D. 丁公司以胁迫手段与余某订立的劳动合同

三、劳动合同的内容

劳动合同的内容即劳动合同的条款，可分为必备条款和可备条款两类（详见表 6—1）。

表 6—1　劳动合同主要条款一览表

名称	必备条款	可备条款
劳动合同内容	(1)用人单位的名称、住所和法定代表人或者主要负责人 (2)劳动者的姓名、住址和居民身份证或者其他有效身份证件号码 (3)劳动合同期限 (4)工作内容和工作地点 (5)工作时间和休息休假 (6)劳动报酬 (7)社会保险 (8)劳动保护、劳动条件和职业危害防护 (9)法律、法规规定应当纳入劳动合同的其他事项	(1)试用期 (2)服务期 (3)保密与竞业限制 (4)福利、补充保险等

（一）劳动合同期限

劳动合同分为固定期限劳动合同、无固定期限劳动合同和以完成一定工作任务为期限的劳动合同三种。

1. 固定期限劳动合同

固定期限劳动合同，是指用人单位与劳动者约定合同终止时间的劳动合同。此类劳动合同

的期限长短和订立条件由双方当事人自由协商确定，期限届满即终止，劳动关系随之消灭。如果双方有续订劳动合同意思表示的，经协商一致就可以续订。

2. 无固定期限劳动合同

无固定期限劳动合同，是指用人单位与劳动者约定无确定终止时间的劳动合同。正常情况下，无固定期限劳动合同可持续至劳动者达到法定退休年龄。但无固定期限劳动合同不是“铁饭碗”。首先，双方当事人可协商变更为固定期限劳动合同；其次，符合法定或约定解除条件时，可依法解除；最后，符合法定终止情形时，可依法终止。

《劳动合同法》规定，用人单位与劳动者协商一致，可以订立无固定期限劳动合同。有下列情形之一，劳动者提出或者同意续订、订立劳动合同的，除劳动者提出订立固定期限劳动合同外，应当订立无固定期限劳动合同：

(1)劳动者在该用人单位连续工作满 10 年的。

【知识拓展】 连续工作满 10 年的计算

连续工作满 10 年的起始时间，应当自用人单位用工之日起计算，包括《劳动合同法》施行前的工作年限。

劳动者非因本人原因从原用人单位被安排到新用人单位工作的，劳动者在原用人单位的工作年限合并计算为新用人单位的工作年限。原用人单位已经向劳动者支付经济补偿的，新用人单位在依法解除、终止劳动合同计算支付经济补偿的工作年限时，不再计算劳动者在原用人单位的工作年限。

(2)用人单位初次实行劳动合同制度或者国有企业改制重新订立劳动合同时，劳动者在该用人单位连续工作满 10 年且距法定退休年龄不足 10 年的。

(3)连续订立两次固定期限劳动合同，且劳动者没有下列法定被辞退的情形，续订劳动合同的：

①劳动者严重违反用人单位的规章制度；

②劳动者严重失职，营私舞弊，给用人单位造成重大损害；

③劳动者同时与其他用人单位建立劳动关系，对完成本单位的工作任务造成严重影响，或者经用人单位提出，拒不改正；

④劳动者以欺诈、胁迫的手段或者乘人之危，使用人单位在违背真实意思的情况下订立或者变更劳动合同；

⑤劳动者被依法追究刑事责任；

⑥劳动者患病或者非因工负伤，在规定的医疗期满后不能从事原工作，也不能从事由用人单位另行安排的工作；

⑦劳动者不能胜任工作，经过培训或者调整工作岗位，仍不能胜任工作；

用人单位自用工之日起满 1 年不与劳动者订立书面劳动合同的，视为用人单位与劳动者已订立无固定期限劳动合同。

用人单位违反《劳动合同法》规定不与劳动者订立无固定期限劳动合同的，自应当订立无固定期限劳动合同之日起向劳动者每月支付 2 倍的工资。

3. 以完成一定工作任务为期限的劳动合同

以完成一定工作任务为期限的劳动合同，是指用人单位与劳动者约定以某项工作的完成为合同期限的劳动合同。此类劳动合同由双方当事人协商订立，便于用人单位根据工作性质和工作任务的完成情况，灵活确定劳动合同的起止时间，具有较大的灵活性。

以完成一定工作任务为期限的劳动合同本质上仍然是一种有固定期限的合同，但不存在续订问题。它适用于铁路、公路、桥梁、水利、建筑等以及工作无连续性的特定项目，如"农副产品收购期间"。

【典型例题·多选题6－4】 甲公司与陈某、罗某、方某、徐某四人均已连续订立两次固定期限劳动合同，现拟续订劳动合同。下列情形中，如果劳动者不提出订立固定期限劳动合同，则甲公司应当订立无固定期限劳动合同的有(　　)。

A. 陈某在第二次劳动合同期满前1个月有严重违反甲公司规章制度的记录

B. 罗某在第二次劳动合同期满前2个月严重失职，给甲公司造成重大经济损失

C. 方某在第二次劳动合同期间同时与乙公司建立劳动关系，经甲公司提出后改正

D. 徐某在第二次劳动合同期间患病，医疗期满后不能从事原工作，但能从事甲公司安排的新工作

(二)工作时间与休息休假

1. 工作时间制度

工作时间是指法律规定的劳动者在一昼夜或一周内从事生产或工作的时间。

(1)标准工时

标准工时，是指由国家法律统一规定的一昼夜中工作时间长度，一周中工作日天数，并要求各用人单位和一般职工普遍实行的基本工时制度。

我国目前的标准工时为每日工作8小时、每周工作40小时。企业因工作性质和生产特点不能实行标准工时制度时，应保证劳动者每天工作不超过8小时、每周工作不超过40小时、每周至少休息一天。

用人单位由于生产经营需要，经与工会和劳动者协商后可以延长工作时间，一般每日不得超过1小时；因特殊原因需要延长工作时间的，在保障劳动者身体健康的条件下延长工作时间每日不得超过3小时，每月不得超过36小时。但是，有下列情形之一的，延长工作时间不受上述时间限制：①发生自然灾害、事故或者因其他原因，威胁劳动者生命健康和财产安全，需要紧急处理的；②生产设备、交通运输线路、公共设施发生故障，影响生产和公众利益，必须及时抢修的；③法律、行政法规规定的其他情形。

(2)不定时工作制

不定时工作制，是指劳动者的工作时间不能受固定时数限制的工时制度。它主要适用于一些因工作性质或工作条件不受标准工作时间限制的工作，如企业中的高级管理人员、外勤人员、长途运输人员等员工从事的工作。

(3)综合计算工时工作制

综合计算工时工作制，是指用人单位根据生产和工作的特点，分别采取以周、月、季、年等为周期综合计算劳动者工作时间的一种工时形式，但其平均日工作时间和平均周工作时间应与法定标准工作时间基本相同，如交通、铁路、邮电、水运、航空、渔业等行业中因工作性质特殊而需连续作业的工作。

对于实行不定时工作制和综合计算工时工作制等其他工作和休息办法的职工，企业应根据劳动法规有关规定，在保障职工身体健康并充分听取职工意见的基础上，采用集中工作、集中休

息、轮休调休、弹性工作时间等适当方式，确保职工的休息休假权利和生产、工作任务的完成。

2. 休息、休假制度

(1)休息

劳动者的休息时间包括：①工作日内的间歇休息时间，如午休；②工作日之间的休息时间，如夜晚；③工作周之间的休息时间，如周六、周日。

(2)休假

劳动者的休假主要有法定节日休假、带薪年休假以及其他休假。法定节日包括元旦、春节、清明节、劳动节、端午节、中秋节和国庆节等。其他休假如婚假、丧假、产假等。

年休假制度由国务院制定的《职工带薪年休假条例》确立，主要内容如下：

①适用范围与条件。机关、团体、企业、事业单位、民办非企业单位、有雇工的个体工商户等单位的职工连续工作1年以上的，享受带薪年休假。

②休假期间的待遇。职工在年休假期间享受与正常工作期间相同的工资收入。单位确因工作需要不能安排职工休年休假的，经职工本人同意，可以不安排职工休年休假。对职工应休未休的年休假天数，单位应当按照该职工日工资收入的300%支付年休假工资报酬。

③年休假假期。职工年休假假期的长短因工作年限不同而不同。职工累计工作已满1年不满10年的，年休假5天；已满10年不满20年的，年休假10天；已满20年的，年休假15天。国家法定休假日、休息日不计入年休假的假期。

④年休假例外。职工有下列情形之一的，不享受当年的年休假：A. 职工依法享受寒暑假，其休假天数多于年休假天数的；B. 职工请事假累计20天以上且单位按照规定不扣工资的；C. 累计工作满1年不满10年的职工，请病假累计2个月以上的；D. 累计工作满10年不满20年的职工，请病假累计3个月以上的；E. 累计工作满20年以上的职工，请病假累计4个月以上的。

【知识拓展】 新进员工年休假的计算

职工新进用人单位且符合享受带薪年休假条件的，当年度年休假天数，按照在本单位剩余日历天数折算确定，折算后不足1整天的部分不享受年休假。

折算方法如下：

当年度在本单位剩余日历天数÷365天×职工本人全年应当享受的年休假天数

⑤年休假安排。单位根据生产、工作的具体情况，并考虑职工本人意愿，统筹安排职工年休假。年休假在1个年度内可以集中安排，也可以分段安排，一般不跨年度安排。单位因生产、工作特点确有必要跨年度安排职工年休假的，可以跨1个年度安排。单位确因工作需要不能安排职工休年假的，经职工本人同意，可以不安排职工休年假。对职工应休未休假天数，单位应当按照该职工日工资收入的300%支付劳动报酬。

【典型例题·多选题6-5】 下列职工工作年限均在1年以上，关于带薪年休假，下列表述中正确的有(　　)。

A. 周某是某个体经济组织的雇工，可以享受带薪年休假

B. 宋某是某中学工作人员，寒假休假20天，暑假未休，可以享受带薪年休假

C. 陶某是某公司职工，工作年限5年，当年休病假2个月，不能享受带薪年休假

D. 吴某是某公司职工，当年请事假20天，不能享受带薪年休假

（三）劳动报酬

劳动报酬是指用人单位依据国家有关规定或劳动合同的约定，以货币形式直接支付给本单位劳动者的工资，包括基本工资（计时工资和计件工资）和辅助工资（奖金、津贴、补贴）。

1. 工资支付规则

(1)货币支付

工资应当以法定货币形式支付，不能以实物形式支付。

(2)按期支付

工资必须在用人单位与劳动者约定的日期支付。如遇节假日或休息日，则应提前在最近的工作日支付。工资至少每月支付一次，实行周、日、小时工资制的可按周、日、小时支付工资。

实行月薪制的，日工资和小时工资按下列方法计算：

月平均计薪天数＝（365天－104天）÷12月＝21.75天

日工资＝月工资收入÷月平均计薪天数

小时工资＝月工资收入÷（月计薪天数×8小时）

对完成一次性临时劳动或某项具体工作的劳动者，用人单位应按有关协议或合同规定在其完成劳动任务后即支付工资。

(3)特定情形的工资支付

劳动者在法定休假日、婚丧假、年休假以及依法参加社会活动期间，用人单位应当按照法定标准或劳动合同约定的标准支付工资。

(4)加班工资的支付

用人单位安排劳动者在法定标准工作时间以外工作的，应当按照下列标准支付高于劳动者正常工作时间工资的工资报酬：

①安排劳动者延长工作时间的，支付不低于工资150%的工资报酬；

②休息日安排劳动者工作又不能安排补休的，支付不低于工资200%的工资报酬；

③法定休假日安排劳动者工作的，支付不低于工资300%的工资报酬。

实行计件工资的劳动者，在完成计件定额任务后，由用人单位安排延长工作时间的，应分别按照不低于其本人法定工作时间计件单价的150%、200%、300%支付其工资。

实行综合计算工时工作制的，其综合计算工作时间超过法定标准工作时间的部分，应视为延长工作时间，并应按上述规定支付劳动者延长工作时间的工资。

实行不定时工时制度的劳动者，不执行上述加班工资的规定。

部分公民放假的节日（妇女节、青年节）未逢休息日，劳动者照常工作的，用人单位照常支付工资，不执行上述加班工资的规定。

(5)用人单位违反工资支付规定的法律责任

用人单位未按照劳动合同约定或者国家规定及时足额支付劳动者劳动报酬的，由劳动行政部门责令限期支付；逾期不支付的，责令用人单位按应付金额50%以上100%以下的标准向劳动者加付赔偿金。

2. 工资扣除规则

用人单位只有在依法允许扣除工资的情形下，才可以扣除工资，且每次扣除工资额不得超出法定限度。我国现行工资法律制度允许用人单位代扣工资和扣除赔偿金。

(1)用人单位代扣工资的法定情形

法律允许用人单位代扣工资的情形包括:①用人单位代扣代缴的个人所得税;②用人单位代扣代缴的应由劳动者个人负担的各项社会保险费用;③法院判决、裁定中要求代扣的抚养费、赡养费;④法律、法规规定可以从劳动者工资中扣除的其他费用。

(2)用人单位扣除赔偿金的限制

因劳动者本人原因给用人单位造成经济损失的,用人单位可按照劳动合同的约定要求其赔偿经济损失。经济损失的赔偿,可从劳动者本人的工资中扣除。但每月扣除的部分不得超过劳动者当月工资的20%。若扣除后的剩余工资部分低于当地月最低工资标准,则按最低工资标准支付。

3. 最低工资制度

(1)最低工资标准的含义

最低工资标准,是指劳动者在法定工作时间或依法签订的劳动合同约定的工作时间内提供了正常劳动的前提下,用人单位依法应支付的最低劳动报酬。

在劳动者提供正常劳动的情况下,用人单位应支付给劳动者的工资在剔除下列各项以后,不得低于当地最低工资标准:①延长工作时间工资;②中班、夜班、高温、低温、井下、有毒有害等特殊工作环境与条件下的津贴;③法律、法规和国家规定的劳动者福利待遇等。

实行计件工资或提成工资等工资形式的用人单位,在科学合理的劳动定额基础上,其支付劳动者的工资不得低于相应的最低工资标准。

(2)最低工资标准的地区差异

最低工资的具体标准由省、自治区、直辖市人民政府确定。省、自治区、直辖市范围内的不同行政区域可以有不同的最低工资标准。

劳动合同履行地与用人单位注册地不一致的,有关劳动者的最低工资标准,按照劳动合同履行地的有关规定执行;用人单位注册地的有关标准高于劳动合同履行地的有关标准,且用人单位与劳动者约定按照用人单位注册地的有关规定执行的,从其约定。

(3)用人单位违反最低工资标准的法律责任

用人单位支付给劳动者的工资低于当地最低工资标准的,由劳动行政部门责令改正,限期支付差额部分,逾期不支付的,责令用人单位按应付金额50%以上100%以下的标准向劳动者加付赔偿金。

【典型例题·多选题6—6】 用人单位下列做法中,符合工资支付法律制度的有(　　)。

A. 安排劳动者休息日加班,只给补休,不支付加班工资

B. 支付给张某的月工资,包括加班工资在内,刚好达到当地最低工资标准

C. 根据法院的生效判决书,从丁某每月工资中扣除800元赡养费给丁某父亲

D. 实行年薪制,年终时一次性支付劳动者全年的工资

(四)试用期

劳动合同的试用期指用人单位与劳动者依法约定在劳动合同期内互相考察的期间。

1. 试用期限制性规定

(1)试用期限

劳动合同期限3个月以上不满1年的,试用期不得超过1个月;劳动合同期限1年以上不满3年的,试用期不得超过2个月;3年以上固定期限和无固定期限的劳动合同,试用期不得超过6个月。

(2)试用期次数

同一用人单位与同一劳动者只能约定一次试用期。

(3)试用期工资标准

劳动者在试用期的工资不得低于本单位相同岗位最低档工资或者劳动合同约定工资(试用期满后的工资)的80%,并不得低于用人单位所在地的最低工资标准。

(4)不得约定试用期的情形

以完成一定工作任务为期限的劳动合同或者劳动合同期限不满3个月的,不得约定试用期。非全日制用工也不得约定试用期。

(5)试用期与劳动合同的关系

试用期包含在劳动合同期限内。劳动合同仅约定试用期的,试用期不成立,该期限为劳动合同期限。

2. 违反试用期规定的法律责任

用人单位违反《劳动合同法》规定与劳动者约定试用期的,由劳动行政部门责令改正;违法约定的试用期已经履行的,由用人单位以劳动者试用期满月工资为标准,按已经履行的超过法定试用期的期间向劳动者支付赔偿金。

【典型例题·多选题6—7】 甲公司与小菊建立劳动关系,下列关于试用期和劳动合同的做法中,不正确的有(　　)。

A. 先试用2个月,试用期满后,再签订2年期劳动合同

B. 签订3年期劳动合同,其中试用期3个月

C. 试用期工资为2 500元/月,试用期满后为3 500元/月

D. 劳动合同期间,甲公司将小菊调岗,再次约定试用期1个月

(五)服务期

服务期是指劳动者因接受用人单位提供的专项培训待遇而承诺必须为用人单位服务的期限。服务期只对劳动者具有约束力。

1. 服务期约定条件

服务期可以在劳动合同中约定,也可以通过其他专项协议约定。依《劳动合同法》的规定,用人单位只有在为劳动者提供专项培训费用,对其进行专业技术培训的情况下,才可以与该劳动者约定服务期和违约金。

2. 服务期待遇

用人单位与劳动者约定服务期的,不影响按照正常的工资调整机制提高劳动者在服务期内的劳动报酬。

3. 服务期与劳动合同期限的关系

劳动合同期满,但是用人单位与劳动者依法约定的服务期尚未到期的,除双方另有约定外,劳动合同应当续延至服务期满。

4. 违反服务期约定的法律责任

劳动者违反服务期约定的,应当按照约定向用人单位支付违约金。违约金的数额不得超过用人单位提供的培训费用。用人单位要求劳动者支付的违约金不得超过服务期尚未履行部分所应分摊的培训费用。

但是,劳动者依据《劳动合同法》第三十八条规定即时辞职(具体情形见本书“劳动合同解除”

的相关内容)的,不属于违反服务期约定,无须支付违约金。

【小案例 6—3】 小曹大学毕业后进入九江某银行任客户部经理助理。1 年后,因工作表现出色,银行决定派她到北京参加某专业培训机构举办的银行业高端管理培训,为期 3 个月。双方签订了培训协议,约定小曹培训结束后须为银行服务 3 年;违反该约定,小曹须向银行支付违约金 10 万元。银行实际为此项培训支付学杂费 13 500 元,报销小曹差旅费 900 元,共计 14 400 元。小曹培训结束后为银行工作 1 年即辞职,银行要求小曹支付违约金 10 万元,双方发生纠纷。

点评:本案中,银行为小曹支付了专项培训费用,可以约定服务期和违约金,但违约金超过培训费用的部分依法不能得到支持,且培训费用应当按服务时间进行分摊,小曹仅需支付未履行的两年所应当分摊的 9 600 元。

(六)保密和竞业限制

1. 保密与竞业限制的约定

用人单位与劳动者可以在劳动合同中约定保守用人单位的商业秘密和与知识产权相关的保密事项。商业秘密,是指不为公众所知悉、能为权利人带来经济利益,具有实用性并经权利人采取保密措施的技术信息和经营信息。

对于负有保密义务的劳动者,用人单位可以在劳动合同或者保密协议中与劳动者约定竞业限制条款。所谓"竞业限制",是指用人单位限制劳动者在劳动合同期间以及劳动合同解除或终止后一段时间内自己经营或为他人经营与本单位相竞争的业务。约定竞业限制条款的目的主要在于防止不正当竞争。

2. 竞业限制的对象与期限

竞业限制的人员限于用人单位的高级管理人员、高级技术人员和其他负有保密义务的人员。竞业限制的范围、地域、期限由用人单位和劳动者约定,但约定的内容不得违反法律、法规的规定,而且,竞业限制的期限在解除或者终止劳动合同后不得超过 2 年。

3. 竞业限制的经济补偿

用人单位在解除或者终止劳动合同后,竞业限制期限内应当按月给予劳动者经济补偿。

当事人在劳动合同或者保密协议中约定了竞业限制,但未约定解除或者终止劳动合同后给予劳动者经济补偿,劳动者履行了竞业限制义务,可以要求用人单位按照劳动者在劳动合同解除或者终止前 12 个月平均工资的 30%按月支付经济补偿;月平均工资的 30%低于劳动合同履行地最低工资标准的,用人单位应当按照劳动合同履行地最低工资标准支付。

4. 竞业限制的解除

当事人在劳动合同或者保密协议中约定了竞业限制和经济补偿,劳动合同解除或者终止后,用人单位 3 个月未支付经济补偿,劳动者可以请求解除竞业限制约定。

在竞业限制期限内,用人单位可以请求解除竞业限制协议;在解除竞业限制协议时,劳动者可以请求用人单位额外支付劳动者 3 个月的竞业限制经济补偿。

5. 劳动者违反竞业限制的法律责任

劳动者违反竞业限制约定,应当按照约定向用人单位支付违约金,给用人单位造成损失的,还应当承担赔偿责任。

劳动者向用人单位支付违约金后，用人单位可以要求劳动者按照约定继续履行竞业限制义务。

【知识拓展】、违约金的适用限制

为了保障劳动者的自由择业权，《劳动合同法》对违约金的适用情形做了严格限制，明确规定违约金仅适用于服务期、保密和竞业限制三种情形。除此之外，用人单位不得与劳动者约定违约金。

【典型例题·多选题6—8】 甲公司与小宋签订的劳动合同约定了下列条款，其中具有法律效力的有(　　)。

A. 小宋违反保密义务，应向甲公司支付违约金

B. 小宋违反竞业限制义务，应向甲公司支付违约金

C. 小宋违反服务期约定，应向甲公司支付违约金

D. 小宋未经甲公司同意单方解除劳动合同，应向甲公司支付违约金

四、劳动合同的履行与变更

(一)劳动合同的履行

1. 全面履行

依法订立的劳动合同，对双方当事人具有约束力。双方当事人均应按照劳动合同的约定履行各自应承担的义务。与普通民事合同不同的是，劳动合同双方当事人必须亲自履行劳动合同，而不能由第三人代替履行，也不能以履行其他义务来代替劳动合同约定的义务。

(1)劳动报酬支付保障

用人单位应当按照劳动合同约定和国家规定，向劳动者及时足额支付劳动报酬。用人单位拖欠或者未足额支付劳动报酬的，劳动者可以依法采取以下两种方式之一获得法律救济：①向当地人民法院申请支付令，人民法院应当依法发出支付令；②向当地劳动行政部门投诉，由劳动行政部门责令限期支付，逾期不支付的，责令用人单位按应付金额50%以上100%以下的标准向劳动者加付赔偿金。

【知识拓展】 支付令

支付令是人民法院依照《民事诉讼法》规定的督促程序，根据债权人的申请，向债务人发出的限期履行给付金钱或有价证券的法律文书。

(2)执行劳动定额

用人单位应当严格执行劳动定额标准，不得强迫或者变相强迫劳动者加班。用人单位安排加班的，应当按照国家有关规定向劳动者支付加班费。

(3)劳动安全保障

劳动者拒绝用人单位管理人员违章指挥、强令冒险作业的，不视为违反劳动合同。

劳动者对危害生命安全和身体健康的劳动条件，有权对用人单位提出批评、检举和控告。

(4)特殊情形下的继续履行

《劳动合同法》规定了劳动合同继续履行的两种特殊情形：①用人单位变更名称、法定代表人、主要负责人或者投资人等事项，不影响劳动合同的履行；②用人单位发生合并或者分立等情况，原劳动合同继续有效，劳动合同由承继其权利和义务的用人单位继续履行。

【小案例 6－4】 杨某于 2021 年 4 月与 A 有限责任公司签订了 3 年期劳动合同。2022 年 10 月，A 公司的股权发生变化，更换了董事长。新任董事长以主要投资人发生变化为由解除与杨某等人的劳动合同。

点评：《劳动合同法》规定，用人单位变更名称、法定代表人、主要负责人或者投资人等事项，不影响劳动合同的履行。新任董事长解除与杨某等人劳动合同的行为依法不予支持。

2. 依法建立和完善劳动规章制度

(1)重大事项协商确定

用人单位在制定、修改或者决定有关劳动报酬、工作时间、休息休假、劳动安全卫生、保险福利、职工培训、劳动纪律以及劳动定额管理等直接涉及劳动者切身利益的规章制度或者重大事项时，应当经职工代表大会或者全体职工讨论，提出方案和意见，与工会或者职工代表平等协商确定。

在规章制度和重大事项决定实施过程中，工会或者职工认为不适当的，有权向用人单位提出，通过协商予以修改完善。

(2)公示(告知)义务

用人单位应当将直接涉及劳动者切身利益的规章制度和重大事项决定公示，或者告知劳动者。

(3)规章制度违法的处理

用人单位直接涉及劳动者切身利益的规章制度违反法律、法规规定的，由劳动行政部门责令改正，给予警告；给劳动者造成损害的，应当承担赔偿责任。

(二)劳动合同的变更

劳动合同的变更，是指双方当事人对尚未履行或正在履行的劳动合同，依照法定程序进行修改或补充的法律行为。劳动合同的变更应当遵循平等自愿、协商一致原则，不得违反法律、行政法规的规定。用人单位和劳动者通过自愿协商就修改劳动合同约定的内容达成一致的，可以变更劳动合同。变更劳动合同应当采用书面形式。变更后的劳动合同文本由用人单位和劳动者各执一份。

劳动合同未采用书面形式，但已经实际履行了口头变更的劳动合同超过 1 个月，且变更后的劳动合同内容不违反法律、行政法规、国家政策以及公序良俗，当事人以未采用书面形式为由主张劳动合同变更无效的，人民法院不予支持。

【典型例题·多选题 6－9】 甲公司与小芳签订了 2 年期劳动合同，约定工资按月支付。在劳动合同履行过程中，下列做法中，合法的有(　　)。

A. 双方当事人均应按照劳动合同的约定履行各自应承担的义务，不得由第三人代替履行

B. 甲公司应当按月足额向小芳支付劳动报酬

C. 双方协商一致，可以变更劳动合同

D. 变更劳动合同未采用书面形式一律无效

五、劳动合同的解除与终止

(一)劳动合同的解除

劳动合同的解除,是指劳动合同当事人在劳动合同期限届满之前依法提前结束劳动合同的法律行为。根据《劳动合同法》的规定,劳动合同的解除可分为双方协商解除和单方依法解除两种,其中单方依法解除又可分为用人单位单方解除和劳动者单方解除。

1. 双方协商解除劳动合同

《劳动合同法》规定,用人单位与劳动者协商一致,可以解除劳动合同。法律对双方协商解除劳动合同没有限制性规定,只要双方当事人通过自愿协商达成一致,且不违反法律、行政法规的强制性规定和禁止性规定,即可解除劳动合同。用人单位提出解除劳动合同的要求,劳动者表示同意的,用人单位应当向劳动者支付经济补偿;反之,用人单位不必支付经济补偿。

2. 劳动者单方解除劳动合同

在符合法律规定的条件时,劳动者无须征得用人单位的同意,有权单方解除劳动合同。劳动者单方解除劳动合同包括预告辞职和即时辞职两种。

(1)预告辞职

预告辞职,即劳动者以提前通知的方式解除劳动合同。《劳动合同法》第三十七条规定,劳动者提前30日以书面形式通知用人单位,可以解除劳动合同。劳动者在试用期内提前3日通知用人单位,可以解除劳动合同。

劳动者预告辞职的,用人单位无须支付经济补偿。

【小案例6—5】 大学毕业生小黄与广州某燃气公司签订了1年期劳动合同,其中第一个月为试用期。合同规定,小黄若辞职,则须向公司提交辞职报告,经公司总经理签字同意后方可办理离职手续。小黄工作半个月后,觉得在该公司没有发展前途,遂向公司提交了辞职报告,但公司总经理不同意,小黄不知如何是好。

点评:本案劳动合同中关于小黄辞职的约定不符合《劳动合同法》的规定。劳动者依法享有辞职权。在用人单位无过错的情况下,劳动者行使该权利时,只要依照法律规定履行提前通知义务,即可辞职,无须征得用人单位的同意。

(2)即时辞职

在用人单位存在法定的过错事由时,劳动者可以解除劳动合同,并有权获得经济补偿金。

用人单位有下列情形之一的,劳动者可以随时通知用人单位解除劳动合同:①未按照劳动合同约定提供劳动保护或者劳动条件的;②未及时足额支付劳动报酬的;③未依法为劳动者缴纳社会保险费的;④用人单位的规章制度违反法律、法规的规定,损害劳动者权益的;⑤因《劳动合同法》第二十六条第一款规定的情形致使劳动合同无效的;⑥法律、行政法规规定劳动者可以解除劳动合同的其他情形。

用人单位有下列情形之一的,劳动者可以立即解除劳动合同,不需要事先告知用人单位:①用人单位以暴力、威胁或者非法限制人身自由的手段强迫劳动者劳动的;②用人单位违章指挥、强令冒险作业危及劳动者人身安全的。

【小案例 6—6】 张某应聘到某外资公司青岛办事处工作，双方签订了 3 年期劳动合同，合同约定张某月工资为 3 800 元。由于办事处未办理营业执照，外资公司也未授权，因此，合同文本上当时没有加盖公章，只是由办事处负责人王某签了字。张某在工作满 2 年时辞职，要求支付经济补偿遭拒，双方发生争议，张某遂申请劳动仲裁。

裁决：劳动仲裁委员会经审理认为，用人单位的分支机构，未依法取得营业执照或者登记证书的，受用人单位的委托可以与劳动者订立劳动合同。本案的某外资公司青岛办事处既未依法取得营业执照或者登记证书，也无公司委托授权，故该劳动合同无效，依《劳动合同法》第三十八条第一款第五项和第四十六条第一项规定，公司应当向张某支付经济补偿金。

3. 用人单位单方解除劳动合同

在符合法律规定的条件时，用人单位无须征得劳动者同意，有权单方解除劳动合同。用人单位行使单方解除权时，应当事先将理由通知工会。用人单位违反法律、行政法规规定或者劳动合同约定的，工会有权要求用人单位纠正。用人单位应当研究工会的意见，并将处理结果书面通知工会。用人单位单方解除劳动合同包括过错性辞退、非过错性辞退和经济性裁员三种。

（1）过错性辞退

过错性辞退，又称即时辞退，是指劳动者具有法定的过错性情形时，用人单位有权解除劳动合同，且无须支付经济补偿金。

劳动者有下列情形之一的，用人单位可以解除劳动合同：①在试用期间被证明不符合录用条件的；②严重违反用人单位的规章制度的；③严重失职，营私舞弊，给用人单位造成重大损害的；④劳动者同时与其他用人单位建立劳动关系，对完成本单位的工作任务造成严重影响，或者经用人单位提出，拒不改正的；⑤因《劳动合同法》第二十六条第一款第一项规定的情形致使劳动合同无效的；⑥被依法追究刑事责任的。

【小案例 6—7】 方某进入甲公司做出纳，双方签订 1 年期劳动合同，约定试用期 2 个月。试用期满之日，甲公司以不符合录用条件为由书面通知方某解除劳动合同。方某不服，申请劳动仲裁，请求裁令甲公司继续履行劳动合同。

裁决：本案中，因甲公司在仲裁中不能证明方某不符合录用条件，仲裁委裁决甲公司单方解除劳动合同违法，支持了方某的请求。

（2）非过错性辞退

非过错性辞退，又称预告辞退，是指因劳动者不能胜任工作或因客观因素致使劳动合同无法履行时，用人单位有权单方解除劳动合同，但应当提前 30 日以书面形式通知劳动者或者额外支付劳动者 1 个月工资作为代通知金，并且应当支付经济补偿金。非过错性辞退须适用于下列三种情形：①劳动者患病或者非因工负伤，在规定的医疗期满后不能从事原工作，也不能从事由用人单位另行安排的工作；②劳动者不能胜任工作，经过培训或者调整工作岗位，仍不能胜任工作；③劳动合同订立时所依据的客观情况发生重大变化，致使劳动合同无法履行，经用人单位与劳动者协商，未能就变更劳动合同内容达成协议。

【小案例 6—8】 乙公司在年终考核中发现员工游某不能胜任工作,遂书面通知游某 30 日后解除劳动合同。30 日期满时,公司要求游某办理工作交接手续,并表示将按规定支付经济补偿金。游某认为乙公司解除劳动合同违法,应支付赔偿金,双方发生争议。游某申请劳动仲裁。

裁决:本案中,仲裁委认为,劳动者不能胜任工作,用人单位应当对其进行培训或者调整工作岗位;经过培训或者调整工作岗位,仍不能胜任工作的,用人单位才可以提前 30 天书面通知劳动者解除劳动合同,并依法支付经济补偿金。而乙公司在游某不能胜任工作的情况下,未经培训或者调整工作岗位,就直接解除劳动合同,不符合法律规定,应当按经济补偿金的两倍支付赔偿金。

(3)经济性裁员

经济性裁员,是指用人单位因经济或技术方面等因素出现劳动力过剩时,可以依法单方解除大批劳动者的劳动合同。用人单位进行经济性裁员时须符合《劳动合同法》第四十一条规定,具体内容如下:

①裁员的人数条件:裁减人员 20 人以上或者裁减不足 20 人但占企业职工总数 10%以上。

②裁员的法定事由:第一,依照《企业破产法》的规定进行重整;第二,生产经营发生严重困难;第三,企业转产、重大技术革新或者经营方式调整,经变更劳动合同后,仍需裁减人员;第四,其他因劳动合同订立时所依据的客观经济情况发生重大变化,致使劳动合同无法履行。

③裁员的法定程序:用人单位提前 30 日向工会或者全体职工说明情况,听取工会或者职工的意见后,裁减人员方案经向劳动行政部门报告,可以裁减人员。

④裁减对象的限制。用人单位裁减人员时,应当优先留用下列人员:第一,与本单位订立较长期限的固定期限劳动合同的;第二,与本单位订立无固定期限劳动合同的;第三,家庭无其他就业人员,有需要扶养的老人或者未成年人的。

用人单位裁减人员后,在 6 个月内重新招用人员的,应当通知被裁减的人员,并在同等条件下优先招用被裁减的人员。

【小案例 6—9】 由于丙公司经营策略错误,2023 年会计年度丙公司发生亏损,因此丙公司决定调整经营方式,按照新的岗位需求变更了部分员工的劳动合同,但仍有 15 人(职工总数为 116 人)无法安置,遂决定裁员。裁员决定作出后,公司直接以书面形式向该 15 名员工发出了裁员通知,要求他们在 5 日内办理工作交接手续,公司将按规定支付经济补偿。15 名员工收到裁员通知后,向当地劳动行政部门投诉。

处理:劳动行政部门经调查后认为,丙公司裁员的理由合法,但裁员前未依照法定程序提前 30 日向工会或者全体职工说明情况,未听取工会或者职工的意见,裁减人员方案也未向劳动行政部门报告,遂认定丙公司裁员程序违法,此次裁员无效。

(二)劳动合同的终止

劳动合同的终止,是指在符合法律规定的情形时,劳动合同的自行失效,双方当事人的权利和义务消灭。《劳动合同法》规定了劳动合同终止的情形,用人单位不得在法定终止情形外约定劳动合同的终止条件。

《劳动合同法》规定,有下列情形之一的,劳动合同终止:(1)劳动合同期满的;(2)劳动者开始依法享受基本养老保险待遇的；(3)劳动者死亡，或者被人民法院宣告死亡或者宣告失踪的；(4)用人单位被依法宣告破产的；(5)用人单位被吊销营业执照、责令关闭、撤销或者用人单位决定提前解散的；(6)法律、行政法规规定的其他情形。

【小案例 6—10】 小宋在 A 公司工作 3 年后，跳槽到 B 公司工作，双方签订了 3 年期劳动合同，自 2020 年 7 月 20 日至 2023 年 7 月 19 日。2023 年 6 月 15 日，小宋因患肾炎住院。2023 年 7 月 19 日，B 公司通知仍在住院的小宋终止劳动合同。

点评：本案中，小宋依法享有 3 个月的医疗期，从其入院日起算，劳动合同期满时，小宋仍在医疗期内，B 公司依法不得终止劳动合同，而应当续延至 3 个月医疗期满时终止。

(三)解除和终止劳动合同的法律限制

劳动者有下列 6 种情形之一的，用人单位不得根据非过错性辞退和经济性裁员的规定单方解除劳动合同：(1)从事接触职业病危害作业的劳动者未进行离岗前职业健康检查，或者疑似职业病病人在诊断或者医学观察期间的；(2)在本单位患职业病或者因工负伤并被确认丧失或者部分丧失劳动能力的；(3)患病或者非因工负伤，在规定的医疗期内的；(4)女职工在孕期、产期、哺乳期的；(5)在本单位连续工作满 15 年，且距法定退休年龄不足 5 年的；(6)法律、行政法规规定的其他情形。

劳动合同期满，劳动者有前述 6 种情形之一的，劳动合同应当续延至相应的情形消失时终止。但是，在本单位患职业病或者因工负伤并被确认丧失或者部分丧失劳动能力的劳动者，其劳动合同的终止按照国家有关工伤保险的规定执行。

【知识拓展】 医疗期

医疗期是指企业职工因患病或非因工负伤停止工作治病休息不得解除劳动合同的时限。企业职工因患病或非因工负伤，需要停止工作医疗时，医疗期根据职工实际参加工作年限和在本单位工作年限确定，从病休第一天，累计计算(详见表 6—2)。

表 6—2　　医疗期的计算

实际工作年限	本单位工作年限	医疗期	
10 年以下	5 年以下	3 个月	6 个月内累计
	5 年以上	6 个月	12 个月内累计
10 年以上	5 年以下	6 个月	12 个月内累计
	5 年以上 10 年以下	9 个月	15 个月内累计
	10 年以上 15 年以下	12 个月	18 个月内累计
	15 年以上 20 年以下	18 个月	24 个月内累计
	20 年以上	24 个月	30 个月内累计

职工在医疗期内，用人单位不得依据非过错性辞退和经济性裁员的规定解除其劳动合同；劳动合同期满，应当续延至医疗期满时终止。

职工在医疗期内，其病假工资、疾病救济费和医疗待遇按照相关规定执行。病假工资、疾病救济费可以低于最低工资标准支付，但不得低于最低工资标准的 80%。

【小案例 6－11】 吕某怀孕期间，其所在 C 公司与 D 公司合并为 E 公司。因吕某所在的会计岗位人员多余，E 公司与吕某协商，意欲将吕某调整到销售部，吕某不同意。E 公司遂以劳动合同订立时所依据的客观情况发生重大变化，致使劳动合同无法履行，经用人单位与劳动者协商，未能就变更劳动合同内容达成协议为由，书面通知吕某 30 日后解除劳动合同。吕某不服，申请劳动仲裁，要求继续履行劳动合同。

裁决：仲裁委经审理后认为，吕某在怀孕期内，E 公司不得依据《劳动合同法》第四十条第三项的规定解除其劳动合同，吕某的请求依法应予支持。

（四）解除和终止劳动合同的经济补偿

经济补偿，是指劳动合同解除或终止后，由用人单位按照法律的规定给予劳动者的一次性经济补助。经济补偿金、违约金和赔偿金之间的区别见表 6－3。

表 6－3 经济补偿金、违约金和赔偿金之间的区别

项目	经济补偿金	违约金	赔偿金
产生原因	法定	约定	法定
适用情形	劳动合同解除或终止，且劳动者无过错	劳动者违反服务期、保密或竞业限制约定	一方因过错给对方造成损害
支付方	用人单位	劳动者	过错方（用人单位或劳动者）

1. 支付经济补偿金的法定情形

有下列情形之一的，用人单位应当向劳动者支付经济补偿：(1)因用人单位违法、违约迫使劳动者即时辞职的；(2)用人单位向劳动者提出解除劳动合同并与劳动者协商一致解除劳动合同的；(3)用人单位依法预告辞退劳动者的；(4)用人单位依法进行经济性裁员的；(5)劳动合同期满终止的，但用人单位维持或者提高劳动合同约定条件要求续订劳动合同，劳动者不同意续订的除外；(6)用人单位被依法宣告破产、吊销营业执照、责令关闭、撤销或者用人单位决定提前解散的；(7)以完成一定任务为期限的劳动合同因任务完成而终止的；(8)法律、行政法规规定的其他情形。

2. 补偿标准

经济补偿按劳动者在本单位工作的年限，每满 1 年支付 1 个月工资的标准向劳动者支付。6 个月以上不满 1 年的，按 1 年计算；不满 6 个月的，向劳动者支付半个月工资的经济补偿。月工资是指劳动者在劳动合同解除或者终止前 12 个月的平均工资。其计算基数按照劳动者应得工资计算，包括计时工资或者计件工资以及奖金、津贴和补贴等货币性收入。劳动者月工资低于当地最低工资标准的，按当地最低工资标准计算。计算公式如下：

经济补偿金＝本单位工作年限×月工资

劳动者月工资高于用人单位所在直辖市、设区的市级人民政府公布的本地区上年度职工月平均工资 3 倍的，向其支付经济补偿的标准按职工月平均工资 3 倍的数额支付，向其支付经济补偿的年限最高不超过 12 年。

计算公式如下：

经济补偿金＝本单位工作年限（最高计算 12 年）×当地职工上年度月平均工资 3 倍

《劳动合同法》施行之日存续的劳动合同在施行后解除或者终止，依照《劳动合同法》规定应当支付经济补偿的，经济补偿年限自《劳动合同法》施行之日起计算；《劳动合同法》施行前按照当时有关规定，用人单位应当向劳动者支付经济补偿的，按照当时有关规定执行。

【小案例 6－12】 常某 2020 年 10 月 15 日进入丁公司担任业务经理，月薪 6 000 元，双方签订了 3 年期劳动合同。因公司一直未给常某缴纳社会保险费，常某于 2023 年 2 月 14 日向公司提出辞职，后申请劳动仲裁，要求公司支付经济补偿并补交社会保险费。

裁决：仲裁委经审理后认为，用人单位未依法缴纳社会保险费的，劳动者可以解除劳动合同，且有权要求用人单位支付经济补偿并补缴社会保险费。常某在丁公司工作 2 年零 4 个月，丁公司依法应当支付常某两个半月的工资作为经济补偿，并按照法定标准为常某补缴社会保险费。

（五）劳动合同解除或终止后用人单位的义务

1. 支付经济补偿

用人单位须支付经济补偿的，应当在交接工作办理完毕时支付。用人单位不依法支付经济补偿的，由劳动行政部门责令限期支付；逾期不支付的，责令用人单位按应付金额 50%以上 100%以下的标准向劳动者加付赔偿金。

2. 出具证明和办理档案与社会保险转移手续

用人单位应当在解除或者终止劳动合同时出具解除或终止劳动合同的证明，并在 15 日内为劳动者办理档案和社会保险转移手续。用人单位不出具解除或者终止劳动合同的书面证明，由劳动行政部门责令改正；给劳动者造成损害的，应当承担赔偿责任。

3. 保存劳动合同文本

用人单位对已经解除或者终止的劳动合同的文本，至少保存 2 年备查。

（六）违法解除或终止劳动合同的处理

1. 继续履行

用人单位违反《劳动合同法》的规定解除或者终止劳动合同，劳动者要求继续履行劳动合同的，用人单位应当继续履行。

2. 支付赔偿金或赔偿损失

劳动者不要求继续履行劳动合同或者劳动合同已经不能继续履行的，用人单位应当依照《劳动合同法》规定的经济补偿标准的 2 倍向劳动者支付赔偿金。赔偿金的计算年限自用工之日起计算。支付了赔偿金的，不再支付经济补偿。

劳动者违反《劳动合同法》的规定解除劳动合同，给用人单位造成损失的，应当承担赔偿责任。

【典型例题·多选题 6－10】 下列情形中，用人单位解除或终止劳动不合法的有（　　）。

A. 甲公司因李某被依法追究刑事责任解除其劳动合同

B. 乙公司因王某不能胜任工作解除其劳动合同

C. 丙公司因经济性裁员解除怀孕女职工宋某的劳动合同

D. 丁公司因劳动合同期满终止尚在医疗期内的周某的劳动合同

【典型例题·判断题 6－2】 用人单位单方解除劳动合同的，均应向劳动者支付经济补偿。（　　）

六、集体合同与劳动派遣

(一)集体合同

集体合同,是指工会或劳动者代表与用人单位或用人单位组织之间,根据法律、法规、规章的规定,就劳动报酬、工作时间、休息休假、劳动安全卫生、职业培训、保险福利等事项,通过平等协商签订的书面协议。集体合同是协调劳动关系、保护劳动者权益、建立现代企业管理制度的重要手段。

1. 集体合同的种类

(1)专项集体合同

企业职工一方与用人单位可以订立劳动安全卫生、女职工权益保护、工资调整机制等专项集体合同。

(2)行业性集体合同与区域性集体合同

在县级以下区域内,建筑业、采矿业、餐饮服务业等行业可以由工会与企业方面代表订立行业性集体合同,或者订立区域性集体合同。

2. 集体合同的订立程序

(1)集体协商

企业职工一方与用人单位通过平等协商订立集体合同。协商双方的代表人数应当对等,每方至少 3 人,并各确定 1 名首席代表。双方代表就劳动报酬、工作时间、休息休假、劳动安全卫生、职业培训、保险福利等事项进行协商。

(2)讨论通过

经双方代表协商一致的集体合同草案或专项集体合同草案应当提交职工代表大会或者全体职工讨论。职工代表大会或者全体职工讨论集体合同草案或专项集体合同草案,应当有 2/3 以上职工代表或者职工出席,且须经全体职工代表半数以上或者全体职工半数以上同意,集体合同草案或专项集体合同草案方获通过。草案通过后,由集体协商双方首席代表签字。

(3)报送和生效

集体合同订立后,应当报送劳动行政部门;劳动行政部门自收到集体合同文本之日起 15 日内未提出异议的,集体合同即生效。

3. 集体合同的效力

依法订立的集体合同对用人单位和劳动者具有约束力。行业性、区域性集体合同对当地本行业、本区域的用人单位和劳动者具有约束力。

4. 劳动标准之间的关系

集体合同中劳动报酬和劳动条件等标准不得低于当地人民政府规定的最低标准;用人单位与劳动者订立的劳动合同中劳动报酬和劳动条件等标准不得低于集体合同规定的标准。

5. 集体合同纠纷的处理

用人单位违反集体合同,侵犯职工劳动权益的,工会可以依法要求用人单位承担责任;因履行集体合同发生争议,经协商解决不成的,工会可以依法申请仲裁、提起诉讼。

【典型例题·判断题 6—3】 用人单位与劳动者在劳动合同中约定的工资可以高于集体合同规定的标准。( )

（二）劳务派遣

劳务派遣是指具有派遣资格的劳务派遣单位（《劳动法》所称的用人单位）招聘劳动者后，根据与用工单位的约定，将其派往用工单位指定的工作场所，为用工单位提供劳动的用工形式。劳务派遣涉及三方当事人：派遣单位、用工单位和派遣员工（劳动者）。三者之间的关系如图6—1所示。

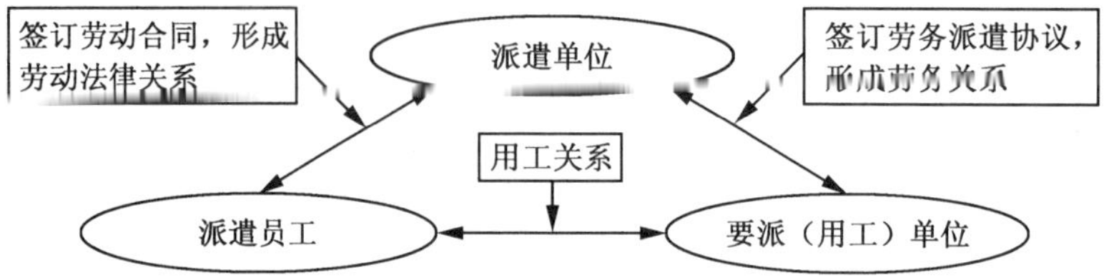

图6—1 劳务派遣三方当事人之间的关系

1. 劳务派遣的适用岗位

劳务派遣用工是劳动合同用工的补充形式，只能在临时性、辅助性或者替代性的工作岗位上实施。临时性工作岗位是指存续时间不超过6个月的岗位；辅助性工作岗位是指为主营业务岗位提供服务的非主营业务岗位；替代性工作岗位是指用工单位的劳动者因脱产学习、休假等因素而无法工作的一定期间内，可以由其他劳动者替代工作的岗位。

用工单位应当严格控制劳务派遣用工数量，不得超过其用工总量的10%。

2. 劳务派遣单位的义务

(1)劳务派遣单位应当与派遣员工订立2年以上的固定期限劳动合同。劳务派遣单位是《劳动合同法》所称的用人单位，应当履行用人单位对劳动者的义务。劳务派遣单位与派遣员工订立的劳动合同，除应当载明《劳动合同法》第十七条规定的必备条款外，还应当载明派遣员工的用工单位以及派遣期限、工作岗位等情况。劳动合同可依法解除。

(2)按月支付劳动报酬。劳动者在用工单位工作期间，由劳务派遣单位按月支付劳动报酬。劳动者在无工作期间，劳务派遣单位应当按照所在地人民政府规定的最低工资标准，向其按月支付报酬。劳务派遣单位不得克扣用工单位按照劳务派遣协议支付给劳动者的劳动报酬。

(3)应当将劳务派遣协议的内容告知派遣员工。

(4)不得向被派遣劳动者收取费用。

3. 劳务派遣协议

劳务派遣单位派遣劳动者应当与接受以劳务派遣形式用工的单位订立劳务派遣协议。劳务派遣协议应当约定派遣岗位和人员数量、派遣期限、劳动报酬、社会保险费的数额与支付方式以及违反协议的责任。用工单位应当根据工作岗位的实际需要与劳务派遣单位确定派遣期限，不得将连续用工期限分割订立数个短期劳务派遣协议。

4. 用工单位的义务

用工单位虽然不是《劳动法》所称的用人单位，与劳动者不存在劳动法律关系，但作为劳动力的实际使用者，依法应当履行下列义务：

(1)执行国家劳动标准，提供相应的劳动条件和劳动保护；

(2)告知被派遣劳动者的工作要求和劳动报酬；

(3)支付加班费、绩效奖金,提供与工作岗位相关的福利待遇;

(4)对在岗被派遣劳动者进行工作岗位所必需的培训;

(5)连续用工的,实行正常的工资调整机制;

(6)不得将被派遣劳动者再派遣到其他用人单位;

(7)不得向被派遣劳动者收取费用。

5. 派遣员工的权利

(1)同工同酬的权利

被派遣劳动者享有与用工单位的劳动者同工同酬的权利。用工单位应当按照同工同酬原则,对被派遣劳动者与本单位同类岗位的劳动者实行相同的劳动报酬分配办法。用工单位无同类岗位劳动者的,参照用工单位所在地相同或者相近岗位劳动者的劳动报酬确定。

(2)参加或者组织工会的权利

被派遣劳动者有权在劳务派遣单位或者用工单位依法参加或者组织工会,维护自身的合法权益。

6. 法律责任

劳务派遣单位、用工单位违反《劳动合同法》有关劳务派遣规定的,由劳动行政部门责令限期改正;逾期不改正的,以每人 5 000 元以上 10 000 元以下的标准处以罚款,对劳务派遣单位,吊销其劳务派遣业务经营许可证。用工单位给被派遣劳动者造成损害的,劳务派遣单位与用工单位承担连带赔偿责任。

【典型例题·多选题 6—11】 甲劳务派遣公司根据乙公司的用工要求,派遣 6 名劳动者到乙公司工作 6 个月。下列做法中,正确的有(　　)。

A. 甲劳务派遣公司可以与这 6 名劳动者签订为期 6 个月的劳动合同

B. 甲劳务派遣公司应当按月向这 6 名劳动者支付劳动报酬

C. 乙公司安排这 6 名劳动者加班,应当额外支付加班费

D. 乙公司侵害这 6 名劳动者的合法权益,甲劳务派遣公司承担连带责任

七、劳动争议解决

(一)劳动争议及其解决方法

1. 劳动争议范围的界定

劳动争议是指劳动者与用人单位之间因劳动关系中的权利和义务而发生的纠纷。根据《劳动争议调解仲裁法》的规定,在我国境内的用人单位与劳动者发生的下列争议为劳动争议:(1)因确认劳动关系发生的争议;(2)因订立、履行、变更、解除和终止劳动合同发生的争议;(3)因除名、辞退和辞职、离职发生的争议;(4)因工作时间、休息休假、社会保险、福利、培训以及劳动保护发生的争议;(5)因劳动报酬、工伤医疗费、经济补偿或者赔偿金等发生的争议;(6)法律、法规规定的其他劳动争议。

《最高人民法院关于审理劳动争议案件适用法律问题的解释(一)》(法释〔2020〕26 号)对劳动争议的范围作出了具体的解释,列举了 9 类纠纷属于劳动争议,6 类纠纷不属于劳动争议(详见表 6—4)。

表 6—4 最高人民法院对劳动争议范围的界定

9类纠纷属于劳动争议	6类纠纷不属于劳动争议
(1)劳动者与用人单位在履行劳动合同过程中发生的纠纷 (2)劳动者与用人单位之间没有订立书面劳动合同,但已形成劳动关系后发生的纠纷 (3)劳动者与用人单位因劳动关系是否已经解除或者终止,以及应否支付解除或者终止劳动关系经济补偿金而发生的纠纷 (4)劳动者与用人单位解除或者终止劳动关系后,请求用人单位返还其收取的劳动合同定金、保证金、抵押金、抵押物发生的纠纷,或者办理劳动者的人事档案、社会保险关系等移转手续发生的纠纷 (5)劳动者以用人单位未为其办理社会保险手续,且社会保险经办机构不能补办导致其无法享受社会保险待遇为由,要求用人单位赔偿损失发生的纠纷 (6)劳动者退休后,与尚未参加社会保险统筹的原用人单位因追索养老金、医疗费、工伤保险待遇和其他社会保险待遇而发生的纠纷 (7)劳动者因为工伤、职业病,请求用人单位依法给予工伤保险待遇而发生的纠纷 (8)劳动者依据《劳动合同法》第八十五条的规定,要求用人单位支付加付赔偿金而发生的纠纷 (9)因企业自主进行改制而发生的纠纷	(1)劳动者请求社会保险经办机构发放社会保险金的纠纷 (2)劳动者与用人单位因住房制度改革而产生的公有住房转让纠纷 (3)劳动者对劳动能力鉴定委员会的伤残等级鉴定结论或者对职业病诊断鉴定委员会的职业病诊断鉴定结论的异议纠纷 (4)家庭或者个人与家政服务人员之间的纠纷 (5)个体工匠与帮工、学徒之间的纠纷 (6)农村承包经营户与受雇人之间的纠纷

2. 劳动争议的解决方法

根据《劳动法》的规定,我国劳动争议的解决方式主要有四种:协商、调解、仲裁和诉讼。其中,协商、调解属于可选程序,仲裁和诉讼是处理劳动争议案件的法定程序。发生劳动争议的,当事人双方可协商解决;不愿协商、协商不成或者达成和解协议后不履行的,可依法申请调解;不愿调解、调解不成或者达成调解协议后不履行的,可依法申请仲裁;对仲裁裁决不服的,可向人民法院提起诉讼,人民法院实行两审终审。当事人也可不经协商和调解,直接申请劳动仲裁,但劳动仲裁是诉讼的前置程序,劳动争议未经劳动仲裁,直接向人民法院起诉的,人民法院不予受理。

【知识拓展】 劳动仲裁与经济仲裁的区别

(1)受案范围不同。劳动仲裁解决劳动纠纷,经济仲裁解决经济合同纠纷或其他财产权益纠纷。

(2)适用的法律不同。劳动仲裁适用《劳动争议仲裁法》,经济仲裁适用《仲裁法》。

(3)程序启动条件不同。经济仲裁程序启动须以双方自愿订立仲裁协议为前提条件,而劳动仲裁启动只要纠纷一方申请即可。

(4)仲裁效力不同。经济仲裁"一裁终局",当事人对裁决不服的,不可向人民法院起诉;除特别规定的"终局裁决"外,劳动纠纷"先裁后审",当事人对裁决不服的,可以向人民法院提起诉讼。

(二)劳动调解

1. 劳动调解组织

劳动调解组织包括企业劳动争议调解委员会、依法设立的基层人民调解组织,以及在乡镇、街道设立的具有劳动争议调解职能的组织。

企业劳动争议调解委员会由职工代表和企业代表组成。职工代表由工会成员担任或者由全体职工推举产生，企业代表由企业负责人指定。企业劳动争议调解委员会主任由工会成员或者双方推举的人员担任。

劳动调解组织的调解员应当由公道正派、联系群众、热心调解工作，并具有一定法律知识、政策水平和文化水平的成年公民担任。

2. 劳动调解程序

劳动争议发生后，当事人双方愿意调解的，可以书面或口头形式向调解委员会申请调解。

调解委员会接到调解申请后，应当依据自愿、合法原则进行调解。在调解时，应当充分听取双方当事人对事实和理由的陈述，耐心疏导，帮助其达成协议。经调解达成协议的，制作调解书，双方当事人应当履行。

一方当事人在协议约定期限内不履行调解协议的，另一方当事人可以依法申请仲裁。但是，因支付拖欠劳动报酬、工伤医疗费、经济补偿或者赔偿金事项达成调解协议，用人单位在协议约定期限内不履行的，劳动者可以持调解协议书依法向人民法院申请支付令。人民法院应当依法发出支付令。

调解委员会调解劳动争议，应当自当事人申请调解之日起15日内结束；到期未结束的，视为调解不成，当事人可以向当地劳动争议仲裁委员会申请仲裁。

【典型例题·判断题6—4】 经调解，用人单位与劳动者就解除劳动合同经济补偿达成协议后却不支付的，劳动者只能申请劳动仲裁。（ ）

（三）劳动仲裁

1. 劳动仲裁的基本制度

（1）先行调解

仲裁庭在作出裁决前，应当先行调解。调解达成协议的，仲裁庭应当制作调解书。调解书经双方当事人签收后，发生法律效力。

（2）公开仲裁

劳动争议仲裁公开进行，但当事人协议不公开进行或者涉及国家秘密、商业秘密和个人隐私的除外。

（3）仲裁庭

劳动争议仲裁委员会裁决劳动争议案件实行仲裁庭制。仲裁庭由三名仲裁员组成，设首席仲裁员。简单劳动争议案件可以由一名仲裁员独任仲裁。

（4）仲裁员回避

仲裁员有下列情形之一，应当回避，当事人也有权以口头或者书面方式提出回避申请：①是本案当事人或者当事人、代理人的近亲属的；②与本案有利害关系的；③与本案当事人、代理人有其他关系，可能影响公正裁决的；④私自会见当事人、代理人，或者接受当事人、代理人的请客送礼的。

劳动争议仲裁委员会对回避申请应当及时作出决定，并以口头或者书面方式通知当事人。

2. 劳动仲裁机构与管辖

（1）劳动仲裁机构

劳动争议仲裁委员会是国家授权、依法独立地对劳动争议案件进行仲裁的专门机构，由劳动行政部门代表、工会代表和企业方面代表组成，组成人员应当是单数。

劳动争议仲裁不收费。劳动争议仲裁委员会的经费由财政予以保障。

(2)劳动仲裁管辖

劳动争议由劳动合同履行地或者用人单位所在地的劳动争议仲裁委员会管辖。双方当事人分别向劳动合同履行地和用人单位所在地的劳动争议仲裁委员会申请仲裁的，由劳动合同履行地的劳动争议仲裁委员会管辖。有多个劳动合同履行地的，由最先受理的仲裁委员会管辖。劳动合同履行地不明确的，由用人单位所在地的仲裁委员会管辖。

案件受理后，劳动合同履行地或者用人单位所在地发生变化的，不改变争议仲裁的管辖。

3. 劳动仲裁参加人

(1)当事人

发生劳动争议的劳动者和用人单位为劳动争议仲裁案件的双方当事人。

劳务派遣单位或者用工单位与劳动者发生劳动争议的，劳务派遣单位和用工单位为共同当事人。

发生争议的用人单位被吊销营业执照、责令关闭、撤销以及用人单位决定提前解散、歇业，不能承担相关责任的，其出资人、开办单位或主管部门作为共同当事人。

劳动者与个人承包经营者发生争议，依法向仲裁委员会申请仲裁的，发包的组织和个人承包经营者为共同当事人。

(2)当事人代表

发生争议的劳动者一方在 10 人以上，并有共同请求的，劳动者可以推举三至五名代表人参加仲裁活动。代表人参加仲裁的行为对其所代表的当事人发生效力，但代表人变更、放弃仲裁请求或者承认对方当事人的仲裁请求，进行和解，必须经被代表的当事人同意。

因履行集体合同发生的劳动争议，经协商解决不成的，工会可以依法申请仲裁；尚未建立工会的，由上级工会指导劳动者推举产生的代表依法申请仲裁。

(3)第三人

与劳动争议案件的处理结果有利害关系的第三人，可以申请参加仲裁活动或者由劳动争议仲裁委员会通知其参加仲裁活动。

(4)代理人

当事人可以委托代理人参加仲裁活动。委托他人参加仲裁活动，应当向劳动争议仲裁委员会提交有委托人签名或者盖章的委托书，委托书应当载明委托事项和权限。

丧失或者部分丧失民事行为能力的劳动者，由其法定代理人代为参加仲裁活动；无法定代理人的，由劳动争议仲裁委员会为其指定代理人。劳动者死亡的，由其近亲属或者代理人参加仲裁活动。

4. 劳动仲裁时效

(1)仲裁时效期间

劳动争议申请仲裁的时效期间为 1 年。仲裁时效期间从当事人知道或者应当知道其权利被侵害之日起计算。

劳动关系存续期间因拖欠劳动报酬发生争议的，劳动者申请仲裁不受 1 年仲裁时效期间的限制；但是，劳动关系终止的，应当自劳动关系终止之日起 1 年内提出。

(2)仲裁时效中断

在申请仲裁的时效期间内，有下列情形之一的，仲裁时效中断：

①一方当事人通过协商、申请调解等方式向对方当事人主张权利的；

②一方当事人通过向有关部门投诉，向仲裁委员会申请仲裁，向人民法院起诉或者申请支付令等方式请求权利救济的；

③对方当事人同意履行义务的。

从中断时起，仲裁时效期间重新计算。

（3）仲裁时效中止

因不可抗力，或者有无民事行为能力或者限制民事行为能力劳动者的法定代理人未确定等其他正当理由，当事人不能在规定的仲裁时效期间申请仲裁的，仲裁时效中止。从中止时效的原因消除之日起，仲裁时效期间继续计算。

5. 劳动仲裁程序

仲裁是劳动争议通过司法途径解决的必经程序。劳动争议发生后，当事人任何一方都可直接向劳动争议仲裁委员会申请仲裁。

（1）申请

申请人申请仲裁应当提交书面仲裁申请，并按照被申请人人数提交副本。仲裁申请书应当载明下列事项：①劳动者的姓名、性别、年龄、职业、工作单位和住所，用人单位的名称、住所和法定代表人或者主要负责人的姓名、职务；②仲裁请求和所根据的事实、理由；③证据和证据来源、证人姓名和住所；④受申请劳动仲裁机构的名称、申请的时间、申请人签名或盖章。

【知识拓展】　劳动仲裁申请书格式（适用于劳动者为申请人）

劳动仲裁申请书

申请人：姓名、性别、年龄、民族、籍贯、职业或职务、单位、住址

被申请人：（单位名称）

住址：

法定代表人（主要负责人）：姓名，职务

仲裁请求：

____

事实和理由：

____

____

____

此致

××劳动争议仲裁委员会

申请人：______（签名或盖章）

年　月　日

附：

1. 本申请书副本______份；

2. 证据______份（下列具体名称并将复印件附于申请书之后）。

（2）受理

劳动争议仲裁委员会收到仲裁申请之日起5日内，认为符合受理条件的，应当受理，并通知

申请人；认为不符合受理条件的，应当书面通知申请人不予受理，并说明理由。对劳动争议仲裁委员会不予受理或者逾期未作出决定的，申请人可以就该劳动争议事项向人民法院提起诉讼。

劳动争议仲裁委员会受理仲裁申请后，应当在5日内将仲裁申请书副本送达被申请人。被申请人收到仲裁申请书副本后，应当在10日内向劳动争议仲裁委员会提交答辩书。劳动争议仲裁委员会收到答辩书后，应当在5日内将答辩书副本送达申请人。被申请人未提交答辩书的，不影响仲裁程序的进行。

(3)举证责任

当事人申请劳动仲裁，对自己提出的主张，应当提供证据。劳动者无法提供由用人单位掌握管理的与仲裁请求有关的证据，仲裁庭可以要求用人单位在指定期限内提供。用人单位在指定期限内不提供的，应当承担不利后果。

(4)开庭

仲裁庭应当在开庭5日前，将开庭日期、地点书面通知双方当事人。当事人有正当理由的，可以在开庭3日前请求延期开庭。是否延期，由劳动争议仲裁委员会决定。

申请人收到书面通知，无正当理由拒不到庭或者未经仲裁庭同意中途退庭的，可以视为撤回仲裁申请。被申请人收到书面通知，无正当理由拒不到庭或者未经仲裁庭同意中途退庭的，可以缺席裁决。

当事人在仲裁过程中有权进行质证和辩论。质证和辩论终结时，首席仲裁员或者独任仲裁员应当征询当事人的最后意见。

(5)仲裁裁决

①仲裁时限

仲裁庭裁决劳动争议案件，应当自劳动争议仲裁委员会受理仲裁申请之日起45日内结束。案情复杂需要延期的，经劳动争议仲裁委员会主任批准，可以延期并书面通知当事人，但是延长期限不得超过15日。逾期未作出仲裁裁决的，当事人可以就该劳动争议事项向人民法院提起诉讼。

②裁决规则

仲裁庭裁决劳动争议案件时，其中一部分事实已经清楚，可以就该部分先行裁决。

裁决应当按照多数仲裁员的意见作出，少数仲裁员的不同意见应当记入笔录。仲裁庭不能形成多数意见时，裁决应当按照首席仲裁员的意见作出。

③终局裁决

下列劳动争议的仲裁裁决为终局裁决，裁决书自作出之日起发生法律效力，除非劳动者在法定期限内向人民法院起诉：追索劳动报酬、工伤医疗费、经济补偿或者赔偿金，不超过当地月最低工资标准12个月金额的争议；因执行国家的劳动标准在工作时间、休息休假、社会保险等方面而发生的争议。

劳动者对上述仲裁裁决不服的，可以自收到仲裁裁决书之日起15日内向人民法院提起诉讼。

对于上述终局裁决，用人单位有证据证明有下列情形之一的，可以自收到仲裁裁决书之日起30日内向劳动争议仲裁委员会所在地的中级人民法院申请撤销裁决：适用法律、法规确有错误的；劳动争议仲裁委员会无管辖权的；违反法定程序的；裁决所根据的证据是伪造的；对方当事人隐瞒了足以影响公正裁决的证据的；仲裁员在仲裁该案时有索贿受贿、徇私舞弊、枉法裁决行为的。

人民法院经合议庭审查核实裁决有上述情形之一的，应当裁定撤销。仲裁裁决被人民法院裁定撤销的，当事人可以自收到裁定书之日起15日内就该劳动争议事项向人民法院提起诉讼。

④非终局裁决

除上述终局裁决外，劳动者或用人单位对其他劳动仲裁裁决不服的，均可以自收到裁定书之日起15日内向人民法院提起诉讼。期满不起诉的，仲裁裁决书发生法律效力。

劳动仲裁中的"3日""5日""10日"指工作日，"15日""45日"指自然日。

⑤劳动仲裁裁决的执行

A. 裁决先予执行

仲裁庭对追索劳动报酬、工伤医疗费、经济补偿或者赔偿金的案件，根据当事人的申请，可以裁决先予执行，移送人民法院执行。仲裁庭裁决先予执行的，应当符合两个条件：一是当事人之间权利义务关系明确，二是不先予执行将严重影响申请人的生活。

劳动者申请先予执行的，可以不提供担保。

B. 当事人申请强制执行

当事人对发生法律效力的裁决书，应当依照规定的期限履行。一方当事人逾期不履行的，另一方当事人可以依照《民事诉讼法》的有关规定向人民法院申请执行。

C. 法院裁定不予执行

当事人申请人民法院执行劳动争议仲裁机构作出的发生法律效力的裁决书、调解书，被申请人提出证据证明劳动争议仲裁裁决书、调解书有下列情形之一，并经审查核实的，人民法院可以根据《民事诉讼法》第二百三十七条规定，裁定不予执行：裁决的事项不属于劳动争议仲裁范围，或者劳动争议仲裁机构无权仲裁的；适用法律、法规确有错误的；违反法定程序的；裁决所根据的证据是伪造的；对方当事人隐瞒了足以影响公正裁决的证据的；仲裁员在仲裁该案时有索贿受贿、徇私舞弊、枉法裁决行为的；人民法院认定执行该劳动争议仲裁裁决违背社会公共利益的。

人民法院在不予执行的裁定书中，应当告知当事人自收到裁定书之次日起30日内，可以就该劳动争议事项向人民法院提起诉讼。

【典型例题·多选题6—12】 段某入职南昌市D公司后由公司委派到九江分公司任销售部主任，工资由D公司发放。后双方因5 000元加班费发生争议，段某申请劳动仲裁。下列选项中，正确的有（　　）。

A. 南昌市劳动仲裁委员会和九江市劳动仲裁委员会对该争议均有管辖权

B. D公司和段某分别向两个劳动仲裁委员会申请仲裁，应由南昌市劳动仲裁委员会管辖

C. 加班事实的举证责任由段某负担

D. 该争议适用终局裁决

（四）劳动诉讼

根据《劳动争议调解仲裁法》及相关法律的规定，人民法院受理下列劳动争议案件：

（1）劳动争议仲裁委员会决定不予受理、逾期未作出受理决定或者逾期未作出仲裁裁决，当事人向人民法院起诉的案件。

（2）劳动者不服劳动争议仲裁委员会作出的终局裁决，在收到裁决书之日起15日内向人民法院起诉的案件。

（3）劳动者或用人单位对终局裁决之外的其他仲裁裁决不服，在收到裁决书之日起15日内向人民法院起诉的案件。

(4)终局裁决被人民法院裁定撤销,当事人自收到裁定书之日起 15 日内就该劳动争议事项向人民法院提起诉讼的案件。

劳动诉讼依照《民事诉讼法》的规定执行。

八、违反《劳动合同法》的法律责任

(一)用人单位违反《劳动合同法》的法律责任

1. 规章制度违法的法律责任

用人单位直接涉及劳动者切身利益的规章制度违反法律、法规规定的,由劳动行政部门责令改正,给予警告;给劳动者造成损害的,应当承担赔偿责任。

用人单位违反《劳动合同法》有关建立职工名册规定的,由劳动行政部门责令限期改正;逾期不改正的,由劳动行政部门处 2 000 元以上 2 万元以下的罚款。

2. 用人单位订立劳动合同违法的法律责任

用人单位提供的劳动合同文本未载明《劳动合同法》规定的必备条款或者用人单位未将劳动合同文本交付劳动者的,由劳动行政部门责令改正;给劳动者造成损害的,应当承担赔偿责任。

用人单位自用工之日起超过 1 个月不满 1 年未与劳动者订立书面劳动合同的,应当向劳动者每月支付 2 倍的工资。

用人单位违反《劳动合同法》的规定不与劳动者订立无固定期限劳动合同的,自应当订立无固定期限劳动合同之日起向劳动者每月支付 2 倍的工资。

用人单位违反《劳动合同法》的规定与劳动者约定试用期的,由劳动行政部门责令改正;违法约定的试用期已经履行的,由用人单位以劳动者试用期满月工资为标准,按已经履行的超过法定试用期的期间向劳动者支付赔偿金。

用人单位违反《劳动合同法》的规定,扣押劳动者居民身份证等证件的,由劳动行政部门责令限期退还劳动者本人,并依照有关法律规定给予处罚。

用人单位违反《劳动合同法》的规定,以担保或者其他名义向劳动者收取财物的,由劳动行政部门责令限期退还劳动者本人,并以每人 500 元以上 2 000 元以下的标准处以罚款;给劳动者造成损害的,应当承担赔偿责任。

因用人单位的因素导致劳动合同被确认无效,给劳动者造成损害的,用人单位应当承担赔偿责任。

用人单位招用与其他用人单位尚未解除或者终止劳动合同的劳动者,给其他用人单位造成损失的,应当承担连带赔偿责任。

3. 用人单位履行劳动合同违法的法律责任

(1)不依法支付相关款项的法律责任

用人单位有下列情形之一的,由劳动行政部门责令限期支付劳动报酬、加班费或者经济补偿;劳动报酬低于当地最低工资标准的,应当支付其差额部分;逾期不支付的,责令用人单位按应付金额 50%以上 100%以下的标准向劳动者加付赔偿金:

①未按照劳动合同的约定或者国家规定及时足额支付劳动者劳动报酬的;

②低于当地最低工资标准支付劳动者工资的;

③安排加班不支付加班费的。

(2)侵害劳动者人身权益的法律责任

用人单位有下列情形之一的，依法给予行政处罚；构成犯罪的，依法追究刑事责任；给劳动者造成损害的，应当承担赔偿责任：

①以暴力、威胁或者非法限制人身自由的手段强迫劳动的；

②违章指挥或者强令冒险作业危及劳动者人身安全的；

③侮辱、体罚、殴打、非法搜查或者拘禁劳动者的；

④劳动条件恶劣、环境污染严重，给劳动者身心健康造成严重损害的。

4. 用人单位解除或者终止劳动合同违法的法律责任

用人单位违反《劳动合同法》的规定解除或者终止劳动合同的，应当依照《劳动合同法》规定的经济补偿标准的2倍向劳动者支付赔偿金。用人单位不支付的，劳动行政部门应当责令支付。

用人单位解除或者终止劳动合同，未依照《劳动合同法》的规定向劳动者支付经济补偿的，由劳动行政部门责令限期支付；逾期不支付的，责令用人单位按应付金额50%以上100%以下的标准向劳动者加付赔偿金。

用人单位违反《劳动合同法》的规定未向劳动者出具解除或者终止劳动合同的书面证明，由劳动行政部门责令改正；给劳动者造成损害的，应当承担赔偿责任。

劳动者依法解除或者终止劳动合同，用人单位扣押劳动者档案或者其他物品的，由劳动行政部门责令限期退还劳动者本人，并以每人500元以上2 000元以下的标准处以罚款；给劳动者造成损害的，应当承担赔偿责任。

5. 相关单位和经营者的法律责任

劳务派遣单位、用工单位违反《劳动合同法》有关劳务派遣规定的，由劳动行政部门责令限期改正；逾期不改正的，以每人5 000元以上10 000元以下的标准处以罚款，对劳务派遣单位，吊销其劳务派遣业务经营许可证。用工单位给被派遣劳动者造成损害的，劳务派遣单位与用工单位承担连带赔偿责任。

对不具备合法经营资格的用人单位的违法犯罪行为，依法追究法律责任；劳动者已经付出劳动的，该单位或者其出资人应当依照《劳动合同法》的有关规定向劳动者支付劳动报酬、经济补偿、赔偿金；给劳动者造成损害的，应当承担赔偿责任。

个人承包经营违反《劳动合同法》的规定招用劳动者，给劳动者造成损害的，发包的组织与个人承包经营者承担连带赔偿责任。

(二)劳动者违反《劳动合同法》的法律责任

因劳动者的因素导致劳动合同被确认无效，给用人单位造成损害的，劳动者应当承担赔偿责任。

劳动者违反《劳动合同法》的规定解除劳动合同，给用人单位造成损失的，应当承担赔偿责任。

劳动者违反劳动合同中约定的保密义务或者竞业限制，应当依照约定支付违约金；给用人单位造成损失的，应当承担赔偿责任。

劳动者违反服务期约定，未满服务期就解除或终止劳动合同，或者因劳动者存在严重过错而被用人单位解除服务期和劳动合同的，劳动者应当支付违约金。

【典型例题·单选题6－1】　甲公司以高薪聘请乙公司的技术员张某。张某不辞而别，与甲公司签订劳动合同，给乙公司造成重大经济损失。对乙公司的经济损失，下列各项中，正确的是(　　)。

A. 由甲公司全部承担
B. 由乙公司自行承担
C. 由张某全部承担
D. 由甲公司与张某承担连带责任

第二节 社会保险法

一、概述

(一)社会保险的概念及其政策与立法

1. 社会保险的概念

社会保险,是国家通过立法强制建立社会保险基金,对丧失劳动能力、暂时失去劳动岗位或因健康、生育因素造成收入减少的劳动者提供一定的物质帮助,以维持其基本生活需要的法律制度。我国社会保险的主要项目包括基本养老保险、基本医疗保险、生育保险、失业保险、工伤保险五个险种。

2. 社会保险的政策与立法

我国社会保险方面的政策和立法主要有:1998 年国务院颁布的《关于建立城镇职工基本医疗保险制度的决定》;1999 年国务院颁布的《失业保险条例》和《社会保险费征缴暂行条例》;2003 年国务院颁布的《工伤保险条例》(2010 年 12 月修订);2005 年国务院发布的《关于完善企业职工基本养老保险制度的决定》;2010 年全国人民代表大会常务委员会颁布的《中华人民共和国社会保险法》(以下简称《社会保险法》);2011 年人力资源和社会保障部颁布的《实施〈中华人民共和国社会保险法〉若干规定》和《社会保险基金先行支付暂行办法》;2015 年国务院发布的《关于机关事业单位工作人员养老保险制度改革的决定》;2019 年国务院办公厅发布《关于全面推进生育保险和职工基本医疗保险合并实施的意见》;等等。

(二)社会保险登记

1. 用人单位的社会保险登记

2017 年 10 月 1 日起,工商行政管理部门(现市场监督管理部门)受理企业注册登记申报,核发新营业执照,进行社会保险相关业务告知,按日将社会保险登记所需的工商注册登记信息及变更注册信息推送至数据交互平台。社会保险信息系统按日接收注册信息,完成企业相应的社会保险信息登记。

用人单位应当自用工之日起 30 日内为其职工向社会保险经办机构申请办理社会保险登记。未办理社会保险登记的,由社会保险经办机构核定其应当缴纳的社会保险费。

2. 个人的社会保险登记

自愿参加社会保险的无雇工的个体工商户、未在用人单位参加社会保险的非全日制从业人员以及其他灵活就业人员,应当向社会保险经办机构申请办理社会保险登记。

国家建立全国统一的个人社会保障号码。个人社会保障号码为公民身份证号码。

(三)社会保险费征缴

1. 征收机构

根据中共中央印发的《深化党和国家机构改革方案》,基本养老保险费、基本医疗保险费、失业保险费等各项社会保险费自 2019 年 1 月 1 日起由税务部门统一征收。社会保险费征收机构应当依法按时足额征收社会保险费，并将缴费情况定期告知用人单位和个人。

2. 缴费规则

用人单位应当自行申报、按时足额缴纳社会保险费，非因不可抗力等法定事由不得缓缴、减免。职工应当缴纳的社会保险费由用人单位代扣代缴，用人单位应当按月将缴纳社会保险费的明细情况告知本人。

无雇工的个体工商户、未在用人单位参加社会保险的非全日制从业人员以及其他灵活就业人员，可以直接向社会保险费征收机构缴纳社会保险费。

（四）社会保险基金管理

1. 社会保险基金的预算与核算

社会保险基金存入财政专户，按照统筹层次设立预算，通过预算实现收支平衡。除基本医疗保险基金和生育保险基金预算合并编制外，其他社会保险基金预算按照险种分别编制。

除基本医疗保险基金和生育保险基金合并建账和核算外，其余各项社会保险基金按险种分别建账，分账核算，执行国家统一的会计制度。社会保险基金专款专用，任何组织和个人均不得侵占或者挪用。

2. 社会保险基金的运营

在保证安全的前提下，按照国务院规定投资运营实现保值增值，不得违规投资运营，不得用于平衡其他政府预算，不得用于兴建、改建办公场所和支付人员经费、运行费用、管理费用，或者违反法律、行政法规规定挪作其他用途。

社会保险经办机构应当定期向社会公布参加社会保险情况以及社会保险基金的收入、支出、结余和收益情况。

县级以上人民政府在社会保险基金出现支付不足时，给予补贴。

【典型例题·多选题 6－13】 关于社会保险的登记和缴费，下列表述中，正确的有（　　）。

A. 用人单位可以在新进员工试用期满时为其办理社会保险登记

B. 灵活就业人员参加社会保险的，自行办理社会保险登记

C. 职工可以自行缴纳社会保险费，也可以由用人单位代扣代缴

D. 用人单位应当在规定期限内足额缴纳社会保险费

二、基本养老保险

基本养老保险，是指缴费达到法定年限的参保人员在达到法定退休年龄退出劳动岗位后，可以从养老保险基金中定期领取养老金，以维持其基本生活的一种社会保险制度。我国基本养老保险由城镇职工基本养老保险和城乡居民基本养老保险两部分组成。年满 16 周岁（不含在校学生）且不属于城镇职工基本养老保险覆盖范围的城乡居民，可以在户籍所在地参加城乡居民基本养老保险。以下仅介绍城镇职工基本养老保险。

（一）职工基本养老保险的覆盖范围

《社会保险法》规定，职工应当参加基本养老保险，由用人单位和职工共同缴纳基本养老保险费。无雇工的个体工商户、未在用人单位参加基本养老保险的非全日制从业人员以及其他灵活就业人员可以参加职工基本养老保险，由个人缴纳基本养老保险费。公务员和参照公务员法管理的工作人员养老保险的办法由国务院规定。

2015 年 1 月，国务院发布了《关于机关事业单位工作人员养老保险制度改革的决定》，改革现行机关事业单位工作人员退休保障制度，逐步建立独立于机关事业单位之外、资金来源多渠道、保障方式多层次、管理服务社会化的养老保险体系。对于按照公务员法管理的单位、参照公务员法管理的机关(单位)、事业单位及其编制内的工作人员，实行社会统筹与个人账户相结合的基本养老保险制度，建立职工年金制度。

(二)职工基本养老保险基金的筹集

职工基本养老保险实行社会统筹与个人账户相结合。职工基本养老保险基金由用人单位和个人缴费以及政府补贴等组成。

1. 用人单位缴费

用人单位应当按照国家规定的本单位职工工资总额的比例缴纳职工基本养老保险费，在税前列支，记入基本养老保险统筹基金。

根据国务院办公厅《关于印发降低社会保险费率综合方案的通知》，自 2019 年 5 月 1 日起，城镇职工基本养老保险(包括企业和机关事业单位基本养老保险)单位缴费比例高于 16%的，可降至 16%。

2. 个人缴费

职工应当按照国家规定的本人工资的比例缴纳基本养老保险费，记入个人账户。目前，职工个人的缴费比例为个人缴费工资的 8%。

缴费工资是指本人上一年度月平均工资。月平均工资应按国家统计局规定列入工资总额统计的项目计算，包括工资、奖金、津贴、补贴等收入，不包括用人单位承担或者支付给员工的社会保险费、劳动保护费、福利费以及其他不属于工资的费用。新招职工第一年以起薪当月工资收入作为缴费工资基数。职工月平均工资低于当地职工月平均工资 60%的，按 60%计算缴费工资基数；超过当地职工月平均工资 300%的部分不计入缴费工资基数，也不计入计发养老金的基数。

无雇工的个体工商户、未在用人单位参加职工基本养老保险的非全日制从业人员以及其他灵活就业人员自愿参加职工基本养老保险的，各地区可以在当地上年度职工平均工资的 60%到 300%之间划分若干缴费档次，由缴费者自选一档作为缴费基数，缴费比例为 20%，其中 8%记入个人账户，其余部分记入基本养老保险统筹基金。

个人缴纳的养老保险费不计征个人所得税。个人账户不得提前支取，记账利率不得低于银行定期存款利率，免征利息税。个人死亡的，个人账户余额可以继承。

【小案例 6—13】 魏某 2023 年 8 月 12 日入职甲公司担任仓库保管员，月薪 1 800 元。当地上年度职工月平均工资为 3 200 元。甲公司按魏某月薪 1 800 元为基数，每月代扣 144 元为其代缴养老保险费。

点评：本案中，甲公司的做法是错误的。因为魏某的月平均工资低于当地职工月平均工资的 60%，按照国家规定，甲公司应当代扣代缴的数额为 3 200×60%×8%=153.6(元)。

3. 政府补贴

政府对养老保险基金的补贴有以下两种情形：一是国有企业、事业单位职工参加基本养老保险前，视同缴费年限期间应当缴纳的基本养老保险费由政府承担；二是基本养老保险基金出现支付不足时，政府给予补贴。

【典型例题·单选题 6—2】 甲公司职工张某已参加职工基本养老保险,月工资 10 000 元。已知当地职工月平均工资为 3 000 元,月最低工资标准为 1 650 元。计算甲公司每月应从张某工资中扣缴的基本养老保险费。下列算式中,正确的是(　　)。

A. 10 000×8%　　B. 3 000×3×8%　　C. 1 650×3×8%　　D. 3 000×8%

(三)职工基本养老保险待遇

1. 享受基本养老保险待遇的条件

《社会保险法》规定,参加基本养老保险的个人,达到法定退休年龄时累计缴费满 15 年的,按月领取基本养老金。可见,享受基本养老待遇须同时具备以下两个条件:

(1)达到法定退休年龄

我国现行的法定退休年龄包括以下三种情况:①男年满 60 周岁,女干部年满 55 周岁,女工人年满 50 周岁;②从事井下、高空、高温、特别繁重体力劳动和其他有害身体健康工作(特殊工种)的,男年满 55 周岁,女年满 45 周岁;③因病或非因工致残,由医院证明并经劳动鉴定委员会确认完全丧失劳动能力的,男年满 50 周岁,女年满 45 周岁。

(2)累计缴费年限满 15 年

参加基本养老保险的个人,达到法定退休年龄时累计缴费不足 15 年的,可以延长缴费至满 15 年,按月领取基本养老金;《社会保险法》实施前参保、延长缴费 5 年后仍不足 15 年的,可以一次性缴费至满 15 年,按月领取基本养老金;也可以转入城乡居民基本养老保险,按照国务院规定享受相应的养老保险待遇。

个人跨统筹地区就业的,其基本养老保险关系随本人转移,缴费年限累计计算。个人达到法定退休年龄时,基本养老金分段计算、统一支付。

2. 职工基本养老金计发标准

职工基本养老金由基础养老金和个人账户养老金组成。退休时的基础养老金月标准以当地上年度在岗职工月平均工资和本人指数化月平均缴费工资的平均值为基数,缴费每满 1 年发给 1%,由统筹基金支付。个人账户养老金月标准为个人账户储存额除以计发月数,从个人账户支付。

基础养老金=(当地上年度在岗职工月平均工资+本人指数化月平均缴费工资)÷2×缴费年限×1%

个人账户养老金计发月数的部分情况如表 6—5 所示。

表 6—5　　个人账户养老金计发月数表(部分)

退休年龄	计发月数	退休年龄	计发月数	退休年龄	计发月数
45	216	51	190	57	158
46	212	52	185	58	152
47	208	53	180	59	145
48	204	54	175	60	139
49	199	55	170	61	132
50	195	56	164	62	125

为确保企业退休人员生活水平保持稳定并逐步提高,国家建立基本养老金正常调整机制。根据职工平均工资增长、物价上涨情况,适时提高基本养老保险待遇水平。

【小案例 6－14】 某职业院校人事处处长说：职工退休时只要缴费年限满 15 年即可享受基本养老保险待遇，因此，男职工可等到 45 岁时参保；女职工是干部身份的，可等到 40 岁时参保，是工人身份的，可等到 35 岁时参保。在此之前参保缴费是没有意义的，不过是白送钱而已。

点评：本案中，该人事处长的观点是错误的，因为缴费年限满 15 年只是职工享受基本养老保险待遇的一个基本条件，而养老保险待遇水平的高低与职工缴费年限的长短成正比。职工退休后的养老金由基础养老金和个人账户养老金组成。基础养老金月标准以当地上年度在岗职工月平均工资和本人指数化月缴费工资的平均值为基数，缴费每满 1 年发给 1%。个人账户养老金月标准为个人账户储存额除以计发月数。换言之，职工的缴费年限越长，其养老金数额就越高。

3. 其他待遇

参加职工基本养老保险的个人，因病或者非因工死亡的，其遗属可以领取丧葬补助金和抚恤金；在未达到法定退休年龄时因病或者非因工致残完全丧失劳动能力的，可以领取病残津贴。所需资金从基本养老保险基金中支付。

【典型例题·多选题 6－14】 关于职工基本养老保险待遇，下列各项中，正确的有（　　）。

A. 参保职工达到法定退休年龄时累计缴费满 15 年的，按月领取基本养老金

B. 参保职工在未达到法定退休年龄时因病或者非因工致残完全丧失劳动能力的，可以领取病残津贴

C. 参保职工因病死亡的，其遗属可以领取死亡赔偿金、丧葬补助金和抚恤金

D. 参保职工死亡后，其个人账户中的余额由其继承人依法继承

三、基本医疗保险和生育保险

基本医疗保险，是指缴费达到法定年限及以上的参保人员因患病、意外受伤等就医诊疗，由医疗保险基金报销其一定医疗费用的一种社会保险制度。基本医疗保险包括城镇职工基本医疗保险和城乡居民基本医疗保险。下文仅介绍城镇职工基本医疗保险。

生育保险，是指在女职工因生育子女而暂时丧失劳动能力、中断正常收入来源时，由国家和社会及时给予物质帮助的一项社会保险制度。

2019 年 3 月，国务院办公厅发布《关于全面推进生育保险和职工基本医疗保险合并实施的意见》，推进两项保险合并实施，实现参保同步登记、基金合并运行、征缴管理一致、监督管理统一、经办服务一体化。

（一）覆盖范围与缴费负担

职工应当参加职工基本医疗保险和生育保险。基本医疗保险费由用人单位和职工按照国家规定共同缴纳，用人单位缴费率一般控制在职工工资总额的 6%左右，其中 70%计入统筹基金，30%划入个人账户；职工缴费率一般为本人缴费工资的 2%，计入个人账户。生育保险费则由用人单位按照国家规定缴纳，缴费率为 0.5%至 1%，职工不缴纳。

【典型例题·单选题 6－3】 甲公司职工刘某的月工资为 4 000 元。根据职工基本医疗保险缴费费率的规定，关于刘某个人医保账户每月资金增加额，下列算式中，正确的是（　　）。

A. 4 000×6%　　B. 4 000×6%×30%

C. 4 000×2%+4 000×6%×30%　　D. 4 000×2%

无雇工的个体工商户、未在用人单位参加职工基本医疗保险的非全日制从业人员以及其他灵活就业人员也可以参加职工基本医疗保险，由个人按照国家规定缴纳基本医疗保险费，缴费率各地规定不一，一般为单位缴费率与个人缴费率之和。

未参加职工基本医疗保险的城乡居民可以参加城乡居民基本医疗保险。

参加职工基本医疗保险的个人，达到法定退休年龄时累计缴费达到国家规定年限的，退休后不再缴纳基本医疗保险费，按照国家规定享受基本医疗保险待遇；未达到国家规定年限的，可以缴费至国家规定年限。

目前，我国职工缴费年限各地规定不一。2020 年 12 月，江西发布了《关于统一规范职工基本医疗保险和大病保险政策的实施意见》，统一了职工基本医疗保险缴费年限：累计缴费年限达到男满 30 年(含 30 年)、女满 25 年(含 25 年)以上的，退休后不再缴纳基本医疗保险费。

个人跨统筹地区就业的，其基本医疗保险关系随本人转移，缴费年限累计计算。

【小案例 6—15】 曹某(男)在北京从事个体经营，在 40 岁以前，总以为自己身体好，极少生病，没有必要参加医疗保险。年届 40 岁时，曹某才觉得年纪大，需要有个医疗保障，于是以个人名义参加了医保。

点评：本案中，因曹某在北京参保，按照北京市的规定，在退休时须缴费满 25 年才可以不再缴纳医疗保险费而享受医疗保险待遇。曹某达到法定退休年龄(年满 60 周周岁)时距规定的缴费年限尚差 5 年，须继续履行 5 年的缴费义务。

(二)保险待遇

1. 参保职工医疗费用的结算

社会保险经办机构根据管理服务的需要，可以与医疗机构、药品经营单位签订服务协议，规范医疗服务行为。参保职工因患病、非因工负伤在协议医疗机构就医发生的医疗费用，符合基本医疗保险药品目录、诊疗项目、医疗服务设施标准以及急诊、抢救的医疗费用，按照国家规定从基本医疗保险基金中支付；在非协议医疗机构就医发生的费用，除急诊和急救外，基本医疗保险基金不予支付。

参保职工符合基本医疗保险支付范围的医疗费用中，在社会统筹基金起付标准以上与最高支付限额以下的费用部分，由医疗保险基金按一定比例(一般为 90%)支付，其余由个人承担。起付标准以下的医疗费用，从个人账户中支付或由个人自付。超过最高支付限额的医疗费用，可以通过商业医疗保险等途径解决。

起付标准一般为当地职工年平均工资的 10%左右。最高支付限额一般为当地职工年平均工资的 6 倍左右。

【小案例6-16】 徐某参加了职工基本医疗保险，因病住院发生医疗费用200 000元，均在规定的医疗目录内，无其他补充社会保险或商业保险。当地职工年平均工资为30 000元。按起付标准和最高支付限额的一般规定计算，医保负担和徐某个人负担的医疗费用分别是多少？

医保负担：(30 000×6－3 000)×90%＝177 300(元)

个人负担：200 000－177 300＝22 700(元)

2. 生育保险待遇

用人单位已经缴纳生育保险费的，其职工享受生育保险待遇，包括生育医疗费和生育津贴。

生育医疗费包括：(1)生育的医疗费用，包括女职工孕期检查费、生育期间的接生费、手术费、住院费和药品费等；(2)计划生育的医疗费用，包括职工采取节育措施、流产、引产等所发生的医疗费用；(3)法律、法规规定的其他项目费用。

女职工生育出院后，因生育引起疾病的医疗费，由生育保险基金支付；其他疾病的医疗费，按照医疗保险待遇的规定办理。女职工产假期满后，因病需要休息治疗的，按照有关病假待遇和医疗保险待遇规定办理。

职工未就业配偶按照国家规定享受生育医疗费用待遇。所需资金从生育保险基金中支付。

职工有下列情形之一的，可以按照国家规定享受生育津贴：(1)女职工生育享受产假；(2)享受计划生育手术休假；(3)法律、法规规定的其他情形。

女职工的生育津贴，对已经参加生育保险的，按照用人单位上年度职工月平均工资的标准由生育保险基金支付，但生育津贴低于女职工产假工资的，由用人单位补足差额；对未参加生育保险的，按照女职工产假或者计划生育手术休假前工资的标准由用人单位支付。

【小案例6-17】 某职业院校关于女职工休产假的制度规定，女职工生育符合国家计划生育政策规定的，可按国家规定享受98天产假。女职工休产假期间，基本工资照发，岗位津贴等其他待遇一律停发。

点评：本案中，该校规定女职工休产假期间不享受岗位津贴等其他待遇不合法，因为《女职工劳动保护特别规定》规定，女职工产假期间的生育津贴，对未参加生育保险的，按照女职工产假前工资的标准由用人单位支付，而工资包括基本工资和辅助工资如奖金、津贴、补贴等。

(三)基本医疗保险基金不支付的医疗费用

下列医疗费用不纳入基本医疗保险基金支付范围：(1)应当从工伤保险基金中支付的；(2)应当由第三人负担的；(3)应当由公共卫生负担的；(4)在境外就医的。

医疗费用依法应当由第三人负担，第三人不支付或者无法确定第三人的，由基本医疗保险基金先行支付。基本医疗保险基金先行支付后，有权向第三人追偿。

【小案例 6-18】 吴某作为单位职工依法参加了职工基本医疗保险。一日，吴某与家人外出散步，途经一居民楼下，被一从天而降的烟灰缸砸成重伤，家人立即将其送到医院救治，同时拨打"110"报警。民警对该居民楼住户展开调查，各住户均否认烟灰缸是从自家扔出的。民警一时无法确定侵权行为人。

点评：本案中，吴某的伤害系因第三人扔下的烟灰缸所致，依法由侵权行为人承担赔偿责任，但侵权行为人无法确定，吴某作为职工基本医疗保险的参保人员，可依法申请医疗保险基金先行支付医疗费用。基本医疗保险基金先行支付后，一旦侵权行为人确定，基本医疗保险基金有权向第三人追偿。

四、工伤保险

工伤保险，是指劳动者在工作中或法律规定的特殊情况下，遭受意外伤害或者患职业病导致暂时或永久丧失劳动能力以及死亡时，劳动者或其遗属从国家和社会获得物质帮助的一种社会保险制度。

(一)工伤保险基金

1. 工伤保险基金的筹集

工伤保险基金由用人单位缴纳的工伤保险费、工伤保险基金的利息和依法纳入工伤保险基金的其他资金构成，职工个人不缴纳工伤保险费。《工伤保险条例》所称的用人单位，包括境内的企业、事业单位、社会团体、民办非企业单位、基金会、律师事务所、会计师事务所等组织和有雇工的个体工商户。

工伤保险费根据以支定收、收支平衡的原则，确定费率。

国家根据不同行业的工伤风险程度确定行业的差别费率，并根据工伤保险费使用、工伤发生率等情况在每个行业内确定若干费率档次。统筹地区经办机构根据用人单位工伤保险费使用、工伤发生率等情况，适用所属行业内相应的费率档次确定单位缴费费率。

用人单位缴纳工伤保险费的数额为本单位职工工资总额与单位缴费费率之积。

2. 工伤保险基金的用途

工伤保险基金存入社会保障基金财政专户，用于《工伤保险条例》规定的工伤保险待遇、劳动能力鉴定、工伤预防的宣传与培训以及法律法规规定的用于工伤保险的其他费用的支付。任何单位或者个人均不得将工伤保险基金用于投资运营、兴建或者改建办公场所、发放奖金，或者挪作其他用途。

【典型例题·多选题 6-15】 根据《工伤保险条例》的规定，下列人员中，属于工伤保险覆盖范围的有(　　)。

A. 会计师事务的职工　　B. 外商投资企业的职工

C. 国家机关的公务员　　D. 事业单位的职工

(二)工伤认定与劳动能力鉴定

1. 工伤认定

(1)认定工伤的情形

职工有下列情形之一的，应当认定为工伤：①在工作时间和工作场所内，因工作原因受到事故伤害的；②工作时间前后在工作场所内，从事与工作有关的预备性或者收尾性工作受到事故伤害的；③在工作时间和工作场所内，因履行工作职责受到暴力等意外伤害的；④患职业病的；⑤因工外出期间，由于工作原因受到伤害或者发生事故下落不明的；⑥在上下班途中，受到非本人主要责任的交通事故或者城市轨道交通、客运轮渡、火车事故伤害的；⑦法律、行政法规规定应当认定为工伤的其他情形。

(2)视同工伤的情形

职工有下列情形之一的，视同工伤：①在工作时间和工作岗位，突发疾病死亡或者在48小时之内经抢救无效死亡的；②在抢险救灾等维护国家利益、公共利益活动中受到伤害的；③职工原在军队服役，因战、因公负伤致残，已取得革命伤残军人证，到用人单位后旧伤复发的。

(3)排除工伤的情形

职工因下列情形之一导致本人在工作中伤亡，不得认定为工伤：①故意犯罪的；②醉酒或者吸毒的；③自残或者自杀的；④法律、行政法规规定的其他情形。

【典型例题·单选题6－4】 根据《工伤保险条例》的规定，下列情形中，视同工伤的是(　　)。

A. 胡某在上下班途中受到本人承担主要责任的交通事故伤害

B. 赵某在陪公司客户饮酒时醉酒死亡

C. 周某在授课时突发心脏病死亡

D. 丁某在出差期间，出于工作原因受到伤害

(4)工伤认定申请

职工发生事故伤害或者按照《职业病防治法》规定被诊断、鉴定为职业病，所在单位应当自事故伤害发生之日或者被诊断、鉴定为职业病之日起30日内，向统筹地区社会保险行政部门提出工伤认定申请。遇有特殊情况，经报社会保险行政部门同意，申请时限可以适当延长。

用人单位未按前述规定提出工伤认定申请的，工伤职工或者其近亲属、工会组织在事故伤害发生之日或者被诊断、鉴定为职业病之日起1年内，可以直接向用人单位所在地统筹地区社会保险行政部门提出工伤认定申请。

申请工伤认定的，应当提交工伤认定申请表、与用人单位存在劳动关系的证明、医疗诊断证明或者职业病诊断证明书(或者职业病诊断鉴定书)等材料。

2. 劳动能力鉴定

(1)劳动能力鉴定等级

劳动能力鉴定是指劳动功能障碍程度和生活自理障碍程度的等级鉴定。职工发生工伤，经治疗，伤情相对稳定后存在残疾、影响劳动能力的，应当进行劳动能力鉴定。

劳动功能障碍分为十个伤残等级，最重的为一级，最轻的为十级。生活自理障碍分为三个等级：生活完全不能自理、生活大部分不能自理和生活部分不能自理。

(2)劳动能力鉴定申请

劳动能力鉴定由用人单位、工伤职工或者其近亲属向设区的市级劳动能力鉴定委员会提出申请，并提供工伤认定决定和职工工伤医疗的有关资料。

申请鉴定的单位或者个人对设区的市级劳动能力鉴定委员会作出的鉴定结论不服的，可以在收到该鉴定结论之日起15日内向省、自治区、直辖市劳动能力鉴定委员会提出再次鉴定申请。省、自治区、直辖市劳动能力鉴定委员会作出的劳动能力鉴定结论为最终结论。

自劳动能力鉴定结论作出之日起1年后，工伤职工或者其近亲属、所在单位或者经办机构认为伤残情况发生变化的，可以申请劳动能力复查鉴定。

(三)工伤保险待遇

1. 工伤医疗期间待遇

(1)医疗待遇

职工因工作遭受事故伤害或者患职业病进行治疗，享受工伤医疗待遇。工伤治疗期间，下列费用由工伤保险基金支付：

①治疗工伤所需费用。该费用须符合国家规定的工伤保险诊疗项目目录、工伤保险药品目录、工伤保险住院服务标准。

②伙食补助、交通、食宿费等。具体包括：职工住院治疗工伤的伙食补助费，以及经医疗机构出具证明，报经办机构同意，工伤职工到统筹地区以外就医所需的交通、食宿费用。基金支付的具体标准由统筹地区人民政府规定。

③康复费用。该费用是指工伤职工到签订服务协议的医疗机构进行工伤康复所产生的符合规定的费用。

工伤职工治疗非工伤引发的疾病，不享受工伤医疗待遇，按照基本医疗保险办法处理。

(2)停工留薪期待遇

停工留薪期，是指职工负伤或者患职业病需要暂停工作接受治疗的期间，一般不超过12个月；伤情严重或者情况特殊，经设区的市级劳动能力鉴定委员会确认，可以适当延长，但延长不得超过12个月。

职工因工作遭受事故伤害或者患职业病，或者工伤职工工伤复发经确认，需要暂停工作接受工伤医疗的，在停工留薪期内，原工资福利待遇不变，由所在单位按月支付。工伤职工评定伤残等级后，停发原待遇，按照规定享受伤残待遇。工伤职工在停工留薪期满后仍需治疗的，继续享受工伤医疗待遇。

生活不能自理的工伤职工在停工留薪期需要护理的，由所在单位负责。

2. 配置辅助器具待遇

工伤职工因日常生活或者就业需要，经劳动能力鉴定委员会确认，可以安装假肢、矫形器、假眼、假牙和配置轮椅等辅助器具，所需费用按照国家规定的标准从工伤保险基金支付。

3. 工伤致残待遇

(1)生活护理待遇

工伤职工已经评定伤残等级并经劳动能力鉴定委员会确认需要生活护理的，从工伤保险基金按月支付生活护理费。

生活护理费按照生活完全不能自理、生活大部分不能自理或者生活部分不能自理3个不同等级支付，其标准分别为统筹地区上年度职工月平均工资的50%、40%和30%。

(2)伤残待遇

①一次性伤残补助金。具体标准为：以本人工资为基数乘以伤残等级对应的倍数，一级至十级伤残对应的倍数分别为27、25、23、21、18、16、13、11、9、7倍。

②伤残津贴。职工因工致残被鉴定为一级至四级伤残的，保留劳动关系，退出工作岗位，由工伤保险基金支付伤残津贴，标准为：以本人工资为基数乘以伤残等级对应的百分比，一级伤残为90%，二级伤残为85%，三级伤残为80%，四级伤残为75%。职工因工致残被鉴定为五级、六

级伤残的，保留与用人单位的劳动关系，由用人单位安排适当工作。难以安排工作的，由用人单位按月发给伤残津贴，标准为：五级伤残为本人工资的 70%，六级伤残为本人工资的 60%，并由用人单位按照规定为其缴纳应缴纳的各项社会保险费。伤残津贴实际金额低于当地最低工资标准的，由工伤保险基金补足差额。

工伤职工达到退休年龄并办理退休手续后，停发伤残津贴，按照国家有关规定享受基本养老保险待遇。基本养老保险待遇低于伤残津贴的，由工伤保险基金补足差额。

【知识拓展】 "本人工资"的含义

《工伤保险条例》所称的"本人工资"，是指工伤职工因工作遭受事故伤害或者患职业病前 12 个月平均月缴费工资。本人工资高于统筹地区职工平均工资 300%的，按照统筹地区职工平均工资的 300%计算；本人工资低于统筹地区职工平均工资 60%的，按照统筹地区职工平均工资的 60%计算。

(3)一次性工伤医疗补助金和一次性伤残就业补助金

五级、六级伤残，经工伤职工本人提出，可以与用人单位解除或者终止劳动关系，由工伤保险基金支付一次性工伤医疗补助金，由用人单位支付一次性伤残就业补助金；七级至十级伤残，劳动合同、聘用合同期满终止，或者职工本人提出解除劳动合同、聘用合同的，由工伤保险基金支付一次性工伤医疗补助金，由用人单位支付一次性伤残就业补助金。

4. 工亡待遇

职工因工死亡，其近亲属按照下列标准从工伤保险基金领取丧葬补助金、供养亲属抚恤金和一次性工亡补助金：

(1)丧葬补助金为 6 个月的统筹地区上年度职工月平均工资。

(2)供养亲属抚恤金按照职工本人工资的一定比例发给由因工死亡职工生前提供主要生活来源、无劳动能力的亲属。标准为：配偶每月 40%，其他亲属每人每月 30%，孤寡老人或者孤儿每人每月在上述标准的基础上增加 10%。核定的各供养亲属的抚恤金之和不应高于因工死亡职工生前的工资。供养亲属的具体范围参见原劳动和社会保障部 2003 年颁布的《因工死亡职工供养亲属范围规定》。

(3)一次性工亡补助金标准为上一年度全国城镇居民人均可支配收入(以国家统计局公布的数据为准)的 20 倍。

一级至四级伤残职工在停工留薪期满后死亡的，其近亲属只能享受丧葬补助金、供养亲属抚恤金待遇，不享受一次性工亡补助金待遇。

【典型例题·多选题 6－16】 宋某因工负伤，经鉴定为伤残七级。下列关于宋某工伤待遇的表述中，正确的有(　　)。

A. 宋某治疗工伤的费用由工伤保险基金承担

B. 宋某治疗期间，停工留薪期内的工资福利待遇不变，由用人单位支付

C. 宋某享受一次性伤残补助金，由工伤保险基金支付

D. 宋某享受伤残津贴，由用人单位支付

5. 工伤保险基金先行支付

出于第三人的原因造成工伤，第三人不支付工伤医疗费用或者无法确定第三人的，由工伤保

险基金先行支付。工伤保险基金先行支付后，有权向第三人追偿。

依法应当参加工伤保险而未参加工伤保险的用人单位职工发生工伤的，由该用人单位按照《工伤保险条例》规定的工伤保险待遇项目和标准支付费用。用人单位不支付的，从工伤保险基金中先行支付。工伤保险基金先行支付后，用人单位应当偿还。用人单位不偿还的，社会保险经办机构可以依照《社会保险法》第六十三条的规定追偿。

6. 待遇停止

工伤职工有下列情形之一的，停止享受工伤保险待遇：(1)丧失享受待遇条件的；(2)拒不接受劳动能力鉴定的；(3)拒绝治疗的。

7. 兼职劳动者的工伤保险

劳动者(含非全日制)在两个以上用人单位同时就业的，各用人单位应当分别为该劳动者缴纳工伤保险费。发生工伤的，由该劳动者受到伤害时所在的用人单位承担工伤保险责任。

【典型例题·判断题 6—5】 用人单位未依法为职工缴纳工伤保险费，职工发生工伤事故的，不享受工伤保险待遇。(　　)

【典型例题·判断题 6—6】 吴某同时在 A、B 两家公司就业，A、B 两家公司均应为吴某缴纳工伤保险费。(　　)

五、失业保险

失业，是指处于法定劳动年龄阶段、有劳动能力并有就业愿望的劳动者失去或没有得到有报酬的工作岗位的社会现象。失业保险，是指国家通过立法强制建立社会统筹基金，对因失业而暂时中断生活来源的劳动者在法定期间内提供物质帮助、职业培训与介绍，以维持其基本生活需要并促进其再就业的一项社会保险制度。

(一)失业保险基金的筹集

《社会保险法》规定，职工应当参加失业保险，由用人单位和职工按照国家规定共同缴纳失业保险费。

根据《失业保险条例》的规定，用人单位按照本单位工资总额的 2%缴纳失业保险费，职工按照本人工资的 1%缴纳失业保险费。根据人力资源和社会保障部、财政部的降低失业保险费率的有关规定，现行阶段性的失业保险总费率为 1%，个人费率不得超过单位费率。

职工跨统筹地区就业的，其失业保险关系随本人转移，缴费年限累计计算。

(二)失业保险待遇

1. 享受失业保险待遇的条件

(1)失业前用人单位和本人已经缴纳失业保险费满 1 年。这里要求的“满 1 年”按累计缴费时间计算。

(2)非因本人意愿中断就业，即非自愿失业，包括劳动合同终止、用人单位单方解除劳动合同、劳动者依照《劳动合同法》第三十八条的规定单方解除劳动合同以及法律、法规、规章规定的其他情形。

(3)已经进行失业登记，并有求职要求。

2. 失业登记程序

(1)用人单位应当及时为失业人员出具终止或者解除劳动关系的证明，并将失业人员的名单自终止或者解除劳动关系之日起 15 日内告知社会保险经办机构。

(2)失业人员应当持本单位为其出具的终止或者解除劳动关系的证明，在终止或者解除劳动合同之日起60日内到指定的公共就业服务机构办理失业登记。

③失业人员凭失业登记证明和个人身份证明，到社会保险经办机构办理领取失业保险金的手续。失业保险金领取期限自办理失业登记之日起计算。

3. 失业保险待遇的主要内容

(1)失业保险金

失业人员领取失业保险金的期限按失业前用人单位和本人累计缴费年限确定。累计缴费满1年不足5年的，领取失业保险金的期限最长为12个月；累计缴费满5年以上不足10年的，领取失业保险金的期限最长为18个月；累计缴费10年以上的，领取失业保险金的期限最长为24个月。重新就业后，再次失业的，缴费时间重新计算，领取失业保险金的期限与前次失业应当领取而尚未领取的失业保险金的期限合并计算，最长不超过24个月。未领取失业保险金的，原有缴费时间保留；重新就业的，缴费时间累计计算。

根据人力资源和社会保障部、财政部发布的《关于扩大失业保险保障范围的通知》，自2019年12月起，延长大龄失业人员领取失业保险金期限，对领取失业保险金期满仍未就业且距法定退休年龄不足1年的失业人员，可继续发放失业保险金至法定退休年龄。

失业保险金的标准，由省、自治区、直辖市人民政府确定，不得低于城市居民最低生活保障标准。

【小案例6—19】 小高大学毕业后应聘到B公司任技术员，双方订立了2年期劳动合同，且依法参加了包括失业保险在内的社会保险。工作1年后，小高觉得在B公司没有发展前途，遂辞职离开了B公司。小高辞职后，1个月过去了，未能找到一份满意的工作，便来到公共就业服务机构办理失业登记，然后持失业登记证明和身份证，到社会保险经办机构办理领取失业保险金的手续。

点评：本案中，小高虽然参加了失业保险且缴费满1年，并依法进行了失业登记，但小高主动辞职，不符合"非本人意愿中断就业"的条件，故不能享受失业保险待遇。

(2)基本医疗保险待遇

失业人员在领取失业保险金期间，参加职工基本医疗保险，享受基本医疗保险待遇。其应当缴纳的基本医疗保险费从失业保险基金中支付，个人不缴纳基本医疗保险费。

(3)丧葬补助金和抚恤金

失业人员在领取失业保险金期间死亡的，参照当地对在职职工死亡的规定，向其遗属发放一次性丧葬补助金和抚恤金。所需资金从失业保险基金中支付。

个人死亡同时符合领取基本养老保险丧葬补助金、工伤保险丧葬补助金和失业保险丧葬补助金条件的，其遗属只能选择领取其中的一项。

(4)职业培训和职业介绍补贴

失业人员在领取失业保险金期间，应积极求职，接受职业指导和职业培训。失业人员在领取失业保险金期间求职时，可以按规定享受就业服务减免费用等优惠政策。

(5)国务院规定或者批准的与失业保险有关的其他费用。

4. 待遇停止情形

失业人员在领取失业保险金期间有下列情形之一的，停止领取失业保险金，并同时停止享受其他失业保险待遇：(1)重新就业的；(2)应征服兵役的；(3)移居境外的；(4)享受基本养老保险待遇的；(5)被判刑收监执行的；(6)无正当理由，拒不接受当地人民政府指定部门或者机构介绍的适当工作或者提供的培训的；(7)法律、行政法规规定的其他情形。

【典型例题·多选题 6—17】 下列关于失业保险待遇的表述中，不正确的有(　　)。

A. 失业人员领取失业保险金期间，享受基本医疗保险待遇

B. 失业保险金的标准一般低于城市居民最低生活保障标准

C. 领取失业保险金期满仍未就业且距法定退休年龄不足1年的失业人员，可继续发放失业保险金至法定退休年龄

D. 失业人员领取失业保险金的期限最长不超过24个月

六、违反《社会保险法》的法律责任

(一)用人单位违反《社会保险法》的法律责任

用人单位不办理社会保险登记的，由社会保险行政部门责令限期改正；逾期不改正的，对用人单位处应缴社会保险费数额1倍以上3倍以下的罚款，对其直接负责的主管人员和其他直接责任人员处500元以上3 000元以下的罚款。

用人单位未按时足额缴纳社会保险费的，由社会保险费征收机构责令限期缴纳或者补足，并自欠缴之日起，按日加收0.05%的滞纳金；逾期仍不缴纳的，由有关行政部门处欠缴数额1倍以上3倍以下的罚款。

(二)骗保行为的法律责任

社会保险经办机构以及医疗机构、药品经营单位等社会保险服务机构以欺诈、伪造证明材料或者其他手段骗取社会保险基金支出的，由社会保险行政部门责令退回骗取的社会保险金，处骗取金额2倍以上5倍以下的罚款；属于社会保险服务机构的，解除服务协议；直接负责的主管人员和其他直接责任人员有执业资格的，依法吊销其执业资格。

以欺诈、伪造证明材料或者其他手段骗取社会保险待遇的，由社会保险行政部门责令退回骗取的社会保险金，处骗取金额2倍以上5倍以下的罚款。

(三)社会保险经办、征收、服务等机构及其工作人员的法律责任

社会保险经办机构及其工作人员有下列行为之一的，由社会保险行政部门责令改正；给社会保险基金、用人单位或者个人造成损失的，依法承担赔偿责任；对直接负责的主管人员和其他直接责任人员依法给予处分：(1)未履行社会保险法定职责的；(2)未将社会保险基金存入财政专户的；(3)克扣或者拒不按时支付社会保险待遇的；(4)丢失或者篡改缴费记录、享受社会保险待遇记录等社会保险数据、个人权益记录的；(5)有违反社会保险法律、法规的其他行为的。

社会保险费征收机构擅自更改社会保险费缴费基数、费率，导致少收或者多收社会保险费的，由有关行政部门责令其追缴应当缴纳的社会保险费或者退还不应当缴纳的社会保险费；对直接负责的主管人员和其他直接责任人员依法给予处分。

违反《社会保险法》的规定，隐匿、转移、侵占、挪用社会保险基金或者违规投资运营的，由社会保险行政部门、财政部门、审计机关责令追回；有违法所得的，没收违法所得；对直接负责的主管人员和其他直接责任人员依法给予处分。

社会保险行政部门和其他有关行政部门、社会保险经办机构、社会保险费征收机构及其工作人员泄露用人单位和个人信息的,对直接负责的主管人员和其他直接责任人员依法给予处分;给用人单位或者个人造成损失的,应当承担赔偿责任。

国家工作人员在社会保险管理、监督工作中滥用职权、玩忽职守、徇私舞弊的,依法给予处分。

违反《社会保险法》的规定,构成犯罪的,依法追究刑事责任。

综合应用

【材料】 上海市××有限责任公司(上海市××路××号)招聘电子商务部经理,经面试考核,决定录用蒋某(男,住上海市××路××号)。双方经协商,就劳动合同期限(3 年)、试用期、月薪(8 000 元)、保密和竞业限制、违约金、福利待遇等内容达成一致。

【任务】 每两人为一组,分别扮演用人单位和劳动者,根据上述材料,签订一份合法有效的劳动合同。劳动合同书的制作应当符合格式要求,包括首部、正文和尾部三个部分。首部包括标题和用人单位名称及劳动者姓名。正文部分应当具备劳动合同期限、工作内容和工作地点、工作时间和休息休假、劳动报酬、社会保险、劳动保护、劳动条件和职业危害防护等法定条款以及试用期、保密和竞业限制、违约金、福利待遇等约定条款。此外,还可就劳动合同的履行与变更、解除与终止等问题进行约定。尾部应当包括双方用人单位名称(加盖单位公章)和法定代表人签名、劳动者的签名和身份证号码以及双方当事人的住址、联系电话、签约时间等信息。

课程思政

课程思政
(第六章)

典型例题答案

典型例题答案
(第六章)

第七章　市场规制法

能力目标

- 掌握7种不正当竞争行为的法律界定，能够分辨正当竞争与不正当竞争；
- 掌握消费者的主要权利和经营者的基本义务，能够运用法律手段解决消费争议。

知识要点

◆不正当竞争　◆混淆行为　◆商业贿赂行为　◆虚假宣传　◆侵犯商业秘密行为　◆不当有奖销售行为　◆商业诽谤行为　◆网络不正当竞争行为　◆消费者权利　◆经营者义务　◆消费争议解决途径

第一节　反不正当竞争法

情景导入

不正当竞争行为是社会化生产中的一种经济现象，是市场经济的伴生物。

有些经营者为牟取非法利益，常常以傍名牌、虚假广告等方式非法攫取他人竞争优势，开展不正当竞争。眼下最热门的词汇之一"山寨"便是这种行为的真实写照。山寨电脑、山寨汽车、山寨网站、山寨大学、山寨电影、山寨明星、山寨春晚……从工业产品到文化生活，"山寨"可谓无孔不入。食品饮料行业的许多知名品牌被"山寨"。例如："康师傅"变成了"康帅博"，"伊利"成了"伊列"，"蒙牛酸酸乳"则成了"豪牛酸酸乳"，"雪碧"成了"雲碧"，还有"脉劫"维生素饮料、"哈哈"瓜子、"茅分"酒、"王老古"凉茶、"芬远"橙汁、"海乙丝"、"沙宜"、"瓢柔"洗发水、"大白免"奶糖等，个个都到了以假乱真的地步。在南京市文安街上，曾有一处鳞次栉比的"山寨"店群，乍一看外观以为是一群国内外知名店铺，仔细一瞧才发现，屈臣氏、星巴克、李宁、哈根达斯等已被"山寨"为曲同氏、巴克星、李明、哈根波斯。

法律人士指出，"山寨"行为如果以营利为目的，或者仿冒他人注册商标，或者仿冒他人知名商品特有的名称、包装、装潢，造成消费者误认误购，就属于不正当竞争行为，既侵犯了其他经营者的在先权利，也侵犯了消费者的合法权益，因而应受到《反不正当竞争法》《商标法》《消费者权益保护法》等法律约束。

为维护市场经济秩序，全国人民代表大会常务委员会先后制定颁布了《中华人民共和国反不正当竞争法》（以下简称《反不正当竞争法》）。《反不正当竞争法》通过规制经营者的竞争行为，保护善意经营者的合法利益，以维护公平竞争的市场秩序，其价值理念是公平竞争。

一、概述

《反不正当竞争法》于1993年9月2日经第八届全国人民代表大会常务委员会第三次会议通过，在2017年11月4日经第十二届全国人民代表大会常务委员会第三十次会议修订，后又根据2019年4月23日第十三届全国人民代表大会常务委员会第十次会议《关于修改〈中华人民共和国建筑法〉等八部法律的决定》修正。2022年1月29日，最高人民法院审判委员会第1862次会议通过了《最高人民法院关于适用〈中华人民共和国反不正当竞争法〉若干问题的解释》，自2022年3月20日起施行。

(一)市场竞争的基本准则

竞争既是经济主体在市场上为实现自身的经济利益和既定目标而不断进行角逐的过程，也是经济主体争取交易机会或者获取交易上的优势的活动。为了促进社会主义市场经济健康发展，鼓励和保护公平竞争，制止不正当竞争行为，《反不正当竞争法》规定，经营者在生产经营活动中，应当遵循自愿、平等、公平、诚信的原则，遵守法律和商业道德。该规定确立了经营者在市场竞争中应当遵循的基本准则。

(二)不正当竞争行为与经营者的界定

不正当竞争行为，是指经营者在生产经营活动中，违反《反不正当竞争法》的规定，扰乱市场竞争秩序，损害其他经营者或者消费者的合法权益的行为。

经营者，是指从事商品生产、经营或者提供服务(以下所称商品包括服务)的自然人、法人和非法人组织。

【典型例题·单选题7—1】 下列各项中，不属于不正当竞争行为构成要件的是(　　)。

A. 经营者违反法律规定

B. 损害其他经营者或者消费者的合法权益

C. 扰乱市场竞争秩序

D. 不正当竞争行为给受害人造成了重大损失

二、不正当竞争行为的类型

(一)混淆行为

混淆行为是指经营者在市场经营活动中，以种种不实手段对自己的商品或服务作虚假表示、说明或承诺，或不当利用他人的智力劳动成果推销自己的商品或服务，使用户或者消费者产生误解，扰乱市场秩序、损害同业竞争者的利益或者消费者利益的行为。

经营者实施的下列行为，引人误认为是他人商品或者与他人存在特定联系，属于《反不正当竞争法》禁止的混淆行为：(1)擅自使用与他人有一定影响的商品名称、包装、装潢等相同或者近似的标识；(2)擅自使用他人有一定影响的企业名称(包括简称、字号等)、社会组织名称(包括简称等)、姓名(包括笔名、艺名、译名等)；(3)擅自使用他人有一定影响的域名主体部分、网站名称、网页等；(4)其他足以引人误认为是他人商品或者与他人存在特定联系的混淆行为。

【小案例 7—1】 “郎酒”为国优名酒，其瓶贴上的“郎”字是最显著的标记，又是这种国优名酒特有名称。甲酒厂将自己生产的非名牌酒取名为“雪郎”“液郎”“玉郎”，酒瓶外观标贴与国家名酒“郎酒”的外观几乎一样。一些消费者以为“雪郎”“液郎”“玉郎”是“郎酒”的系列产品而购买。

点评：“郎酒”为国优名酒，在国内具有一定影响，而甲酒厂生产的“雪郎”“液郎”“玉郎”与“郎酒”的名称、包装、装潢近似，引人误认为与“郎酒”存在特定联系，属于《反不正当竞争法》所禁止的混淆行为。

【典型例题 · 多选题 7—1】 下列选项中，属于《反不正当竞争法》禁止的混淆行为的有（　　）。

A. 张三见同乡甲的“阿大烧饼”很受市场欢迎，于是自己也开了一家“阿大烧饼王”，标识都是一只笑脸的烧饼

B. 李四使用著名艺人乙的艺名进行商业活动，赚了不少钱

C. 王五使用“京东”网站的首页作为自己的销售网页

D. 赵六开了一家网络产品店，取名为“华为”网络产品销售部

（二）商业贿赂行为

1. 商业贿赂的含义

商业贿赂，是指经营者为销售或者购买商品而采用财物或者其他手段贿赂对方单位或者个人的行为。商业贿赂多以回扣的形式出现。

【知识拓展】 回扣与折扣、佣金的区别

回扣，是指经营者销售商品时在账外暗中以现金、实物或者其他方式退给对方单位或者个人的一定比例的商品价款。折扣，即商品购销中的让利，是指经营者在销售商品时，以明示并如实入账的方式给予对方的价格优惠，包括支付价款时对价款总额按一定比例即时予以扣除和支付价款总额后再按一定比例予以退还两种形式。佣金，是指经营者在市场交易中给予为其提供服务的具有合法经营资格中间人的劳务报酬。

2. 商业贿赂的认定

经营者采用财物或者其他手段贿赂下列单位或者个人，以谋取交易机会或者竞争优势，构成商业贿赂：(1)交易相对方的工作人员；(2)受交易相对方委托办理相关事务的单位或者个人；(3)利用职权或者影响力影响交易的单位或者个人。

经营者在交易活动中，可以以明示方式向交易相对方支付折扣，或者向中间人支付佣金。经营者向交易相对方支付折扣、向中间人支付佣金的，应当如实入账。接受折扣、佣金的经营者也应当如实入账。

经营者的工作人员进行贿赂的，应当认定为经营者的行为；但是，经营者有证据证明该工作人员的行为与为经营者谋取交易机会或者竞争优势无关的除外。

【小案例 7—2】 深圳海王药业有限公司宁波办事处为推广和销售药品，通过向宁波、温州、舟山、台州地区的多家医院、药店、医生采取回扣、折扣、佣金、宴请、送礼、赞助费、旅游等方式开展促销活动，所支出费用由宁波办事处的医药代表以“专项费用”“推广费”等方式向公司报销，所有支出均未在账务上如实反映。公司通过上述方式在 1 年内实现药品销售额约 700 万元。

点评：本案中，深圳海王药业有限公司采取回扣等方式推销药品所支出的费用在公司财务上均未如实反映，属于《反不正当竞争法》所禁止的“采用财物或者其他手段贿赂单位或者个人，以谋取交易机会或者竞争优势”的行为，构成商业贿赂。

【典型例题 · 单选题 7—2】 下列行为中，属于商业贿赂行为的是（　　）。

A. 在公开招标中为取得中标机会，给予发标单位财物

B. 被勒索不得已向交易对方赠送财物

C. 被胁迫情况下给予交易对方财物

D. 为晋升而收买有关人员

（三）虚假宣传

1. 虚假宣传的含义

虚假宣传是指在商业活动中经营者利用广告或其他方法对商品或者服务做出与实际内容不相符的虚假信息，导致客户或消费者误解的行为。

2. 虚假宣传的认定

经营者实施下列行为，应当认定为虚假宣传：（1）对其商品的性能、功能、质量、销售状况、用户评价、曾获荣誉等作虚假或者引人误解的商业宣传，欺骗、误导消费者。（2）通过组织虚假交易等方式，帮助其他经营者进行虚假或者引人误解的商业宣传。

【小案例 7—3】 云南甲化妆品公司通过媒体发布“七日生发素”化妆品广告，广告含有“七日生发素，专门治疗各种脱发；七日生发素为什么能达到这么好的效果呢？因为七日生发素选用各种天然中草药；彻底改变脱发、掉发、秃顶、谢顶等问题，七日生发素采用天然植物中草药，健康安全，不会对皮肤产生刺激，3～7 天即可改善脱发、掉发问题，21 天长出新发”等内容。

点评：“七日生发素”化妆品广告涉及疾病治疗功能，使用医疗用语或者易使推销的商品与药品相混淆的用语，违反了《中华人民共和国广告法》《化妆品监督管理条例》的规定。2022 年 2 月，云南省市场监管局责令当事人停止发布违法广告，在相应范围内消除影响，罚款 60 800 元。

【典型例题 · 判断题 7—1】 经营者在广告中对其商品进行夸大其词的宣传，属于《反不正当竞争法》禁止的虚假宣传。（　　）

（四）侵犯商业秘密行为

1. 商业秘密的含义

商业秘密，是指不为公众所知悉、具有商业价值并经权利人采取相应保密措施的技术信息、经营信息等商业信息，包括设计、程序、产品配方、制作工艺、制作方法、管理诀窍、客户名单、货源

情报、产销策略、招投标中的标底及标书内容等信息。

2. 侵犯商业秘密行为的表现形式

经营者实施侵犯商业秘密的行为包括下列形式：(1)以盗窃、贿赂、欺诈、胁迫、电子侵入或者其他不正当手段获取权利人的商业秘密；(2)披露、使用或者允许他人使用以前项手段获取的权利人的商业秘密；(3)违反保密义务或者违反权利人有关保守商业秘密的要求，披露、使用或者允许他人使用其所掌握的商业秘密；(4)教唆、引诱、帮助他人违反保密义务或者违反权利人有关保守商业秘密的要求，获取、披露、使用或者允许他人使用权利人的商业秘密。

经营者以外的其他自然人、法人和非法人组织实施上述所列违法行为的，视为侵犯商业秘密。

第三人明知或者应知商业秘密权利人的员工、前员工或者其他单位、个人实施上述所列违法行为，仍获取、披露、使用或者允许他人使用该商业秘密的，视为侵犯商业秘密。

【典型例题·单选题 7—3】 经营者不得侵犯商业秘密。下列关于侵犯商业秘密的表述中，不正确的是(　　)。

A. 侵犯商业秘密的行为主体一定是经营者

B. 经营者以盗窃等不正当手段获取商业秘密，即使未使用该商业秘密，也构成侵犯商业秘密

C. 第三人明知是用非法手段获取的商业秘密，而仍使用该商业秘密，视为侵犯商业秘密

D. 负有保守商业秘密义务的经营者披露商业秘密，构成侵犯商业秘密

(五)不当有奖销售行为

1. 不当有奖销售行为的含义

不当有奖销售行为，是指经营者违反诚实信用原则和公平竞争原则，利用物质、金钱或其他经济利益引诱购买者与之交易，排挤竞争对手的不正当竞争行为。

2. 不当有奖销售的认定

经营者进行有奖销售存在下列情形之一的，为不当有奖销售：(1)所设奖的种类、兑奖条件、奖金金额或者奖品等有奖销售信息不明确，影响兑奖；(2)采用谎称有奖或者故意让内定人员中奖的欺骗方式进行有奖销售；(3)抽奖式的有奖销售，最高奖的金额超过 5 万元。

【知识拓展】 谎称有奖或者故意让内定人员中奖的表现形式

● 谎称有奖销售或者对所设奖的种类，中奖概率，最高奖金额，总金额，奖品种类、数量、质量、提供方法等作虚假不实的表示。

● 采取不正当的手段故意让内定人员中奖。

● 故意将设有中奖标志的商品、奖券不投放市场或者不与商品、奖券同时投放市场；故意将带有不同奖金金额或者奖品标志的商品、奖券按不同时间投放市场。

● 其他欺骗性有奖销售行为。

【小案例7—4】 南京某房地产公司为了吸引更多的消费者前来买房，推出“买房抽奖送宝马轿车”有奖促销活动。具体内容为：凡在6—8月间，购买该公司所开发的××外滩新城和君望墅楼盘商品房的客户，均有机会参加由当事人组织的抽取宝马x1轿车的活动。抽奖活动结束时，共抽取了2辆宝马x1轿车。奖品通过某集团下属的南京××投资管理有限公司从南京宝利丰汽车销售服务有限公司采购，单价为26.22万元，两辆轿车合计52.44万元。

点评：该公司推出的有奖促销属于抽奖式有奖销售，其奖品金额价值超过了法律所规定的上限5万元，构成不当有奖销售，被工商管理部门依法查处。

【典型例题·判断题7—2】 甲超市为了促销，推出抽奖式有奖销售活动，奖金总额达到7万元，违反了《反不正当竞争法》的规定。（ ）

（六）商业诽谤行为

商业诽谤，是指经营者自己或利用他人，通过捏造、散布虚假事实等不正当手段，对竞争对手的商业信誉、商品声誉进行恶意的诋毁、贬低，以削弱其市场竞争能力，并为自己谋取不正当利益的行为。

《反不正当竞争法》规定，经营者不得编造、传播虚假信息或者误导性信息，损害竞争对手的商业信誉、商品声誉。

【小案例7—5】 2010年2月2日，瑞星利用其运营的官方网站广泛传播“360给用户装‘后门’”，称360安全卫士在安装进用户电脑时，会私下开设“后门”，而此“后门”存在巨大安全隐患。奇虎360公司认为，瑞星的诽谤性言论给360安全产品的良好商誉造成了极大的损害，遂向法院起诉。

判决：北京市西城区法院经审理认定，瑞星公司发布的有关“360安全卫士”的信息没有事实根据，损害了竞争对手的商品声誉，其行为构成不正当竞争，应当承担相应的侵权责任。法院判定瑞星公司立即停止针对奇虎360的不正当竞争行为，在相关媒体上连续10天发表道歉声明，并赔偿奇虎360公司20万元。

【典型例题·单选题7—4】 甲公司为宣传其股票交易分析软件，在网络发表文章，称其软件是“股民心中的神灵”，贬称过去的同类软件“让许多股民欲哭无泪”，并称乙公司的软件“简直是垃圾”。下列说法中，正确的是（ ）。

A. 甲公司的行为构成虚假宣传

B. 甲公司的行为构成网络不正当竞争行为

C. 甲公司的行为构成商业诽谤

D. 甲公司的行为属于正常的市场竞争行为

（七）网络不正当竞争行为

随着技术发展和网络成熟，竞争日益技术化，市场日益网络化，网络市场竞争的强烈程度一点也不逊色于现实生活。为了保障网络市场的公平竞争，新修订的《反不正当竞争法》对网络不正当竞争行为进行了规制。

《反不正当竞争法》规定，经营者不得利用技术手段，通过影响用户选择或者其他方式，实施下列妨碍、破坏其他经营者合法提供的网络产品或者服务正常运行的行为：（1）未经其他经营者同意，在其合法提供的网络产品或者服务中，插入链接、强制进行目标跳转；(2)误导、欺骗、强迫用户修改、关闭、卸载其他经营者合法提供的网络产品或者服务；(3)恶意对其他经营者合法提供的网络产品或者服务实施不兼容；(4)其他妨碍、破坏其他经营者合法提供的网络产品或者服务正常运行的行为。

【小案例 7—6】 金融城公司为向公众提供外汇交易服务信息，通过与建行北京分行合作，制作了“中国建设银行北京市分行外汇币种走势图”，在其官网 295 网站的外汇频道中发布。交易走势图是金融城公司通过自己开发的专用软件，对建行北京分行提供的外汇交易牌价的即时行情进行处理，之后以曲线图的形式在网上发布。财智公司在所开设的财智网上，越过金融城网络有限公司网站主页，直接对在该网站外汇中心频道内的走势图设置了链接，将其链接至财智网“外汇中心”栏目下，在链接期间财智公司没有对被链接走势图整体显示状态进行修改。

点评：财智公司未经金融城网络有限公司同意，在其合法提供的网络产品或者服务中插入链接，妨碍、破坏了金融城网络有限公司合法提供的网络产品或者服务正常运行，构成了网络不正当竞争行为。

【典型例题 · 多选题 7—2】 某视频网站的盈利方式是在视频开头插播广告，某浏览器发现其系统程序存在漏洞，于是开发了一个小软件，使得该浏览器的用户可以自动屏蔽视频开头的广告。一时间，该浏览器的用户数量大增。该视频网站知道后要求该浏览器立刻停止向用户提供广告屏蔽功能，并通过技术手段使得用户使用该浏览器无法访问自己的视频网站。对于该视频网站和浏览器的做法，下列说法中，正确的有（　　）。

A. 浏览器与视频网站不存在经营竞争关系，浏览器的行为不构成侵权

B. 浏览器破坏了视频网站的正常盈利模式，构成网络不正当竞争行为

C. 视频网站对浏览器禁止访问的行为是保护自身商业利益的正当行为

D. 视频网站对浏览器禁止访问的行为属于恶意不兼容，构成网络不正当竞争行为

三、对涉嫌不正当竞争行为的调查

(一)查处不正当竞争行为的职能部门

县级以上人民政府履行市场监督管理职责的部门对不正当竞争行为进行查处；法律、行政法规规定由其他部门查处的，依照其规定。

(二)监督检查部门的职权与义务

监督检查部门调查涉嫌不正当竞争行为，可以采取下列措施：(1)进入涉嫌不正当竞争行为的经营场所进行检查；(2)询问被调查的经营者、利害关系人及其他有关单位、个人，要求其说明有关情况或者提供与被调查行为有关的其他资料；(3)查询、复制与涉嫌不正当竞争行为有关的协议、账簿、单据、文件、记录、业务函电和其他资料；(4)查封、扣押与涉嫌不正当竞争行为有关的财物；(5)查询涉嫌不正当竞争行为的经营者的银行账户。

监督检查部门调查涉嫌不正当竞争行为，被调查的经营者、利害关系人及其他有关单位、个人应当如实提供有关资料或者情况。

监督检查部门及其工作人员对调查过程中知悉的商业秘密负有保密义务。

四、法律责任

(一)民事责任

经营者违反《反不正当竞争法》的规定,给他人造成损害的,应当依法承担民事责任。

经营者的合法权益受到不正当竞争行为损害的,可以向人民法院提起诉讼。

因不正当竞争行为受到损害的经营者的赔偿数额,按照其因被侵权所受到的实际损失确定;实际损失难以计算的,按照侵权人因侵权所获得的利益确定。经营者恶意实施侵犯商业秘密行为,情节严重的,可以在按照上述方法确定数额的1倍以上5倍以下确定赔偿数额。赔偿数额还应当包括经营者为制止侵权行为所支付的合理开支。

权利人因受到经营者实施混淆行为、侵犯商业秘密行为侵害所受到的实际损失、经营者因侵权所获得的利益难以确定的,由人民法院根据侵权行为的情节判决给予权利人500万元以下的赔偿。

(二)行政责任

经营者违反《反不正当竞争法》的规定从事不正当竞争,由监督检查部门根据具体情形责令停止违法行为、消除影响以及给予罚款、没收违法所得、没收违法商品、吊销营业执照等行政处罚。

经营者违反《反不正当竞争法》的规定从事不正当竞争,有主动消除或者减轻违法行为危害后果等法定情形的,依法从轻或者减轻行政处罚;违法行为轻微并及时纠正,没有造成危害后果的,不予行政处罚。

经营者违反《反不正当竞争法》的规定从事不正当竞争,受到行政处罚的,由监督检查部门记入信用记录,并依照有关法律、行政法规的规定予以公示。

(三)刑事责任

违反《反不正当竞争法》的规定,构成犯罪的,依法追究刑事责任。

【典型例题·多选题7—3】 关于经营者违反《反不正当竞争法》的法律责任,下列表述中,正确的有(　　)。

A. 经营者违反《反不正当竞争法》的规定,给他人造成损害的,应当依法承担民事责任

B. 经营者从事不正当竞争,有主动消除或者减轻违法行为危害后果等法定情形的,依法从轻或者减轻行政处罚

C. 经营者从事不正当竞争,违法行为轻微并及时纠正,没有造成危害后果的,不予行政处罚

D. 经营者违反规定从事不正当竞争,受到行政处罚的,不追究刑事责任

第二节　消费者权益保护法

情景导入

消费是日常生活中必不可少的一项活动,而消费者是消费的主体,是消费权益保护最重要的主体。消费者在消费和使用过程中,由于自身或者经营者等方面的因素,会受到一些人身伤害或经济损失,因此,在日常消费活动中消费者权益需要得到保护。消费者要提高自己的权益保护意

识，还要运用法律手段来实现自己享有的消费者权利，只有通过多种途径的结合运用，消费者权益才能得到更好的保护。随着社会经济的发展和收入水平的提高，消费需求日益增长，消费者权益保护工作越来越受到我国的重视，消费者权益保护途径也越来越多。《中华人民共和国消费者权益保护法》(以下简称《消费者权益保护法》)作为一部与普通百姓日常生活最密切联系的法律，自1993年10月颁布实施以来，在完善社会维权机制、解决消费权益纠纷、打击侵害消费者权益违法行为、提高消费者依法维权意识以及促进消费维权运动蓬勃发展等方面发挥了很大的作用。2014年3月15日第二次修正的《消费者权益保护法》正式实施。为切实维护消费者合法权益，广大消费者应充分关注第二次修正的《消费者权益保护法》的修改热点，消费的过程中如遇到自己的合法权益受到侵害，则可拿起《消费者权益保护法》维护自己的合法权益。

一、消费者的界定与权利

(一)消费者的界定

《消费者权益保护法》第二条规定：“消费者为生活消费需要购买、使用商品或者接受服务，其权益受本法保护；本法未作规定的，受其他有关法律、法规保护。”根据这一规定，消费者是指为满足生活需要而购买或使用经营者提供的商品或服务的人。

(二)消费者的权利

我国于1993年颁布的《消费者权益保护法》，在广泛吸取各国及国际消费者保护立法经验的基础上，规定了消费者的基本权利。2009年8月27日，根据第十一届全国人民代表大会常务委员会第十次会议《关于修改部分法律的规定》，对《消费者权益保护法》进行了第一次修正。2013年10月25日，根据第十二届全国人大常委会第五次会议《关于修改部分法律的决定》，对《消费者权益保护法》进行了第二次修正。2014年3月15日，第二次修正的《消费者权益保护法》正式实施。消费者权利以法定权利的形式已为越来越多的国家法律所确认。消费者权利的实现保障越来越严密，保护消费者利益已被视为国家和有关社会组织的基本职责。

在我国，消费者权利是指消费者在消费领域中，即在购买、使用商品或者接受服务过程中所享有的权利。《消费者权益保护法》专章规定了消费者的九项权利。

1. 安全权

安全权，是指消费者在购买、使用商品和接受服务时享有人身、财产安全不受损害的权利。

【典型例题·单选题7—5】 乔乔在某商场购物时因地面湿滑而摔倒，乔乔的(　　)权受到了侵害，她(　　)要求商场给予赔偿。

A. 知情，无权　　B. 安全，有权　　C. 知情，有权　　D. 安全，无权

2. 知情权

知情权，是指消费者享有知悉其购买、使用的商品或者接受的服务的真实情况的权利。

3. 选择权

选择权，是指消费者享有自主选择商品或者接受服务的权利。主要内容有：

(1)有权自主选择经营者；

(2)有权自主选择商品品种或服务方式；

(3)有权自主决定是否购买或接受服务；

(4)自主选择商品或服务时，有权进行比较、鉴别和挑选。

【小案例7—7】 璐璐对自家的住宅电话费居高不下感到十分不解，于是便向电信部门查询。电信部门出具了长途电话明细清单。璐璐要求查看区内通话明细清单，却遭拒绝，理由是市话收费采用的是复式计次法，即电脑只记录通话次数，而不记录主叫号码、被叫号码和通话时间，因此，即使璐璐对自家的市话通话费存在怀疑，也无法一一核对，只能大概地估计。所以，电信部门只向璐璐提供了区内通话费的总数和通话时间的总数。

思考： 电信部门在市话收费中不向消费者出具明细清单是否合法？

简析： 不合法。根据《消费者权益保护法》的规定，消费者在购买、使用商品或者接受服务时，享有知悉商品真实情况和服务真实情况的权利。消费者根据自己的知情权，有权要求经营者按照法律法规规定的方式表明商品或者服务的真实情况，消费者在购买、使用商品或者接受服务时，有权询问和了解商品或者服务的有关情况。在本案的住宅电话消费中，璐璐了解话费的详细情况就是行使自己在电信消费方面的知情权，电信部门有责任向璐璐说明服务的一切真实情况，有义务回答璐璐对收费明细内容的询问；否则，就是侵犯璐璐的知情权。

【典型例题·单选题7—6】 消费者对商品进行比较、鉴别和挑选的权利属于（　　）。

A. 选择权　　B. 公平交易权　　C. 获知权　　D. 求偿权

4. 公平交易权

公平交易权，是指消费者享有公平交易的权利。

5. 求偿权

求偿权，是指消费者享有依法获得赔偿的权利。

6. 结社权

结社权，是指消费者享有依法成立维护自身合法权益的社会团体的权利。

7. 获知权

获知权，是指消费者享有获得有关消费和消费者权益保护方面的知识的权利。

8. 受尊重权

受尊重权，是指消费者在购买、使用商品和接受服务时，享有其人格尊严、民族风俗习惯得到尊重的权利。

9. 监督权

监督权，是指消费者享有对商品和服务以及保护消费者权益工作进行监督的权利。

二、经营者的界定与义务

（一）经营者的界定

1. 经营者的概念

经营者是指从事商品经营或者营利性服务的法人、其他经济组织和个人。经营者是向消费者提供其生产、销售的商品或者提供服务的公民、法人或者其他经济组织，它是以营利为目的从事生产经营活动并与消费者相对应的另一方当事人。

2. 经营者的法律特征

经营者的法律特征包括：

（1）经营者包括生产者、销售者和服务者。经营者的经营活动，不单指商品销售，也包括商品的生产和有偿服务活动。

(2)经营者是与消费者相对应的另一方当事人。经营者与消费者处于消费关系的两极，经营者处于义务极，消费者处于权利极。消费者权益保护在很大程度上是靠经营者履行义务来保障的。因此可以说，经营者是消费者权益保护最直接和最主要的保护主体。

(3)经营者提供商品或者服务是以营利为目的的。只要经营者是有偿提供商品或服务，不论其结果是否盈利，就都是以营利为目的的经营活动。

(二)经营者的义务

随着消费问题的日益突出，各国对消费者的保护越发重视且加大了保护力度，消费者权益保护工作也面临着更大的挑战。为了更好地保护消费者的合法权益，就需要在《消费者权益保护法》中对经营者的义务进行规定。经营者的义务，是指经营者在向消费者提供商品或者服务的过程中，为了保护消费者的合法权益、维护市场经济秩序，依法应该为或不为一定行为的约束。《消费者权益保护法》第十六条明确规定："经营者向消费者提供商品或者服务，应该依照本法和其他有关法律、法规的规定履行义务。"具体内容如下：(1)依法、依约履行义务；(2)接受监督的义务；(3)安全保障的义务；(4)产品召回的义务；(5)提供真实、全面信息的义务；(6)真实标示的义务；(7)提供票证的义务；(8)质量保证的义务；(9)"三包"义务；(10)依法使用格式条款的义务；(11)尊重消费者的义务；(12)保护消费者个人信息的义务。

【小案例 7－8】　某天，芳芳到某超市购物，在超市门口被超市保安以偷窃为名要求搜身，且用语言侮辱芳芳。当时门口围观人众多，芳芳精神上受的刺激很大。后芳芳报警，经民警核实，芳芳确实未偷东西，但从超市回来后，芳芳越想越难受，精神上饱受煎熬，整夜失眠，除了父母，她不敢接触任何人，后被家人送到精神病院住院治疗，花费巨大。

思考：芳芳的父母作为芳芳的监护人，可否要求超市承担民事赔偿责任？

简析：《消费者权益保护法》第二十五条规定："经营者不得对消费者进行侮辱、诽谤，不得搜查消费者的身体及其携带的物品，不得侵犯消费者的人身自由。"该超市的工作人员侮辱诽谤、搜查身体、侵犯芳芳人身自由的行为，严重侵害了芳芳作为一个消费者的人身权益，对其造成了严重的精神损害，芳芳的父母可以根据《消费者权益保护法》第四十三条的规定，要求超市停止侵害、恢复名誉、消除影响、赔礼道歉，并赔偿损失。超市的工作人员是因为履行超市的职务行为，致使芳芳受到伤害的，应由超市承担民事赔偿责任。

三、消费者权益保护

(一)消费者权益保护

消费者权益保护是指国家通过立法、行政和司法活动，保护消费者在消费领域依法享有的权益。消费者权益保护一般分为立法保护、行政保护、司法保护、社会保护四个方面。

1. 立法保护

立法保护是指国家通过制定《消费者权益保护法》等有关消费者权益保护的法律法规和规章，不断建立、健全消费者权益保护的法律制度。

2. 行政保护

行政保护是指各级人民政府及其所属机构依照《消费者权益保护法》等相关法律法规和规

章，通过依法行使行政权力、履行法定职责来保护消费者合法权益。

3. 司法保护

司法保护是指公安机关、检察院、法院依法惩处经营者在提供商品和服务中侵害消费者合法权益的违法犯罪行为，以及法院依法及时审理涉及消费者权益争议的案件。

4. 社会保护

社会保护是指组织和个人进行社会监督，大众传播媒介进行舆论监督，消费者组织和行业组织对消费者进行保护。

(二)消费者争议解决途径

消费者争议，是指消费者与经营者之间基于消费行为引发的权利、义务冲突而产生的一种双边或多边的对抗行为和社会现象。消费者争议是消费者与经营者之间的争议。

消费者权益的保护，首先应当最大限度地减少消费者争议的发生。国家要通过各种途径使消费者知悉其依法享有的权利和消费争议解决方法，并从培养经营者诚信经营理念的角度来进行制度设计；消费者在进行消费活动的过程中需要主动掌握所需商品或者服务的知识和使用技能，有关消费者权益保护的法律、法规和政策，消费者权益保护机构、保护途径、保护方法等方面的知识，提高自我保护意识，更好地维护自己的合法权益。

其次，当发生消费者争议时，消费者要有维权意识，主动通过协商和解、投诉调解、申诉、仲裁以及诉讼等方式来捍卫自己的合法利益。国家也应当完善争议解决方面的法律制度，将消费者权利与义务贯彻、落实，确保消费者权益得以维护、消费成本得以降低。

1. 协商和解

消费者争议的协商和解，是指消费者与经营者发生争议后，双方就与争议有关的问题通过平等协商，达成和解协议，从而解决消费者争议的方式。

协商和解是消费者自力救济的一种解决方式，也是解决消费者争议的最普遍、最常见的形式之一。消费者争议的协商和解能充分体现当事人意志，既有利于双方当事人充分表达自身的诉求，节约社会资源、降低交易成本，也能有效避免社会冲突引发大的社会动荡，有助于和谐社会的构建。

2. 消费者协会调解

调解，即在第三方的调和下，以当事人意思自治为主来解决纠纷的一种方式。

消费者协会调解是消费者争议调解中最规范、最有效、最普通的一种调解方式。

《消费者权益保护法》规定，对于消费者争议，可以请求消费者协会或者依法成立的其他调解组织调解。消费者与经营者协商不成时，可以向消费者协会投诉，请求协助解决。消费者也可以不经过与经营者协商和解的程序，直接向消费者协会投诉。消费者协会解决争议的主要方式是调解，而且其服务一般是免费的。在这种情况下，消费者不仅不用耗费大量的精力和时间，也不会增加额外的经济压力。

【典型例题·单选题 7—7】 消费者协会和其他消费者组织在保护消费者合法权益时，对商品和服务实施的是(　　)监督。

A. 行政　　B. 司法　　C. 舆论　　D. 社会

3. 消费者争议的行政处理

《消费者权益保护法》规定，消费者合法权益遭受损害时可以向有关行政机关申诉，请求依法处理。这些行政机关包括市场监督管理、技术监督、价格管理、卫生、防疫、进出口商品检验等部门。

在政府有关部门中，国家市场监督管理机关与消费者权益保护的关系最为密切，因而也是受理消费者申诉最多的行政管理机关。市场监督管理机关在受理消费者申诉中，对经营者欺诈消费者的行为和经营者的违法行为，应当分别依照《欺诈消费者行为处罚办法》和《市场监督管理行政处罚程序规定》处理；受理消费者申诉的案件属于民事争议的，实行调解制度，应组织双方当事人进行调解。调解达成协议的，应当制作调解书，并应当在收到消费者申诉书之日起 60 日内终结调解；调解不成的，应当终止调解。调解不成的，或者调解书生效后无法执行的，消费者可以按照国家法律、行政法规的规定向有关部门申请仲裁或者提起诉讼。

4. 消费者争议的仲裁

仲裁，是解决民商事纠纷的重要途径之一。《消费者权益保护法》规定，消费者和经营者发生消费者权益争议的，可以通过根据与经营者达成的仲裁协议提请仲裁机构仲裁的方式解决。

根据《仲裁法》的规定，平等主体的公民、法人和其他组织之间发生的合同纠纷和其他财产权益纠纷，可以仲裁。婚姻、收养、监护、扶养、继承纠纷以及依法应当由行政机关处理的行政纠纷不能仲裁。对于消费者来讲，消费者在购买商品、接受服务时，与生产者、经营者发生的争议，都可以通过仲裁方式加以解决。

5. 消费者纠纷的诉讼解决途径

《消费者权益保护法》规定："人民法院应当采取措施，方便消费者提起诉讼。对符合《中华人民共和国民事诉讼法》起诉条件的消费者争议，必须受理，及时审理。"

消费者纠纷诉讼，是指消费者在购买、使用商品或者接受服务时，其合法权益遭受侵害，在法定期限内，依法向人民法院起诉，请求人民法院按照司法程序对消费者权益争议案件进行审理的活动。消费者纠纷诉讼是消费者权益争议处理过程中的一个重要环节，也是对消费者权益争议案件的最终处理途径。提起诉讼是消费者的一项重要法律权利。消费者可以向人民法院提起诉讼，由人民法院按照司法程序审理。

【典型例题·多选题 7—4】 下列各项中，属于消费者权益争议解决方式的有（　　）。

A. 请求消费者协会调解　　B. 与经营者协商和解

C. 向人民法院提起诉讼　　D. 向有关行政部门申请仲裁

四、法律责任

（一）民事责任

1. 侵犯人身权的法律责任

侵害人格尊严或侵犯人身自由的应当停止侵害、恢复名誉、消除影响、赔礼道歉，并赔偿损失。致人伤害的应当支付医疗费、治疗期间的护理费、因误工减少的收入等费用。造成残疾的，还应当支付残疾者生活自助用具费、生活补助费、残疾赔偿金以及由其扶养的人所必需的生活费等费用；致人死亡的应当支付丧葬费、死亡赔偿金以及由死者生前扶养的人所必需的生活费等费用。

2. 侵犯财产权的法律责任

应当按照消费者的要求，以修理、重作、更换、退货、补足商品数量、退还货款和服务费用或者赔偿损失等方式承担法律责任。消费者与经营者另有约定的按约定履行。违反"三包"的规定或约定的，经营者应当负责修理、更换或者退货。在保修期内两次修理仍不能正常使用的，经营者应当负责更换或者退货。对包修、包换、包退的大件商品，消费者要求经营者修理、更换、退货的，经营者应当承担运输费用等合理费用。

经营者以邮购方式提供商品的，应当按照约定提供。未按照约定提供的，应当按照消费者的要求履行约定或者退回货款，并应当承担消费者必须支付的合理费用。

经营者以预付款方式提供商品或者服务的，应当按照约定提供。未按照约定提供的，应当按照消费者的要求履行约定或者退回预付款，并应当承担预付款的利息和消费者必须支付的合理费用。

经营者提供商品或者服务有欺诈行为的，应当按照消费者的要求增加赔偿其受到的损失，增加赔偿的金额为消费者购买商品的价款或者接受服务的费用的 1 倍。

(二)行政责任

经营者违反《消费者权益保护法》和其他有关法律、法规的，由市场监督管理部门责令改正，可以根据情节单处或者并处警告、没收违法所得、处以违法所得 1 倍以上 5 倍以下的罚款，没有违法所得的，处以 1 万元以下的罚款；情节严重的，责令停业整顿、吊销营业执照。经营者对行政处罚决定不服的，可以自收到处罚决定之日起 15 日内向上一级机关申请复议，对复议决定不服的，可以自收到复议决定书之日起 15 日内向人民法院提起诉讼；也可以直接向人民法院提起诉讼。

(三)刑事责任

经营者提供商品或者服务，造成消费者或者其他受害人的死亡的，依法追究刑事责任。以暴力、威胁等方法阻碍有关行政部门工作人员依法执行职务的，依法追究刑事责任；拒绝、阻碍有关行政部门工作人员依法执行职务，未使用暴力、威胁方法的，由公安机关依照《治安管理处罚条例》的规定处罚。国家机关工作人员玩忽职守或者包庇经营者侵害消费者合法权益的行为的，由其所在单位或者上级机关给予行政处分；情节严重，构成犯罪的，依法追究刑事责任。

综合应用

【任务一】 某省有 A、B、C、D、E 五家啤酒生产企业。为了促销产品，抢占市场份额，五家企业分别实施了以下营销策略：A 企业率先推出低于成本价的“惊爆价”；B 企业不甘落后，推出“有奖销售”活动，凡购买一箱该企业生产的啤酒的顾客，均可获得一次抽奖机会，特等奖奖金 10 万元(事实上不存在 10 万元奖金的奖券)；C 企业则通过给予经销单位负责人高额回扣的方式让其经销自己的啤酒，这些回扣均未如实入账；D 企业则通过网络发表声明，在无事实依据的情况下声称其他四家企业的啤酒都含有某种对人体有害的成分；E 企业则将产品更名为“青鸟啤酒”，产地标注为青岛，外包装与青岛啤酒相似。

要求：每 5 人为一组，根据《反不正当竞争法》的规定，分析上述材料中五家企业所实施的竞争行为的法律性质，并依法给出处理意见。

【任务二】 每 6～8 人一组，模拟一个网购案例。根据不同类别的纠纷，选择适用不同的机构来处理，如消费者协会、工商部门工作人员、仲裁委员会以及法院。经营者根据《消费者权益保护法》应当承担什么样的法律责任？

课程思政

课程思政
（第七章）

典型例题答案

典型例题答案
（第七章）

附录一　同步练习

第一章　经济法基础知识

一、单项选择题

1. 下列关于法的概念的理解中，不正确的是(　　)。
A. 法是由国家制定或认可的社会规范
B. 法反映全社会成员的意志
C. 法的主要内容是权利和义务
D. 法由国家强制力保障实施
2. 关于法对人的效力，下列表述中，正确的是(　　)。
A. 中华人民共和国公民无论在国内还是在国外，均受中国法律的约束
B. 中国法律只约束中国人，不约束外国人
C. 中国法律只约束在中国境内的外国人，不约束在中国境外的外国人
D. 无国籍人不受中国法律约束
3. 下列法的形式中，由全国人民代表大会及其常务委员会制定的是(　　)。
A. 宪法　　B. 行政法规　　C. 法律　　D. 规章
4. 在下列法的各项分类中，仅以法的内容为标准进行分类的是(　　)。
A. 成文法和不成文法　　B. 实体法和程序法
C. 根本法和普通法　　D. 一般法和特别法
5. 关于法律部门和法律体系，下列表述中，不正确的是(　　)。
A. 法律体系由法律部门组成
B. 法律部门以法律规范的调整对象为标准进行划分
C. 法律规范的调整对象和调整方法都是划分法律部门的标准
D. 划分法律部门的标准存在交叉甚至重合的情形
6. 下列责任形式中，不属于民事责任的是(　　)。
A. 返还财产　　B. 赔偿损失　　C. 罚款　　D. 支付违约金
7. 下列责任形式中，不属于行政责任的是(　　)。
A. 罚金　　B. 警告　　C. 吊销营业执照　　D. 没收违法所得
8. 下列关于自然人民事行为能力的表述中，正确的是(　　)。
A. 年满 18 周岁的自然人都是完全民事行为能力人
B. 不满 18 周岁的自然人都不是完全民事行为能力人
C. 年满 8 周岁不满 18 周岁的自然人都是限制民事行为能力人
D. 不满 8 周岁的自然人都是无民事行为能力人
9. 下列选项中，不能成为法律关系客体的是(　　)。
A. 商标权　　B. 房屋　　C. 劳动行为　　D. 闪电
10. 下列关于代理的表述中，不正确的是(　　)。

A. 委托代理一般有明确的授权范围
B. 委托代理都是基于被代理人的书面授权而产生
C. 法定代理基于法律规定而产生
D. 法定代理为无民事行为能力人和限制民事行为能力人设置

11. 下列选项中，不属于仲裁特征的是（ ）。
A. 自愿性 B. 官方性 C. 非官方性 D. 法律约束性

12. 以下关于仲裁机构的表述中，正确的是（ ）。
A. 我国的仲裁机构是仲裁委员会
B. 仲裁委员会按照行政区划层层设立
C. 仲裁委员会主任由政府官员担任
D. 从事律师工作满 5 年的，可以担任仲裁员

13. 下列选项中，不属于仲裁协议内容的是（ ）。
A. 请求仲裁的意思表示 B. 仲裁事项
C. 选定的仲裁委员会 D. 选定的仲裁员

14. 下列情形中，仲裁员无须回避的是（ ）。
A. 仲裁员是本案当事人或者当事人、代理人的近亲属
B. 仲裁员与申请人有债权债务关系
C. 仲裁员与被申请人先后毕业于同一所大学，但相互不熟悉
D. 仲裁员私自会见申请人及其代理人

15. 人民法院审理民事案件，依照法律规定实行合议、回避、公开审判和两审终审制度。下列表述中，不符合相关规定的是（ ）。
A. 人民法院审理第一审民事案件，除简易程序等由审判员一人独任审理外，由审判人员组成合议庭
B. 人民法院审理民事案件，除涉及国家秘密、个人隐私或者法律另有规定的以外，一律公开进行
C. 二审人民法院对案件所做的判决、裁定为生效判决、裁定，当事人不得再上诉
D. 书记员接受案件的被告请客送礼的，适用回避制度

16. A 市赵某在 B 市正游玩时被 C 市郭某驾驶的一辆汽车撞伤，因赔偿数额不能达成一致，遂向人民法院起诉驾驶员郭某。下列关于本案管辖的说法中，不正确的是（ ）。
A. 赵某可以向 C 市基层人民法院起诉
B. 赵某可以向 A 市基层人民法院起诉
C. 赵某可以向 B 市基层人民法院起诉
D. 赵某同时向两个以上有管辖权的法院起诉的，由最先立案的人民法院管辖

17. 下列案件中，不属于专属管辖的是（ ）。
A. 因不动产纠纷提起的诉讼
B. 因房屋租赁纠纷提起的诉讼
C. 因继承遗产纠纷提起的诉讼
D. 因港口作业中发生纠纷提起的诉讼

18. 对于原告的起诉，人民法院的下列做法中，正确的是（ ）。
A. 对符合起诉条件的，应当在 5 日内立案，并通知当事人
B. 对符合起诉条件的，应当在 7 日内立案，并通知当事人
C. 对不符合起诉条件的，应当在 5 日内作出裁定书，不予受理
D. 对不符合起诉条件的，应当在 7 日内作出口头裁定，不予受理

19. 关于上诉，下列表述中，正确的是（ ）。
A. 人民法院审理民事案件实行两审终审制，当事人对一审判决、裁定不服的，均可在法定期间内提起上诉

B. 除《民事诉讼法》规定实行一审终审的案件外，当事人对一审判决、裁定不服的，均可以在法定期间内提起上诉

C. 当事人不服第一审判决的，有权在判决书作出之日起15日内提起上诉

D. 当事人不服第一审裁定的，有权在裁定书作出之日起10日内提起上诉

20. 下列事项中，可以依法申请行政复议的是（　　）。

A. 某市市场监督管理局工作人员王某对单位给予的记过处分不服

B. 某市税务局征管科科长陶某不服单位的调岗决定

C. 市民汤某不服某区公安分局对其与邻居的民事赔偿纠纷所作的调解处理

D. 甲公司不服某市市场监督管理局作出的暂扣营业执照的决定

21. 下列选项中，不属于行政复议参加人的是（　　）。

A. 对具体行政行为不服而申请行政复议的公民、法人或者其他组织

B. 作出该行政行为的行政机关

C. 受理该行政复议申请的行政机关

D. 与该具体行政行为有利害关系的其他公民、法人或者其他组织

22. 关于行政复议程序，以下表述中，不正确的是（　　）。

A. 当事人可以口头申请行政复议

B. 行政复议机关收到行政复议申请后，应当在7日内进行审查

C. 行政复议机关受理行政复议申请，不得向申请人收取任何费用

D. 申请人认为被申请人不履行法定职责的，应当提供曾经要求被申请人履行法定职责的证据

23. 关于行政复议和行政诉讼的关系，以下表述中，不正确的是（　　）。

A. 一般情况下，当事人对具体行政行为不服，可以依法申请行政复议，也可以提起行政诉讼

B. 当事人申请行政复议的，不可以再对相关行政行为提起行政诉讼

C. 当事人先申请行政复议，对复议决定不服的，可以自收到复议决定之日起15日内向人民法院提起行政诉讼

D. 法律规定应当先申请行政复议的，当事人不得直接向人民法院提起行政诉讼

24. 关于行政诉讼，以下表述中，不正确的是（　　）。

A. 当事人对具体行政行为不服直接提起行政诉讼的，应当在知道作出具体行政行为之日起15日内提出，法律另有规定的除外

B. 行政案件一般由最初作出具体行政行为的行政机关所在地人民法院管辖，但限制人身自由的行政案件由被告所在地或者原告所在地人民法院管辖

C. 法院审理行政案件，不适用调解，以法律、行政法规和地方性法规为依据，参照部门规章和政府规章

D. 人民法院应当在立案之日起6个月内作出第一审判决；当事人对判决不服的，可以自判决书送达之日起15日内向上一级人民法院提起上诉

25. 根据《民法典》的规定，权利人向人民法院请求保护其民事权利的诉讼时效期间为（　　）。

A. 1年　　B. 2年　　C. 3年　　D. 5年

二、多项选择题

1. 法与其他社会规范的主要区别有（　　）。

A. 法由国家制定或者认可，而其他社会规范均不是由国家制定或者认可的

B. 法以权利和义务为主要内容，而其他社会规范中没有权利和义务

C. 法由国家强制力保障实施，而其他社会规范没有国家强制力保障施

D. 法具有普遍适用性，而其他社会规范不具有普遍适用性

2. 关于法的时间效力，下列表述中，正确的有（　　）。

A. 法一经公布即生效
B. 法律规定了生效时间的，自规定时间届至之日起生效
C. 法可以被明示废止，也可以被默示废止
D. 法生效后，对生效前所发生的事件和行为均不适用
3. 根据法的形式的相关原理，下列表述中，正确的有（　　）。
A. 全国人民代表大会制定的基本法律效力高于全国人大常委会制定的法律
B. 国务院各部门可以制定行政法规
C. 行政法规与法律冲突的，适用法律的规定
D. 关于劳动合同，《劳动法》与《劳动合同法》规定不一致的，适用《劳动合同法》的规定
4. 17 岁的曹某殴打于某，致于某轻微伤，未构成犯罪，则曹某可能承担的法律责任有（　　）。
A. 赔偿损失　　B. 赔礼道歉　　C. 拘役　　D. 拘留
5. 下列选项中，（　　）是能够引起法律关系产生的法律事实。
A. 胡某损坏周某的电脑　　B. 梁某因病去世
C. 高某与关某订立合同　　D. 余某与王某结为好友
6. 下列行为中，属于代理行为的有（　　）。
A. 小黄替小张捎个口信给小丁
B. 小刚按小明的要求为小明买回一本书
C. 钱某受余某委托为钱某买了一支手枪
D. 王某受周某委托以周某的名义与高某签订了一份租赁合同
7. 下列对诉讼时效中止的理解中，正确的有（　　）。
A. 诉讼时效中止可以发生在诉讼时效期间的任何时候
B. 诉讼时效中止仅发生在诉讼时效期间的最后 6 个月内
C. 限制民事行为能力人的法定代理人死亡的，诉讼时效中止
D. 权利人卧病在床的，诉讼时效中止
8. 下列对诉讼时效中断的理解中，正确的有（　　）。
A. 诉讼时效中断可以发生在诉讼时效期间的任何时候
B. 权利人向人民调解委员会申请调解的，时效中断
C. 债权人向债务人主张权利或债务人向债权人表示愿意履行义务的，时效中断
D. 导致时效中断的事由消除后，时效继续计算
9. 诉讼时效届满的法律效果包括（　　）。
A. 义务人可以提出不履行义务的抗辩
B. 权利人的权利消灭
C. 权利人仍然有权接受债务人的履行
D. 债务人不知道时效制度而履行的，可以要求债权人返还
10. 根据《仲裁法》的规定，下列纠纷中，不适用仲裁解决的有（　　）。
A. 某房地产开发公司与某市国有土地管理局因国有土地使用权出让产生的纠纷
B. 张某夫妇与陈某夫妇因收养小陈产生的纠纷
C. 夫妻因协议离婚分割共同财产产生的纠纷
D. 甲公司与乙公司因履行销售合同产生的纠纷
11. 下列表述中，符合《仲裁法》规定的有（　　）。
A. 当事人可以协议不开庭审理，由仲裁庭根据仲裁申请书、答辩书以及其他材料作出裁决
B. 除当事人协议公开审理外，仲裁不公开审理
C. 当事人撤回仲裁申请后反悔的，须重新达成仲裁协议方可申请仲裁

D. 仲裁裁决作出后，当事人不服的，可以自收到裁决书之日起 15 日内向人民法院起诉

12. 关于民事诉讼中的回避制度，以下表述中，正确的有（　　）。

A. 适用回避的人员包括除陪审员外的审判员、书记员、翻译人员、鉴定人、勘验人

B. 某审判员曾经是案件原告的学生，关系密切，应当回避

C. 某翻译人员曾经与案件被告在某中学就读，中学毕业后没有联系，不必回避

D. 某鉴定人与双方当事人本无利害关系，但在鉴定前接受了原告的宴请，应当回避

13. 按照《民事诉讼法》的规定，下列案件中属于中级人民法院管辖的有（　　）。

A. 重大涉外案件和重大涉港、澳、台案件

B. 在本辖区有重大影响的案件

C. 海事案件

D. 专利纠纷案件

14. 九江市浔阳区甲公司与杭州市西湖区乙公司在上海市长宁区举行的交易会上签订了一份销售合同。合同约定，由甲公司在杭州市西湖区交货。后因甲公司交货时乙公司拒绝受领，甲公司欲起诉乙公司。下列关于本案管辖法院的说法中，正确的有（　　）。

A. 甲公司可以与乙公司约定，由九江市浔阳区人民法院管辖

B. 甲公司可以与乙公司约定，由上海市长宁区人民法院管辖

C. 甲公司可以与乙公司约定，由北京市海淀区人民法院管辖

D. 若当事人不能就管辖达成协议，则甲公司只能向杭州市西湖区人民法院起诉

15. 丁某的电脑被游某损坏，两人均为完全民事行为能力人，该侵权纠纷欲通过诉讼解决。下列做法中，正确的有（　　）。

A. 丁某的朋友以自己的名义将游某诉至人民法院

B. 丁某将游某诉至人民法院

C. 丁某向游某住所地基层人民法院起诉

D. 丁某向游某住所地中级人民法院起诉

16. 下列事项中，可以依法申请行政复议的有（　　）。

A. 个体户刘某对县税务局的罚款决定不服

B. 市民许某欲开餐馆，向区卫生局申请许可证，卫生局未依法办理

C. 市民毛某因受人身伤害威胁申请区公安分局保护其人身安全，区公安分局置之不理

D. 市民温某对教育部制定的规章不服

17. 下列申请行政复议的情形中，符合《行政复议法》规定的有（　　）。

A. 甲公司对某县税务局的处罚决定不服，向其上级市税务局申请行政复议

B. 乙公司对某县税务局的处罚决定不服，向县人民政府申请行政复议

C. 丙公司对某市人民政府的处罚决定不服，向其上级省人民政府申请行政复议

D. 丁公司对某省人民政府的处罚决定不服，向其上级国务院申请行政复议

18. 行政复议期间，具体行政行为不停止执行，但也存在停止执行的情形。下列情形中，属于停止执行的有（　　）。

A. 被申请人认为需要停止执行的

B. 行政复议机关认为需要停止执行的

C. 申请人申请停止执行，行政复议机关认为其要求合理，决定停止执行的

D. 法律规定停止执行的

19. 下列争议解决方式中，适用于解决平等民事主体当事人之间发生的经济纠纷的有（　　）。

A. 仲裁　　B. 民事诉讼　　C. 行政复议　　D. 行政诉讼

20. 下列事项中，可以提起行政诉讼的有（　　）。

A. 甲公司对市税务局作出的查封其财产的强制措施不服
B. 乙公司认为县政府侵犯其依法享有的经营自主权
C. 公民秦某对外交部的某外交行为不服
D. 公民张某认为某县教育局违法要求其履行义务

三、判断题

1. 不论在什么社会，法都只是反映统治阶级意志。（　）
2. 航行在美国领海的中国船舶既要遵守中国的法律，也要遵守美国的法律。（　）
3. 县人民政府可以制定地方政府规章。（　）
4. 中国是成文法国家，而英国是不成文法国家。（　）
5.《中华人民共和国公司法》属于经济法部门。（　）
6. 当事人违反合同约定需要承担行政责任。（　）
7. 法人和其他组织的权利能力自法人成立时产生，至法人终止时消灭。（　）
8. 裁决作出后，当事人就同一纠纷再申请仲裁或向人民法院起诉的，仲裁委员会或者人民法院不予受理。（　）
9. 平等主体之间的民事争议，只要双方当事人达成仲裁协议，就可以申请仲裁。（　）
10. 仲裁机构是民间组织，与行政机关无隶属关系。（　）
11. 当事人就合同纠纷达成仲裁协议，一方向人民法院起诉未声明有仲裁协议的，人民法院受理后，对该合同纠纷有管辖权。（　）
12. 仲裁调解书和仲裁裁决书具有同等法律效力。（　）
13. 人民法院审理离婚案件，不得公开进行，但当事人申请公开的除外。（　）
14. 因确认公司股东资格提起的诉讼，由股东住所地或者公司住所地人民法院管辖。（　）
15. 人民法院应当在立案之日起 7 日内将起诉状副本发送被告，被告应当在收到之日起 15 日内提出答辩状。（　）
16. 在审理过程中，原告可以增加诉讼请求，被告可以提出反诉，第三人可以提出与本案有关的诉讼请求。（　）
17. 行政复议机关应当自受理申请之日起 90 日内作出行政复议决定。（　）
18. 被申请人不履行法定职责的，行政复议机关决定被审请人在一定期限内履行。（　）
19. 对国务院各部门或者省、自治区、直辖市人民政府所作的具体行政行为提起诉讼的案件，由高级人民法院管辖。（　）
20. 人民法院审理行政案件，一律不适用调解。（　）

四、不定项选择题

南昌市东湖区甲公司与九江市浔阳区乙公司于 2021 年 7 月 10 日在杭州市下沙区签订了一份买卖合同，其中约定：甲公司向乙公司供应一套设备，交货时间为 2021 年 10 月 10 日，交货地点为乙公司所在地某车间并由甲公司负责安装；货款总额为 300 万元，乙公司预付 30 万元；乙公司可以在设备安装后试运行 3 日，无质量问题即付清余款；双方因本合同发生纠纷，通过仲裁解决。交货时间届至，甲公司将设备运往乙公司，途经九江市柴桑区，遇交警检查。柴桑区公安局以运输卡车超载为由对甲公司作出罚款 1 000 元的处罚决定。同年 10 月 15 日设备安装完毕，试运行 3 日，未出现质量问题。乙公司应于 10 月 19 日付款，但未依约付款。2021 年 11 月 10 日，甲公司去函催款，乙以尚不能肯定设备有无质量问题为由，要求再等 3 个月。甲未允，双方发生纠纷，也未能就选定的仲裁委员会进行补充约定。

根据上述资料，不考虑其他因素，分析回答下列问题：

1. 关于该买卖合同法律关系，下列表述中，正确的是（　　）。

A. 法律关系的主体是甲公司和乙公司　　B. 法律关系的客体是设备

C. 引起该法律关系产生的是法律事件　　D. 引起该法律关系产生的是法律行为

2. 关于该纠纷的诉讼时效，下列表述中，正确的是（　　）。

A. 该纠纷的诉讼时效期间为 3 年　　B. 时效期间自 2021 年 10 月 15 日开始计算

C. 甲公司去函催款，诉讼时效中止　　D. 甲公司去函催款，诉讼时效中断

3. 关于买卖合同纠纷的解决途径，下列表述中，正确的是（　　）。

A. 合同中约定了提交仲裁，当事人应当申请仲裁

B. 合同中的仲裁条款无效，当事人可向人民法院起诉

C. 当事人起诉前，可以约定由上海市长宁区人民法院管辖

D. 当事人未约定管辖法院，甲公司可以向南昌市东湖区人民法院起诉

4. 甲公司不服九江市柴桑区公安局的行政处罚决定，下列解决方式中，正确的是（　　）。

A. 向柴桑区公安局申请行政复议　　B. 向柴桑区人民政府申请行政复议

C. 向浔阳区人民法院提起行政诉讼　　D. 向东湖区人民法院提起行政诉讼

第二章　企业法

一、单项选择题

1. 有限责任公司不同于合伙企业的特点之一是（　　）。

A. 以营利为目的　　B. 具有法人资格　　C. 有独立的名称　　D. 能独立对外签订合同

2. 王某是甲有限责任公司的董事，该公司主要经营汽车销售业务。任职期间，王某代理乙公司从外地采购 5 辆汽车并将其销售给丙公司。下列关于王某行为的表述中，正确的是（　　）。

A. 王某的行为是自己工作时间以外的行为，与甲公司无关

B. 王某代理乙公司与丙公司签订的销售合同无效

C. 王某代理乙公司与丙公司签订的销售合同有效，但王某因该行为所得收益归甲公司所有

D. 王某可以获得因该行为所得收益，却存在被甲公司解聘的可能性

3. 陈某、王某、黄某共同出资设立一家有限责任公司，其中陈某以房产出资 200 万元，公司成立后又吸收孙某入股。后查明，陈某作为出资的房产仅值 150 万元，且陈某现有可执行的个人财产只有 30 万元。下列处理方式中，符合法律规定的是（　　）。

A. 陈某以现有可执行财产补足差额，不足部分由陈某从公司分得的利润予以补足

B. 陈某以现有可执行财产补足差额，不足部分由王某、黄某补足

C. 陈某以现有可执行财产补足差额，不足部分由王某、黄某和孙某承担连带责任

D. 陈某无须补交差额，但应该更改公司的注册资本

4. 根据公司法律制度的规定，下列关于外国公司分支机构的表述中，正确的是（　　）。

A. 具有中国法人人格

B. 应向外国主管机构提出申请

C. 在中华人民共和国境内设立

D. 外国公司对该分支机构无须承担民事责任

5. 根据公司法律制度的规定，下列主体中，设立股份有限公司应于成立大会结束后 30 日内向公司登记机关申请设立登记的是（　　）。

A. 全体股东指定的代表　B. 董事会授权代表　　C. 发起人　　D. 发起人指定的代表

6. 根据公司法律制度的规定，下列关于股份有限公司董事会决议通过的表述中，正确的是（　　）。

A. 出席会议的董事过半数通过　　B. 出席会议的董事 2/3 以上通过

C. 全体董事的过半数通过　　D. 全体董事的 2/3 以上通过

7. 根据公司法律制度的规定，股份有限公司监事会的成员人数和任期分别为（　　）。

A. 3 人、不得少于 3 年　　B. 5 人、不得少于 3 年

C. 3 人以上、3 年　　D. 5 人以上、3 年

8. 甲股份有限公司注册资本为 5 000 万元。公司现有法定公积金 1 800 万元，任意公积金 800 万元。公司拟转增注册资本，进行增资派股。下列方案中，符合法律规定的是（　　）。

A. 将法定公积金 1 800 万元、任意公积金 800 万元转为公司资本

B. 将法定公积金 1 250 万元、任意公积金 400 万元转为公司资本

C. 将法定公积金 550 万元、任意公积金 400 万元转为公司资本

D. 将法定公积金 1 000 万元、任意公积金 800 万元转为公司资本

9. 甲公司分立成乙、丙两家公司。分立协议约定，乙公司承继甲公司 20%的净资产，丙公司承继甲公司 80%的净资产以及所有负债。甲公司的到期债权人丁公司接到分立通知后，要求上述相关公司立即清偿债务。关于丁公司的债务清偿请求，下列表述中，符合法律规定的是（　　）。

A. 丁公司仅能请求乙公司对该债务承担 20%的责任

B. 丁公司仅能请求丙公司对该债务承担责任，不能请求乙公司对该债务承担责任

C. 丁公司可请求乙、丙公司对该债务承担连带责任

D. 丁公司仅能请求丙公司对该债务承担 80%的责任

10. 根据公司法律制度的规定，下列情形中，构成股东要求司法解散公司的正当理由的是（　　）。

A. 公司最近 3 年未开股东会，无法形成股东会决议，经营管理严重困难，继续存续会使股东利益严重受损，且无其他途径解决

B. 公司连续 3 年亏损，累计亏损达到实收股本总额的 1/2

C. 公司连续 5 年盈利，并符合法律规定的利润分配条件，但不分红

D. 公司无故拒绝股东查询公司会计账簿

11. 2023 年甲公司弥补以前年度亏损后税后利润为 2 500 万元。下列数额中，甲公司应提取的法定公积金是（　　）。

A. 625 万元　　B. 2 500 万元　　C. 250 万元　　D. 1 250 万元

12. 张某和王某出资设立了甲有限责任公司，张某持有公司 95%的股份，王某持有 5%的股份。公司设立董事会和监事会，张某为公司董事。王某发现张某将公司设备低价转让给乙公司，王某向监事会书面反映，但监事会收到书面申请后拒绝提起诉讼，30 天后也未采取任何措施。王某的下列处理方式中，符合法律规定的是（　　）。

A. 提请召开临时股东会，解除张某的执行董事职务

B. 请求公司以合理的价格收回自己的股份

C. 以公司的名义对张某提起诉讼，要求赔偿损失

D. 以自己的名义对张某提起诉讼，要求赔偿损失

13. 根据公司法律制度的规定，下列关于有限责任公司监事会的表述中，正确的是（　　）。

A. 规模比较小、人数比较少的公司可以决定不设监事会

B. 乙公司章程规定监事会成员可以有职工代表

C. 丙公司章程规定监事会主席由 2/3 以上的监事会成员选举产生

D. 丁公司章程规定监事每届任期可以超过 3 年，连选可以连任

14. 根据合伙企业法律制度的规定，下列说法中，符合法律规定的是（　　）。

A. 采用合伙制的律师事务所不适用《合伙企业法》的规定

B. 合伙企业的合伙人只能是自然人

C. 有限合伙人仅以自己的出资额为限参与经营管理并承担有限责任

D. 合伙协议依法由全体合伙人协商一致、以书面形式签订

15. 根据合伙企业法律制度的规定，下列事项中，除合伙协议另有约定外，可以不必经普通合伙企业全体合伙人一致同意的是（　　）。

A. 向企业登记机关申请办理变更合伙企业的经营范围

B. 以合伙企业名义为他人提供担保

C. 处分合伙企业的土地使用权

D. 合伙人以房屋等不动产进行出资

16. 根据合伙企业法律制度的规定，下列关于普通合伙企业合伙事务执行的表述中，符合法律规定的是（　　）。

A. 合伙人执行合伙企业事务享有同等的权利

B. 合伙人可以自营与合伙企业相竞争的业务

C. 不执行合伙企业事务的合伙人无权查阅合伙企业会计账簿

D. 聘用非合伙人担任经营管理人员的，其在被聘用期间具有合伙人资格

17. 根据合伙企业法律制度的规定，普通合伙企业的协议未约定利润分配和亏损分担比例，且协商不成的，其利润分配和亏损分担的原则是（　　）。

A. 由各合伙人平均分配利润和分担亏损

B. 按各合伙人实际出资比例分配利润和分担亏损

C. 按各合伙人对合伙企业的贡献大小分配利润和分担亏损

D. 由合伙人按照实缴出资比例分配、分担；无法确定出资比例的，由合伙人平均分配、分担

18. 根据合伙企业法律制度的规定，下列各项中，属于合伙人当然退伙的情形是（　　）。

A. 合伙人在执行合伙企业事务中有侵占合伙企业财产的行为

B. 合伙人未履行出资义务

C. 合伙人被法院强制执行其在合伙企业中的全部财产份额

D. 合伙人因重大过失给合伙企业造成损失

19. 张某为甲合伙企业的合伙人之一。其欠王某人民币30万元，无力用个人财产清偿。张某用其从甲合伙企业分得的收益仍无法偿还王某债务。王某的下列做法中，符合法律规定的是（　　）。

A. 代位行使张某在甲合伙企业的权利

B. 依法请求人民法院强制执行张某在甲合伙企业的财产份额用于清偿

C. 自行接管张某在甲合伙企业的财产份额

D. 直接变卖张某在甲合伙企业的财产份额用于清偿

20. 根据合伙企业法律制度的规定，下列主体中，可以成为普通合伙人的是（　　）。

A. 甲上市公司　　B. 乙公立大学　　C. 丙国有企业　　D. 丁个人独资企业

21. 张某、吴某、徐某共同出资设立了一家特殊的普通合伙企业，约定张某、吴某、徐某共同执业。在张某执业过程中，下列做法中，符合法律规定的是（　　）。

A. 张某因重大过失给该合伙企业带来的债务，应当与吴某、徐某一起承担无限连带责任

B. 张某主观上没有过错的话，给该合伙企业带来的债务，张某就不必承担责任

C. 张某因故意给该合伙企业带来的债务，应当由张某一人承担全部责任

D. 张某因轻微的过失给该合伙企业带来的债务，应当由全体合伙人承担无限连带责任

22. 黄某准备成立一家个人独资企业。律师给出的下列咨询意见中，符合法律规定的是（　　）。

A. 个人独资企业对被聘用人员的限制不得对抗善意第三人

B. 个人独资企业成立时需缴足法定最低注册资本

C. 个人独资企业应依法缴纳企业所得税

D. 个人独资企业的投资人以其投资额为限对个人独资企业债务承担责任

23. 根据公司法律制度的规定，下列关于有限责任公司股东出资日期的说法中，正确的是（　　）。

A. 股东实缴出资没有期限限制

B. 按公司章程约定在公司注销前缴足

C. 按照公司章程的规定自公司成立之日起 5 年内缴足

D. 按照公司章程的规定自公司成立之日起 10 年内缴足

24. 根据破产法律制度的规定，下列人员中，可以担任破产案件中管理人的是（　　）。

A. 陈某，注册会计师，由于过失伤害被判刑罚，刑罚已执行完毕

B. 许某，注册会计师，由于行贿罪被判处刑罚，刑罚已执行完毕

C. 刘某，律师，某合伙企业的合伙人，该合伙企业是被申请宣告破产企业的债权人

D. 郑某，律师，曾被吊销律师执业证书

25. 根据破产法律制度的规定，公司申请破产后，进入债权申报程序。下列做法中，正确的是（　　）。

A. 债权人申报债权时，口头陈述了自己债权的数额和有无财产担保情况

B. 该申请破产的企业的保证人乙已经代替债务人偿还了债务，以其求偿权向债务人申报债权

C. 该申请破产的企业的保证人丙没有代替债务人清偿债务，所以不具有申报债权的权利

D. 受托人不知道委托人公司申请破产的事实，仍然处理委托事务，由此产生的请求权不得申报债权

二、多项选择题

1. 甲公司设立了全资子公司乙公司。乙公司与丙公司共同出资设立了丁公司，乙公司占丁公司全部股份的 70%，乙公司的总经理陈某为丁公司的董事长。下列做法中，符合法律规定的有（　　）。

A. 根据丁公司章程的规定，丁公司向甲公司提供担保的，必须经股东会决议

B. 丁公司对甲公司提供担保的，乙公司不得参与表决

C. 甲公司是丁公司的控股股东

D. 丁公司拟转让设备，甲公司授意陈某以低于市场的价格将设备转让给甲公司，甲公司对丁公司承担赔偿责任

2. 下列主体中，可以担任公司监事的有（　　）。

A. 刘某，公司董事

B. 黄某，擅长经营管理，现为财政局局长

C. 余某，20 周岁，在校大学生，异常聪明，有经商头脑

D. 李某，因妻子炒股失败已借款 15 万元，但是以个人房屋提供了抵押担保

3. 赵某、孙某、钱某共同出资设立了甲有限责任公司，后钱某打算将其股权对外转让。下列解决方案中，符合法律规定的有（　　）。

A. 赵某和孙某在同等条件下享有优先购买权

B. 赵某和孙某自接到书面通知之日起 30 日内未答复的，视为放弃优先购买权

C. 如果赵某、孙某均不愿购买，则钱某无权将股权对外转让

D. 如果赵某、孙某都主张行使优先购买权的，协商确定各自的购买比例

4. 根据公司法律制度的规定，下列各项中，（　　）属于公司董事应当履行的义务。

A. 不得利用职权侵占公司财产

B. 不得泄露公司秘密

C. 不得担任其他企业的负责人

D. 不得将公司资产以其个人名义开立账户存储

5. 根据公司法律制度的规定，下列各项中，属于股份有限公司股东会职权的有（　　）。

A. 决定公司的经营方针和投资计划

B. 审议批准监事会或监事的报告

C. 选举更换全部监事

D. 聘任公司财务负责人

6. 根据公司法律制度的规定，下列各项中，属于成立大会法定职权的有（　　）。

A. 对公司的设立费用进行审核　　B. 通过公司章程

C. 选举董事、监事　　D. 对发起人的资格进行审查

7. 甲有限责任公司的董事李某拟将其所有的一套商住两用房屋以略低于市场价格的条件卖给公司作为办公用房。关于该交易的下列表述中，正确的有（　　）。

A. 该交易在获得公司监事会批准后可以进行

B. 该交易在获得公司董事会批准后可以进行

C. 该交易在获得公司股东会批准后可以进行

D. 如果公司章程中规定允许此种交易，则该交易可以进行

8. 根据公司法律制度的规定，下列出资方式中，属于股东可以出资方式的有（　　）。

A. 劳务　　B. 股权　　C. 个人名誉权　　D. 债权

9. 根据公司法律制度的规定，下列关于股份有限公司设立的表述中，正确的有（　　）。

A. 发起人为1人以上200人以下，其中须有半数以上的发起人在中国境内有住所

B. 发起人应当认足公司章程规定的公司设立时应发行的股份，并应在公司成立前按照其认购的股份全额缴纳股款

C. 以发起方式设立股份有限公司的，发起人认足公司章程规定的出资后，召开成立大会选举董事和监事，由董事会授权代表依法向公司登记机关申请设立登记

D. 股份有限公司的注册资本为在在公司登记机关登记的已发行股份的股本总额

10. 下列情形中，属于股份有限公司的股东会应当在2个月以内召开临时股东会的有（　　）。

A. 董事人数不足《公司法》规定的人数或者公司章程所规定人数的2/3

B. 公司未弥补的亏损达股本总额1/4时

C. 单独或者合计持有公司股份10%以上的股东请求召开临时股东会

D. 董事会认为有必要召开临时股东会或者监事会提议召开临时股东会

11. 2023年1月31日，甲公司召开董事会。该次董事会通过的下列决议中，符合法律规定的有（　　）。

A. 修改了公司章程　　B. 审议批准公司的弥补亏损方案

C. 解聘公司经理　　D. 决定公司的经营计划和投资方案

12. 甲股份有限公司的董事会由11名董事组成。在该公司的一次董事会会议上的下列行为中，符合法律规定的有（　　）。

A. 副董事长张某生病无法按时出席董事会会议，书面委托另一名董事王某代为出席

B. 该次董事会会议有8名董事出席会议

C. 该次会议的所有决议事项均记载在会议记录中，会后，主持会议的董事长和记录员签名存档

D. 该次会议决议，经全体董事的过半数通过

13. 根据公司法律制度的规定，下列有关股份有限公司监事会的表述中，符合规定的有（　　）。

A. 人数较少规模较小的公司，可以不设监事会

B. 监事会成员包括股东代表和适当比例的公司职工代表，其中职工代表的比例不得低于1/3

C. 监事会主席和副主席由全体监事的过半数选举产生

D. 监事任期每届不超过3年

14. 根据公司法律制度的规定，下列关于公司法定公积金用途的说法中，符合法律规定的有（　　）。

A. 弥补公司的亏损　　B. 扩大公司生产经营规模

C. 转为增加公司资本　　D. 分配利润

15. 根据公司法律制度的规定，下列关于公司合并的说法中，正确的有（　　）。

A. 公司合并可以采取吸收合并或者新设合并

B. 公司合并，应当由合并各方签订合并协议，并编制资产负债表及财产清单

C. 公司应当自作出合并决议之日起 30 日内通知债权人，并于 30 日内在报纸上公告

D. 债权人自接到通知书之日起 30 日内，未接到通知书的自公告之日起 45 日内，可以要求公司清偿债务或者提供相应的担保

16. 根据公司法律制度的规定，下列事项中，属于有限责任公司解散事由的有(　　)。

A. 甲公司章程规定的营业期限届满

B. 乙公司被丙公司吸收合并

C. 经代表 2/3 以上表决权的股东同意，丁公司股东会通过了解散公司的决议

D. 戊公司破产

17. 张某、赵某、刘某三人共同出资成立某普通合伙企业，合伙协议约定张某担任合伙事务执行人，但并未约定其执行事务的权限。根据合伙企业法律制度的规定，下列事项中，张某无权单独决定的有(　　)。

A. 变更该企业的经营范围

B. 变更该企业的名称

C. 变更该企业主要经营场所的地点

D. 聘任丁担任该合伙企业经营管理人员

18. 根据合伙企业法律制度的规定，除有限合伙企业的合伙协议另有约定外，下列行为中，有限合伙人可以实施的有(　　)。

A. 将其在有限合伙企业中的财产份额出质

B. 对外代表有限合伙企业

C. 同本有限合伙企业进行交易

D. 同他人合作经营与本有限合伙企业相竞争的业务

19. 根据合伙企业法律制度的规定，下列各项中，属于合伙企业应当解散的情形有(　　)。

A. 合伙人已不具备法定人数满 30 天

B. 合伙期限届满，合伙人决定不再经营

C. 合伙协议约定的解散事由出现

D. 合伙企业被责令停业整顿

20. 张某欲加入由李某、林某共同设立的甲普通合伙企业，下列条件中，张某须满足的有(　　)。

A. 除合伙协议另有约定外，李某、林某应一致同意，并与张某签订书面的入伙协议

B. 李某、林某向张某如实告知合伙企业的经营状况和财务状况

C. 张某应向李某、林某说明自己的个人负债情况

D. 张某对入伙前的该合伙企业的债务不承担连带责任

21. 下列关于有限合伙人退伙规定的表述中，符合法律规定的有(　　)。

A. 作为有限合伙人的自然人在合伙期间丧失民事行为能力的，属于当然退伙

B. 若有限合伙人自然死亡，则其继承人可以依法取得该有限合伙人在有限合伙企业中的资格

C. 有限合伙人退伙后，对其退伙前合伙企业发生的债务，以其退伙时取回的财产承担责任

D. 作为有限合伙人的法人依法被吊销营业执照的，当然退伙

22. 下列关于个人独资企业的表述中，正确的有(　　)。

A. 个人独资企业的投资人只能是中国公民，且只能是一个自然人

B. 投资人可以个人财产出资，也可以家庭共有财产作为个人财产出资

C. 投资人不得用劳务作为其出资

D. 个人独资企业具有法人资格

23. 于某投资设立甲个人独资企业，聘请了曾某管理个人独资企业事务。下列行为中，符合法律规定的有(　　)。

A. 甲企业向乙企业订购一批材料，曾某决定用甲企业的房产提供抵押担保

B. 于某授权曾某负责企业的生产管理活动，但曾某未经于某同意与不知情的丙企业签订了原材料的采购合同，于某应承认该合同的效力

C. 曾某将甲企业资金以自己个人名义开立账户储存

D. 甲企业因经营不善而严重亏损，遂决定解散，于某先用甲企业的资金全额付清了曾某的薪资，导致不够缴纳欠的税款

24. 甲企业被人民法院宣告破产，管理人拟定了破产财产分配方案，但经债权人会议第一次决议未通过。下列说法中，符合法律规定的有（　　）。

A. 由人民法院直接裁定

B. 须二次表决，如仍未通过，则由人民法院裁定

C. 债权人对裁定不服的，可以申请复议

D. 债权额占无财产担保债权总额 1/2 以上的债权人对裁定不服的，可以申请复议

25. 根据公司法律制度的规定，下列主体中，有义务组织股份有限公司清算的有（　　）。

A. 监事　　B. 董事　　C. 职工代表　　D. 控股股东

三、判断题

1. 个人独资企业、合伙企业与公司一样，具有独立的法人人格。（　　）

2. 有限责任公司的股东以其认缴的股份为限对公司承担责任；股份有限公司的股东以其认购的出资额为限对公司承担责任。（　　）

3. 公司营业执照签发日期为公司成立日期。（　　）

4. 人数较少、规模较小的股份有限公司可以不设董事会和监事会。（　　）

5. 申请公司的名称预先核准，是公司设立的必经程序。（　　）

6. 公司股东滥用公司法人独立地位和股东有限责任，逃避债务，严重损害公司债权人利益的，无须对公司债务承担连带责任。（　　）

7. 只有一个投资主体投资设立的公司，公司及其股东为同一法律主体，故对企业仅须征收个人所得税。（　　）

8. 公司合并后，即使发生公司法人资格消灭的情况，也不需要清算。（　　）

9. 有限责任公司的全体股东认缴的出资额由股东按照公司章程的规定自公司成立之日起 5 年内缴足。（　　）

10. 公司的住所为公司营业场所所在地。（　　）

11. 股票发行可以按照票面金额，也可以低于或高于票面金额。（　　）

12. 有限责任公司变更为股份有限公司时，折合的实收股本总额应当不得低于净资产额。（　　）

13. 新入伙的有限合伙人，无论是对入伙前还是入伙后发生的企业债务，仅以其认缴的出资额为限承担责任。（　　）

14. 合伙事务执行受到其他执行事务合伙人异议时，不停止该项事务的执行。（　　）

15. 普通合伙企业由于经营不善，无力偿还对外所欠的应付货款，其债权人可以直接要求该合伙企业的任何一个合伙人清偿债务。（　　）

16. 普通合伙人之间转让在合伙企业中的全部或者部分财产份额时，无须通知其他合伙人。（　　）

17. 合伙协议不得约定将全部利润分配给部分合伙人或者由部分合伙人承担全部亏损。（　　）

18.《企业破产法》适用于我国境内的所有企业。（　　）

19. 母公司对子公司的债务承担无限连带责任。（　　）

20. 普通合伙企业的合伙人担任清算人必须经全体合伙人一致同意。（　　）

四、不定项选择题

【案例 1】

甲股份有限公司注册资本为 5 000 万元，已发行股份总额为 1 000 万股，因是溢价发行，故得溢价款为 1000 万元，提取为资本公积金。公司成立后经营状况一直不佳，至 2020 年底公司账面亏损 3 000 万元。2021 年初，公司开发出一款新产品，市场异常火爆，年底即扭亏为盈，税后利润达 7 000 万元。2021 年底，为回馈股东多年的付出，甲公司决定分配利润。2022 年底，甲公司继续盈利，公司按规定抽取公积金，现留存法定公积金 1 500 万元，任意公积金 1 200 万元。进入 2023 年，甲公司一直保持良好的发展势头。为进一步激励员工，公司于 3 月决定收购本公司的部分股份，用于职工奖励。同时，甲公司想扩大经营规模，拟单独投资设立一家子公司。

根据上述材料，请分析回答下列问题：

1. 下列关于 2021 年底甲公司利润分配的行为中，符合法律规定的是（　　）。

A. 甲公司应先提取 400 万元的法定公积金

B. 甲公司可先向股东分配利润，后提取公积金

C. 经股东会决议，甲公司可提取任意公积金 1 000 万元

D. 公司向股东可分配利润的上限为 4 000 万元

2. 关于甲公司 2022 年底留存公积金，下列表述中，符合法律规定的是（　　）。

A. 可将其中的法定公积金 500 万元用于公司资本的增加

B. 可将其中 500 万元的任意公积金用于新产品的研发

C. 可将其中 200 万元的资本公积金用于公司资本的增加

D. 由于留存的公积金为 2 700 万元，故 2023 年可以不再提取

3. 下列关于甲公司收购本公司的做法中，符合法律规定的是（　　）。

A. 公司此次可收购的本公司股份的上限为 200 万股

B. 公司可动用任意公积金作为此次股份收购的资金

C. 收购本公司股份后，公司应在两年内完成实施对职工的股份奖励

D. 公司在 2023 年底利润分配时，不得对该股份进行利润分配

4. 关于甲公司拟设立子公司，下列做法中，符合法律规定的是（　　）。

A. 该子公司的名称中应体现甲公司名称的字样

B. 该子公司只能以有限责任公司的形式设立

C. 该子公司营业地可不同于甲公司的营业地

D. 该子公司不具有独立的法人人格

【案例 2】

2021 年 4 月高某、田某、丁某、黄某四人共同出资 250 万元，设立一家普通合伙企业。合伙协议约定高某以房屋使用权作价出资 100 万元，田某以劳务作价出资 20 万元，丁某以技术专利作价 30 万元，黄某以 5 年内分三期缴纳现金 100 万元出资。由高某担任合伙企业事务执行人。2022 年 6 月，丁某为向钟某借钱，将自己的合伙财产份额出质给钟某。2023 年 2 月高某为减少自己的风险，向田某、丁某、黄某三人提出转变为有限合伙人的要求。2023 年 5 月，有限合伙人高某将其一半合伙财产份额转让给贾某。6 月，高某的债权人李某向法院申请强制执行其另一半合伙财产份额。

根据上述材料，请分析回答下列问题：

1. 关于丁某将自己的合伙财产份额出质的行为，下列表述中，符合法律规定的是（　　）。

A. 就该出质行为，高某、田某、黄某三人均享有一票否决权

B. 该合伙财产份额质权，须经合伙协议记载与登记才能生效

C. 在丁某伪称已获高某、田某、黄某三人同意，而钟某又是善意时，钟某善意取得该质权

D. 在丁某未履行还款义务，如钟某享有质权并主张以拍卖方式实现时，高某、田某、黄某三人享有优先购买权

2. 关于高某转变有限合伙人，下列表述中，正确的是(　　)。

A. 须经田某、丁某、黄某三人的一致同意

B. 未经合伙企业登记机关登记，不得对抗第三人

C. 转变后，高某可以出资最多为由，要求继续担任合伙事务执行人

D. 转变后，对于 2023 年 2 月以前的合伙企业债务，经各合伙人决议，高某可不承担无限连带责任

3. 关于高某在合伙企业中的财产份额转让和强制执行，下列做法中，符合法律规定的是(　　)。

A. 高某向贾某转让合伙财产份额，不必经田某、丁某、黄某的同意

B. 就高某向贾某转让的合伙财产份额，田某、丁某、黄某可主张优先购买权

C. 李某申请法院强制执行高某的合伙财产份额，不必经田某、丁某、黄某的同意

D. 就李某申请法院强制执行高某的合伙财产份额，田某、丁某、黄某可主张优先购买权

4. 下列关于合伙企业投资人各种出资方式的表述中，正确的是(　　)。

A. 高某可以房屋使用权作为出资方式

B. 田某可以劳务作为出资方式

C. 丁某可以技术专利作为出资方式

D. 黄某可以现金方式出资，并按协议约定分期缴纳出资

【案例 3】

2021 年 8 月王某、张某、田某、朱某共同出资 180 万元，成立一家普通合伙企业。就合伙企业事务的执行，合伙协议未特别约定。

2022 年 7 月，鉴于王某、张某的业务能力不足，经合伙人会议决定，王某不再享有对外签约权，而张某的对外签约权仅限于每笔交易额 3 万元以下。

2023 年 1 月，田某以合伙企业的名义，在甲公司订购了价值 10 万元的产品。但对这一合同的签订，朱某提出异议。2023 年 4 月，朱某向刘某借款 50 万元，到期却不能还债。2023 年 5 月，由于合伙企业亏损巨大，张某决定解散合伙企业。

根据上述材料，请分析回答下列问题：

1. 下列关于该合伙人会议决议的表述中，正确的是(　　)。

A. 因违反合伙人平等原则，剥夺王某对外签约权的决议应为无效

B. 王某可以此为由向其他合伙人主张赔偿其损失

C. 张某此后对外签约的标的额超过 3 万元时，须事先征得王某、田某、朱某的同意

D. 对张某的签约权限制，不得对抗善意相对人

2. 关于田某以合伙企业的名义签约的效力和法律后果，下列表述中，正确的是(　　)。

A. 该合同标的额较大，田某在签约前应取得其他合伙人的同意

B. 朱某的异议不影响该合同的效力

C. 就田某的签约行为所产生的债务，王某无须承担无限连带责任

D. 就田某的签约行为所产生的债务，朱某须承担无限连带责任

3. 下列关于刘某对朱某实现债权的行为中，符合法律规定的是(　　)。

A. 可代位行使朱某在合伙企业中的权利

B. 可就朱某在合伙企业中分得的收益主张清偿

C. 可申请对朱某的合伙财产份额进行强制执行

D. 就朱某的合伙份额享有优先受偿权

4. 下列关于该合伙企业解散的做法中，符合法律规定的是(　　)。

A. 张某有权决定合伙企业解散

B. 张某可以担任合伙企业清算人

C. 合伙企业终止，张某等合伙人仍须对合伙企业存续期间的债务承担无限连带责任

D. 合伙企业解散，在清算期间，合伙企业存续，仍可从事生产经营活动

【案例 4】

2020 年 3 月赵某、钱某、孙某三位自然人股东共同设立甲食品有限责任公司。赵某由于资金缺乏，就让其朋友王某为其垫付 50 万元，并许诺一旦公司成立，就将该 50 万元从公司中抽回偿还给王某。4 月赵某以公司名义，与王某签订一份买卖合同，约定公司向王某购买 50 万元的食材。合同订立后第二天，赵某就指示公司财务转账付款，而实际上王某从未经营过食材，也未打算履行该合同。

2021 年 12 月甲公司决定增加公司注册资本投入新项目，同意乙公司出资 1 000 万元现金入股甲公司，并办理了股权登记。增资后，乙公司持股 60%，赵某持股 25%，钱某持股 8%，孙某持股 7%，乙公司总经理李某兼任甲公司董事长。2022 年 2 月，乙公司在李某授意下将当时出资的 1 000 万元现金全部转入乙公司旗下的子公司账户。因甲公司未收到乙公司的 1 000 万元，无法开展新项目，所以前期投入的 500 万元全部亏损。针对公司现状，赵某、钱某、孙某认为应当召开甲公司股东会，就乙公司将资金转入其子公司账户之事以及甲公司前期投入新项目 500 万元的损失问题向乙公司索赔等事项进行决议，但李某拒绝召开，而公司监事会对此事保持沉默。

根据上述材料，请分析回答下列问题：

1. 关于甲公司股东会的召开，下列做法中，符合法律规定的是(　　)。

A. 赵某可召集和主持股东会

B. 钱某可召集和主持股东会

C. 孙某可召集和主持股东会

D. 赵某、钱某、孙某可共同召集和主持股东会

2. 关于乙公司将资金转入其子公司账户这一行为的法律后果，下列表述中，符合法律规定的是(　　)。

A. 李某应承担返还 1 000 万元的出资义务的连带责任

B. 乙公司应承担 1 000 万元的利息损失

C. 应限制乙公司的利润分配请求权

D. 应解除乙公司的股东资格

3. 关于对甲公司前期投入的 500 万元损失，下列补救决议中，符合法律规定的是(　　)。

A. 赵某可以起诉乙公司

B. 钱某、孙某不能起诉乙公司

C. 若赵某起诉并胜诉获赔，则赔偿款归赵某

D. 若赵某起诉并胜诉获赔，则赔偿款归甲公司

4. 关于赵某与王某垫付出资和以公司的名义与王某订立合同这一行为，下列表述中，正确的是(　　)。

A. 赵某与王某间垫付出资的约定，属于抽逃出资行为，应为无效

B. 该食材买卖合同属于恶意串通行为，应为无效

C. 赵某通过该食材买卖合同而转移 50 万元的行为构成抽逃出资行为

D. 在公司不能偿还债务时，公司债权人可以在 50 万元的本息范围内，要求赵某承担补充赔偿责任

第三章　合同法

一、单项选择题

1. 下列民事协议中，由《民法典・合同编》调整的是(　　)。

A. 离婚协议　　B. 财产转让协议　　C. 扶养协议　　D. 收养协议

2. 下列合同中，不属于要式合同的是(　　)。

A. 承揽合同　　B. 保证合同　　C. 抵押合同　　D. 质押合同

3. 下列关于要约的表述中，不正确的是（　　）。
A. 要约以订立合同为目的
B. 要约的内容须具体确定
C. 要约一经发出就发生效力
D. 要约经受要约人承诺对要约人有约束力
4. 下列受要约人对要约人作出的意思表示中，（　　）构成承诺。
A. 修改了要约中的交货时间的意思表示
B. 修改了要约中的违约金数额的意思表示
C. 在要约规定的承诺期限届满之后作出的意思表示，要约人置之不理
D. 在正常情况下能够在要约规定的期限内到达要约人，但因客观因素导致逾期到达要约人的意思表示，要约人置之不理
5. 关于缔约过失责任，下列理解中，不正确的是（　　）。
A. 缔约过失责任发生在合同订立过程中
B. 合同一旦成立就不存在缔约过失责任
C. 缔约过失责任发生的原因主要是违反诚信原则或者法定义务
D. 缔约过失责任主要是有过错的一方赔偿无过错的另一方的信赖利益损失
6. 以下关于合同成立时间的表述中，错误的是（　　）。
A. 口头合同，自承诺生效时成立
B. 书面合同，自双方均签名、盖章或者按指印时成立
C. 书面合同仅有一方当事人签字盖章的，合同一律不成立
D. 采用数据电文订立的合同，当事人要求签订确认书的，自确认书签订时成立
7. 下列四人对格式合同的理解中，不正确的是（　　）。
A. 小芳说，格式合同的内容无须双方当事人协商确定
B. 小菊说，提供格式合同的一方可以在合同中设定免责条款
C. 小兰说，格式合同提供方只要以合理方式提示了对方注意免责条款，就可以免责
D. 小花说，只要对方要求解释免责条款，格式合同提供方就有义务进行解释
8. 下列四人关于合同成立后是否生效的讨论中，错误的是（　　）。
A. 甲说，合同成立即生效
B. 乙说，依法订立的合同，一般情况下自成立时生效
C. 丙说，附生效条件的合同，自条件成就时生效
D. 丁说，附生效期限的合同，自期限届至时生效
9. 下列合同中，无效的是（　　）。
A. 甲商店将仿冒产品当作真品卖给周某
B. 王某与宋某勾结，订立了一份损害方某的合同
C. 周某以刘某的个人隐私为要挟，迫使刘某与其订立一份合同
D. 14 周岁的小玲用 3 000 元压岁钱独自去电脑城购买了一台笔记本电脑
10. 下列对合同效力的判断中，正确的是（　　）。
A. 无权代理人订立的合同都是效力待定合同
B. 年满 18 周岁的自然人订立的合同都是有效合同
C. 不满 18 周岁的自然人订立的合同都是效力待定合同
D. 当事人因重大误解订立的合同是可撤销合同
11. 当事人履行合同应当遵循诚实信用原则，下列各项中，不属于诚实信用原则内容的是（　　）。
A. 一方因遭遇不可抗力事件而不能履行合同义务的，应当及时通知对方

B. 一方因客观情况发生非不可抗力造成的重大变化，即使继续履行显失公平，也不得请求变更合同
C. 当事人应当协助对方履行合同义务
D. 当事人应当保守在履行合同过程中所知悉的对方的商业秘密

12. 下列四人对合同履行抗辩权的理解中，不正确的是（　　）。
A. 甲说，只要是合同当事人，就享有履行抗辩权
B. 乙说，只有双务合同的当事人才享有履行抗辩权
C. 丙说，双方当事人都享有同时履行抗辩权
D. 丁说，同时履行抗辩权只是暂时阻止对方的请求

13. 下列情形中，不属于正确行使合同履行抗辩权的是（　　）。
A. 张某与邵某订立房屋租赁合同，约定邵某于合同成立后次日交付一个季度的租金，张某收到租金后 3 日内交付房屋。后邵某交付租金时要求张某交付房屋，后者以未到期为由拒绝其交房请求
B. A 公司与 B 公司订立买卖合同，约定交货当日付款。后 A 公司交货数量不足，B 公司拒绝其付款请求
C. C 公司与 D 公司订立买卖合同，约定交货后第五日付款。在交货前，C 公司要求 D 公司先支付一部分货款，D 公司拒绝其付款请求
D. E 公司与 F 公司订立买卖合同，约定交货后第十日付款。在交货前，E 公司发现 F 公司生产经营状况严重恶化，通知后者中止履行

14. 下列债权中，可以适用代位权的是（　　）。
A. 债务人依法可向其子女主张的赡养费
B. 债务人依法可以继承的遗产
C. 债务人基于运输合同可以主张的运费
D. 债务人依法可以主张人身伤害赔偿金

15. 关于债权人行使撤销权，下列观点中，不正确的是（　　）。
A. 债权人须向人民法院请求撤销债务人损害债权的行为
B. 债权人可以直接向债务人撤销其损害债权的行为
C. 债权人行使撤销权所产生的必要费用，全部由债务人负担
D. 债权人行使撤销权的期限为 1 年，自债权人知道或者应当知道撤销事由之日起计算

16. 甲公司与乙公司订立销售合同后，因原材料价格上涨，若按约定的价格供货，则会出现亏损。在此情形下，甲公司欲提高合同标的物的价款。以下做法中，正确的是（　　）。
A. 甲公司可以显失公平为由请求变更合同
B. 甲公司可以重大误解为由请求变更合同
C. 甲公司可以情势变更为由请求变更合同
D. 甲公司应当与乙公司协商变更合同，若乙公司不同意，则仍按原合同履行

17. 以下关于合同转让的理解中，表述正确的是（　　）。
A. 当事人转让合同权利不受限制
B. 当事人转让合同义务通知债权人即可
C. 当事人将合同权利和义务一并转让给第三人的，须经对方当事人同意
D. 当事人转让合同义务的，其对债权享有的抗辩权消灭

18. 下列情形中，当事人可以单方解除合同的是（　　）。
A. 粮农甲遭遇旱灾，粮食歉收，只能按约定数量的一半向乙公司履行交货义务
B. A 公司未按约定时间向 B 公司交货，但是，晚交 5 天不会影响合同目的的实现
C. C 公司未经 D 公司同意，无正当理由擅自变更合同
D. 甲商场未按约定在“六一”儿童节前将用作节日奖品的玩具交付给乙幼儿园

19. 下列情形中，不属于终止合同的是（　　）。

A. 曹某向高某借款 5 万元后，因犯罪被判处无期徒刑，无力还款

B. 徐某向和某借款 1 000 元，后和某对徐某说："这笔钱不用还了。"

C. 彭某向曾某借款 2 万元，后按约定还清欠款和利息

D. 甲公司与乙公司订立合同后合并为甲公司

20. 下列选项中，有资格担任保证人的是（　　）。

A. 市政府　　B. 已满 18 周岁的在校大学生

C. 公办学校　　D. 公办医院

21. 以下有关保证人责任的表述中，不正确的是（　　）。

A. 债务人不履行到期债务的，债权人可以要求一般保证的保证人承担保证责任

B. 债务人不履行到期债务的，债权人可以要求连带责任保证的保证人承担保证责任

C. 债务人转让债务未经保证人书面同意的，保证人不承担保证责任

D. 保证期间，主合同变更加重债务人的债务未经保证人书面同意的，保证人对加重部分不承担保证责任

22. 陶某以自有的一辆价值 30 万元的小轿车为抵押财产，向甲银行贷款 20 万元。关于双方的抵押权法律关系，以下表述中，不正确的是（　　）。

A. 双方应当签订书面抵押合同，抵押权自合同生效时成立

B. 小轿车仍由陶某占有、使用、收益

C. 甲银行若将 20 万元及利息的债权转让给乙银行，则可以保留抵押权

D. 小轿车未办理抵押登记，若陶某将小轿车卖给不知情的柳某，则甲银行不能对小轿车实现抵押权

23. 李某将一台笔记本电脑交给陈某作为质押，向陈某借款 5 万元，同时请周某做保证人，但未约定保证方式。还款期限届满后，李某无钱还款。关于本案，以下说法中，不正确的是（　　）。

A. 本案同时存在物的担保和人的担保

B. 质权自笔记本电脑交给陈某时设立

C. 周某按照一般保证承担保证责任

D. 陈某可以选择就质物优先受偿或者要求周某承担保证责任

24. 债务人不履行到期债务，债权人可以依法留置其合法占有的债务人的财产。下列选项中，留置不合法的是（　　）。

A. 寄存人不交保管费的，保管人留置其寄存物

B. 借款人到期不还款的，债权人留置其从借款人处借用的财物

C. 托运人或者收货人不支付运费的，承运人留置与运费价值相当的货物

D. 定作人不支付加工费的，承揽人留置定作物

25. 甲公司与乙公司订立总金额为 80 万元的销售合同，其中约定，甲公司于 9 月 20 日交货，乙公司于 9 月 26 日付款；一方违约，则按合同总金额的 15%向另一方支付违约金；合同订立当日，乙公司向甲公司交付定金 15 万元。合同订立后，乙公司交付了定金。后甲公司未按约定交货，致使合同目的不能实现，并给乙公司造成实际损失 10 万元。在此情形下，以下关于乙公司追究甲公司违约责任的方案中，不符合法律规定的是（　　）。

A. 要求甲公司赔偿损失

B. 要求甲公司支付违约金

C. 要求甲公司双倍返还定金

D. 要求甲公司支付违约金、赔偿损失并双倍返还定金

二、多项选择题

1. 下列关于民事合同的说法中，正确的有（　　）。

A. 民事合同只能平等主体之间订立

B. 只有当事人意思表示一致，才能订立合同

C. 只要是当事人在平等自愿、协商一致的基础上订立的合同就受法律保护
D. 当事人在合同中约定权利和义务应当符合公平原则
2. 下列合同中，既属于有偿合同又属于诺成合同的有（　　）。
A. 买卖合同　　B. 运输合同　　C. 租赁合同　　D. 赠与合同
3. 下列情形中，能构成要约的有（　　）。
A. 小张对小刘说："我这部联想手机 300 元卖给你，要不要？"
B. 小秦对小宋说："我这部华为手机想卖掉，你要不要？"
C. 小高遗失三星手机一部，贴出寻物启事，上写："拾得该手机归还者，本人当面酬谢 200 元。"
D. 小赵贴出招租启事，上写"租赁期限和租金面议"
4. 要约失效的原因主要有（　　）。
A. 受要约人拒绝要约
B. 受要约人对要约内容做出了实质性变更
C. 要约人撤销要约
D. 要约规定的承诺期限届满而受要约人没有做出承诺
5. 下列关于承担缔约过失责任的说法中，正确的有（　　）。
A. 为了阻止 A 公司与 B 公司的交易，C 公司向 A 公司抛出极有诱惑力的条件，A 公司转而与 C 公司谈判，不料 C 公司出尔反尔，谈判失败，造成 A 公司损失。C 公司应当承担缔约过失责任
B. 为了与乙公司签订供货合同，甲公司隐瞒了严重亏损的重要事实，合同成立后被乙公司请求法院撤销，造成乙公司损失。甲公司应当承担缔约过失责任
C. 徐某去某银行存款，在银行营业厅等候过程中，内有 1 万元现金的皮包被歹徒抢走。该银行应当承担缔约过失责任
D. 周某去某酒楼吃酒，快到酒楼时摔了一跤。该酒楼对此应当承担缔约过失责任
6. 以下关于合同成立地点的表述中，正确的有（　　）。
A. 口头合同，承诺生效的地点为合同成立的地点
B. 书面合同，双方签字、盖章或者按指印的地点为合同成立的地点；双方签字盖章的地点不一致的，以先签字盖章一方的地点为合同成立的地点
C. 采用数据电文订立的合同，收件人的主营业地或经常居住地为合同成立的地点
D. 事实成立的合同，以接受履行一方所在地为合同成立的地点
7. 双方当事人对格式条款的理解产生分歧时，可以采用的解释规则有（　　）。
A. 一般情况下，应当按格式合同中规定的方法做出解释
B. 一般情况下，应当按通常理解予以解释
C. 若格式条款有两种以上解释，则应当做出不利于提供格式条款一方的解释
D. 若格式条款与非格条式款不一致，则应当采用非格式条款
8. 以下各项关于合同形式的表述中，正确的有（　　）。
A. 一般情况下，当事人可以自由选择合同的形式
B. 法律、行政法规、地方性法规规定应当采用书面形式的，应当符合其规定
C. 当事人约定采用书面形式，应当遵守约定
D. 数据电文不属于书面形式
9. 下列情形中，属于可撤销合同的有（　　）。
A. 甲公司欲与 B 公司订立合同，却误将 A 公司当作 B 公司，与 A 公司订立了合同
B. 丙公司通过欺诈手段与丁公司订立合同
C. 余某将借来的笔记本电脑卖给了不知情的柳某
D. 集邮爱好者黄某将一枚价值 500 元的邮票以 5 000 元的价格卖给了无经验的乔某

10. 下列情形中，属于合同无效或者被撤销的法律后果的有（　　）。

A. 合同被认定无效，自认定之日起失去法律效力

B. 合同被撤销的，基于合同取得的财产应当返还对方

C. 合同被认定无效或被撤销，有过错的一方应当赔偿对方由此所受到的损失

D. 合同中部分条款无效的，不影响其他条款的效力

11. 关于合同的履行，下列表述中，正确的有（　　）。

A. 合同义务只能由债务人向债权人履行

B. 合同义务可以由债务人向第三人履行

C. 合同义务可以由第二人向债权人履行

D. 当事人约定由第三人向债权人履行义务，第三人不履行的，由第三人承担违约责任

12. 当事人在合同中未就标的物价款作出明确约定的，可按以下方法中的（　　）确定。

A. 当事人就标的物价款进行补充约定

B. 不能达成补充协议的，按照交易习惯确定

C. 没有交易习惯的，按照合同履行时履行地的市场价确定

D. 没有交易习惯的，按照合同订立时履行地的市场价确定

13. 先履行义务一方当事人有确切证据证明后履行义务一方当事人有下列情形中的（　　）时，可以中止履行。

A. 经营状况严重恶化

B. 转移财产、抽逃资金，以逃避债务

C. 丧失商业信誉

D. 被债权人向人民法院申请破产

14. 下列行为中，债权人依法可以撤销债务人的有（　　）。

A. 债务人放弃对第三人的到期债权，却无力向债权人履行自己的债务

B. 债务人将自己的财产赠送给第三人，以逃避向债权人履行自己的债务

C. 债务人将价值20万元的小轿车以5万元的价格卖给第三人，后无力清偿债务，而第三人受让时知道债务人欠债权人30万元债务未还

D. 债务人有两套价值50万元的房产，将其一套赠送给其弟弟，在30万元债务履行期限届满时，却对债权人称无钱还款

15. 下列关于代位权诉讼的说法中，正确的有（　　）。

A. 债权人只能以诉讼的方式行使代位权

B. 代位权诉讼以债务人的债务人即次债务人为被告

C. 代位权行使的范围以债权人的债权为限

D. 债权人胜诉的，由次债务人向债权人履行清偿义务

16. 甲公司与乙公司的承揽合同成立后，甲公司欲将其向乙公司收取酬金的权利转让给丙公司。在此情形下，正确的做法有（　　）。

A. 甲公司与乙公司就债权转让达成协议

B. 甲公司与丙公司就债权转让达成协议

C. 协议达成后，甲公司通知丙公司

D. 协议达成后，甲公司通知乙公司

17. A公司与B公司订立的买卖合同约定，A公司在B公司交货后15日内付款。B公司交货后，A公司欲将付款义务转让给C公司。下列做法中，正确的有（　　）。

A. 经B公司同意，A公司可将全部付款义务转让给C公司

B. 未经B公司同意，A公司只能将部分付款义务转让给C公司

C. 付款义务有效转让后，C公司应当无条件履行付款义务

D. C公司受让债务后，若B公司交货不符合约定，则可以对B公司主张抗辩权

18. 下列情形中，当事人单方解除合同符合法律规定的有（　　）。

A. 甲、乙两家企业签订销售合同后，甲企业因所在地发生地震不能交货，乙企业解除合同

B. 丙、丁两家企业签订销售合同后，在交货期限届满前，丙企业将本应交付给丁企业的货物高价卖给甲公司，丁企业知道实情后解除合同

C. A、B两家公司签订销售合同后，在交货期限届满前，A公司电话通知B公司将不履行交货义务，于是，B公司解除合同

D. C、D两家公司签订销售合同后，C公司在交货期限届满时未交货，但表示5日后可交货，且不影响合同目的的实现，D公司以C公司违约为由解除合同

19. 债务人遇到下列情形中的（　　）时，可以将标的物提存。

A. 卖方按约定期限交货，买方因标的物的市场价下跌而拒绝接受

B. 王某向丁某归还欠款，但丁某被鉴定为无民事行为能力人，监护人尚未确定

C. 承揽方向定作方交付定作物，因质量不符合约定标准，定作方拒绝接受

D. 杨某向胡某归还欠款，发现胡某已经死亡，继承人尚未确定

20. 关于抵销制度的理解，下列表述中，正确的有（　　）。

A. 当事人订立买卖合同后，可以就交货义务和付款义务约定抵销

B. 当事人互负付款义务，一方到期而另一方未到期，不适用法定抵销

C. 当事人互负债务，标的物的种类、品质不相同的，可以约定抵销

D. 债权人将债权转让给第三人的，债务人对债权人享有的抵销权不得对该第三人主张

21. 下列关于保证期间的表述中，正确的有（　　）。

A. 债权人与保证人可以在保证合同中约定保证期间

B. 债权人与保证人约定的保证期间早于主债务履行期限的，视为没有约定

C. 债权人与保证人约定的保证期间可以与主债务履行期限同时届满

D. 债权人与保证人没有约定或者约定不明确的，保证期间为主债务履行期限届满之日起6个月

22. 以下关于抵押权制度的理解中，不正确的有（　　）。

A. 抵押权为担保债权实现而设立

B. 抵押权自抵押合同生效时设立

C. 抵押权设立后，债务人不履行到期债务的，抵押权人有权就抵押财产优先受偿

D. 同一财产设立两个以上抵押权的，各抵押权人依抵押权设立的先后顺序优先受偿

23. 甲公司以一项自有的专利权作为质押，向乙银行贷款50万元。关于双方的质权法律关系，以下表述中，正确的有（　　）。

A. 双方应当订立书面质押合同，并办理质押登记手续，质权自登记时成立

B. 质押期间，甲公司许可他人使用该专利权的，无须经质权人同意，所得价款应当提前清偿债务或者提存

C. 质押期间，甲公司转让该专利权的，须经质权人同意，所得价款应当提前清偿债务或者提存

D. 甲公司不履行到期债务的，乙银行可以通过拍卖、变卖或者折价方式，优先受偿

24. A公司将一批已经抵押给B银行且办理了抵押登记的小轿车交给C物流公司，从江西九江运至浙江绍兴，约定运费20 000元，由收货人D公司支付。关于四方之间的法律关系，以下表述中，正确的有（　　）。

A. 收货人D公司为运输合同之外的第三人，若不支付运费，则由A公司承担违约责任

B. 因每辆小轿车的价值都远远超过20 000元，若D公司不支付运费，则C公司不得留置小轿车

C. 即使每辆小轿车的价值都远远超过20 000元，若D公司不支付运费，则C公司也可以留置一辆小轿车

D. 对被留置的小轿车，若A公司在合理期限内仍不支付运费，则C公司可以对被留置的小轿车优先于B银行受偿

25. 下列情形中,依法须承担违约责任的有(　　)。

A. 甲公司与乙公司订立合同后,因发生地震,通知丁公司不能履行合同义务

B. 丙公司与丁公司订立合同后,因违法经营被责令停业整顿,通知乙公司不能履行合同义务

C. A 公司未按约定时间向 B 公司交货,后因遭遇水灾,货物毁损,通知 B 公司不能履行交货义务

D. C 运输公司与托运人 D 公司在合同中约定,如果 C 公司未将 D 公司的货物运到目的地,则不承担违约责任。后 C 公司未将 D 公司的货物运到目的地

三、判断题

1. 有偿合同都是双务合同。(　　)

2. 要约人向对方发出口头要约后,可以撤回要约。(　　)

3. 受要约人修改要约中的付款时间后回复要约人,不构成承诺。(　　)

4. 方某隐瞒重要事实与刘某订立合同,合同成立后,刘某以欺诈为由请求人民法院撤销该合同,得到法院支持。对于刘某的损失,方某应当承担缔约过失责任。(　　)

5. 承诺生效的法律效果是在双方之间成立了具有法律效力的合同。(　　)

6. 格式合同中的免责条款可以免除因履行合同产生的任何责任。(　　)

7. 一般情况下,承诺生效的时间和地点即合同成立的时间和地点。(　　)

8. 附生效条件的合同成立后,若当事人为了自己的利益不正当地促成条件成就,则视为条件未成就。(　　)

9. 某家具商场将一套仿真皮沙发当作真皮沙发卖给吴某,该买卖合同无效。(　　)

10. 6 岁的小明接受了他叔叔(完全民事行为能力人)赠送的一台价值 5 000 元的电脑,该赠与合同效力待定。(　　)

11. 当事人在合同中未就货款交付地点作出明确约定,又不能达成补充协议,也没有交易习惯可循的,应当在接受货款一方所在地交付。(　　)

12. 单务合同的当事人不享有履行抗辩权。(　　)

13. 张某欠李某 10 万元到期无力偿还,却又不向高某追讨 10 万元的到期债权,根据代位权制度,李某可直接要求高某将 10 万元还给自己。(　　)

14. 合同生效后对双方当事人具有法律约束力,这就意味着任何一方当事人都不得退出合同。(　　)

15. 债务人因债权人原因无法向其交付合同标的物而向提存机关提存的,应当交纳提存费用。(　　)

16. 一般保证的债权人未在保证期间对债务人提起诉讼或者申请仲裁的,保证人免除保证责任。(　　)

17. 抵押权人在债务履行期限届满前,与抵押人约定债务人不履行到期债务时抵押财产归债权人所有的,该约定受法律保护。(　　)

18. 企业以应收账款出质的,质权自办理出质登记时设立。(　　)

19. 小宋欠汽车修理厂老板秦某 1 万元一直未还。某日,小宋将自己的汽车送到秦某处修理,秦某可以留置该汽车以督促小宋还款。(　　)

20. 在履行期限届满前,合同的一方当事人无正当理由明确表示或者以自己的行为表明将不履行合同义务的,也应当承担违约责任。(　　)

四、不定项选择题

【案例 1】

上海 A 公司主营数码产品,为便于客户了解公司产品,销售部制作一个宣传册,内有该公司所有产品的图片,同时标明了型号和单价,寄送给目标客户。2023 年 8 月 16 日,南昌 B 公司向 A 公司发出电子邮件(邮件一),内容如下:贵公司宣传册上 X1203 型号数码相机单价 1 500 元,我公司欲购买 10 台,每台 1 400 元,请于

2023 年 8 月 20 日交顺丰快递运送，运费到付，我公司收货后 3 日付款。8 月 18 日，A 公司发邮件(邮件二)回复：同意贵公司的报价及其他要求，但货款须在收货后立即支付。8 月 19 日，B 公司发邮件(邮件三)回复 A 公司：同意贵公司付款要求。该电子邮件刚发送，B 公司负责人立即再发电子邮件(邮件四)：我公司决定撤回刚才发送的“同意贵公司付款要求”的邮件。

根据上述材料，不考虑其他因素，分析回答下列问题：

1. 关于 A 公司向目标客户寄送的宣传册，下列表述中，正确的是(　　)。

A. A 公司向目标客户寄送宣传册是要约

B. A 公司向目标客户寄送宣传册是要约邀请

C. 宣传册寄出后，A 公司不得变更产品价格

D. 宣传册寄出后，A 公司发现某型号产品价格标错，可以更正

2. 关于本案的四个电子邮件，下列表述中，正确的是(　　)。

A. 邮件一是要约　　B. 邮件二是要约

C. 邮件三是承诺　　D. 邮件四是承诺的撤回

3. 关于本案合同成立的时间和地点，下列表述中，不正确的是(　　)。

A. 本案合同成立的时间是 2023 年 8 月 18 日

B. 本案合同成立的时间是 2023 年 8 月 19 日

C. 本案合同成立的地点 A 公司住所地

D. 本案合同成立的地点 B 公司住所地

4. 关于本案合同属于哪种类型，下列表述中，正确的是(　　)。

A. 有名合同　　B. 无名合同

C. 要式合同　　D. 单务合同

【案例 2】

2023 年 2 月 8 日，九江市浔阳区 A 公司与北京市海淀区 D 公司签订买卖合同，约定：由 A 公司于 2023 年 2 月 20 日向 D 公司供应一批价值 30 万元的水产品，D 公司 2 月 28 日付款；D 公司于合同签订当日向 A 公司支付定金 10 万元；双方因履行合同发生争议，可以向 D 公司所在地法院起诉，也可以向 A 公司所在地仲裁委员会申请仲裁；一方违约须按合同价款的 20%向另一方支付违约金。合同签订当日，D 公司实际向 A 公司交付定金 8 万元。A 公司交货后，D 公司以种种借口拖延付款。

根据上述材料，不考虑其他因素，分析回答下列问题：

1. 关于本案的定金，下列表述中，正确的是(　　)。

A. 合同约定的 10 万元定金具有定金效力

B. 实际交付的 8 万元定金具有定金效力

C. 只有其中 6 万元定金具有定金效力

D. 合同约定的定金和实际交付的定金均无定金效力

2. 合同未约定交货地点和履行费用负担，根据相关法律规定，下列表述中，正确的是(　　)。

A. 交货地点为九江市浔阳区

B. 交货地点为北京市海淀区

C. 履行费用在完成交货前由 A 公司承担

D. 履行费用在完成交货后由 D 公司承担

3. 关于解决本案合同纠纷的方法，下列表述中，不正确的是(　　)。

A. A 公司可向九江市浔阳区人民法院起诉

B. A 公司可向北京市海淀区人民法院起诉

C. A 公司可向九江市仲裁委员会申请仲裁

D. A 公司可向北京市仲裁委员会申请仲裁

4. 关于A公司要求D公司承担违约责任,下列表述中,正确的是(　　)。

A. A公司可以要求D公司承担定金责任或违约金责任

B. A公司可以要求D公司承担定金责任和违约金责任

C. A公司只能要求D公司承担定金责任

D. A公司只能要求D公司承担违约金责任

【案例3】

2023年3月9日,九江甲公司采购部经理陈某前往南昌与联想集团公司南昌分公司订立了一份电脑购销合同。合同约定:由联想南昌分公司于2023年5月6日向甲公司供应五种不同型号的笔记本电脑各10台,共50台,合同总价款为30万元;甲公司于合同订立时向联想南昌分公司预付5万元,收货后3日内付清余款。合同签订后,双方发生了下列事项:

(1)4月23日,联想南昌分公司与乙公司达成协议,将上述合同中20台笔记本电脑的交付义务转让给乙公司,并通知甲公司。

(2)5月5日,联想南昌分公司在网络上看到一则关于甲公司生产经营状况严重恶化的消息,决定中止履行,并立即通知甲公司。甲公司回复:网上相关消息纯属谣言,请贵公司依约履行。5月6日,联想南昌分公司担心甲公司丧失履行能力,拒绝发货。

(3)5月8日,联想南昌分公司仓库失火,库存笔记本电脑全部被烧毁。在甲公司的催告下,联想南昌分公司经甲公司协商,约定由乙公司向甲公司交付50台笔记本电脑,但乙公司未交货。

(4)5月10日,甲公司因联想南昌分公司未按约定交货导致合同目的落空,书面通知联想南昌分公司解除合同,并要求其承担违约责任。

根据上述材料,不考虑其他因素,分析回答下列问题:

1. 关于联想南昌分公司与乙公司达成的协议,下列表述中,正确的是(　　)。

A. 该协议为债务转让协议

B. 该协议自双方当事人签字、盖章时成立并生效

C. 该协议自双方当事人签字、盖章时成立,自通知到达甲公司时生效

D. 该协议自双方当事人签字、盖章时成立,经甲公司同意时生效

2. 关于联想南昌分公司中止履行,下列表述中,正确的是(　　)。

A. 由于甲公司生产经营状况严重恶化,联想南昌分公司享有不安抗辩权,可以中止履行

B. 甲公司收到联想南昌分公司中止履行通知后应当提供担保

C. 由于甲公司生产经营状况严重恶化的消息未经证实,联想南昌分公司不享有不安抗辩权

D. 联想南昌分公司拒绝交货属于违约行为

3. 对于5月8日发生的事件,下列表述中,不正确的是(　　)。

A. 联想南昌分公司可以火灾属于不可抗力为由主张免责

B. 联想南昌分公司不能以火灾属于不可抗力为由主张免责

C. 乙公司未向甲公司交货,由乙公司向甲公司承担违约责任

D. 乙公司未向甲公司交货,由联想南昌分公司向甲公司承担违约责任

4. 关于甲公司解除合同,下列表述中,正确的是(　　)。

A. 因未与联想南昌分公司协商一致,甲公司无权解除合同

B. 因笔记本电脑买卖合同未约定合同解除条件,甲公司无权解除合同

C. 因联想南昌分公司迟延履行合同主要义务,经催告后仍未履行,甲公司有权解除合同

D. 因联想南昌分公司迟延履行致使不能实现合同目的,甲公司有权解除合同

【案例 4】

周某做饲料生意，因资金短缺，于 2022 年 6 月 20 日向吴某借款 50 万元，借期 6 个月，以自有的价值 30 万元的小轿车抵押，当日双方签订了借款合同和抵押合同，但未办理抵押登记；同时，胡某作为周某履行债务的保证人与吴某签订了保证合同，但未约定保证方式、保证范围和保证期间。同日，周某将小轿车质押给余某，借款 20 万元，借期 6 个月，并将小轿车及其钥匙交付给余某。2022 年 12 月 15 日，余某驾驶该小轿车外出，发生交通事故，送到甲修理厂修理，产生修理费 2 万元。因余某未支付修理费，小轿车被甲修理厂留置。

根据上述材料，不考虑其他因素，分析回答下列问题：

1. 关于小轿车抵押，下列表述中，正确的是(　　)。

A. 双方应当订立书面抵押合同

B. 抵押权自抵押合同生效时设立

C. 抵押权未设立，因未办理登记

D. 抵押权不得对抗善意第三人

2. 关于本案的保证合同，下列表述中，正确的是(　　)。

A. 保证合同应采用书面形式

B. 保证范围为 20 万债权

C. 保证方式为连带责任保证

D. 保证期间为债务履行期间

3. 关于本案的质押，下列表述中，不正确的是(　　)。

A. 质押无效，因为小轿车已抵押

B. 质押有效，因为抵押权未设立

C. 质押有效，因为小轿车已交付给余某

D. 质押有效，但余某使用该小轿车需经周某同意

4. 债务履行期间届满后，周某不履行还款义务。关于债权清偿顺序，下列表述中，正确的是(　　)。

A. 对于小轿车，按抵押权、质权、留置权成立的时间先后确定清偿顺序

B. 对于小轿车，甲修理厂优先于吴某和余某受偿

C. 甲修理厂受偿后，吴某优先于余某受偿

D. 吴某可以放弃抵押权，要求胡某就全部债权承担保证责任

第四章　会计法律制度

一、单项选择题

1.《会计法》规定，我国会计工作行政管理的主管部门是(　　)。

A. 财政部门　　B. 税务部门

C. 市场监督管理部门　　D. 审计监察部门

2. 根据会计法律制度的规定，在办理移交时，移交的会计资料如有短缺，就必须查清原因，并在移交清册中注明，由相关人员负责，该相关人员是(　　)。

A. 移交人员　　B. 接替人员　　C. 审计人员　　D. 监交人

3. 根据会计法律制度的规定，对本单位会计工作和会计资料的真实性、完整性负责的是(　　)。

A. 会计人员　　B. 出纳人员

C. 会计机构负责人　　D. 单位负责人

4. 根据会计法律制度的规定，下列各项中，不属于代理记账机构的业务范围的是(　　)。

A. 向税务机构提供税务资料

B. 对外提供财务会计报告

C. 对外提供审计报告

D. 根据委托人提供的原始凭证和其他资料，依法进行会计核算

5. 下列人员中，可以担任企业会计机构负责人的是（　　）。

A. 取得初级会计专业技术资格并从事会计工作半年的李某

B. 取得中级会计专业技术资格并从事会计工作1年的赵某

C. 中专毕业并从事会计工作1年6个月的钱某

D. 研究生毕业并从事会计工作1年6个月的孙某

6. 根据会计法律制度的规定，下列事业单位会计人员任用中，没有违反会计人员回避制度规定的是（　　）。

A. 甲单位法定代表人的妻子担任本单位财务部门经理

B. 乙单位会计科长的女儿担任本部门出纳员

C. 丙单位法定代表人的儿子担任本单位财务部门经理

D. 丁单位财务处处长的同学担任本部门出纳员

7. 根据会计法律制度的规定，下列各项中，不属于企业财务会计报告组成部分的是（　　）。

A. 会计报表　　B. 财务情况说明书　　C. 审计报告　　D. 会计报表附注

8. 根据会计法律制度的规定，原始凭证的金额有错误时，应当采取的正确做法是（　　）。

A. 由出具单位重开

B. 由出具单位更正并加盖出具单位印章

C. 由接受单位更正并加盖接受单位印章

D. 由经办人员更正并加盖经办人员印章

9. 根据会计法律制度的规定，下列各项中，不属于会计核算内容的是（　　）。

A. 递延税款的余额调整　　B. 货物买卖合同的审核

C. 有价证券溢价的摊销　　D. 资本公积的增减变动

10. 根据会计法律制度的规定，伪造会计凭证、会计账簿及其他会计资料，是指（　　）。

A. 用涂改、挖补等手段来改变会计凭证、会计账簿等的真实内容，歪曲事实真相的行为

B. 对会计凭证、会计账簿等的错误内容进行更正，并在更正处签章的行为

C. 通过编造虚假的会计凭证、会计账簿及其他会计资料或直接篡改财务会计报告上的数据，使财务会计报告不真实、不完整地反映财务状况和经营成果，借以误导、欺骗会计资料使用者的行为

D. 以虚假的经济业务事项为前提编造不真实的会计凭证、会计账簿和其他会计资料的行为

11. 甲公司拟采购一批重要的原材料，根据会计法律制度的规定，下列人员中可以担任此次采购任务的采购人员的是（　　）。

A. 授权采购的王经理　　B. 稽核检查员小赵

C. 负责会计记录的小李　　D. 业务部的小张

12. 会计档案的鉴定工作应由（　　）牵头组织进行。

A. 单位档案管理机构　　B. 单位会计管理机构

C. 单位审计机构　　D. 单位纪检监察机构

13. 在我国，单位内部会计监督的主体一般是指（　　）。

A. 财政、税务、审计机关　　B. 注册会计师及会计师事务所

C. 本单位的会计机构和会计人员　　D. 本单位的纪检机构及其人员

14. 对甲公司实施的下列会计监督中，属于社会监督的是（　　）。

A. 财政局对甲公司开展年度会计信息质量检查

B. 会计师事务所对甲公司进行年度财务会计报告审计
C. 甲公司的纪检部门对本公司会计账簿进行监督检查
D. 税务局对甲公司开展企业所得税专项税务稽查
15. 伪造、变造会计凭证、会计账簿，尚不构成犯罪的会计人员，(　　)年内不得从事会计工作。
A. 5　　B. 10　　C. 15　　D. 20

二、多项选择题

1. 甲公司的下列人员中，属于会计人员的有(　　)。
A. 总经理李某　　B. 出纳员刘某
C. 会计机构负责人张某　　D. 总会计师王某
2. 根据会计法律制度的规定，下列关于总会计师的表述中，正确的有(　　)。
A. 是主管本单位会计工作的行政领导　　B. 是单位会计机构负责人
C. 直接对单位主要行政领导人负责　　D. 是单位内部审计机构负责人
3. 根据会计法律制度的规定，下列关于会计岗位设置的表述中，正确的有(　　)。
A. 档案管理部门的人员管理会计档案属于会计岗位
B. 出纳人员不得兼任债权债务账目的登记工作
C. 会计人员的工作岗位应当有计划地进行轮换
D. 会计工作岗位可以一人多岗或一岗多人
4. 会计人员工作交接完毕后，在移交清册上签名或盖章的人员中包括(　　)。
A. 监交人员　　B. 交出方
C. 接受方　　D. 单位会计档案管理人员
5. 下列关于会计人员回避制度的表述中，正确的有(　　)。
A. 单位负责人的直系血亲不得担任本单位的会计机构负责人
B. 单位负责人的姻亲不得担任本单位的出纳工作
C. 会计机构负责人的直系血亲不得担任本单位的出纳工作
D. 会计机构负责人的姻亲不得担任本单位的出纳工作
6. 根据会计法律制度的规定，下列各项中，属于会计报表的有(　　)。
A. 现金流量表　　B. 利润表　　C. 资产负债表　　D. 审计报告
7. 甲公司会计人员赵某审核原始凭证所采取的下列处理方式中，符合法律规定的有(　　)。
A. 退回记载不完整的原始凭证，要求补充
B. 发现原始凭证有涂改，要求出具单位重开
C. 发现原始凭证金额有错误，要求出具单位更正
D. 拒绝接受不真实的原始凭证，并向单位负责人报告
8. 根据会计法律制度的规定，下列各项中，属于会计档案的有(　　)。
A. 原始凭证　　B. 记账凭证　　C. 会计账簿　　D. 年度预算
9. 根据会计法律制度的规定，下列各项中，属于会计核算主要内容的有(　　)。
A. 合同审核　　B. 固定资产盘盈
C. 货币资金收入　　D. 无形资产购入
10. 根据会计法律制度的规定，有关我国会计核算的下列表述中，正确的有(　　)。
A. 各单位会计记录的文字均应当使用中文
B. 各单位会计核算均应以人民币为记账本位币
C. 各单位均应依据经过审核无误的会计凭证登记会计账簿
D. 各单位采用的会计处理方法，前后各期应当一致，不得随意变更

11. 有关正确使用会计记录文字,下列表述中,正确的有(　　)。

A. 民族自治地区的企业,可以只使用当地通用的一种民族文字进行会计记录

B. 在我国境内设立的外商投资企业,会计记录的文字应当使用中文,可以同时使用一种外国文字

C. 在我国境内的各类单位,会计记录均应当使用中文

D. 在我国境内的外国企业,可以只使用其本国文字进行会计记录

12. 有关原始凭证的基本要求,下列表述中,正确的有(　　)。

A. 退款时,将退货发票作为收据使用

B. 凡填有大写和小写金额的原始凭证,大写与小写金额必须相符

C. 自制原始凭证必须有经办单位领导人或者其指定的人员签名或者盖章

D. 一式多联的原始凭证,应当注明各联的用途,只能以一联作为报销凭证

13. 根据会计法律制度的规定,企业和其他组织的下列会计档案中,应永久保管的有(　　)。

A. 年度财务报告　　B. 纳税申报表

C. 半年度财务报告　　D. 会计档案销毁清册

14. 下列企业会计档案中,最低保管期限为30年的有(　　)。

A. 总账　　B. 记账凭证

C. 会计档案保管清册　　D. 银行存款余额调节表

15. 下列各项中,属于公司内部会计监督主体的有(　　)。

A. 公司债权人　　B. 公司纪检部门

C. 公司会计机构　　D. 公司会计人员

三、判断题

1. 县级以上地方各级人民政府财政部门管理本行政区域内的会计工作。(　　)

2. 会计工作岗位必须一人一岗。(　　)

3. 代理记账机构可以接受委托人的委托向税务机关提供税务资料。(　　)

4. 会计专业技术人员参加继续教育实行学分制管理,每年参加继续教育取得的学分不少于90学分。其中,专业科目一般不少于总学分的2/3。(　　)

5. 会计人员办理交接手续时,移交清册一般应填制一式两份,双方各执一份。(　　)

6. 会计核算以人民币为记账本位币,业务收支以人民币以外的货币为主的单位,也应当折算成人民币进行记账。(　　)

7. 我国是以公历年度为会计年度,即以每年公历的1月1日至12月31日为一个会计年度。(　　)

8. 原始凭证记载的各项内容均不得涂改。(　　)

9. 原始凭证是会计核算的原始依据,来自单位外部,不能由单位自制。(　　)

10. 根据实际需要,不同内容和类别的原始凭证可以汇总填制在一张记账凭证上。(　　)

11. 登记账簿时发生错误,对于错误的数字,应当全部划红线更正,不得只更正其中的错误数字。(　　)

12. 企业可以用银行对账单代替日记账。(　　)

13. 企业保管满20年的原始凭证可以销毁。(　　)

14. 单位会计管理机构临时保管会计档案最长不超过3年。(　　)

15. 单位分立后原单位解散的,其会计档案由分立后的单位共同保管。(　　)

四、不定项选择题

【案例1】

甲公司通过公开招聘,录用了张某以接替即将退休的会计机构负责人陈某。张某与陈某办理工作交接后,

法定代表人刘某安排张某梳理检查公司的会计工作。在检查中，张某发现出纳王某错账更正的方法有误：账簿金额“76 800”被误登记为“78 600”，王某仅划红线更正了登记错误的百位和千位数字。张某指出此处的不当后，王某改正了此项登记。检查完毕后，甲公司会计机构将临时保管期限届满的会计档案移交给公司档案管理机构保管。

根据以上资料，不考虑其他因素，试分析回答下列问题：

1. 张某具备的下列条件中，使其满足会计机构负责人任职资格的法定条件是（　　）。

A. 会计师专业技术职务资格　　B. 会计专业硕士学位

C. 注册会计师资格　　D. 2 年会计工作经历

2. 关于张某与陈某办理工作交接手续的下列说法中，正确的是（　　）。

A. 陈某应将甲公司全部财务会计工作、会计人员的情况等向张某详细介绍

B. 对需要移交的遗留问题，陈某应写出书面材料

C. 应由刘某负责监交

D. 交接完毕后，张某、陈某和刘某应在移交清册上签名或盖章

3. 下列账簿登记的改正措施中，王某应采用的是（　　）。

A. 在原更正处，补充加盖王某个人印章和公司印章

B. 将错误数字“78 600”全部重新划红线更正，并在更正处加盖王某个人印章

C. 在原更正处，补充加盖王某个人印章

D. 将错误数字“78 600”全部消除字迹后填上正确数字，加盖王某个人印章

4. 下列关于甲公司会计机构移交会计档案的表述中，正确的是（　　）。

A. 会计机构应编制会计档案移交清册

B. 电子会计档案移交时应将电子会计档案与其元数据一并移交

C. 公司档案管理机构接收电子会计档案时，应对其准确性、完整性、可用性和安全性进行检测

D. 交接完毕，由会计机构负责人和档案管理机构负责人在移交清册上签名或盖章

【案例 2】

2022 年 3 月，甲公司一批会计档案保管期满，其中有尚未结清的债权债务会计凭证。甲公司档案管理机构请会计机构负责人王某及相关人员在会计档案销毁清册上签署意见，将该批会计档案全部销毁。9 月，出纳钱某调离，与接替其工作的孙某办理了会计工作交接。12 月，为完成利润指标，会计机构负责人王某采取虚增收入等方法，调整了财务会计报告（尚不构成犯罪），并经法定代表人李某同意，向乙公司提供了未经审计的财务会计报告。

根据以上资料，不考虑其他因素，分析回答下列问题：

1. 关于甲公司销毁会计档案，下列表述中，正确的是（　　）。

A. 档案管理机构负责人应在会计档案销毁清册上签署意见

B. 法定代表人李某应在会计档案销毁清册上签署意见

C. 会计机构负责人王某不应在会计档案销毁清册上签署意见

D. 保管期满但未结清的债权债务会计凭证不得销毁

2. 关于会计人员钱某与孙某交接会计工作，下列表述中，正确的是（　　）。

A. 钱某与孙某应按移交清册逐项移交，核对点收

B. 应由会计机构负责人王某监交

C. 移交完毕，钱某与孙某以及监交人应在移交清册上签名或盖章

D. 移交完毕，孙某可自行另立新账进行会计记录

3. 关于甲公司向乙公司提供财务会计报告，下列表述中，正确的是（　　）。

A. 财务会计报告经注册会计师审计后才能对乙公司提供

B. 会计机构负责人王某应在财务会计报告上签名并盖章

C. 主管会计工作的负责人应在财务会计报告上签名并盖章

D. 法定代表人李某应在财务会计报告上签名并盖章

4. 关于会计机构负责人王某采取虚增营业收入等方法调整财务会计报告的行为性质及法律后果，下列表述中，正确的是（　　）。

A. 该行为属于编制虚假财务会计报告

B. 可以对王某处以罚款

C. 可对王某处以行政拘留

D. 王某5年之内不得从事会计工作

第五章　支付结算法律制度

一、单项选择题

1. 下列各项中，不符合票据和结算凭证填写要求的是（　　）。

A. 票据的出票日期使用阿拉伯数字填写

B. 中文大写金额数字书写中使用繁体字

C. 阿拉伯小写金额数字前面，均应填写人民币符号

D. 将出票日期2月12日写成零贰月壹拾贰日

2. 在填写票据的出票日期时，下列各项中将10月20日填写正确的是（　　）。

A. 拾月贰拾日　　B. 零拾月零贰拾日

C. 壹拾月贰拾日　　D. 零壹拾月零贰拾日

3. 一个基层预算单位开设（　　）个预算单位零余额账户。

A. 0　　B. 1　　C. 2　　D. 3

4. 支付结算的基本原则是银行、企事业单位、个体经营户、承包户和个人办理结算必须遵循的（　　）。

A. 行为准则　　B. 操作规范　　C. 法律规范　　D. 职业规范

5.（　　）是企事业单位因特定用途需开立的账户。

A. 临时存款账户　　B. 专用存款账户　　C. 一般存款账户　　D. 基本存款账户

6. 单位、个人和银行办理支付结算必须使用（　　）。

A. 各开户银行印制的票据和结算凭证

B. 按财政部统一规定印制的票据和结算凭证

C. 按中国人民银行统一规定印制的票据和结算凭证

D. 按国家税务部门统一规定印制的票据和结算凭证

7. 存款人日常经营活动的资金收付及其现金的支取，应通过（　　）办理。

A. 基本存款账户　　B. 一般存款账户　　C. 专用存款账户　　D. 临时存款账户

8. 科浔有限责任公司基本存款账户开户在B市建设银行某支行，现在因经营需要向中国工商银行A分行申请贷款400万元，经过审查同意贷款，其应在A分行开设（　　）。

A. 基本存款账户　　B. 一般存款账户　　C. 专用存款账户　　D. 临时存款账户

9. 银行为存款人开立一般存款账户、临时存款账户和专用存款账户的，应自开户之日起一定期限内书面通知基本存款账户开户银行，该期限为（　　）。

A. 10个工作日　　B. 5个工作日　　C. 3个工作日　　D. 2个工作日

10. 下列存款人中，不可以申请开立基本存款账户的是（　　）。

A. A市财政局

B. 个体工商户黄某开在闹市区的海淘店

C. 甲、乙、丙三人合伙设立的易大科技产品经营分部

D. B 市中医院职工食堂设立的非独立核算的小卖铺

11. 2023 年 12 月 1 日，申请人甲公司发现一张出票日期为 2023 年 11 月 21 日的银行汇票的解讫通知丢失，立即向签发银行出具单位证明请求退回汇票款项。甲公司提出的下列请求中，符合法律规定的是(　　)。

A. 请求退款至甲公司银行结算账户

B. 请求银行在 3 日内办结退款事宜

C. 请求退回现金

D. 请求退款至法定代表人个人账户

12. 甲签发票据给乙，丙从乙处窃取票据，丁明知丙是窃取而受让票据，丁又将票据赠与不知情的戊。下列说法中，正确的是(　　)。

A. 戊为基于善意的合法持票人，可以请求付款

B. 付款人可以经乙通知挂失止付为由拒绝付款

C. 戊提示付款遭拒绝后可向甲追索

D. 戊被拒绝付款后可以向丁追索，丁清偿后可以再追索

13. A 公司在向 B 公司签发并交付支票时，在票据上未加盖与该单位在银行预留签章一致的财务专用章而加盖 A 公司公章的。根据规定，下列说法中，正确的是(　　)。

A. 该票据无效

B. 补盖 A 公司在银行预留签章一致的财务专用章后，A 公司应当承担票据责任

C. 该签章无效，但不影响其他真实签章的效力

D. A 公司应当承担票据责任

14. 下列关于办理支付结算基本要求的表述中，错误的是(　　)。

A. 票据上的签章为签名、盖章或者签名加盖章

B. 结算凭证的金额以中文大写和阿拉伯数码同时记载，两者必须一致

C. 票据的出票日期可以使用阿拉伯数码记载

D. 票据上出票金额、收款人名称不得更改

15. 甲为 16 岁的公民，背书转让一汇票与乙，乙又背书转让，最后持票人丙提示承兑被拒绝后，向甲追索。以下甲的主张中，(　　)可构成抗辩。

A. 甲为限制民事行为能力人，其签章无效，不负票据责任

B. 甲不是付款人，没有义务付款

C. 甲为限制民事行为能力人，经其签署的票据无效，因而不负票据责任

D. 甲、乙间接受票据时所依据的买卖合同归于无效，甲、乙间转让票据的行为归于无效，因而甲不是票据债务人

16. 代理人超越代理权限的，应当就其(　　)承担票据责任。

A. 超越权限的部分　　B. 部分金额

C. 被代理的部分　　D. 全部金额

17. 在课堂上一位同学对追索权做了如下回答，其中错误的是(　　)。

A. 追索权是第二次的请求权，对任何签章于票据的人均可行使

B. 当持票人为出票人的时候，对其前手无追索权

C. 当持票人为背书人的时候，对其后手无追索权

D. 追索权可以不按照票据债务人的先后顺序，对前手中的任何一人、数人或者全体行使

18. 张某向李某背书转让面额为 10 万元的汇票作为购买房屋的价金，李某接受汇票后背书转让给第三人。如果张某与李某的房屋买卖合同被合意解除，则张某可以主张：(　　)。

A. 请求李某返还票据

B. 请求李某返还10万元现金

C. 请求从李某处受让票据的第三人返还票据

D. 请求付款人停止支付

19. 下列款项结算中，可以使用现金银行汇票的是(　　)。

A. 赵某向张某支付购房款20万元　　B. 丙公司向刘某支付劳务费15万元

C. 孙某向戊公司支付装修款15万元　　D. 甲公司向一公司支付材料款20万元

20. 根据支付结算法律制度的规定，下列关于支票的表述中，不正确的是(　　)。

A. 申请人开立支票存款账户必须使用本名

B. 出票人在付款处的存款足以支付支票金额时，付款人应当在见票当日足额付款

C. 现金支票可以采用委托收款方式提示付款

D. 出票人可以在支票上记载自己为收款人

21. 关于支付结算法制的规定，下列关于实名制管理的说法中，正确的是(　　)。

A. 客户如果忘带本人身份证件，可以使用复印件开通支付账户

B. 支付机构可以开设匿名账户

C. 支付机构给客户开通账户时，要有三个以上的外部渠道对客户身份进行验证

D. 客户开通支付账户时要登记本人身份基本信息

22. 根据网络支付限额的规定，以下说法中，正确的是(　　)。

A. 单日限额由支付机构和客户通过协议自主约定

B. 客户采用数字证书进行验证交易，单日累计金额不超过5 000元

C. 客户采用不足一类有效要素进行验证交易，单个客户所有单日累计金额应不超过1 000元

D. 交易限额可以随意设定

23. 下列选项中，错误的是(　　)。

A. 网上支付机构包括网上银行和第三方支付

B. 网络支付又称互联网支付

C. 网络支付需要为客户提供网络访问的渠道

D. 网上银行的服务对象只有个人客户

24. 小刘是某公司财务管理人员，某日他利用职务之便将单位款项转入自己的个人银行结算账户，后被公司发现。小刘因此要承担的法律责任是(　　)。

A. 给予警告并处以1 000元罚款

B. 给予警告并处以5 000元以上3万元以下的罚款

C. 并处以5万元以上30万元以下的罚款

D. 处以1万元以上3万元以下的罚款

25. 根据支付结算法律制度的规定，下列关于网络支付的说法中，不正确的是(　　)。

A. 支付账户不得透支，不得出借、出租、出售

B. 非银行支付机构不得为单位开立支付账户

C. 支付机构为单位开立支付账户，以非面对面方式通过3个合法安全的外部渠道对单位基本信息进行多重交叉验证

D. 单笔金额为200元的小额支付业务，支付机构可以代替银行进行交易验证

二、多项选择题

1. 下列各项中，属于支付结算方式的有(　　)。

A. 银行卡　　B. 汇兑　　C. 信用卡　　D. 委托收款

2. 根据支付结算办法的规定，下列各项中，符合支付结算基本要求的有(　　)
A. 单位、个人和银行办理支付结算，必须使用按照中国人民银行统一规定印制的票据和结算凭证
B. 单位、个人和银行应当按照《人民币银行结算账户管理办法》规定开立、使用账户
C. 票据和结算凭证上的签章和其他记载事项应当真实，不得伪造、变造
D. 填写票据和结算凭证应当规范，做到要素齐全，数字正确，字迹清晰，不错不漏，不得潦草，防止涂改
3. 下列各项中，表述正确的有(　　)。
A. 票据的中文大写金额数字应用正楷或者草书填写
B. 票据中的中文大写金额数字前应标明“人民币”字样
C. 票据的出票日期可以使用小写填写
D. 票据中的中文大写金额数字到元为止的，在元之后应写“整”字
4. 使用中文大写填写票据出票日期时，应在其前面加“零”的月份有(　　)。
A. 壹月　B. 贰月　C. 叁月　D. 壹拾月
5. 下列各项中，属于办理支付结算主体的有(　　)。
A. 城市信用合作社　B. 农村信用合作社
C. 单位　D. 个体工商户
6. 存款人可以申请开立临时存款账户的有(　　)。
A. 设立临时机构　B. 异地建筑施工
C. 注册验资　D. 证券交易结算
7. 存款人下列事项的变更，须于5个工作日内书面通知开户银行并提供相关证明，及时办理变更手续的有(　　)。
A. 名称改变　B. 法定负责人变更　C. 住址变更　D. 改变开户银行
8. 关于银行结算账户的分类方式，下列选项中，准确的有(　　)。
A. 按照用途分为基本存款账户、一般存款账户、专用存款账户和临时存款账户
B. 按照存款人不同分为单位银行结算账户和个人银行结算账户
C. 按照存入币种不同分为人民币结算账户和外币结算账户
D. 按照存款期限不同分为定期存款账户和活期存款账户
9. 存款人可以在异地开立有关银行结算账户的情形有(　　)。
A. 营业执照注册地与经营地不在同一行政区域(跨省、市、县)需要开立基本存款账户的
B. 办理异地借款和其他结算需要开立一般存款账户的
C. 存款人因附属的独立核算单位或者派出机构发生的收入汇缴或者业务
D. 异地临时经营活动需要开立临时存款账户的
10. 下列各项中，可以办理现金支付的账户有(　　)。
A. 一般存款账户　B. 临时存款账户
C. 基本存款账户　D. 专用存款账户(除零余额账户)
11. 根据支付结算法律制度的规定，下列银行卡中，不得透支的有(　　)。
A. 专用卡　B. 转账卡　C. 贷记卡　D. 储蓄卡
12. 根据支付结算法律制度的规定，下列关于票据付款人的表述中，正确的有(　　)。
A. 支票的付款人是出票人的开户银行
B. 商业承兑汇票的付款人是承兑人
C. 银行汇票的付款人是出票银行
D. 银行承兑汇票的付款人是承兑银行
13. 关于票据权利和票据效力，下列说法中，正确的有(　　)。
A. 持票人因超过票据权利时效或者因票据记载事项欠缺而丧失票据权利的，不享有任何民事权利

B. 持票人因超过票据权利时效或者因票据记载事项欠缺而丧失票据权利的，仍享有民事权利，可以请求出票人或者承兑人返还其与未支付的票据金额相当的利益

C. 票据上有伪造、变造的签章的，不影响票据上其他真实签章的效力

D. 票据上有伪造、变造的签章的，票据无效

14. 关于汇票记载事项的表述，下列选项中，正确的有（　　）。

A. 汇票上未记载付款日期的，为见票即付

B. 汇票上未记载付款日期的，票据无效

C. 汇票上未记载付款地的，付款人的营业场所、住所或者经常居住地为付款地

D. 汇票上未记载出票地的，票据无效

15. 李某持一张现金支票到付款银行提示付款，应当办理的手续有（　　）。

A. 填制进账单

B. 向银行交验本人身份证件

C. 在支票背面注明身份证件名称、号码及发证机关

D. 在支票背面“收款人签章”处签章

16. 2022 年 1 月 12 日，申请人甲公司发现一张出票日期为 2021 年 10 月 9 日的银行汇票的解讫通知丢失，立即向签发银行出具单位证明请求退回汇票款项。甲公司提出的下列请求中，不符合法律规定的有（　　）。

A. 请求退款至财务负责人的个人银行结算账户

B. 请求银行柜台退还现金

C. 请求银行在 10 日内办理转汇事宜

D. 请求退款至甲公司银行结算账户

17. 收单机构 P 银行发现特约商户甲公司存在疑似银行卡套现等风险事件，P 银行对甲公司采取的下列措施中，符合法律规定的有（　　）。

A. 收回受理终端

B. 延迟资金结算

C. 关闭网络支付借口

D. 暂停银行卡交易

18. 郑某个人一次性购买不记名预付卡 2 000 元，一次性充值记名预付卡 3 000 元。下列表述中，符合法律规定的有（　　）。

A. 郑某可以使用信用卡购买预付卡

B. 郑某可以使用现金 3 000 元为预付卡充值

C. 郑某购买预付卡时应提供有效身份证件

D. 郑某可以使用现金 2 000 元购买不记名预付卡

19. 根据支付结算法律制度的规定，下列债务证明中，办理款项结算可以使用委托收款结算方式的有（　　）。

A. 已承兑的商业汇票

B. 转账支票

C. 到期的债券

D. 到期的存单

20. 下列选项中，属于条码支付业务交易验证的要素有（　　）。

A. 手机短信发送的动态密码

B. 静态密码

C. 指纹

D. 电子签名

21. 下列关于预付卡的说法中，正确的有（　　）

A. 预付卡有有效期，只能使用 2 年

B. 预付卡具有透支功能

C. 预付卡可以挂失，也可以赎回

D. 预付卡应当以人民币计价

22. 下列选项中，正确的有（　　）。

A. 单位和个人违反《银行账户管理办法》开立和使用账户的，应按规定承担刑事责任

B. 存款人开立、撤销银行结算账户，可以使用假身份证件

C. 有利用票据、信用卡、结算凭证欺诈的行为，构成犯罪的，应依法承担刑事责任

D. 伪造、变造、私自印制开户登记证的存款人，属非经营性的处以 1 000 元罚款

23. 银行在银行结算账户的使用中，不得有下列行为中的（　　）。

A. 提供虚假开户申请资料，欺骗中国人民银行许可开立基本存款账户、临时存款账户、预算单位专用存款账户

B. 开立或撤销单位银行结算账户，未按本办法规定在其基本存款账户开户登记证上予以登记、签章或通知相关开户银行；违反《银行账户管理办法》第四十二条规定办理个人银行结算账户转账结算

C. 储蓄账户办理转账结算；违反规定为存款人支付现金或办理现金存入

D. 超过期限或未向中国人民银行报送账户开立、变更、撤销等资料

24. 存款人使用银行结算账户，不得有下列行为中的（　　）。

A. 违反《银行账户管理办法》规定，将单位款项转入个人银行结算账户

B. 违反《银行账户管理办法》规定支取现金

C. 利用开立银行结算账户逃废银行债务

D. 出租、出借银行结算账户

25. 关于单位和个人的支付结算纪律，以下选项中，正确的有（　　）。

A. 不准以任何理由压票、任意退票、截留挪用客户和他行资金

B. 不准签发没有资金保证的票据或远期支票，套取银行信用

C. 不准签发、取得和转让没有真实交易和债权债务的票据，套取银行和他人资金；不准无理拒绝付款，任意占用他人资金

D. 不准违反规定开立和使用账户

三、判断题

1. 根据《支付结算办法》的规定，票据和结算凭证上的所有记载事项，任何人不得更改。（　　）

2. 单位在结算凭证上的签章为该单位的公章加其法定代理人或者授权的代理人的签名或者盖章。（　　）

3. 根据《支付结算办法》的规定，未经中国人民银行批准的非银行金融机构和其他单位不得作为中介机构经营支付结算业务。（　　）

4. 结算账户仅限于办理现金存取业务，不得办理转账结算。（　　）

5. Ⅱ、Ⅲ类账户可以配发实体卡。（　　）

6. 凭同一证明文件只能开立一个临时存款账户。（　　）

7. 按照《结算账户管理办法》及其实施细则，注册地是指存款人的营业执照等开户证明文件上记载的住所地。（　　）

8. 对于个人储蓄存款，商业银行有权利拒绝任何单位或者个人查询、冻结、扣划，但法律另有规定的除外。（　　）

9. 存款人开立单位银行结算账户的，自开立之日起即可使用该账户办理结算业务。（　　）

10. 为了便于结算，一家单位可以同时在几家金融机构开立银行基本存款账户。（　　）

11. 本票出票人在出票时有三个当事人，分别为出票人、付款人、持票人。（　　）

12. 支票的出票人于 2022 年 9 月 9 日出票时，在票面上记载“到期日为 2022 年 9 月 18 日”，该记载有效。（　　）

13. 变更票据上的金额的，属于票据的伪造，不属于票据的变造。（　　）

14. 在委托收款中，以单位为付款人的，银行应当在当日将款项主动支付给收款人。（　　）

15. 票据债务人可以对不履行约定义务的与自己有直接债权债务关系的持票人进行抗辩。（　　）

16. 张某餐厅吃饭后，用招商银行手机 App 扫码支付餐费，商家仅提供一个二维码即完成收款。该类条码属于二维码聚合支付，又称第四方支付。（　　）

17. 某企业开出一张500万元的纸质商业汇票，该做法符合法律规定。 （ ）
18. 王某可凭其机动车驾驶证申请开立个人银行结算账户。 （ ）
19. 支付结算纪律中规定银行不准无理拒付、不扣少扣滞纳金。 （ ）
20. 单位和个人违反《银行账户管理办法》开立和使用账户的，应按规定承担行政责任。 （ ）
21. 有利用票据、信用卡、结算凭证欺诈的行为，情节轻微，不构成犯罪的，应按照规定承担刑事责任。
（ ）
22. 预付卡可以在本发卡机构合法拓展的实体特约商户的网络商店中使用。 （ ）
23. 办理一次性金额5 000元以上预付卡充值业务的，不得使用现金。 （ ）

四、不定项选择题

【案例1】

2020年6月，王某在北京注册成立了一家新公司，并依法向银行申请开立了基本存款账户。10月，王某对该公司追加投资。12月王某根据业务需要，将公司迁往上海，于是向银行提出变更开户行的请求。

根据上述资料，回答下列问题：

1. 银行需要对王某的追加投资进行验资，则该公司需新开立的账户是（ ）。

A. 基本存款账户　　B. 专用存款账户
C. 临时存款账户　　D. 一般存款账户

2. 开立新账户需出具基本存款账户的情形是（ ）。

A. 设立临时机构
B. 异地建筑施工及其安装
C. 异地借款的存款人在异地开立一般存款账户
D. 因经营需要在异地办理收入汇缴和业务支出的存款人在异地开立专用存款账户

3. 一般存款账户在（ ）日内可以使用。

A. 1　　B. 2　　C. 3　　D. 5

4. 银行在接到该公司变更开户银行的申请请求时，需要在（ ）个工作日内报告给中国人民银行。

A. 1　　B. 2　　C. 3　　D. 5

【案例2】

某市甲公司于2022年9月1日设立，当年9月份发生以下业务：

情况一：9月10日甲公司的财务人员持有关证件到九江银行营业部办理基本存款账户的开立手续，九江银行工作人员审查了其开户的证明文件，并留存了相关证件的复印件，为其办理了基本存款账户的开户手续（隔日取得开户许可证）。同日该财务人员持以上证件与上饶银行的贷款合同到上饶银行开立了一个一般存款账户。

情况二：9月11日，甲企业的财务人员到九江银行办理支票的转账手续，九江银行的工作人员当日办理。

情况三：9月20日甲公司从乙公司购买一批货物，签发一张转账支票给乙公司用于支付货款，但甲公司在支票上未记载收款人名称，约定由乙公司自行填写，乙公司取得支票后，在支票收款人处填写了乙公司的名称，并于9月26日将该支票背书转让给丙公司。

情况四：9月30日，甲企业开出转账支票准备通过在上饶银行的一般存款账户发放职工工资40万元、支取现金2万元。

根据上述资料，回答下列问题：

1. 下列有关上饶银行开立一般存款账户的说法中，正确的是（ ）。

A. 上饶银行于9月10日为甲企业开立一般存款账户的做法，不符合法律规定
B. 未取得基本存款账户开户登记证，不能开立一般存款账户
C. 办理了基本存款账户的开户手续，即可开立一般存款账户
D. 上饶银行于9月10日为甲企业开立一般存款账户的做法，符合法律规定

2. 下列有关九江银行办理转账手续的说法中，正确的是(　　)。

A. 九江银行为甲企业办理转账手续符合规定

B. 九江银行为甲企业办理转账手续不符合规定

C. 存款人开立单位银行结算账户，自正式开立之日起 3 个工作日后，方可使用该账户办理付款业务

D. 存款人开立单位银行结算账户，自正式开立之日起 5 个工作日后，方可使用该账户办理付款业务

3. 关于甲企业签发的支票，下列说法中，正确的是(　　)。

A. 甲公司签发的未记载收款人名称的支票为无效票据

B. 甲公司签发的未记载收款人名称的支票有效

C. 补记收款人名称前，该支票不得背书转让

D. 支票的收款人名称，可以由出票人授权补记

4. 关于甲公司通过一般存款账户发放职工工资的行为，下列说法中，正确的是(　　)。

A. 甲公司通过一般存款账户发放职工工资的做法不符合规定

B. 甲公司通过一般存款账户发放职工工资的做法符合规定

C. 存款人的工资、奖金，只能通过基本存款账户办理

D. 一般存款账户可以办理现金支取

【案例 3】

2023 年 1 月 11 日，汇丰公司为满足采购原材料需要，委派财务人员黄某到 R 银行申请签发一张金额为 230 万元、收款人为双营公司的银行汇票。1 月 15 日，采购人员杨某与双营公司财务人员张某共同核实原材料实际货款金额为 221 万元，张某收票后在汇票上填写了实际结算金额。1 月 17 日，张某持票向双营公司开户银行 S 银行提示付款。

根据上述材料，回答下列问题：

1. 张某受理该银行汇票时，应审查的事项包括(　　)。

A. 银行汇票是否在提示付款期限内

B. 出票人签章是否符合规定，大小写出票金额是否一致

C. 银行汇票与解讫通知记载的内容是否一致

D. 收款人是否为双营公司

2. 关于汇丰公司申请签发银行汇票的表述中，错误的是(　　)。

A. 黄某应填写“银行汇票申请书”

B. 黄某可以在“银行汇票申请书”上填写“现金”字样

C. R 银行签发银行汇票，应先收妥汇丰公司 230 万元款项

D. R 银行应将签发的银行汇票和解讫通知一并交给黄某

3. 张某填写实际结算金额的正确方式是(　　)。

A. 实际结算金额填写 230 万元，多余金额填写为 0

B. 实际结算金额填写 230 万元，多余金额填写 4 万元

C. 实际结算金额填写 221 万元，多余金额填写 9 万元

D. 实际结算金额填写 221 万元，多余金额不填写

4. 以下关于该银行汇票提示付款的表述中，正确的是(　　)。

A. 张某应将银行汇票和解讫通知、进账单送交 R 银行

B. 张某应向 S 银行出具双营公司法定代表人授权书

C. 张某应向 S 银行交验本人身份证件

D. 应在汇票背面“持票人向银行提示付款签章”处签章，签章须与预留银行签章一致

【案例 4】

2022 年 7 月 8 日，汇丰公司为支付 50 万元货款向仁丰公司签发并承兑一张定日付款的商业汇票。汇票到

期日为2023年1月8日。仁丰公司将该商业汇票背书转让给广丰公司，并记载“不得转让”的字样。广丰公司再次将该汇票转让给庆丰公司。庆丰公司将汇票背书转让给允丰公司。允丰公司在提示付款期内向汇丰公司提示付款遭到拒绝，遂向前手发起追索。

根据上述资料，回答下列问题：

1. 下列汇丰公司签发并承兑商业汇票的记载事项中，必须记载的是（　　）。

A. 出票日期“贰零贰贰年柒月零捌日”

B. 票据金额50万元

C. 收款人仁丰公司

D. 付款人汇丰公司签章

2. 关于仁丰公司记载“不得转让”字样的法律效力，下列表述中，正确的是（　　）。

A.“不得转让”记载不具有《票据法》上的效力

B. 仁丰公司对广丰公司不负保证责任

C. 仁丰公司向广丰公司转让票据的行为无效

D. 仁丰公司对允丰公司不负保证责任

3. 允丰公司应自2023年1月8日起一定期限内向汇丰公司提示付款，该期限为（　　）日。

A. 7　　B. 3　　C. 10　　D. 15

4. 下列关于允丰公司行使追索权的表述中，正确的是（　　）。

A. 允丰公司有权向汇丰公司行使追索权

B. 允丰公司有权向广丰公司行使追索权

C. 允丰公司只能向广丰公司行使追索权

D. 允丰公司有权向仁丰公司行使追索权

【案例5】

2023年1月1日，大学生小熊准备去办理预付卡业务。在办理业务时，小熊发现忘带身份证，便使用了身份证的复印件继续办理业务，工作人员对此也未有任何异议，小熊便使用现金一次性购买了6万元的预付卡。

根据上述材料，回答下列问题：

1. 小熊办理业务的过程中，不妥之处的是（　　）。

A. 小熊未提供有效身份证件

B. 工作人员未识别购卡人、单位经办人的身份，未核对有效身份证件，未登记身份基本信息

C. 小熊一次性购买预付卡5万元以上的预付卡，不得使用现金

D. 单位经办人未核对小熊的姓名、有效身份证件名称和号码、联系方式、购卡数量、购卡日期、购卡总金额、预付卡卡号及金额等信息

2. 根据预付卡的规定，下列选项中，正确的是（　　）。

A. 获准办理“互联网支付”业务的发卡机构，还可通过持卡人在本发卡机构开立的实名网络支付账户充值

B. 不得使用信用卡为预付卡充值

C. 单张预付卡充值后的资金余额不得超过规定限额

D. 预付卡现金充值应当通过发卡机构网点进行

3. 根据预付卡的规定，下列选项中，错误的是（　　）。

A. 发卡机构无须要求特约商户在营业场所显著位置标明受理的预付卡名称和种类

B. 特约商户可以以任何形式存储与商户结算、对账无关的预付卡信息

C. 特约商户不得协助持卡人进行任何形式的预付卡套现

D. 预付卡可以用于购买、交换非本发卡机构发行的预付卡、单一行业卡及其他商业预付卡或向其充值

4. 预付卡的期限的相关规定是（　　）。

A. 不记名预付卡有效期不得低于 3 年。发卡机构发行销售预付卡时，应向持卡人告知预付卡的有效期及计算方法

B. 预付卡不得具有透支功能

C. 发卡机构发行销售预付卡时，应向持卡人告知预付卡的有效期及计算方法

D. 超过有效期尚有资金余额的预付卡，发卡机构应当提供延期、激活、换卡等服务，保障持卡人继续使用

【案例 6】

小龚是某家单位的财务管理人员。某次小龚为了提高工作效率，将公司资金转入自己的个人账户；此外，还利用职务之便开设了多个银行结算账户。

根据上述材料，回答下列问题：

1. 根据支付结算纪律的相关规定，存款人使用银行结算账户，不得有下列行为中的(　　)。

A. 违反《支付结算办法》的规定将单位款项转入个人银行结算账户

B. 违反《支付结算办法》的规定支取现金

C. 从基本存款账户之外的银行结算账户转账存入

D. 法定代表人或主要负责人、存款人地址以及其他开户资料的变更事项未在规定期限内通知银行

2. 银行在银行结算账户的开立中，不得有下列行为中的(　　)。

A. 违反《支付结算办法》规定为存款人多头开立银行结算账户

B. 明知或应知是单位资金，而允许以自然人名称开立账户存储

C. 提供虚假开户申请资料欺骗中国人民银行许可开立基本存款账户、临时存款账户、预算单位专用存款账户

D. 开立或撤销单位银行结算账户，未按《非金融机构支付服务管理办法》的规定在其基本存款账户开户登记证上予以登记、签章或通知相关开户银行

3. 银行在银行结算账户的使用中，不得有下列行为中的(　　)。

A. 提供虚假开户申请资料欺骗中国人民银行许可开立基本存款账户、临时存款账户、预算单位专用存款账户

B. 为储蓄账户办理转账结算

C. 违反规定为存款人支付现金或办理现金存入

D. 超过期限或未向中国人民银行报送账户开立、变更、撤销等资料

4. 银行违反了银行结算账户的使用的规定，将会受到的处罚是(　　)。

A. 给予警告，并处以 5 000 元以上 3 万元以下的罚款

B. 对该银行直接负责的高级管理人员、其他直接负责的主管人员、直接责任人员按规定给予纪律处分

C. 对该银行直接负责的高级管理人员、其他直接负责的主管人员、直接责任人员按规定给予纪律处分

D. 构成犯罪的，移交司法机关依法追究刑事责任

第六章　劳动合同法与社会保险法

一、单项选择题

1. 用人单位与劳动者订立的下列劳动合同中，不符合法律规定的是(　　)。

A. 某杂技团招用 13 周岁的小李订立的劳动合同

B. 某餐厅招用 15 周岁的小张订立的劳动合同

C. 甲公司的分公司已领取营业执照，以分公司名义招用 17 周岁的小王订立的劳动合同

D. 乙公司的分公司在筹办中，以乙公司的名义招用 18 周岁的小赵订立的劳动合同

2. 在劳动合同订立时,关于用人单位的义务,以下表述中,错误的是(　　)。

A. 对于职业危害和安全生产状况,劳动者未询问的,用人单位可以不告知劳动者

B. 对于工作条件和工作地点,用人单位应当主动告知劳动者

C. 用人单位不得要求劳动者提交毕业证作为抵押

D. 用人单位不得要求劳动者的父母作为劳动者履行劳动合同的保证人

3. 2022 年 6 月 1 日,甲公司向王某发出录用通知书,通知王某 7 月 1 日到甲公司报到上班。2022 年 7 月 4 日,王某到甲公司报到上班,双方于 2022 年 7 月 20 日签订了劳动合同。甲公司与王某建立劳动关系的日期是(　　)。

A. 2022 年 6 月 1 日　　B. 2022 年 7 月 1 日

C. 2022 年 7 月 4 日　　D. 2022 年 7 月 10 日

4. 关于劳动合同的生效时间,下列说法中,不正确的是(　　)。

A. 一般情况下,劳动合同自用人单位负责人签字盖章时生效

B. 一般情况下,劳动合同自双方当事人签字盖章时生效

C. 劳动合同附生效条件的,自条件成就时生效

D. 劳动合同附生效期限的,自期限届至时生效

5. 以下选项中,属于劳动合同必备条款的是(　　)。

A. 劳动报酬　　B. 试用期　　C. 福利待遇　　D. 保守商业秘密

6. 关于工作时间的表述,下列选项中,正确的是(　　)。

A. 所有用人单位一律实行每日 8 小时、每周 40 小时工作制

B. 用人单位根据本单位的实际情况可以实行计件工时

C. 实行 8 小时工作制的用人单位,可以安排劳动者连续工作 8 小时

D. 用人单位有权根据生产和工作特点,自行决定实行不定时工作制或综合计算工时工作制

7. 甲公司关于小徐在 2023 年 6 月份的加班记录如下:3 日(周六)、11 日(周日)、22 日(端午节)加班三天,后于 26 日补休一天;工作日延长工作时间共计 10 小时。小徐月工资为 3 000 元,其 6 月份加班费的计算正确的是(　　)元。

A. 625.03　　B. 862.11　　C. 724.15　　D. 948.28

8. 王某给用人单位甲公司造成损失 1 000 元,公司决定从其工资中扣除;已知王某月工资是 2 000 元,当地最低工资水平是 1 750 元,则公司依照规定每月实际扣除的数额最多是(　　)元。

A. 150　　B. 175　　C. 250　　D. 400

9. 某公司与小徐签订 1 年期劳动合同,可约定试用期最长为(　　)个月。

A. 1　　B. 2　　C. 3　　D. 6

10. 某公司为员工吴某提供专项培训费用 5 万元,对其进行专业技术培训,双方约定服务期 5 年,违约金 5 万元。吴某履行了 2 年服务期即辞职,他应向某公司支付违约金(　　)万元。

A. 1　　B. 2　　C. 3　　D. 5

11. 甲公司与负有保密义务的小周签订了竞业限制协议。下列做法中,不正确的是(　　)。

A. 在甲公司工作期间,不得自己经营或为他人经营与甲公司相竞争的业务

B. 与甲公司解除或终止劳动合同后 3 年内,不得自己经营或为他人经营与甲公司相竞争的业务

C. 小周违反竞业限制约定,应当向甲公司支付经济补偿

D. 甲公司在小周离任后的有效竞业限制期限内,应当按月向小周支付经济补偿

12. 在劳动合同履行过程中,下列做法中,不符合法律规定的是(　　)。

A. 甲公司根据生产经营需要有权决定加班

B. 乙公司管理人员违章指挥、强令冒险作业的,劳动者有权拒绝

C. 丙公司变更投资人,劳动合同继续履行

D. 丁公司分立为 A、B 两家公司，原劳动合同由 A、B 两家公司继续履行

13. 用人单位(　　)，劳动者可以立即解除劳动合同，不需事先告知用人单位。

A. 未按照劳动合同约定提供劳动保护或者劳动条件的

B. 未及时足额支付劳动报酬的

C. 以暴力、威胁或者非法限制人身自由的手段强迫劳动者劳动的

D. 规章制度违反法律、法规的规定，损害劳动者权益的

14. 用人单位解除下列劳动者的劳动合同，不符合法律规定的情形是(　　)。

A. 甲公司因徐某严重违反用人单位规章制度而解除其劳动合同

B. 乙公司因于某不能胜任工作而解除其劳动合同

C. 丙公司因王某严重失职给公司造成重大经济损失而解除其劳动合同

D. 丁公司因付某做兼职对完成本职工作造成严重影响而解除其劳动合同

15. 刘某在甲公司工作 3 年后跳槽到乙公司任职 8 年，因患病住院治疗，依法可享受的医疗期限为(　　)个月。

A. 3　　B. 6　　C. 9　　D. 12

16. 用人单位不必向劳动者支付经济补偿的情形是(　　)。

A. 被依法宣告破产的　　B. 被责令关闭、撤销的

C. 被吊销营业执照的　　D. 劳动者预告辞职的

17. 小李于 2021 年 2 月 15 日与甲公司签订为期 3 年的劳动合同。2023 年 5 月 17 日，公司提出与小李解除劳动合同，小李同意解除。小李前 12 个月的平均工资为 4 000 元，公司应向小李支付经济补偿金(　　)元。

A. 12 000　　B. 10 000　　C. 8 000　　D. 6 000

18. 关于集体合同，下列说法中，不正确的是(　　)。

A. 单位集体合同的双方当事人一方是工会或劳动者代表，另一方是用人单位

B. 集体合同经双方当事人签字盖章后生效

C. 集体合同生效后，对用人单位和劳动者均有约束力

D. 劳动合同未约定而集体合同有规定的，适用集体合同的规定

19. 关于劳务派遣，下列说法中，不正确的是(　　)。

A. 劳务派遣仅适用于临时性、辅助性或者替代性的工作岗位

B. 劳务派遣协议由劳务派遣单位与用工单位签订

C. 被派遣劳动者在用工单位有权参加工会

D. 被派遣劳动者遭受用工单位侵害劳动权益的，只能要求用工单位承担法律责任

20. 甲公司未支付陈某 2022 年 3 月的工资，一直到 2023 年 2 月 25 日劳动关系终止时都没有支付。下列说法中，正确的是(　　)。

A. 陈某申请劳动仲裁的时效期间为 1 年，时效起算点为 2022 年 4 月 1 日

B. 陈某申请劳动仲裁的时效期间为 1 年，时效起算点为 2023 年 2 月 25 日

C. 陈某申请劳动仲裁前必须与用人单位进行协商

D. 陈某申请劳动仲裁前必须向劳动争议调解组织申请调解

21. 关于劳动争议仲裁程序，下列说法中，不正确的是(　　)。

A. 在仲裁程序中，举证的一般规则是“谁主张，谁举证”，劳动者无法提供由用人单位掌握管理的与仲裁请求有关的证据，则由用人单位提供

B. 申请人收到书面开庭通知，无正当理由拒不到庭或者未经仲裁庭同意中途退庭的，视为撤回仲裁申请

C. 被申请人收到书面开庭通知，无正当理由拒不到庭或者未经仲裁庭同意中途退庭的，可以缺席裁决

D. 劳动争议仲裁程序的最长期限为 45 日

22. 关于社会保险，下列表述中，不正确的是(　　)。

A. 社会保险包括养老保险、医疗保险、工伤保险、失业保险和生育保险

B. 社会保险具有强制性，用人单位和劳动者应当依法参保缴费

C. 用人单位应当自劳动合同订立之日起 30 日内为该劳动者办理社会保险登记

D. 用人单位应当自用工之日起 30 日内为该劳动者办理社会保险登记

23. 关于养老保险制度，下列表述中，不正确的是(　　)。

A. 无论是单位职工还是灵活就业人员，都应当参加职工基本养老保险

B. 单位职工的缴费比例为个人缴费工资的 8%，记入个人账户

C. 灵活就业人员按当地上年度在岗职工平均工资的 20%缴费，其中 8%记入个人账户，其余记入养老保险统筹基金

D. 参保人员死亡的，个人账户余额作为遗产由继承人继承

24. 以下关于工伤保险的表述，不符合《工伤保险条例》的是(　　)。

A. 用人单位和职工应当参加工伤保险，但工伤保险费由用人单位缴纳

B. 由第三人的原因造成工伤，第三人不支付工伤医疗费用的，由工伤保险基金先行支付

C. 职工因工致残被鉴定为六级伤残的，劳动合同期满，用人单位可以终止劳动合同

D. 工伤职工拒绝治疗的，不享受工伤待遇

25. 下列情形中，能享受失业保险待遇的是(　　)。

A. 小汪大学毕业后进入某单位工作，参加了失业保险并缴了费。两年后，他因严重违反用人单位规章制度被解除劳动合同。合同解除 50 天后，小汪办理了失业登记

B. 小李大学毕业后与某用人单位签订了两年期劳动合同，未参加失业保险。两年后，其劳动合同期满终止。合同终止 50 天后，小李办理了失业登记

C. 小王大学毕业后入职某单位，参加了失业保险并缴了费。两年后，他因对待遇不满而辞职。辞职 50 天后，小王办理了失业登记

D. 小刘大学毕业后入职某单位，参加了失业保险并缴了费。两年后，他因不能胜任工作被解除劳动合同。合同解除 70 天后，小汪办理了失业登记

二、多项选择题

1. 甲公司与小张签订劳动合同时，要求交付 1 500 元押金，作为履行劳动合同的担保。对这一违法行为的处理方式是(　　)。

A. 由劳动行政部门责令限期退还劳动者本人

B. 由劳动行政部门按 500 元以上 2 000 元以下的标准处以罚款

C. 由劳动行政部门处按 5 000 元以上 10 000 元以下的标准处以罚款

D. 甲公司给小张造成损害的，承担赔偿责任

2. 2023 年 3 月 1 日，甲公司向小刘发出录用通知书，小刘按通知要求于 3 月 20 日到公司报到上班。关于甲公司与小刘订立劳动合同的时间，下列表述中，正确的有(　　)。

A. 双方可以在 2023 年 3 月 20 日前订立劳动合同

B. 双方可以在 2023 年 3 月 20 日当天订立劳动合同

C. 双方可以在 2023 年 4 月 20 日前订立劳动合同

D. 双方可以在劳动关系存续期间任何时候订立劳动合同

3. 小丁于 2022 年 6 月 20 日到 A 公司上班，到 2023 年 6 月 20 日，A 公司一直未与小丁签订书面劳动合同，此时 A 公司应当承担的责任有(　　)。

A. 向小丁支付 11 个月的两倍工资

B. 向小丁支付 12 个月的两倍工资

C. 与小丁签订固定期限劳动合同

D. 与小丁签订无固定期限劳动合同

4. 关于无效劳动合同的法律后果，下列说法中，符合法律规定的有(　　)。

A. 以欺诈、胁迫的手段订立的劳动合同全部无效
B. 用人单位在劳动合同免除自己的法定责任的条款无效，不影响其他条款的效力
C. 因一方原因导致劳动合同无效给另一方造成损失的，过错方应当承担赔偿责任
D. 因劳动者原因导致劳动合同无效，用人单位无须支付劳动报酬
5. 关于当事人订立无固定期限劳动合同，下列说法中，符合法律规定的有(　　)。
A. 张某认为，自己与某公司在协商一致的基础上可订立无固定期限劳动合同
B. 王某认为，自己在某公司连续工作满 10 年，该公司应当与其签订无固定期限劳动合同
C. 李某在某国有企业连续工作满 10 年，距法定退休年龄还有 12 年时，该企业改制重新订立劳动合同。李某认为该企业有义务与自己订立无固定期限劳动合同
D. 赵某与某公司连续订立了两次固定期限劳动合同。第二次劳动合同期满时，公司提出续约，赵某认为该公司应当与自己签订无固定期限劳动合同
6. 下列关于职工带薪年休假的表述中，正确的有(　　)。
A. 用人单位的职工均可依法享受年休假
B. 职工休年休假由用人单位统筹安排
C. 用人单位因生产经营需要可以决定不安排职工休年休假
D. 用人单位不安排职工休年休假，应当按照该职工日工资的 300%支付劳动报酬
7. 有关加班费支付的标准，下列说法中，正确的有(　　)。
A. 用人单位安排劳动者延长工作时间的，支付不低于工资的 150%的工资报酬
B. 用人单位安排劳动者在休息日工作，均须支付不低于工资的 200%的工资报酬
C. 用人单位安排劳动者在休息日工作，支付不低于工资的 200%的工资报酬，但安排补休的，可以不支付加班工资
D. 用人单位安排劳动者在法定休假日工作的，支付不低于工资的 300%的工资报酬，即使安排劳动者补休，仍须按前述标准支付劳动报酬
8. 关于工资支付，下列说法中，不正确的有(　　)。
A. 用人单位有工资分配的自主权，可以自由决定劳动者的工资
B. 职工依法参加社会活动期间，用人单位应当支付工资
C. 职工休婚假，用人单位应当支付工资
D. 某啤酒厂因销路不好，可以用啤酒抵作工资发放给劳动者
9. 试用期属于劳动合同的约定条款，对此，下列说法中，正确的有(　　)。
A. 劳动者在试用期内提前 3 日通知用人单位，可以解除劳动合同
B. 以完成一定工作任务为期限的劳动合同或者劳动合同期限不满 3 个月的，不得约定试用期
C. 劳动合同仅约定试用期的，试用期不成立，该期限为劳动合同期限
D. 劳动者在试用期间被证明不符合录用条件的，用人单位可以解除劳动合同，但应当向劳动者说明理由
10. 下列有关服务期的表述中，不正确的有(　　)。
A. 服务期属于约定条款，是否约定服务期完全由双方当事人协商确定
B. 约定服务期的，用人单位可以与劳动者约定违约金，违约金数额由用人单位自主决定
C. 劳动合同期满，服务期未满的，劳动合同依法终止
D. 劳动者违反服务期约定的，应当依约定的违约金数额向用人单位支付违约金
11. 关于保密和竞业限制，下列表述中，正确的有(　　)。
A. 用人单位可以与任何接触本单位商业秘密的劳动者签订保密协议，约定竞业限制条款
B. 在保密和竞业限制协议或条款中，均可以约定违约金
C. 劳动者离职后，用人单位不支付经济补偿的，劳动者可以请求解除竞业限制义务
D. 劳动者违反竞业限制约定，用人单位可以要求劳动者支付违约金并继续履行竞业限制义务

12. 关于用人单位制定、修改规章制度或者决定重大事项，下列表述中，合法的有（　　）。

A. 涉及劳动者切身利益的规章制度或重大事项，应当经过民主程序，与工会或者职工代表平等协商确定

B. 涉及劳动者切身利益的规章制度或重大事项应当公示或者告知劳动者

C. 用人单位可以根据经营效益自行决定劳动报酬分配制度

D. 涉及劳动者切身利益的规章制度违法，给劳动者造成损害的，应当承担赔偿责任

13. 下列关于劳动合同解除的表述中，正确的有（　　）。

A. 在怀孕期间的女职工被依法追究刑事责任，用人单位可以解除与她的劳动合同

B. 劳动者患病医疗期满后不能从事原工作，用人单位可以解除与他的劳动合同

C. 劳动者可以提前30天书面通知用人单位解除劳动合同

D. 劳动者提交辞职报告，经用人单位批准，劳动合同解除

14. 下列情形中，用人单位经法定程序，可以经济性裁员的有（　　）。

A. 依照《企业破产法》的规定进行重整的

B. 生产经营发生严重困难的

C. 企业转产未变更劳动合同的

D. 企业经营方式调整未变更劳动合同的

15. 劳动合同期满，劳动者有下列情形（　　）之一的，用人单位不得终止劳动合同，劳动合同应当续延至相应的情形消失时终止。

A. 从事接触职业病危害作业的劳动者未进行离岗前职业健康检查

B. 劳动者被人民法院宣告死亡或者宣告失踪的

C. 在本单位连续工作满15年，且距法定退休年龄不足5年的

D. 女职工在孕期、产期、哺乳期的

16. 下列情形中，劳动者给用人单位造成损失，应当承担赔偿责任的有（　　）。

A. 因劳动者原因导致劳动合同无效

B. 劳动者违反劳动合同中约定的保密义务

C. 劳动者违反劳动合同中约定的竞业限制义务

D. 劳动者违反《劳动合同法》的规定解除劳动合同

17. 关于经济补偿，下列表述中，正确的有（　　）。

A. 经济补偿按劳动者在本单位工作的年限，每满1年支付1个月工资的标准向劳动者支付

B. 经济补偿中的月工资是指劳动者在劳动合同解除或者终止前12个月的平均工资

C. 劳动者的月工资低于当地最低工资标准的，按最低工资标准计算

D. 劳动者月工资只计算基本工资，不包括奖金、津贴和补贴

18. 劳动合同解除后，用人单位应当向劳动者支付经济补偿的情形有（　　）。

A. 由用人单位提出解除劳动合同并与劳动者协商一致而解除劳动合同的

B. 用人单位符合可裁减人员规定而解除劳动合同的

C. 用人单位决定提前解散而终止劳动合同的

D. 用人单位被依法宣告破产而终止劳动合同的

19. 关于劳务派遣单位和用工单位的义务，下列说法中，不正确的有（　　）。

A. 劳务派遣单位应当与被派遣劳动者订立2年以上的固定期限劳动合同

B. 被派遣劳动者在用工单位工作期间，由用工单位按月支付劳动报酬

C. 被派遣劳动者在无工作期间，劳务派遣单位无须支付工资

D. 被派遣劳动者在用工单位工作期间的加班费，由用工单位依法支付

20. 关于劳动争议仲裁程序，下列说法中，正确的有（　　）。

A. 仲裁员是申请人的父亲，应当回避

B. 当事人申请劳动争议仲裁后，应当先行和解

C. 仲裁庭在作出裁决前，应当先行调解

D. 劳动仲裁调解书经双方当事人签收后，发生法律效力

21. 下列关于劳动争议仲裁裁决的表述中，正确的有（　　）。

A. 关于社会保险的争议，其仲裁裁决为终局裁决，双方当事人均不得起诉

B. 关于社会保险的争议，其仲裁裁决虽为终局裁决，但劳动者不服的，可以起诉

C. 对于可诉的仲裁裁决，当事人可以自收到仲裁裁决书之日起 10 日内起诉

D. 对于可诉的仲裁裁决，当事人可以自收到仲裁裁决书之日起 15 日内起诉

22. 关于基本养老金，下列表述中，正确的有（　　）。

A. 参加养老保险的个人，达到法定退休年龄且连续缴费满 15 年的，按月领取基本养老金

B. 达到法定退休年龄时，缴费不满 15 年的，可以延续缴费或者一次性缴费至满 15 年，按月领取基本养老金

C. 职工基本养老金由基础养老金和个人账户养老金组成

D. 基础养老金月标准以当地上年度在岗职工月平均工资和本人指数化月平均缴费工资的平均值为基数，缴费每满 1 年发给 1%

23. 以下关于基本医疗保险的表述中，不符合《社会保险法》规定的有（　　）。

A. 单位的职工参加职工基本医疗保险，缴费比例一般为本人工资的 2%

B. 职工缴费满一定年限后才能享受医疗保险待遇

C. 医疗保险的职工个人账户全部来源于个人缴费

D. 医疗费用依法应当由第三人负担，第三人无法确定的，由医疗保险基金先行支付

24. 根据《工伤保险条例》的规定，下列情形中，属于工伤的有（　　）。

A. 吴某和余某在上班时间和上班地点因私人恩怨发生冲突，吴某用水果刀将余某刺伤

B. 周某在下班途中，遇一朋友，两人站在路边交谈时，周某被一辆汽车撞伤，经交警部门认定，该车驾驶员承担事故主要责任

C. 杨某吸食毒品后上班，在操作机器时不小心被切断两根手指

D. 黄某参加抗洪抢险，不幸被洪水卷走，下落不明

25. 根据现行的失业保险制度，失业保险待遇包括（　　）。

A. 领取失业保险金

B. 由失业保险基金缴纳失业人员依法应当缴纳的基本医疗保险费

C. 失业人员因故死亡的，其家属可从失业保险基金中领取丧葬补助金和抚恤金

D. 从失业保险基金中报销失业人员参加民间培训机构组织的培训所支出的费用

三、判断题

1. 某机械工业公司在与小程签订劳动合同时，要求小程介绍其外语程度、学习经历和工作经历，对此小程有义务如实告知。（　　）

2. 用人单位与劳动者订立何种类型的劳动合同完全由用人单位决定。（　　）

3. 小余到甲公司上班后，对甲公司要求签订劳动合同的书面通知置之不理，在一个月内，甲公司可书面通知小余解除劳动关系。（　　）

4. 劳动合同缺少必备条款的，由劳动争议仲裁委员会责令改正。（　　）

5. 固定期限劳动合同没有确定终止时间，不存在合同终止问题。（　　）

6. 职工连续工作 1 年以上的，均有权享受带薪年休假。（　　）

7. 劳动者的月收入总额不低于当地最低工资标准即符合最低工资制度的规定。（　　）

8. 用人单位对新录用的劳动者进行上岗前培训的，不可以与劳动者约定服务期。（　　）

9. 用人单位约定竞业限制的，对方当事人仅限于高级管理人员和高级技术人员。 ( )

10. 用人单位拖欠劳动报酬的，劳动者可以向当地人民法院申请支付令，人民法院应当依法发出支付令。 ( )

11. 在试用期间，劳动者可以提前 3 天通知用人单位解除劳动合同。 ( )

12. 劳动者不能胜任工作，经培训后仍然不能胜任的，用人单位可以额外支付一个月工资就直接解除劳动合同。 ( )

13. 劳动合同期满，只要双方不续订，劳动合同就终止。 ( )

14. 在劳务派遣中，被派遣劳动者享有与用工单位的劳动者同工同酬的权利。 ( )

15. 劳动争议仲裁委员会制作调解书生效后，一方当事人不履行的，另一方当事人可申请人民法院强制执行。 ( )

16. 对劳动争议仲裁委员会不予受理或者逾期未作出决定的，申请人可以就该劳动争议事项向人民法院提起诉讼。 ( )

17. 在抢险救灾等紧急情况下，政府相关部门可以挪用部分社会保险基金。 ( )

18. 社会保险的缴费工资是指职工本人上一年度月平均工资，包括工资、奖金、津贴、补贴等收入。 ( )

19. 职工因工作发生事故伤害，所在单位应当自事故伤害发生之日起 60 日内，向社会保险行政部门提出工伤认定申请。 ( )

20. 参加了失业保险并缴费的劳动者，只要失业，就可以享受失业保险待遇。 ( )

四、不定项选择题

【案例 1】

2020 年 7 月 16 日，甲公司录用吴某担任技术员。吴某于 7 月 20 日到甲公司报到上班。同日，双方签订为期 2 年的书面劳动合同，自 2020 年 7 月 20 日至 2022 年 7 月 20 日。

2021 年 2 月 1 日，甲公司派吴某到德国某公司进行 2 个月技术培训，培训费用 10 万元。双方签订了培训与服务期协议，其中约定服务期 5 年，自 2021 年 4 月 1 日至 2026 年 4 月 1 日。若吴某违反服务期约定，则应向甲公司支付违约金 10 万元。

2022 年 4 月初，吴某连续旷工 10 天。甲公司通知吴某解除劳动合同和服务期，并要求吴某支付违约金和赔偿因旷工造成的损失。双方发生争议，吴某申请劳动仲裁。

根据上述材料，不考虑其他因素，分析回答下列问题：

1. 双方订立的劳动合同约定的下列内容，不合法的是( )。

A. 试用期 3 个月

B. 试用期月工资 3 500 元，转正后月工资 5 000 元

C. 吴某向甲公司交付履行劳动合同保证金 1 000 元

D. 吴某未经甲公司同意不得解除劳动合同

2. 下列关于本案培训与服务期的表述中，不合法的是( )。

A. 培训与服务期协议的内容由双方协商确定

B. 劳动合同合同期满后，吴某不愿意续订，也应当继续履行至服务期满

C. 吴某违反服务约定，应当向甲公司支付违约金 10 万元

D. 吴某违反服务约定，应当向甲公司支付违约金 8 万元

3. 关于甲公司解除劳动合同和服务期，下列表述中，合法的是( )。

A. 甲公司可以随时通知吴某解除劳动合同和服务期

B. 甲公司提前 30 天通知吴某可以解除劳动合同和服务期

C. 甲公司可以要求吴某支付违约金

D. 甲公司可以要求吴某赔偿损失

4. 关于本案的劳动争议，下列表述中，不合法的是（ ）。
A. 仲裁时效为1年，自解除劳动合同和服务期通知送达吴某之日起计算
B. 劳动仲裁委员会受理后，裁决做出前，双方当事人可以和解
C. 解除劳动合同和服务期的证明责任由甲公司承担
D. 经劳动仲裁庭调解达成协议，当事人签收调解书后又反悔的，可以向人民法院起诉

【案例2】

2021年6月10日，南昌市东湖区A公司录用秦某，双方订立无固定期劳动合同，其中约定：秦某职务为A公司销售部经理；月薪为8 000元；秦某任职期间及离职后2年内不得自己经营或者为他人经营与A公司相竞争的义务，如有违反，则须向A公司支付违约金20万元。

2022年7月，秦某提出解除劳动合同，A公司不同意。秦某不再到A公司上班，而是到与A公司有竞争关系的B公司任职。双方发生纠纷。

已知：秦某12个月的平均工资为8 000元。

根据上述材料，不考虑其他因素，分析回答下列问题：

1. 关于竞业限制的经济补偿，下列表述中，正确的是（ ）。
A. 秦某在职期间，A公司无须支付经济补偿
B. 秦某离职后两年内，A公司应当按月支付经济补偿
C. 因未约定经济补偿，每月经济补偿的数额由A公司决定
D. 因未约定经济补偿，秦某可请求A公司每月支付2 400元经济补偿

2. 根据《劳动合同法》的规定，下列关于秦某解除劳动合同的表述中，正确的是（ ）。
A. 秦某书面通知A公司解除劳动合同，经A公司同意，劳动合同解除
B. 秦某可以随时通知A公司解除劳动合同
C. 秦某书面通知A公司解除劳动合同，A公司不同意，30日后劳动合同解除
D. 秦某书面通知A公司解除劳动合同，A公司不同意，不能解除劳动合同

3. 关于双方劳动争议的解决方法，下列表述中，不正确的是（ ）。
A. 双方可以协商解决
B. 双方可以通过基层人民调解组织调解解决
C. 双方不愿意协商和调解的，可直接申请劳动仲裁
D. 双方不愿意协商和调解的，可直接向人民法院起诉

4. 关于秦某到B公司任职的法律后果，下列表述中，正确的是（ ）。
A. 秦某有自主择业权，可以到B公司任职
B. 秦某违反竞业限制约定，应当向A公司支付违约金
C. 秦某到B公司任职，给A公司造成损失，应当承担赔偿责任
D. 秦某向A公司支付违约金后，可以继续在B公司任职

【案例3】

2021年4月1日游某入职乙公司，担任办公室文员。双方订立试用协议，约定试用2个月，试用期满经考核合格，再订立2年期劳动合同，办理社会保险登记。

2021年6月1日，乙公司与游某订立2年期劳动合同，自2021年6月1日起至2023年6月1日。当月，乙公司为游某办理了社会保险登记，此后，双方依法缴纳了社会保险费。

2021年10月1日—5日，乙公司安排游某加班5天，后补休1天。

2022年11月15日，乙公司未支付游某工资。游某于2022年12月1日以乙公司拖欠工资为由通知乙公司解除劳动合同，并办理了离职手续。

游某辞职后依法办理了失业登记和求职登记。

已知：游某月工资为4 000元。

根据上述材料,不考虑其他因素,分析回答下列问题:

1. 关于劳动关系建立时间和办理社会保险登记时间,下列表述中,正确的是(　　)。

A. 双方劳动关系建立时间为2021年4月1日

B. 双方劳动关系建立时间为2021年6月1日

C. 乙公司应于2021年4月30日前为游某办理社会保险登记

D. 乙公司应于2021年6月30日前为游某办理社会保险登记

2. 关于乙公司向游某支付2022年10月的最低加班工资,下列算式中,正确的是(　　)。

A. 4 000÷21.75×3×300%+4 000÷21.75×1×200%

B. 4 000÷21.75×2×300%+4 000÷21.75×2×200%

C. 4 000÷31×3×300%+4 000÷31×1×200%

D. 4 000÷31×2×300%+4 000÷31×2×200%

3. 对于游某解除劳动合同,下列表述中,正确的是(　　)。

A. 劳动合同自游某通知乙公司时解除

B. 劳动合同自游某通知乙公司满30日时解除

C. 乙公司应当付清工资但无须向游某支付经济补偿

D. 乙公司应当付清工资并向游某支付经济补偿

4. 对于游某失业,下列表述中,正确的是(　　)。

A. 游某辞职后失业是自愿失业,不能享受失业保险待遇

B. 游某辞职后失业是非自愿失业,可以享受失业保险待遇

C. 游某登记失业后可领取失业保险金

D. 游某领取失业保险金期间可享受基本医疗保险待遇

【案例4】

2021年1月4日,高某入职B公司担任销售部经理,双方订立2年期劳动合同,并依法参加了社会保险。2022年4月12日,高某利用在上海出差的时间去会见朋友,乘坐出租车途中发生交通事故。经交警认定,高某在该事故中不承担责任。高某在受伤住院治疗1个月后回公司上班。

2022年9月19日,高某驾车上班途中发生交通事故受伤致残(后被鉴定为8级伤残)。经交警认定,高某在该事故中承担次要责任。高某在受伤住院治疗2个月后回公司上班。

2023年1月4日,B公司决定不与高某续订劳动合同。

已知:高某在B公司的工作年限即实际工作年限,当地最低工资标准为2 200元。

根据上述材料,不考虑其他因素,分析回答下列问题:

1. 对于高某在2022年4月12日所受的交通事故伤害,下列表述中,正确的是(　　)。

A. 高某在因工外出期间受伤,应当认定为工伤

B. 高某虽在因工外出期间受伤,但不是因工作原因,不应认定为工伤

C. 高某享有3个月的医疗期

D. 高某住院期间的工资不应低于2 200元

2. 对于高某在2022年9月19日所受的交通事故伤害,下列表述中,正确的是(　　)。

A. 高某不是在工作时间、工作场所因工作原因受伤,不应认定为工伤

B. 高某上班途中受伤,不承担主要责任,应当认定为工伤

C. 高某的医疗费用由工伤保险基金支付

D. 高某住院期间的工资福利由B公司支付

3. 对于高某在B公司任职期间的年休假,下列表述中,正确的是(　　)。

A. 2021年度,高某依法不能享受年休假

B. 2021年度,高某可以享受5天年休假

C. 2022 年度,高某可以享受 5 天年休假
D. 2022 年度,高某住院治疗累计达 3 个月,不能享受年休假
4. 对于 B 公司终止劳动合同,下列表述中,正确的是(　　)。
A. 劳动合同期满,B 公司可以终止劳动合同
B. 高某有 8 级伤残,B 公司不可以终止劳动合同
C. B 公司终止劳动合同,应向高某支付经济补偿
D. B 公司终止劳动合同,应向高某支付一次性医疗补助金

第七章　市场规制法

一、单项选择题

1. 下列各项中,不属于不正当竞争行为构成要素的是(　　)。
A. 经营者违反法律规定
B. 扰乱市场竞争秩序
C. 损害其他经营者或消费者的合法权益
D. 不正当竞争行为违反公序良俗
2. 甲欲买"全聚德"牌的快餐包装烤鸭,临上火车前误购了商标不同而外包装十分近似的显著标明名称为"仝聚德"的烤鸭,遂向"全聚德"公司投诉。"全聚德"公司发现,"仝聚德"烤鸭的价格仅为"全聚德"的 1/3。"仝聚德"烤鸭公司的行为性质应当属于(　　)。
A. 商业诽谤行为　　B. 虚假标示行为
C. 混淆行为　　D. 低价倾销行为
3. 甲酒店向该市出租车司机承诺,为酒店每介绍一位客人,酒店就向其支付该客人房费的 20%作为奖励。与其相邻的乙酒店向有关部门举报了这一行为。有关部门调查发现甲酒店给付的奖励在公司的账面上皆有明确详细的记录。甲酒店的行为属于(　　)。
A. 正当的竞争行为　　B. 商业贿赂行为
C. 限制竞争行为　　D. 不正当竞争行为
4. 根据《反不正当竞争法》的规定,下列行为中,属于不正当竞争行为中的混淆行为的是(　　)。
A. 甲厂在其产品说明书中作夸大其词的不实说明
B. 乙厂的矿泉水使用"清凉"名称,而"清凉矿泉水厂"是本地一知名矿泉水厂的企业名称
C. 丙商场在有奖销售中把所有的奖券刮奖区都印上"未中奖"字样
D. 丁酒厂将其在当地评奖会上的获奖证书复印在其所有酒产品包装上
5. 下列选项中,不属于商业贿赂对象的是(　　)。
A. 交易相对方的工作人员
B. 受交易相对方委托办理相关事务的单位或者个人
C. 利用职权或者影响力影响交易的单位或者个人
D. 提供中介服务的单位或者个人
6. "百挑不厌"的商业口号,体现了经营者对消费者(　　)的尊重和维护。
A. 自主选择权　　B. 人格尊严受尊重权
C. 知情权　　D. 公平交易权
7. 某超市地下营业厅内张贴了一份顾客须知,下列内容中,违反《消费者权益保护法》的是(　　)。
A. 提醒消费者注意保管好自己的财物

B. 提醒顾客存包

C. 超市在必要时有权对顾客所带的物品进行检查

D. 要求顾客在其指定的交款处付款

8. 经营者提供商品或服务，消费者索要购货凭证和服务单据的，经营者（　　）。

A. 金额较大的必须提供

B. 金额较小的可不予提供

C. 必须提供

D. 对需要报销的必须提供

9. 某商场销售的X品牌学习机在市场上流通一个月后被发现存在安全隐患，故该商场发出召回商品的通知。在召回途中，下列选项中，正确的是（　　）。

A. 召回商品的额外费用由消费者承担

B. 该商场承担消费者因商品被召回的必要费用

C. 私下召回该学习机

D. 该学习机被召回后不作任何处理

10. 甲厂是某品牌啤酒的生产厂家。消费者乙从丙商场购入该品牌的啤酒。乙在开启瓶盖时酒瓶炸裂，致使与乙共同饮酒的丁眼部受伤。经鉴定，这属于啤酒瓶质量问题。下列答案中，正确的是（　　）。

A. 丁不是消费者，只能向乙赔偿

B. 因为是丙商场销售的，所以丁只能向丙商场赔偿

C. 因为该啤酒是甲厂生产的，所以丁只能向甲厂赔偿

D. 丁可以向甲厂，也可以向丙商场要求赔偿

二、多项选择题

1. 下列选项中，表述正确的有（　　）。

A. 擅自使用他人有一定影响的网站名称，构成不正当竞争行为

B. 擅自使用他人有一定影响的企业名称，构成不正当竞争行为

C. 仅仅假冒他人企业字号，即使误导了社会公众，也不构成不正当竞争行为

D. 擅自使用他人有一定影响的姓名作为企业名称，构成不正当竞争行为

2. 下列行为中，构成不正当竞争行为的有（　　）。

A. 抽奖式的有奖销售，最高奖的金额超过5万元

B. 采用谎称有奖或者故意让内定人员中奖的欺骗方式进行有奖销售

C. 采用财物或者其他手段贿赂交易对方工作人员

D. 在网络上散布竞争对手的产品质量不合格的事实

3. 下列关于商业秘密的表述中，正确的有（　　）。

A. 商业秘密是不能从公共渠道获取的信息

B. 甲公司采取保密措施保护的客户名单属于商业秘密

C. 商业秘密一旦公开，便不再是商业秘密

D. 钟某明知杨某获取的商业秘密是盗窃而来的，仍然购买，属于侵犯商业秘密行为

4. 下列关于商业贿赂的表述中，正确的有（　　）。

A. 只要是为销售商品而给予好处的行为，就属于商业贿赂行为

B. 某医药公司为销售药品，提供资金给某医院院长出国考察，属于商业贿赂行为

C. 商业贿赂行为包括行贿行为和受贿行为

D. 明示给予或接受折扣和佣金且如实入账的，不是商业贿赂行为

5. 经营者利用网络从事生产经营活动的下列行为中，属于不正当竞争行为的有（　　）。

A. 未经其他经营者同意，在其合法提供的网络服务中插入链接

B. 强迫用户修改其他经营者合法提供的网络产品

C. 误导用户关闭其他经营者合法提供的服务

D. 经其他经营者同意，在其合法提供的网络产品中进行目标跳转

6. 消费者权利与经营者义务往往是相对应的，即前者享有的权利是后者应承担的义务，属于这种情况的消费者权利有(　　)。

A. 公平交易权　B. 监督批评权　C. 依法结社权　D. 安全保障权

7. 下列行为中，属于欺诈消费者行为的有(　　)。

A. 销售“处理品”“残次品”“等外品”等商品而谎称是正品的

B. 以虚假的“清仓价”“甩卖价”“最低价”“优惠价”销售商品的

C. 采用不正当手段致使销售商品分量不足的

D. 采取雇用他人等方式进行诱导销售

8.《消费者权益保护法》规定的无理由退货制度不适用于(　　)。

A. 小张定做的西服

B. 李阿姨电话订购的鲜鱼

C. 王大伯购买的冰箱

D. 陈女士买后拆封的音像制品

9. 李小姐购买空调的第十天，空调出现问题，经查属于“三包”范围内的故障，李小姐应享有的权利有(　　)。

A. 免费更换同型号同规格的产品

B. 免费更换任意型号任意规格的产品

C. 无同型号产品可免费退货

D. 有同型号产品也可以要求退货，但要按规定收取折旧费

10. 丽丽可通过下列途径中的(　　)解决自己与该超市的争议。

A. 与经营者协商调解　B. 请求消费者协会调解

C. 向有关行政部门申诉　D. 向人民法院起诉

三、判断题

1. 当前社会中盛行的“山寨”行为均是不正当竞争行为。(　　)

2.《反不正当竞争法》所称的经营者是指从事商品经营或者营利性服务的市场主体，包括个体工商户和个人。(　　)

3. 负有保密义务的经营者违反约定，披露其所掌握的商业秘密，构成不正当竞行为。(　　)

4. 经营者因过失造成竞争对手商业信誉或商品声誉的损害，不构成不正当竞争行为，不承担法律责任。(　　)

5. 监督检查部门在监督检查不正当竞争行为时，被检查的经营者应当如实提供有关资料或者情况。(　　)

6. 如果经营者事先声明“售出商品，概不退货”，消费者遇到商品质量问题就无权要求退货。(　　)

7. 保护消费者的合法权益是全社会的共同责任。(　　)

8. 经营者在任何情况下都不得向消费者提供有缺陷或者瑕疵的商品或者服务。(　　)

9. 只有大件商品的退货、更换、修理，经营者需要承担运输等必要费用。(　　)

10. 个人接受证券、保险、银行等金融服务，是以营利为目的，因而其合法权益受到损害不适用《消费者权益保护法》的规定。(　　)

四、不定项选择题

【案例 1】

甲饮料公司开发出一种新型运动饮料，投入市场销售后，颇受消费者喜爱。为了保护该饮料配方不外传，甲公司专门制定了保密制度，并与涉密管理人员、技术人员（王某）和员工分别签订了保密协议；同时，申请注册了文字商标“趣动”。经过几年的经营，“趣动”饮料逐渐发展成为全国饮料行业的知名品牌。

根据上述材料，不考虑其他因素，分析回答下列问题：

1. 甲饮料公司开展有奖促销活动，下列做法中，违反《反不正当竞争法》的是（　　）。

A. 故意将带有不同奖金金额或者奖品标志的商品、奖券按不同时间投放市场

B. 采取措施让公司领导中奖

C. 在活动告示中不写明中奖概率

D. 采取抽奖方式，设特等奖 1 个，奖金 5 万元

2. 为了在饮料市场中立足，乙饮料公司的下列做法中，不违反《反不正当竞争法》的是（　　）。

A. 采用电子侵入手段进入甲公司的电子信息系统以获取其商业秘密

B. 通过研究试验，破解“趣动”饮料的配方，进行生产销售

C. 通过高薪聘请甲公司技术人员王某获得“趣动”饮料的配方，进行生产销售

D. 在与甲公司订立合同时获悉“趣动”饮料的配方，使用该配方进行生产销售

3. 丙饮料公司为获得竞争优势所实施的下列行为中，违反《反不正当竞争法》的是（　　）。

A. 给其饮料取名“趣功”，饮料包装与“趣动”的包装相似

B. 为了获得某省运动会的指定饮料，给赛会负责采购的人员好处费 5 万元

C. 虚构“趣动”饮料因抽检质量不合格而被行政处罚的案情，并在网络上散布

D. 发布广告宣称，自己的饮料具有滋补心肺、延年益寿的功效

4. 对于乙、丙两公司的违法行为，下列表述中，正确的是（　　）。

A. 甲公司有权要求乙、丙两公司赔偿损失

B. 监督检查部门应当责令乙、丙两公司停止违法行为

C. 如果监督检查部门对乙、丙两公司罚款，则该罚款归甲公司所有

D. 乙、丙两公司的违法行为如果情节严重，监督检查部门就可以吊销其营业执照

【案例 2】

2022 年淘宝“618”活动期间，甲旗舰店开展了“让利促销”活动。明明花 5 折的价格从该旗舰店购买了一台电风扇。6 月 20 日收到货时，明明发现电风扇的底座有道不太明显的细纹，他以为是款式如此，便没有在意。7 月 3 日，明明在正常使用过程中，电风扇突然爆炸，腿部被炸伤，花去医疗费用 1 332 元。为此，他多次找到甲旗舰店要求赔偿。甲旗舰店认为明明是以打折价购买的电风扇，造成的损害无理要求赔偿。

根据以上案情，回答下列问题：

1. 甲旗舰店采用网络销售方式销售商品，除特殊商品外，明明有权自收到商品之日起（　　）日内退货，且无须说明理由。

A. 5　　B. 7　　C. 10　　D. 15

2. 甲旗舰店提供的电风扇，明明自接受商品或者服务之日起（　　）内发现瑕疵，发生争议的，由甲旗舰店承担有关瑕疵的举证责任。

A. 1 个月　　B. 2 个月　　C. 3 个月　　D. 6 个月

3. 6 月 20 日，明明在商品到货之后，立即发现商品存在瑕疵时，下列说法中，不正确的是（　　）。

A. 明明只能向该商品生产者主张赔偿

B. 明明可以向甲旗舰店主张赔偿

C. 明明既可以向销售者要求赔偿，也可以向生产者要求赔偿

D. 若甲旗舰店有证据表明该瑕疵是在运输过程中快递公司所致，就有权拒绝赔偿

4. 明明和甲旗舰店发生消费者权益争议，可以通过下列途径中的(　　)解决。

A. 与甲旗舰店协商和解

B. 请求消费者协会调解

C. 根据与甲旗舰店达成的仲裁协议提请仲裁机构仲裁

D. 向有关行政部门申诉

扫以下二维码，可查看各章同步练习参考答案。

同步练习
参考答案

参考文献

1. 张文显.法理学[M].5版.北京:高等教育出版社,2018.

2. 王利明,杨立新,王轶,程啸.民法学[M].6版.北京:法律出版社,2020.

3. 最高人民法院民法典贯彻实施工作领导小组.中华人民共和国民法典理解与适用[M].北京:人民法院出版社,2020.

4. 葛伟军.案例公司法[M].2版.北京:法律出版社,2020.

5. 施天涛.公司法论[M].4版.北京:法律出版社,2018.

6. 韩世远.合同法总论[M].4版.北京:法律出版社,2018.

7. 周江洪.合同法案例研习[M].北京:法律出版社,2019.

8. 周黎明.经济法理论与实务[M].杭州:浙江大学出版社,2018.

9. 薛克鹏,孙虹.竞争法学[M].北京:中国政法大学出版社,2019.

10. 财政部会计资格评价中心.经济法基础[M].北京:经济科学出版社,2023.

11. 张思星.劳动合同法实务操作与案例精解[M].北京:中国法制出版社,2022.

12. 柯新华.就业与劳动权益保护——维权实例与实务指引[M].北京:法律出版社,2013.

13. 王霞著.劳动与社会保障法:原理与案例[M].北京:法律出版社,2020.

14. 李洪兴,马刚.电子支付与结算[M].2版.北京:电子工业出版社,2021.

15. 曹守晔.票据法律适用指南[M].北京:法律出版社,2022.

16. 谢怀栻.票据法概论[M].北京:法律出版社,2017.

17. 周晖,刘东.会计法律法规[M].2版.北京:清华大学出版社,2021.

18. 聂兴凯,翟继光.会计法权威解读与典型案例分析[M].北京:立信会计出版社,2018.

19. 毕玉谦.民事诉讼法学[M].北京:中国政法大学出版社,2021.

20. 杨馨德.消费者权益保护法简明教程[M].上海:上海财经大学出版社,2020.